JINSIMCLASS

머리말

우리나라에서도 이제 ERP(Enterprise Resource Planning)란 용어를 흔하게 접할 수 있습니다. ERP란 전사적자원관리로서 기업의 회계, 인사, 재무 등을 비롯해 생산, 구매, 주문, 재고 등의 업무를 돕는 통합 애플리케이션을 일컫습니다.

ERP정보관리사는 ERP시스템을 통하여 기업의 비즈니스프로세서를 이해함으로써 기업의 실무업무를 사전에 경험할 수 있고, 또한 현장에서의 업무 적응력을 향상시키기 충분한 자격입니다. 취업을 원하신다면 CEO와 인사담당자가 원하는 ERP 정보관리사 자격을 취득하면 도움이 될 것입니다.

산업발전법에 의거하여 설립된 한국생산성본부에서 시행하는 ERP정보관리사는 국가공인자격증으로 공정성, 신뢰성, 객관성이 확보된 자격시험으로 기존 자격과 차별화된 고급 전문자격시험이며, 교육과 평가, 취업이 연계된 선진국형 전문자격시험이며, 기업의 실무업무를 간접 경험할 수 있는 유일한 자격입니다.

ERP정보관리사 회계 2급 시험을 준비하는 수험생을 위한 책의 구성은 다음과 같습니다.

제1장 에서는 경영혁신과 ERP단원으로 기본이론과 단원 기본문제를 수록했습니다.

제2장 에서는 재무회계 중에서 꼭 필요한 이론만 뽑아 정리했습니다.

제3장 에서는 I CUBE 핵심 ERP설치, 기초데이터 저장 및 복원방법을 수록했습니다.

제4장 에서는 회계관리 실무 PROCESS를 수록했습니다. 기초데이터[기초정보관리(회사코드5000), 회계관리(회사코드5001), 장부조회(회사코드5002)]을 실어 수업을 듣지 못했을 경우에도 다음에 수업에 지장이 없도록 하였고 학교나 학원에서 수업을 받고 집에서 혼자 복습할 수 있게 하였습니다.

제5장 에서는 기출문제 15회를 풀어보는 단원입니다. 출제난이도를 경험하도록 하였습니다.

마지막으로 정답과 해설을 수록했습니다.

기출문제에 시뮬레이션문제의 기초데이터를 모두 수록하였습니다.
기출문제에 모두 해설을 해 놓았습니다.
기출문제 총 15회를 수록하여 충분한 문제를 접할 수 있도록 하였습니다.

오류가 없도록 최선을 다했습니다만 미처 발견하지 못한 오타나 오류는 정오표를 작성하여 나눔클래스 www.nanumclass.com의 자료실[자료실]→[정오표]에 올려놓겠습니다. 부족한 부분은 수험생 여러분의 격려와 충고를 통해 계속하여 보완해 나갈 것을 약속드립니다.

끝으로 본 서적이 나올 수 있도록 협조해 주신 모든 관계자 분들께 감사드립니다.

김갑수, 홍윤표, 이민주 올림

차례 CONTENTS

제1장 경영혁신과 ERP

제2장 재무회계

제3장 프로그램설치와 기초데이터저장 및 복원

제4장 회계관리 실무 PROCESS

제5장 기출문제

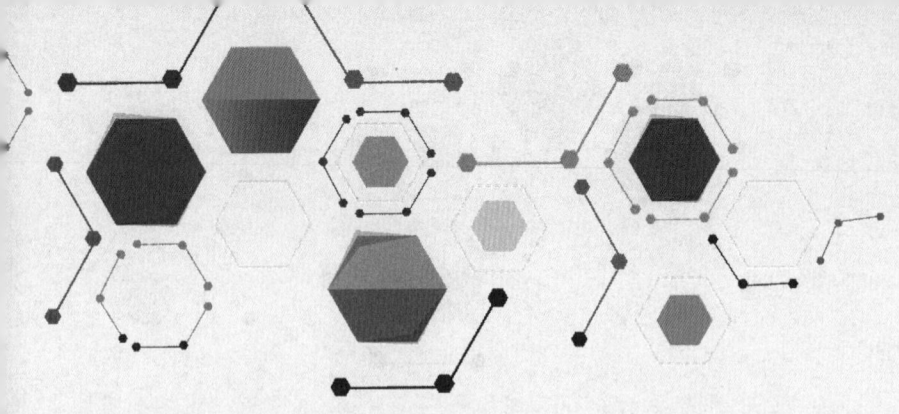

ERP정보관리사 시험안내

1. 시험과목 및 시간

자격종목	교시	구분	시험시간	과목	응시자격
ERP 정보관리사	1교시	이론	40분	회계1급, 회계2급, 생산1급, 생산2급 (위 과목 중 택1)	응시제한 없음
		실무	40분		
	2교시	이론	40분	인사1급, 인사2급, 물류1급, 물류2급 (위 과목 중 택1)	
		실무	40분		

- 시험방식 : CBT (Computer Based Testing)방식, IBT(Internet Based Testing) 방식
- 실무능력평가 솔루션은 더존다스의 핵심 ERP와 영림원의 K System 중 선택
- 같은 교시의 응시과목은 동시신청 불가(예: 회계, 생산모듈은 동시 응시 불가)

2. 합격 기준

구 분	합격점수	문 항 수
1급	70점 이상(이론형, 실무형 각 60점 이상시 합격)	이론문제 32문항(인사모듈은 33문항)
2급	60점 이상(이론형, 실무형 각 40점 이상시 합격)	이론문제 20문항, 실무문제 20문항

- 시험기준 : 1급 = 대학교 전공자 수준(이론문제는 해당 과목의 개론 수준 출제)
  2급 = 고등학교 졸업 수준(이론문제는 해당 과목의 원론 수준 출제)

3. 응시료 및 납부방법

자격종목 및 등급		1과목	2과목	응시료 납부방법
ERP 정보관리사	1급	40,000원	70,000원	전자결제
	2급	28,000원	50,000원	

- 동일등급 2과목 응시시 응시료 할인 (단, 등급이 다를 경우 개별적인 응시료 적용)

4. 시험 응시절차

(1) 원서접수 : http://www.kpc.or.kr에서 접수합니다. 또는 각 지역 한국생산성본부 각 지역센터에서 방문 접수합니다.

(2) 수험표출력 및 고사장확인 : 시험 10일전 http://www.kpc.or.kr에서 수험표 출력 및 확인

(3) 시험응시 : 시험시작 10분전까지 고사실 입실완료(수험표, 신분증명서 지참)

(4) 합격자 공고 : http://www.kpc.or.kr에 공고합니다.

(5) 자격증신청 및 교부 : 카드자격증 발급신청은 http://www.kpc.or.kr에서 매주 월~금 09:00~18:00에 합니다.

5. 시험일정

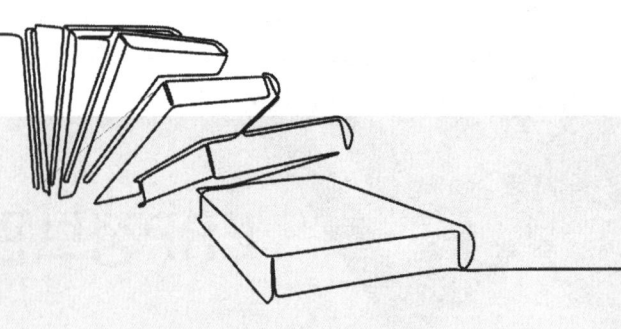

시험회차	인터넷접수	수험표공고	시험일	합격자공고
2025년 제1회	12.26 ~ 01.02	01.16 ~ 01.25	01.25	02.11
2025년 제2회	02.19 ~ 02.26	03.13 ~ 03.22	03.22	04.08
2025년 제3회	04.23 ~ 04.30	05.15 ~ 05.24	05.24	06.10
2025년 제4회	06.25 ~ 07.02	07.17 ~ 07.26	07.26	08.12
2025년 제5회	08.27 ~ 09.03	09.18 ~ 09.27	09.27	10.14
2025년 제6회	10.22 ~ 10.29	11.13 ~ 11.22	11.22	12.09

6. 출제문항별 배점기준

영역	구분	배점	객관식 배점	문항수
이론	경영혁신과 ERP	20점	5	4
	재무회계의 이해	80점	5	16
	소계	**100점**	**-**	**20**
실무	ERP 회계 기본정보관리	15점	5	3
	ERP 재무회계 프로세스의 이해	55점	5	11
	ERP 세무회계 프로세스의 이해	30점	5	6
	소계	**100점**	**-**	**20**

국가공인 ERP 정보관리사 회계2급

01

경영혁신과 ERP

MEMO

제1장 경영혁신과 ERP

1. ERP(Enterprise Resource Planning)의 정의

가트너 그룹	미국생산재고관리협회(APICS)
제조, 회계, 물류 및 기타 업무 기능들이 조화롭게 제대로 발휘될 수 있도록 지원하는 응용시스템 소프트웨어들의 집합(A set of applications software that brings manufacturing, financial, distribution and other business functions into balance)	고객의 주문을 제작, 운송, 회계 처리함에 있어 필요한 전사적인 자원을 인식하고 계획하기 위한 회계중심의 정보시스템(An accounting-oriented information system for identifying and planning the enterprise-wide resources needed to make, ship, and account for customer orders)

ERP는 기업의 이익을 최대화하기 위해 생산, 판매, 물류, 회계, 인사 등의 기업의 기간업무를 조직 횡적으로 파악하고 전사적으로 경영자원의 활용을 최적화하는 계획과 관리를 위한 경영개념이며, ERP 시스템은 ERP개념을 기업의 경영에 구체적으로 실현하기 위한 정보시스템이라고 정의할 수 있다.

ERP의 정의 : 기업의 전사적 자원관리

2. 경영혁신

조직의 목적을 달성하기 위하여 새로운 생각이나 방법으로 기존업무를 다시 계획하고 실천하고 평가하는 것. 경영혁신은 새로운 제품이나 서비스, 새로운 생산공정기술, 새로운 구조나 관리 시스템, 조식구성원을 변화시키는 새로운 계획이나 프로그램을 의도적으로 실행함으로써, 기업의 중요한 부분을 본질적으로 변화시키는 것을 의미한다. 혁신의 기본은 개성적인 경영이념을 밑바탕으로 한 경영전략과 시스템화이다. 대량의 정보를 컴퓨터에 의하여 즉각적으로 처리하고, 경영 각부의 유기적 결속을 강화한다. 오늘날 경영의 이념과 방법을 몸에 익힌 전문경영인의 출현과 경영정보시스템(MIS)의 정비에 의하여, 의사결정을 중핵(中核)으로 하는 경영기능은 크게 혁신되어 가고 있는 추세이다.

(1) **다운사이징(downsizing)** : 무엇이든 작고, 적게 한다는 것에 통용되는 '규모축소'라는 뜻으로 기업의 감량경영을 통칭하는 일반개념이다.

(2) **아웃소싱(outsourcing)** : 기업 내부 프로젝트나 제품의 생산, 유통, 용역 등을 외부의 제3자에게 위탁, 처리하는 것을 말한다. 기업은 핵심사업에만 집중하고 나머지 부수적인 부문은 외주에 의존함으로써 생산성 향상을 극대화할 수 있다.

(3) JIT(just in time) : 적기공급생산. 재고를 쌓아 두지 않고서도 필요한 때 적기에 제품을 공급하는 생산방식이다. 즉 팔릴 물건을 팔릴 때에 팔릴 만큼만 생산하여 파는 방식이다. 다품종 소량 생산 체제의 구축 요구에 부응, 적은 비용으로 품질을 유지하여 적시에 제품을 인도하기 위한 생산 방식이다.

(4) BPR(business process reengineering) : 비용, 품질, 서비스, 속도와 같은 핵심적 부분에서 극적인 성과를 이루기 위해 기업 업무 프로세스를 기본적으로 다시 생각하고 근본적으로 재설계하는 것으로 BPR은 모든 부분에 걸쳐 개혁을 하는 것이 아니라 중요한 비즈니스 프로세스들, 즉 핵심(core) 프로세스를 선택하여 그것들을 중점적으로 개혁해 나가는 것이다.

BPR의 필요성

① 경영 환경 변화에의 대응방안 모색
② 정보기술을 통한 새로운 기회의 모색
③ 조직의 복잡성 증대와 효율성 저하에 대한 대처방안 모색

BPR의 원칙(마이클 해머 박사)

① 업무를 과업중심이 아닌 결과중심으로 구성 : 한 사람이 특정 업무의 과업에만 종사하기보다 그 과업의 결과가 만들어질 때까지의 과정을 책임지고 수행하게 하는 것이다.
② 처리결과를 활용하는 사람이 처리업무를 수행 : 결과를 활용하는 사람이 필요한 결과를 만들어 내는 업무를 직접 수행하도록 업무를 재설계해야 한다.
③ 정보는 발생한 곳에서 한번만 처리 : 정보가 한번만 처리되도록 함으로써 자료의 수집과 전달, 부서간 자료의 공유가 용이하다.
④ 정보를 생성하는 부서가 정보를 직접처리 : 자료의 중복처리를 최소화하기 위해 정보 생성 부서에서 직접 처리토록 한다.
⑤ 병렬 처리 업무는 진행과정에서 연결, 조정 : 병렬화된 업무들 사이의 연결을 강화하고, 필요시 이를 조정할 수 있게 한다.
⑥ 의사결정이나 통제기능은 처리과정내에 존재 : 의사결정 권한이 경영자에게 작업을 수행하는 사람에게로 이양되어야 한다.

용어해설

리엔지니어링(reengineering) : 조직의 효율성을 제고하기 위해 업무흐름 뿐만 아니라 전체 조직을 재구축하려는 혁신전략기법이다. 주로 정보기술을 통해 기업경영의 핵심과 과정을 전면 개편함으로써 경영성과를 향상시키기 위한 경영기법으로 매우 신속하고 극단적인 그리고 전면적인 혁신을 강조하는 이 기법

예제 1

다음 중 BPR(업무재설계)의 원칙이라고 볼 수 없는 것은?
① 업무를 과업중심이 아닌 결과 중심으로
② 처리결과를 활용하는 사람이 처리업무를 수행
③ 의사결정이나 통제기능은 처리과정 외부에 존재
④ 경영비전과 프로세스의 목적 설정

해설 ③ BPR의 원칙은 의사결정이나 통제기능은 외부가 아닌 처리과정 내부에 존재한다.

3. ERP등장배경

(1) MRP(Material Requirements Planning : 자재 소요량 계획)

1970년도에 개발된 MRP는 종속적인 수요를 가지는 품목의 재고관리 시스템이다. 구성 품목의 수요를 산출하고 필요한 시기를 추적하며, 품목의 생산 혹은 구매에 사용되는 리드타임을 고려하여 작업주문 혹은 구매주문을 내기 위한 컴퓨터 재고 통제 시스템으로 개발된 것이다. 제품을 구성하는 요소인 원자재, 반제품, 완제품 등에 대한 자재수급계획을 관리하였는데, MRP는 제품구성정보(BOM, Bill of Material), 표준공정도(Routing sheet), 기준 생산계획(MPS, Master Production Schedule), 기준생산계획과 부품표, 재고정보의 세가지를 기반으로 구체적인 제조일정, 자재생산, 조달계획을 계획한다.

(2) MRP II

1980년도에 자재뿐만 아니라 생산에 필요한 모든 자원을 효율적으로 관리하기 위하여 MRP가 확대된 개념이라고 할 수 있다. MRP시스템이 보다 확장되고 생산능력이나 마케팅, 재무 등의 영역과 다양한 모듈과 특징들이 추가되면서 자재에 국한된 소요계획을 작성한다는 의미의 MRP는 부적절하게 되었고, 새로운 의미의 MRP인 MRPⅡ가 다양한 제조자원의 사용계획을 수립한다는 의미로 등장하게 되었다.

(3) ERP(Enterprise Resource Planning : 전사적 자원관리)

ERP는 MRPⅡ를 기업활동 전반의 모든 업무의 경영자원으로 대상을 확대하였다. 생산부서의 의사결정은 타부서의 의사결정과 밀접하게 영향을 주고 받으므로 전체를 유기적으로 통합하여야 하고, 생산부서의 상부와 하부의 연결체계를 이어주는 공급체인의 흐름을 고려해야 한다. 이를 위해 첨단의 IT를 기반으로 하여 선진 비즈니스 프로세스(Best Practicc)가 구현된 ERP패키지 소프트웨어가 있다.

ERP의 역사

MRP I		MRP II		ERP		확장ERP
자재수급관리	➡	제조자원관리	➡	전사적자원관리	➡	기업간최적화
재고최소화		원가절감		경영혁신		WIN-WIN-WIN

예제 ❷

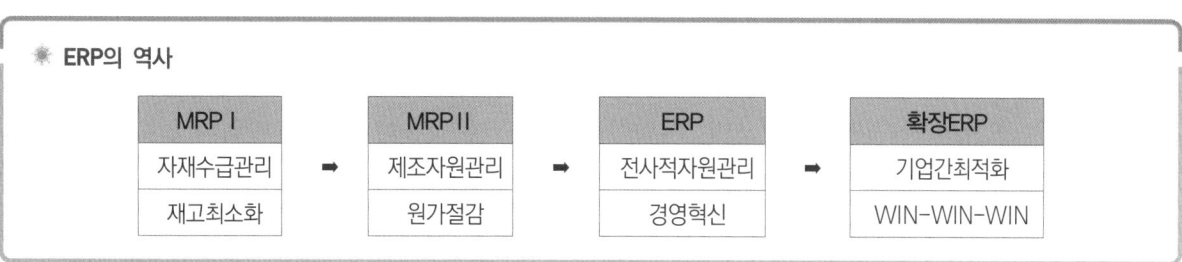

다음 중 ERP의 발전과정으로 가장 적절한 것은?

① MRPⅡ → MRPⅠ → ERP → 확장형ERP
② ERP → 확장형ERP → MRPⅠ → MRPⅡ
③ MRPⅠ → MRPⅡ → ERP → 확장형ERP
④ MRPⅠ → ERP → 확장형ERP → MRPⅡ

해설 ③ ERP의 발전과정은 MRPⅠ → MRPⅡ → ERP → 확장형ERP 순이다.

MIS [Management Information System]

경영 정보 시스템. 기업의 경영관리에 대해서 필요로 하는 정보를 여러 가지 계층의 관리자에게 적절하게 제공하는 짜임새를 말한다. 다량의 정보를 처리하기 위해서 컴퓨터를 이용한 정보 시스템이 가장 많이 발달했다.

▣ MIS와 ERP

구 분	MIS	ERP
설계기술	프로그램 코딩 의존	4GL, 객체지향기술
시스템구조	폐쇄적	개방적
업무처리	수직적 업무처리	수평적 업무처리
조직구성	계층적 조직구조	팀제를 통한 수평적 조직구조
소비자의식	획일화	다양화, 개성화, 인간화
생산형태	소품종 대량생산	다품종 소량생산
의사결정	Bottom-up, 상사	Top-Down, 담당자
급여체계	연공서열	성과급체계
시장조건	제한된 시장, 독과점성격	무한경쟁시장

예제 ③

다음 중 ERP와 기존의 정보시스템(MIS) 특성 간의 차이점에 대한 설명으로 가장 적절하지 않은 것은 무엇인가?

① 기존 정보시스템의 업무범위는 단위업무이고, ERP는 통합업무를 담당한다.
② 기존 정보시스템의 전산화 형태는 중앙집중식이고, ERP는 분산처리구조이다.
③ 기존 정보시스템은 수평적으로 업무를 처리하고, ERP는 수직적으로 업무를 처리한다.
④ 기존 정보시스템의 데이터베이스 형태는 파일시스템이고, ERP는 관계형 데이터베이스 시스템(RDBMS)이다.

해설 ③ 기존 정보시스템(MIS)은 수직적으로 업무를 처리하고, ERP는 수평적으로 업무를 처리한다.

4. ERP의 장점

(1) ERP를 도입하는 것은 시스템을 자체 개발하는 것보다 단기간에 이룩될 수 있다.

기업환경의 변화는 가속화되고 있으며, 이러한 환경변화에 적응하기 위한 기업의 업무프로세스도 급속도로 전환되어야 한다. 그러나 이를 지원하기 위하여 기존의 시스템을 재구축하는 데는 장기간이 소요되지만 이미 구축된 ERP는 짧은 시간내에 파라미터 변경을 통해 전환이 쉽고 빠르게 이루어질 수 있다.

(2) ERP는 통합정보시스템이므로 기업정보를 통합적으로 관리하는데 기여할 수 있다.

과거의 시스템은 부문이나 사업부의 업무만을 지향하는 단위시스템이 많기 때문에 시스템 전체의 유연성이 크게 떨어졌으나 ERP는 데이터 통합을 가능하도록 하므로 기업의 경영활동을 통합할 수 있는 장점을 갖고 있다.

(3) 공간적, 시간적 한계를 초월할 수 있다.

과거에는 지역적으로 흩어진 기업의 자원을 중앙집중적으로 관리하기 어려웠다. ERP는 흩어져 있는 자원을 마치 중앙에서 통괄관리하는 것처럼 운영하여 중앙집권의 장점인 규모의 경제를 이룩할 수 있다. 즉, ERP는 본사와 영업소, 지점, 현장과의 관계를 밀접하게 만드는 인프라로 활용될 수 있다.

(4) ERP는 비즈니스 프로세스 모델을 혁신하는 비즈니스 리엔지니어링을 구현할 수 있다.

ERP를 도입하는 기업은 '베스트 프랙티스'에 의해 제공된 '비즈니스 프로세스 모델'을 이용해서 자사의 업무와 비교하여 더 탁월한 방식을 채택할 수 있다. 이에 따라 ERP의 도입과 비즈니스 리엔지니어링을 동시에 실현할 수 있다.

용어
해설

- **베스트 프랙티스(Best Practice)** : 세계 선도 기업들의 우수한 업무 프로세스들을 모아 놓은 모범 사례로, ERP 시스템에서는 산업군, 기업 규모별로 다양하게 제공되고 있다.
- **베스트 프랙티스(Best Practice) 도입방법** :
  ① BPR을 실시한 후에 이에 맞도록 ERP 시스템을 구축하는 방법
  ② ERP 패키지에 맞추어 BPR을 추진하는 방법
  ③ BPR과 ERP 시스템 구축을 병행하는 방법

(5) ERP는 정보를 다양한 원천에서 실시간으로 모아 통합적으로 제공하고 있기 때문에 업무 원활화를 꾀할 수 있다.

이에 따라 업무시간을 대폭적으로 축소할 수 있다.

(6) ERP는 공급사슬관리(Supply Chain Management : SCM)를 강화할 수 있다.

5. ERP의 선택기준

(1) 자사에 맞는 패키지를 선정
(2) TFT는 최고 엘리트 사원으로 구성
(3) 경영진의 확고한 의지
(4) 현업 중심의 프로젝트 진행
(5) 경험있고 유능한 컨설턴트를 활용
(6) 구축방법론에 의해 체계적으로 프로젝트 진행
(7) 커스터마이징을 최소화
(8) 전사적인 참여를 유도
(9) 가시적 성과를 거둘 수 있는 부분에 집중
(10) 변화 관리 기법 도입
(11) 지속적인 교육 및 워크숍
(12) 자료의 정확성을 위한 관리 철저

용어
해설

- **커스터마이징(customize)** : 생산업체나 수공업자들이 고객의 요구에 따라 제품을 만들어주는 일종의 맞춤제작 서비스를 말하는 것으로, '주문 제작하다'라는 뜻의 customize에서 나온 말이다. 최근에는 IT산업의 발전으로 개발된 솔루션이나 기타 서비스를 소비자의 요구에 따라 원하는 형태로 재구성·재설계하여 판매하는 것으로 그 의미가 확장되었다. 역으로 타사의 솔루션을 가져와 자사의 제품에 결합하여 서비스하는 것 역시 커스터마이징이라고 한다.

예제 ④

다음 중 ERP구축을 위한 ERP패키지 선정기준으로 가장 적절하지 않은 것은 무엇인가?

① 시스템 보안성 ② 사용자 복잡성
③ 요구사항 부합 정도 ④ 커스터마이징(customizing) 가능여부

해설 ② ERP 패키지 선정의 최종목표는 회사의 요구사항에 부합하는 시스템을 선택하는 것이다.

6. ERP의 특징

(1) 기능적 특징	(2) 기술적 특징
① 다국적, 다통화, 다언어 지원 ② 중복업무의 배제 및 실시간 정보처리 체계 구축 ③ 표준을 지향하는 선진화된 최고의 실용성을 수용 ④ 비즈니스 프로세스 모델에 의한 리엔지니어링의 지원 ⑤ 파라미터 지정에 의한 프로세스의 정의 ⑥ 경영정보제공 및 경영조기경보체계를 구축 ⑦ 투명경영의 수단으로 활용 ⑧ 오픈, 멀티벤더	① 4세대 언어, CASE TOOL ② 관계형 데이터베이스 채택 ③ 객체지향기술 사용 ④ 인터넷 환경의 e-비즈니스를 수용할 수 있는 Mult-tier 환경 구성

용어 해설

- **4세대 언어** : 프로그래밍 언어(Visual Basic, C++, Java, Delphi, Builder 등)
- **CASE TOOL** : 소프트웨어 개발용 도구
- **관계형 데이터베이스** : 데이터 생성, 저장, 변환방법(MS SQL, 오라클 DB, 사이베이스 DB 등)
- **객체지향기술** : 공통된 속성과 형태를 가진 데이터와 프로그램을 결합하여 모듈화 한 뒤 이를 다시 결합해 소프트웨어를 개발하는 기술
- **Multi-tier환경** : 웹 전용서버와 DB 전용서버를 구분하여 사용하는 것

예제 ⑤

ERP의 특징 중 기술적 특징에 해당하지 않는 것은 무엇인가?

① 4세대 언어(4GL) 활용 ② 다국적, 다통화, 다언어 지원
③ 관계형 데이터베이스(RDBMS) 채택 ④ 객체지향기술(Object Oriented Technology) 사용

해설 ② 다국적, 다통화, 다언어 지원은 기능적 특징이다.

7. ERP시스템 도입시 고려사항 및 예상효과

(1) ERP의 필요성

ERP는 일반 업무를 단순히 컴퓨터로 처리하는 기존 정보시스템과는 개념부터 다르며 업무프로세스 자체를 조직적 체계로 바꾼 뒤 ERP 프로그램을 통해 이를 처리하게 된다. 이 과정을 통해 구축된 ERP 시스템은 각 부서가 정한 경영환경 변화에 신속하게 대응할 수 있게 해준다. 업무 프로세스를 표준화하고 재무회계, 원가회계 등 회사업무 전체를 한 시스템에서 처리할 수 있다. ERP는 국제통화기금(IMF)이 요구하는 기업경영의 투명성을 갖추는데도 탁월한 효과를 발휘한다. 기업신용평가에 까다로운 스탠더드푸어스(S&P)나 무디스도 ERP를 통해 산출한 기업자료는 인정하고 있다. 이는 미국 및 유럽의 선진국들이 ERP도입을 서두르는 이유이기도 하다. 따라서 ERP의 도입은 기업의 정성적, 정량적 측면에서의 부가가치 증대를 통해 기업경쟁력 강화를 위해 필요하다고 할 수 있다.

(2) ERP시스템 도입시 고려사항(4단계)

ERP 도입단계는 기존 시스템 개발 프로젝트와 달리 일종의 패키지 도입이 주를 이루고 있기 때문에 아래와 같은 4단계의 프로세스를 거친다.

① 투자단계	· 투자단계는 시스템에 대한 필요성 인지와 투자 의사결정이 이루어진다.
② 구축단계	· 구축단계는 투자 의사결정된 시스템에 대한 구축이 이루어져야 한다. · 기업에 적합한 ERP가 어떤 것인지 비교하여 결정한다. · 전사적 시스템에 대한 변화관리와 전문가 확보가 필요하다.
③ 실행단계	· 실행단계는 시스템 사용단계이다. · 도입한 ERP의 성과를 최대화시키기 위해 사용자 교육이 필요하고 잘 통합되고 기업에 맞춤화되어야 한다.
④ 확산단계	· ERP를 활용 가능한 모든 영역에 확산이 이루어져야 한다. · ERP는 하나의 시스템 아래에 기능별 모듈이 존재하기 때문에 도입 후 전사적으로 고도화, 보편화될 수 있도록 확산되어야 한다.

(3) ERP 시스템 획득과 IT 아웃소싱

ERP 시스템 획득(Acquisition)이란 ERP 시스템을 직접 만들거나(make) 구매(buy)하여 확보하는 행위를 말한다. IT 아웃소싱(IT Outsourcing)이란 기술력 부족, 비용절감 등의 이유로 인해 다른 전문회사로부터 IT관련 운영, 유지보수, 통신, 소프트웨어개발, 데이터베이스 지원 등 일부 또는 모든 서비스를 제공받기로 하는 것을 의미한다. 최근 ERP 개발과 구축, 운영, 유지보수 등을 전문회사로부터 외주(아웃소싱)를 주는 형태가 많이 나타나고 있다.

(4) ERP 시스템의 장점 및 효과

① ERP는 다양한 산업에 대한 최적의 업무관행인 베스트 프랙틱스(Best Practices)를 담고 있다.
② ERP시스템이 구축되기 전에 업무재설계(BPR)를 수행해야 ERP 구축성과가 극대화 될 수 있다.
③ ERP 시스템은 비즈니스 프로세스의 표준화를 지원한다.
④ ERP 시스템은 이용자들이 업무처리를 하면서 발생할 수 있는 오류를 예방할 수 있다.

⑤ ERP 구현으로 재고비용 및 생산비용의 절감효과를 통한 효율성을 확보할 수 있다.
⑥ ERP는 모든 기업의 업무 프로세스를 개별 부서원들이 분산처리하면서도 동시에 중앙에서 개별 기능들을 통합적으로 관리할 수 있다.
⑦ ERP는 경영학적인 업무지식에 입각하여 각 기업들의 고유한 프로세스를 구현할 수 있도록 파라미터(Parameter)를 변경하여 고객화(Customization) 시킬 수 있게 구성되어 있다.
⑧ 차세대 ERP는 인공지능 및 빅데이터 분석 기술과의 융합으로 분석도구가 추가되어 선제적 예측과 실시간 의사결정지원이 가능하다.

예제 6

다음 중 ERP의 장점 및 효과에 대한 설명으로 가장 적절하지 않은 것은 무엇인가?
① ERP는 다양한 산업에 대한 최적의 업무관행인 베스트 프랙틱스(Best Practices)를 담고 있다.
② ERP 시스템 구축 후 업무재설계(BPR)를 수행해야만 ERP 도입의 구축성과를 극대화할 수 있다.
③ ERP는 모든 기업의 업무 프로세스를 개별 부서원들이 분산처리하면서도 동시에 중앙에서 개별 기능들을 통합적으로 관리할 수 있다.
④ 차세대 ERP는 인공지능 및 빅데이터 분석 기술과의 융합으로 선제적 예측과 실시간 의사결정지원이 가능하다.

해설 ② BPR을 실시한 후에 이에 맞도록 ERP 시스템을 구축하는 방법, ERP 패키지에 맞추어 BPR을 추진하는 방법, BPR과 ERP 시스템 구축을 병행하는 방법 모두 가능하다.

ERP 도입의 예상 효과

① 통합업무시스템 구축	② 재고 물류비용 감소	③ 고객서비스 개선
④ 수익성 개선	⑤ 생산성 향상 및 매출증대	⑥ 비즈니스 프로세서 혁신
⑦ 생산계획의 소요기간 단축	⑧ 리드타임 감소	⑨ 결산작업의 단축
⑩ 원가절감	⑪ 투명한 경영	⑫ 표준화, 단순화, 코드화
⑬ Cycle Time 단축	⑭ 최신 정보기술 도입	

용어 해설

- **리드타임(Lead Time)** : 일반적으로 시작부터 완성까지의 소요시간을 말한다. 조달구분이 '구매'인 경우 발주에서 입고까지 소요되는 일자를 의미하고, 조달구분이 생산인 경우 작업지시에서 생산완료까지 소요되는 일자를 의미한다.
- **사이클타임(Cycle Time)** : 어떤 상황이 발생한 후 똑같은 상황이 다음에 발생할 때까지의 시간간격이다. 예를 들어, 어떤 제품을 한번 생산하고 동일 제품을 두 번 생산할 때까지의 주기를 생산주기라 하며, 어떤 업무가 수행되고 같은 업무가 다시 수행될 때까지의 시간을 업무주기라 한다.
- **프로세스 혁신(PI, Process Innovation)** : 1992년에 하버드 비즈니스 스쿨의 토마스 데이븐포트(Thomas H. Davenport) 교수가 출간한 책의 제목에서 사용된 용어로 정보기술을 활용한 리엔지니어링을 의미하며, ERP시스템은 프로세스 혁신(PI, Process Innovation)을 추진하기 위한 핵심도구로 활용될 수 있다. 기업의 업무처리 방식, 정보기술, 조직 등에서 불필요한 요소들을 제거하고 효과적으로 재설계함으로써 기업 가치를 극대화하기 위한 경영기법이다.

예제 ⑦

다음 중 ERP 도입의 예상 효과로 적절하지 않은 것은?

① 통합 업무 시스템 구축 ② 고객 서비스 개선
③ 비즈니스 프로세스 혁신 ④ 사이클 타임(Cycle Time) 증가

해설 ④ 사이클 타임(Cycle Time) 감소

8. ERP 도입의 성공요인 및 성공적 구축요건

(1) 업무 단위별로 추진하지 않는다.

(2) 커스터마이징은 가급적 최소화시킨다.

(3) IT업체 중심으로 프로젝트를 진행하지 않는다.

(4) ERP가 구축되어 성공하기 위해서는 경영자의 관심과 기업 구성원 전원의 참여가 필요하다.

(5) 자사에 맞는 패키지를 선정한다.

(6) 현업 중심의 프로젝트를 진행한다.

(7) TFT는 최고의 엘리트 사원으로 구성한다.

(8) 데이터의 신뢰도를 높이기 위해 관리를 철저히 한다.

(9) 지속적인 교육 및 워크숍 등의 원활한 사용을 위한 노력이 필요하다.

(10) 사전준비를 철저히 한다.

(11) 단기간의 효과 위주로 구현하지 않는다.

(12) 최고 경영진을 프로젝트에서 배제하지 않는다.

예제 ⑧

기업에 ERP시스템이 성공적으로 도입되고 운영되기 위해서는 많은 요소들을 고려해야 한다. 다음 중 ERP 시스템 도입을 위한 성공요인으로 적절하지 않은 것은?

① 업무 단위별 추진 ② 경영진의 확고한 의지
③ 지속적인 교육 및 훈련 ④ 현업 중심의 프로젝트 진행

해설 ① 업무 단위별 추진하지 말고, 통합하여 추진하여야 한다.

9. ERP구축절차 및 방법

(1) 분석	· AS-IS(변경 전) 파악 · 현재 시스템 문제파악 · 목표와 범위설정 · 현업요구분석 · 시스템 설치	· TFT결성 · 주요 성공요인 도출 · 경영전략 및 비전도출 · 세부추진일정 계획수립 · 교육
(2) 설계	· TO-BE(변경후) Process도출 · 패키지 기능과 TO-BE Process와의 차이분석(GAP분석) · 패키지 파라미터 설정 · 인터페이스 문제 논의 · 커스터마이징(Customizing)	· 패키지 설치 · 추가개발 및 수정 보완문제 논의 · 사용자요구 대상선정 · 교육
(3) 구축	· 모듈조합화 · 추가개발 또는 수정기능확정 · 출력물 제시	· 테스트(각 모듈별테스트 후 통합테스트) · 인터페이스 프로그램 연계 · 교육
(4) 구현	· 시스템운영(실데이터 입력 후 테스트) · 데이터전환 · 유지보수 · 교육	· 시험가동 · 시스템 평가 · 향후 일정수립

예제 9

ERP의 구축단계를 순서대로 바르게 나타낸 것은?

① 분석 → 설계 → 구현 → 구축
② 설계 → 구현 → 분석 → 구축
③ 분석 → 설계 → 구축 → 구현
④ 설계 → 분석 → 구축 → 구현

해설 ③ ERP구축순서는 분석 → 설계 → 구축 → 구현이다.

10. 확장형 ERP

(1) 확장형 ERP에 포함되어야 할 내용

① 고유기능의 추가
② 경영혁신 지원
③ 선진 정보화 지원기술 추가
④ 산업유형 지원확대
⑤ 전문화 확대 적용

예제 ⑩

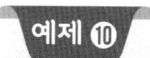

다음 중 확장형 ERP 시스템에 포함되어야 할 내용이 아닌 것은?
① 경영혁신 지원
② 고유기능의 추가
③ 일반화 확대 지원
④ 선진 정보화 지원기술 추가

해설 ③ 일반화의 확대지원이 아니라 전문화의 확대지원이 필요하다.

(2) 확장형 ERP의 구성요소

① 기본형 ERP 시스템

기업의 핵심기능인 회계, 인사, 물류, 설계 및 생산 분야를 지원하는 시스템으로 영업관리시스템, 자재소요계획(MRP), 기준정보관리시스템, 물류관리시스템, 인적자원관리시스템, 회계 및 재고관리시스템, 원가통제시스템등의 단위시스템으로 구성된다.

② e-비즈니스 지원 시스템

디지털시대의 핵심역할을 수행하는 인터넷을 기반으로 기업간·지역간·국가간의 정보교환은 물론, 기술 전수 및 제품 거래 역할을 담당하고 있는 e-비즈니스 지원시스템에는 지식관리시스템(KMS), 의사결정지원시스템(DSS), 경영자정보시스템(ELS), 고객관계관리(CRM), 공급망관리(SCM), 전자상거래(EC)등의 단위시스템으로 구성된다.

명칭	주요내용
지식관리시스템(KMS) (Knowledge Management System)	기업의 인적자원들이 축적하고 있는 조직 및 단위 지식을 체계화하여 공유함으로써 핵심사업 추진 역량을 강화하기 위한 정보시스템이다.
의사결정지원시스템(DSS) (Decision Support System)	기업 경영에 당면하는 여러 가지 문제를 해결하기 위해 복수의 대안을 개발하고, 비교 평가하여 최적안을 선택하는 의사결정 과정을 지원하는 정보시스템이다.
경영자정보시스템(ELS) (Executive Information System)	기업 경영관리자의 전략 수립 및 의사결정 지원을 목적으로 주요 항목에 대한 핵심정보로만 별도로 구성한 정보시스템이다.
고객관계관리(CRM) (Customer Relationship Management)	기업이 소비자들을 자신의 고객으로 만들고, 이를 장기간 유지하고자 고객과의 관계를 지속적으로 유지·관리하는 광범위한 개념이다.
공급망관리(SCM) (Supply Chain Management)	공급자부터 소비자까지 이어지는 물류, 자재, 제품, 서비스, 정보의 흐름 전반에 걸쳐 계획하고 관리함으로써 수요와 공급의 일치를 최적으로 운영하고 관리하는 활동이다.
전자상거래(EC) (Electronic Commerce)	재화 또는 용역을 거래함에 있어서 그 전부 또는 일부가 전자문서에 의하여 처리되는 방법으로 상행위를 하는 것을 말한다.

예제 ⑪

다음 [보기]의 괄호 안에 들어갈 용어로 맞는 것은 무엇인가?

확장된 ERP시스템 내의 ( )모듈은 공급자부터 소비자까지 이어지는 물류, 자재, 제품, 서비스, 정보의 흐름 전반에 걸쳐 계획하고 관리함으로써 수요와 공급의 일치를 최적으로 운영하고 관리하는 활동이다.

① ERP(Enterprise Resource Planning)
② SCM(Supply Chain Management)
③ CRM(Customer Relationship Management)
④ KMS(Knowledge Management System)

해설 ② SCM(Supply Chain Management)에 대한 설명이다.

③ 전략적 기업경영(SEM) 시스템

기업운영을 위한 전략적 부분을 지원하고, 경영에 필요한 정보를 제공해 주는 전략적 기업경영시스템에는 성과측정관리(균형성과표, BSC), 부가가치경영(VBM), 전략계획 수립 및 시뮬레이션(SFS), 활동기준경영(ABM)등의 단위시스템으로 구성된다.

명칭	주요내용
성과측정관리(균형성과표, BSC) (Balanced Score Card)	기업의 성과를 지속적으로 향상시키기 위해서 재무적인 측정지표 뿐만 아니라 고객만족 등 비재무적인 측정기표도 성과평가에 반영시켜 미래가치를 창출하도록 관리하는 시스템이다.
부가가치경영(VBM) (Value-based Management)	주주 가치의 극대화를 위해 지속적으로 가치를 창출하는 고객 중심의 시스템이며, 포괄적인 경영철학이자 경영기법이다.
전략계획 수립 및 시뮬레이션(SFS) (Strategy Formulation & Simulation)	기업이 목표를 설정하고, 목표에 달성하기 위해 일종의 최적의 전략을 수립하는 과정을 말한다. 이때 기업의 핵심역량과 조직 환경을 실시간으로 모니터링하여 필요에 따라 전략을 수정하거나 새로 적용하여 궁극적으로는 기업의 목표에 쉽게 도달할 수 있도록 해준다.
활동기준경영(ABM) (Activity-Based Management)	프로세스 관점에 입각하여 활동을 분석하고 원가동인 및 성과측정을 통해 고객가치 증대화 원가절감을 도모한다. 궁극적으로는 이익을 개선하고자 하는 경영기법이다.

예제 ⑫

다음 중 기업운영을 위한 전략적 부분을 지원하고, 경영에 필요한 정보를 제공하는 전략적 기업경영(SEM)을 구성하는 단위시스템들로 바르게 짝지은 것은 다음 중 무엇인가?

A. 성과측정(BSC) 시스템
B. 인적자원관리 시스템
C. 지식경영(KMS) 시스템
D. 활동기준경영(ABM) 시스템

① B, C
② A, B
③ A, C
④ A, D

해설 ④ 전략적 기업경영(SEM) 시스템에는 성과측정관리(BSC) 시스템, 부가가치경영(VBM), 전략계획 수립 및 시뮬레이션(SFS), 활동기준경영(ABM) 등의 단위시스템으로 구성된다.

11. 4차 산업혁명과 스마트ERP

(1) 4차 산업혁명과 디지털 전환

① 4차 산업혁명의 정의

4차 산업혁명은 인터넷을 중심으로 하는 정보통신기술을 바탕으로 사물인터넷(Iot), 클라우드, 빅 데이터와 같은 정보기술과 인공지능(AI) 기술이 합쳐진 다양한 지능정보기술들이 서로 융합되어 경제와 산업의 구조와 형태가 혁명적으로 변화하는 과정이다.

> **4차 산업혁명의 주요 기술적 특징**
> 초연결성(hyper-connectivity), 초지능화(super-intelligence), 융합화(convergence)가 있다.

② 디지털 전환의 개념

㉠ 4차 산업혁명 시대의 경제 패러다임은 디지털 전환(Digital Transformation)이다.

㉡ 디지털 전환은 디지털 기술을 사회 전반에 적용하여 전통적인 사회 구조를 혁신시키는 것이다.

㉢ 기업에서 사물인터넷, 클라우드, 빅데이터, 인공지능 등의 핵심기술을 활용하여 기존 전통적인 운영 방식과 서비스를 혁신하는 것이다.

(2) 4차 산업혁명의 핵심원천기술 ; 사물인터넷, 클라우드 컴퓨팅, 빅데이터, 인공지능

① 사물인터넷(IoT; Internet of Things)

㉠ 사물인터넷은 인터넷을 통해서 모든 사물을 연결하여 정보를 상호 소통하는 지능형 정보기술 및 서비스를 말한다.

㉡ 사물인터넷은 수 많은 사물인터넷 기기들이 내장된 센서를 통해 데이터를 수집하고 인터넷을 통해 서로 연결되고 통신하며, 수집된 정보를 기반으로 자동화된 프로세스나 제어기능을 수행할 수 있으므로 다양한 산업분야 뿐만 아니라 스마트 가전, 스마트 홈, 스마트 의료, 원격검침, 교통 분야 등의 일상생활에서도 적용되고 있다.

㉢ 사물인터넷의 미래인 만물인터넷(IoE)은 사물, 사람, 데이터, 프로세스 등 세상에서 연결 가능한 모든 것(만물)이 인터넷에 연결되어 서로 소통하며 새로운 가치 창출하는 기술이다.

예제 13

[보기]는 무엇에 대한 설명인가?

- 인터넷을 통해서 모든 사물을 서로 연결하여 정보를 상호 소통하는 지능형 정보기술 및 서비스
- 해당 기기들이 내장 센서를 통해 데이터를 수집하고 인터넷을 통해 서로 연결·통신하며, 수집된 정보 기반으로 자동화된 프로세스나 제어기능을 수행함
- 스마트 가전, 스마트 홈, 의료, 원격검침, 교통 등 다양한 산업 분야에 적용됨

① 사물인터넷(Internet of Things) ② 클라우드 컴퓨팅(Cloud Computing)
③ 인공신경망(Artificial Neural Network) ④ 사이버물리시스템(Cyber Physical System)

해설 ① 사물인터넷(Internet of Things)에 대한 설명이다.

② 클라우드 컴퓨팅(Cloud Computing)

㉠ 클라우드 컴퓨팅은 인터넷을 통하여 외부사용자에게 IT자원을 제공하고 사용하게 하는 기술 및 서비스를 의미한다.

㉡ 사용자들은 클라우드 컴퓨팅 사업자가 제공하는 IT자원(소프트웨어, 스토리지, 서버, 네트워크)을 필요한 만큼 빌려서 사용하고, 사용한 만큼 비용을 지불하는 컴퓨팅을 의미한다.

㉢ 클라우드 서비스는 필요한만큼의 IT자원을 빠르게 확장하거나 축소할 수 있고 어디에서나 접속할 수 있으며, 기술적인 관리부담이 없다는 장점을 갖고 있다.

㉣ 클라우드는 기업의 IT인프라에 대한 유지보수 부담을 경감시키고, 사업초기 대규모 초기투자비용에 대한 부담도 경감시킬 수 있다.

㉤ 클라우드 서비스는 IaaS(Infrastructure as a Service), PaaS(Platform as a Service), SaaS(Software as a Service)로 구성된다.

IaaS (인프라형 서비스)	기업의 업무처리에 필요한 서버, 스토리지, 데이터베이스, 네트워크 등의 IT 인프라 자원을 클라우드 서비스로 빌려 쓰는 형태이다.
PaaS (플랫폼형 서비스)	기업이 각각의 업무에 필요한 소프트웨어를 개발할 수 있는 플랫폼을 제공받는 것으로 PaaS를 통해 서비스 구성 컴포넌트 및 호환성 제공서비스를 지원받는다. (예) 웹 프로그램, 제작 툴, 개발도구지원, 과금모듈, 사용자관리모듈 등
SaaS (서비스형 소프트웨어)	기업이 사용하는 소프트웨어를 클라우드 서비스를 통해 빌려 쓰는 것을 의미한다.

예제 14

다음 [보기]에서 설명하는 클라우드 서비스 유형은 무엇인가?

기업의 업무처리에 필요한 서버, 스토리지, 데이터베이스, 네트워크 등의 IT 인프라 자원을 클라우드 서비스로 빌려 쓰는 형태이다.

① IaaS(Infrastructure as a Service) ② PaaS(Platform as a Service)
③ SaaS(Software as a Service) ④ MaaS(Manufacturing as a Service

해설 ① IT 인프라 자원을 클라우드 서비스로 빌려 쓰는 형태를 IaaS라 한다.

예제 15

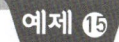

클라우드 서비스 사업자가 클라우드 컴퓨팅 서버에 ERP소프트웨어를 제공하고, 사용자가 원격으로 접속해 ERP소프트웨어를 활용하는 서비스를 무엇이라 하는가?

① IaaS(Infrastructure as a Service) ② PaaS(Platform as a Service)
③ SaaS(Software as a Service) ④ DaaS(Desktop as a Service)

해설 ③ SaaS (Software as a Service): 클라우드 컴퓨팅 서비스 사업자가 클라우드 컴퓨팅 서버에 소프트웨어를 제공하고, 사용자가 원격으로 접속해 해당 소프트웨어를 활용하는 모델이다.

【클라우드 서비스의 비즈니스 모델】

퍼블릭(Public, 공개형) 클라우드	개방형 서비스(external cloud)로 전 세계의 소비자, 기업고객, 공공기관 및 정부 등 모든 주체가 클라우드 컴퓨팅을 사용할 수 있다. 사용량에 따라 사용료를 지불하며 규모의 경제를 통해 경쟁력 있는 서비스 단가를 제공한다는 장점이 있다.
사설(Private, 폐쇄형) 클라우드	특정한 기업 내부 구성원만 접근할 수 있는 전용 클라우드 서비스를 말한다. 초기 투자비용이 높으며, 주로 데이터의 보안 확보와 프라이버시 보장이 필요한 경우 사용된다.
하이브리드(Hybrid, 혼합형) 클라우드	특정 업무는 폐쇄형 클라우드 방식을 이용하고, 기타 업무는 공개형 클라우드 방식을 이용하는 것을 말한다.

예제 16

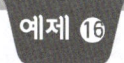

클라우드 서비스의 비즈니스 모델에 관한 설명으로 옳지 않은 것은?

① 공개형 클라우드는 사용량에 따라 사용료를 지불하며 규모의 경제를 통해 경쟁력 있는 서비스 단가를 제공한다는 장점이 있다.
② 공개형 클라우드는 데이터의 소유권 확보와 프라이버시 보장이 필요한 경우 사용된다.
③ 폐쇄형 클라우드는 특정한 기업 내부 구성원에게만 제공되는 서비스(internal cloud)를 말한다.
④ 혼합형 클라우드는 특정 업무는 폐쇄형 클라우드 방식을 이용하고 기타 업무는 공개형 클라우드 방식을 이용하는 것을 말한다.

해설 ② 폐쇄형 클라우드는 주로 대기업에서 데이터의 소유권 확보와 프라이버시 보장이 필요한 경우 사용된다.

③ 빅데이터(Big Data)

㉠ 빅데이터는 규모가 방대한 디지털 데이터이며, 수치, 문자, 이미지, 영상데이터를 포함한 다양하고 거대한 양의 데이터의 집합을 말한다.
㉡ 수치나 문자를 처리하는 전통적인 데이터베이스 시스템과 달리, 복잡성과 대량의 규모를 갖는 빅데이터를 처리하기 위해서는 특별한 기술과 처리 도구가 필요하다.
㉢ 빅데이터의 특성

【빅데이터의 5가지 주요 특성(5V)】

구 분	내 용
규모(Volume)	• 데이터 양이 급격하게 증가(대용량화) • 기존 데이터관리시스템의 성능적 한계 도달
다양성(Variety)	• 데이터의 종류와 근원 확대(다양화) • 로그 기록, 소셜, 위치, 센서 데이터 등 데이터 종류의 증가 (반정형, 비정형데이터의 증가)
속도(Velocity)	• 소셜 데이터, IoT 데이터, 스트리밍 데이터 등 실시간성 데이터 증가 • 대용량 데이터의 신속하고 즉각적인 분석 요구
정확성(Veracity)	• 데이터의 신뢰성, 정확성, 타당성 보장이 필수 • 데이터 분석에서 고품질 데이터를 활용하는 것이 분석의 정확도(예측정확도)에 영향을 줌
가치(Value)	• 빅데이터가 추구하는 것은 가치 창출 • 빅데이터 분석 통해 도출된 최종 결과물은 기업이 당면하고 있는 문제 해결하는데 통찰력 있는 정보 제공

④ 빅데이터 플랫폼의 빅데이터 처리과정

[데이터(생성) → 수집 → 저장(공유) → 처리 → 분석 → 시각화]

예제 17

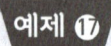

빅데이터의 주요 특성(5V)으로 옳지 않은 것은?

① 속도(Velocity) ② 규모(Volume)
③ 필수성(Vital) ④ 다양성(Variety)

해설 ③ 빅데이터의 5가지 주요특성은 규모, 다양성, 속도, 정확성, 가치를 말한다.

예제 18

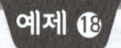

다음 중 빅데이터 플랫폼의 빅데이터 처리과정으로 옳지 않은 것은?

① 데이터 수집기술 ② 데이터 분석기술
③ 데이터 복구기술 ④ 데이터 시각화기술

해설 ③ 빅데이터 처리과정은 데이터(생성) → 수집 → 저장(공유) → 처리 → 분석 → 시각화이다.

⑤ 인공지능(AI; Artificial Intelligence)

㉠ 인공지능은 인간의 학습능력, 추론능력, 지각능력, 자연어 이해능력 등을 컴퓨터 프로그램으로 실현한 기술이다.

㉡ 인공지능 기술은 대량의 정보를 빠르게 분석하여 실시간으로 최적의 의사결정을 내릴 수 있으므로 기존의 사회구조, 운영방법 등의 측면에서 사회와 산업 전반에 커다란 영향을 미치게 된다.

(3) 4차 산업혁명 시대의 스마트 ERP

① 전사적 자원관리(ERP; Enterprise Resource Planning)는 제조 및 생산, 재무 및 회계, 판매 및

마케팅, 인적자원관리 등의 핵심 비즈니스 프로세스들로부터 데이터를 수집하여, 그 데이터를 하나의 통합데이터베이스에 저장하여 관리하는 통합관리시스템이다.

② 스마트 ERP는 인공지능(AI), 빅데이터(Big Data), 사물인터넷(IoT), 블록체인(Blockchain) 등의 신기술과 융합하여 보다 지능화된 기업경영이 가능한 통합시스템이다.

③ 인공지능 기반의 빅데이터 분석을 통해 최적화와 예측분석이 가능하여 과학적이고 합리적인 의사결정지원이 가능하다.

④ 제조업에서는 빅데이터 처리 및 분석기술을 기반으로 생산 자동화를 구현하고 ERP와 연계하여 생산계획의 선제적 예측과 실시간 의사결정이 가능해진다.

⑤ 최근에는 빅데이터 분석과 인공지능 기술이 적용된 비즈니스 애널리틱스(Business Analytics)가 추가된 스마트 ERP가 활용되고 있다.

⑥ 비즈니스 애널리틱스는 질의 및 보고와 같은 기본적인 분석기술과 예측 모델링과 같은 수학적으로 정교한 수준의 분석을 지원한다.

예제 ⑲

4차 산업혁명 시대의 스마트 ERP에 대한 설명으로 적절하지 않은 것은?

① 정교한 수준의 예측 모델을 제시할 수 있다.
② ERP와 연계하여 생산계획의 선제적 예측과 실시간 의사결정이 가능해진다.
③ 스마트 ERP는 인공지능 등의 기술을 활용하여 지능화된 기업경영을 가능하게 하는 통합 정보시스템이다.
④ 모든 비즈니스 간의 융합을 지원하지 않으나, 전략경영분석 도구를 통해 특정 산업에서 상위계층의 의사결정을 돕는데 적용된다.

해설 ④ 빅데이터, AI융합으로 전략경영 등의 분석 도구를 추가하게 되어 상위 계층의 의사결정을 지원할 수 있다.

(4) 사이버물리시스템(CPS; Cyber Physical System)

사이버물리시스템은 제품, 공정, 생산설비와 공장에 대한 실제 세계와 가상 세계의 통합시스템이며 제조 빅데이터를 기반으로 사이버모델을 구축하고 이를 활용하여 최적의 설계 및 운영을 수행하는 것이다.

예제 ⑳

제품, 공정, 생산설비와 공장에 대한 실제 세계와 가상 세계의 통합시스템이며 제조 빅데이터를 기반으로 사이버모델을 구축하고 이를 활용하여 최적의 설계 및 운영을 수행하는 것을 무엇이라 하는가?

① 사이버물리시스템(Cyber Physical System, CPS)
② 비즈니스 애널리틱스(Business Analytics)
③ 전사적 자원관리(Enterprise Resource Planning, ERP)
④ 공급사슬관리(Supply Chain Management, SCM

해설 ① 실제 세계와 가상세계의 통합시스템을 사이버물리시스템이라 한다.

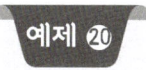

(5) 제조업의 스마트화와 스마트팩토리

① 정의

스마트팩토리(smart factory)란 설계·개발, 제조 및 유통·물류 등 생산 과정에 4차 산업의 핵심기술이 결합된 ICT를 적용하여 생산성, 품질, 고객만족도를 획기적으로 향상시키는 지능형 생산공장을 말한다. 사물인터넷(IoT)을 결합하여 공장의 설비(장비) 및 공정에서 발생하는 모든 데이터 및 정보가 센서(sensor)를 통한 네트워크로 연결되어 공유되고 실시간으로 데이터를 분석하여 필요한 의사결정을 내릴 수 있도록 지원하여 생산 및 운영이 최적화된 공장이다.

② 스마트팩토리의 구축 필요성

㉠ 제조업은 국가경제의 핵심적인 경쟁요소이다.

㉡ 과거에는 생산원가 절감을 위하여 기업의 제조시설을 해외로 이전하는 경향이 많았으나, 최근에는 국가경쟁력 회복을 위하여 제조시설의 리쇼어링(reshoring) 경향이 나타나고 있다.

㉢ 세계 각국은 제조기업이 경쟁력을 향상시키기 위하여 스마트팩토리 구축을 적극 지원하고 있다.

㉣ 스마트팩토리의 주요 구축 목적은 생산성 향상과 유연성 향상을 위하여 생산시스템의 지능화, 유연화, 최적화, 효율화 구현에 있다.

㉤ 세부적으로는 고객서비스 향상, 비용절감, 납기향상, 품질향상, 인력효율화, 맞춤형제품생산, 통합된 협업생산시스템, 최적화된 동적생산시스템, 새로운 비즈니스 창출, 제품 및 서비스의 생산통합, 제조의 신뢰성 확보 등의 목적을 갖는다고 할 수 있다.

③ 스마트팩토리의 구성영역과 기술요소

구성영역	기술요소
제품개발	제품수명주기관리(PLM)시스템을 이용하여 제품의 개발, 생산, 유지보수, 폐기까지의 전 과정을 체계적으로 관리한다.
현장자동화	인간과 협업하거나 독자적으로 제조작업을 수행하는 시스템으로 공정자동화, IOT, 설비제어장치(PLC), 산업로봇, 머신비전 등의 기술이 이용된다.
공장운영관리	자동화된 생산설비로부터 실시간으로 가동정보를 수집하여 효율적으로 공장운영에 필요한 생산계획 수립, 재고관리, 제조자원관리, 품질관리, 공정관리, 설비제어 등을 담당하며, 제조실행시스템(MES), 창고관리시스템(WMS), 품질관리시스템(QMS) 등의 기술이 이용된다.
공급사슬관리	제품생산에 필요한 원자재 조달에서부터 고객에게 제품을 전달하는 전체 과정의 정보를 실시간으로 수집하여 효율적인 물류시스템 운영, 고객만족을 목적으로 하며, SCM 등의 기술이 이용된다.

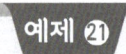

예제 21

스마트팩토리의 주요 구축 목적이 아닌 것은?

① 생산성 향상 ② 유연성 향상
③ 고객서비스 향상 ④ 제품 및 서비스의 이원화

해설 ④ 제품 및 서비스의 생산통합

예제 22

스마트공장의 구성영역 중에서 생산계획 수립, 재고관리, 제조자원관리, 품질관리, 공정관리, 설비제어 등을 담당하는 것은?

① 제품개발 ② 현장자동화
③ 공장운영관리 ④ 공급사슬관리

해설 ③ 공장운영관리에 대한 설명이다.

(6) 스마트팩토리와 ERP

① 빅데이터와 ERP

㉠ 스마트팩토리는 공정별 자동화 설비와 응용시스템(ERP, MES, PLM 등) 간에 실시간 연결하고 인공지능에 의한 데이터 분석을 통해 공장운영을 최적화하는 지능형 공장운영 체계구현을 목표로 한다.

㉡ 스마트팩토리는 ERP, MES, PLM 등 기존 시스템으로부터 기준정보, 실적정보, 설비상태, 검사정보 등의 실시간 운영데이터와 현장 센서/설비로부터 수집되는 정형/비정형 빅데이터를 모두 통합하여 이를 기반으로 제조 빅데이터 분석을 수행한다.

㉢ 제조빅데이터분석은 스마트팩토리에서 생성되는 정형 및 비정형데이터를 인공지능기법(신경망 등)을 이용하여 예측, 추측, 최적화 문제를 해결하는 것이다.

② 사이버물리시스템(CPS)과 ERP

㉠ 사이버물리시스템(CPS; Cyber Physical System)은 실제의 물리적인 제품, 생산설비, 공정, 공장을 사이버 공간에 그대로 구현하고 서로 긴밀하게 통합되어 동작하는 통합시스템이다.

㉡ CPS는 IOT 기술을 활용하여 공장운영 전반의 데이터를 실시간으로 수집하여 공장운영현황을 모니터링하고 제조빅데이터를 분석하여 설비와 공정을 제어함으로써 공장운영의 최적화를 수행한다.

㉢ CPS의 데이터를 ERP시스템으로 통합하여 주문처리, 생산계획, 구매관리, 재고관리와 같은 업무프로세스를 지원하는 상호작용이 가능하다.

(7) 제품수명주기관리(PLM; Product Lifecycle Management)와 ERP

① 제품수명주기관리는 제품 기획, 설계, 생산, 출시, 유통, 유지보수, 폐기까지의 제품수명주기의 모든 단계에 관련된 프로세스와 관련 정보를 통합관리하는 응용시스템이며, 사람, 기술, 프로세스 및 모범 사례로 구성되는 통합된 정보 지향적 접근방식을 의미한다.

② PLM은 제품의 설계, 속성, 관련 문서 등의 정보를 관리하고 제품수명주기에 따른 프로세스를 계획하고 효과적으로 관리한다.

③ PLM은 제품 중심의 생명주기관리에 초점을 두며, ERP는 기업전반의 자원 및 프로세스를 통합적으로 관리하는 데 중점을 두고 있으므로 제품의 생산, 유통, 재무프로세스를 효율화하는

데 PLM과 ERP가 상호작용이 가능하다.

④ 또한 ERP에서 관리하지 못하는 제품의 기술적인 정보는 설계, 조달, 제조, 생산 프로세스의 효율화 및 원가 절감에 활동이 가능하다.

12. 인공지능과 비즈니스 혁신

(1) 인공지능(Artificial Intelligence, AI)의 개요

① 인공지능의 정의

인공지능은 인간의 학습능력과 추론능력, 지각능력, 자연언어의 이해능력 등을 컴퓨터 프로그램으로 실현한 기술이다.

② 인공지능의 기술발전

인공지능의 기술발전은 계산주의 시대, 연결주의 시대, 딥러닝 시대로 구분된다.

㉠ 계산주의 시대 ; 인공지능 초창기 시대는 계산주의(computationalism) 시대이다. 인간이 보유한 지식을 컴퓨터로 표현하고 이를 활용해 현상을 분석하거나 문제를 해결하는 지식기반 시스템을 말한다. 컴퓨팅 성능 제약으로 인한 계산기능(연산기능)과 논리체계의 한계, 데이터 부족 등의 근본적인 문제에 직면하여 결국 계산주의 연구는 기대에 부응하지 못하였다.

㉡ 연결주의 시대 ; 계산주의로 인공지능 발전에 제약이 생기면서 1980년대에 연결주의(connectionism)가 새롭게 대두되었다. 지식을 직접 제공하기보다 지식과 정보가 포함된 데이터를 제공하고 컴퓨터가 스스로 필요한 정보를 학습한다. 인간의 두뇌를 모사하는 인공신경망(Artificial Neural Network)을 기반으로 한 모델이다. 막대한 컴퓨팅 성능과 방대한 학습데이터가 필수적이나 당시에도 이들이 부족하여 비즈니스 활용 측면에서 한계가 있었다. 학습에 필요한 빅데이터와 컴퓨팅 파워의 부족이라는 한계를 극복하지 못하였다.

㉢ 딥러닝의 시대 ; 2010년 이후 GPU(Graphic Processing Unit)의 등장과 분산처리기술의 발전으로 계산주의와 연결주의 시대의 문제점인 방대한 양의 계산문제를 대부분 해결하게 되었다. 사물인터넷과 클라우드 기술의 발전으로 빅데이터가 생성 및 수집되면서 인공지능 연구는 새로운 전환점을 맞이하였다. 딥러닝(deep learning, 심층학습)은 기계학습방법 중 하나로 컴퓨터가 방대한 데이터를 이용해 사람처럼 스스로 학습할 수 있도록 심층신경망 기술을 이용한 기법이다. 심층신경망은 입력층(input layer)과 출력층(output layer) 사이에 다수의 숨겨진 은닉층(hidden layer)으로 구성된 신경망이다. 현재 딥러닝은 음성인식, 이미지인식, 자동번역, 무인주행(자동차, 드론) 등에 큰 성과를 나타내고 있으며 의료, 법률, 세무, 교육, 예술 등 다양한 범위에서 활용되고 있다.

예제 23

인공지능의 기술발전에 대한 설명으로 옳지 않은 것은?

① 계산주의는 인간이 보유한 지식을 컴퓨터로 표현하고 이를 활용해 현상을 분석하거나 문제를 해결하는 지식기반시스템을 말한다.

② 연결주의는 지식을 직접 제공하기보다 지식과 정보가 포함된 데이터를 제공하고 컴퓨터가 스스로 필요한 정보를 학습한다.

③ 연결주의 시대는 학습에 필요한 빅데이터와 컴퓨팅 파워의 부족이라는 한계를 극복하였다.

④ 딥러닝은 입력층(input layer)과 출력층 (output layer) 사이에 다수의 숨겨진 은닉층(hidden layer)으로 구성된 심층신경망(Deep Neural Networks)을 활용한다.

해설 ③ 연결주의 시대도 학습에 필요한 빅데이터와 컴퓨팅 파워의 부족이라는 한계를 극복하지 못하였다.

(2) 인공신경망(artificial neural network)과 딥러닝(deep learning) 알고리즘

① 인공신경망의 정의

인공신경망은 인간의 학습과 직관이 일어나는 생물학적인 신경망 과정을 모방한 컴퓨터 프로그램이다. 이미 존재하는 어떤 규칙이나 구조에 따라 프로그램화되는 것이 아니라 경험과 시행착오법을 통해 실제학습이 이루어진다. 딥러닝은 기계학습 방법 중 하나로 컴퓨터가 방대한 데이터를 이용해 사람처럼 스스로 학습할 수 있도록 심층신경망 기술을 이용한 기법이다.

② 딥러닝 알고리즘의 종류

㉠ 합성곱 신경망(CNN; convolutional neural network)은 필터링 기법을 인공신경망에 적용하여 이미지를 효과적으로 처리할 수 있는 심층신경망 기법이다. 이미지 인식 및 분류에 효과적인 성능을 보이고 있다.

㉡ 순환신경망(RNN; Recurrent Neural Network)은 딥러닝 알고리즘 중 하나로 순환적인 구조를 가지고 있는 인공신경망이다. 입력과 출력을 시퀀스(sequence) 단위로 처리하며 자연어 처리 및 시계열 예측분야에 활용되고 있다.

(3) 인공지능과 빅데이터 분석기법

빅데이터 분석기법은 인공지능 기술이 활용된다. 대표적인 인공지능 기반 빅데이터 분석기법으로 기계학습, 데이터마이닝, 텍스트마이닝 등이 있다.

① 기계학습(machine learning, 머신러닝)

㉠ 기계학습(머신러닝)의 정의

기계학습(머신러닝)이란 방대한 데이터를 분석해 미래를 예측하는 기술로 일반적으로 생성(발생)된 데이터를 정보와 지식(규칙)으로 변환하는 컴퓨터 알고리즘을 의미한다.

㉡ 기계학습(머신러닝)의 유형

【기계학습의 유형】

구 분	내 용
지도학습	• 학습 데이터로부터 하나의 함수를 유추해내기 위한 방법이다. • 학습 데이터로부터 주어진 데이터의 예측 값을 올바로 추측해 내는 것이다. • 방법; 분류모형과 회귀모형
비지도학습	• 데이터가 어떻게 구성되었는지를 알아내는 문제의 범주에 속한다. • 입력값에 대한 목표치가 주어지지 않는다. • 방법; 군집분석, 오토인코더, 생성적적대신경망(GAN)
강화학습	• 선택 가능한 행동들 중 보상을 최대화하는 행동 혹은 순서를 선택하는 방법이다. • 방법; 게임 플레이어 생성, 로봇 학습 알고리즘, 공급망 최적화

예제 ㉔

기계학습의 종류에 해당하지 않는 것은?

① 지도학습(Supervised Learning)
② 강화학습(Reinforcement Learning)
③ 비지도학습(Unsupervised Learning)
④ 시뮬레이션학습(Simulation Learning)

해설 ② 기계학습의 종류에는 지도학습, 비지도학습, 강화학습이 있다.

예제 ㉕

기계학습에 대한 설명으로 옳지 않은 것은?

① 지도학습은 학습 데이터로부터 하나의 함수를 유추해내기 위한 방법이다.
② 비지도학습 방법에는 분류모형과 회귀모형이 있다.
③ 비지도학습은 입력값에 대한 목표치가 주어지지 않는다.
④ 강화학습은 선택 가능한 행동들 중 보상을 최대화하는 행동 혹은 순서를 선택하는 방법이다.

해설 ② 지도학습 방법에는 분류모형과 회귀모형이 있다.

㉢ 기계학습(머신러닝) 워크플로우 (machine learning workflow)

데이터를 수집하고 머신러닝을 수행하는 과정, 머신러닝 워크플로우는 6단계로 구성된다.

【머신러닝 워크플로우의 6단계】

단 계	내 용
데이터 수집 단계	인공지능 구현을 위해서는 머신러닝·딥러닝 등의 학습방법과 이것을 학습할 수 있는 방대한 양의 데이터가 필요하다. 분석 목적에 맞는 데이터를 수집하며 수집 방법은 내부의 데이터웨어하우스나 데이터베이스 내의 데이터, 조직 외부의 데이터 소스 등을 통해 이루어진다.
점검 및 탐색 단계	데이터를 점검하고 탐색하는 탐색적 데이터 분석(EDA; machine learning workflow)을 수행한다. EDA는 데이터의 구조와 결측치 및 극단치 데이터를 정제하는 방법을 탐색한다. EDA는 독립변수, 종속변수, 변수 유형, 변수의 데이터 유형 등 데이터 특징을 파악한다.
전처리 및 정제 단계	다양한 소스로부터 획득한 데이터 중 분석하기에 부적합하거나 수정이 필요한 경우 데이터를 전처리하거나 정제하는 과정이다.
모델링 및 훈련 단계	머신러닝에 대한 코드를 작성하는 모델링 단계를 말한다. 적절한 머신러닝 알고리즘을 선택하여 모델링을 수행하고, 해당 머신러닝 알고리즘에 전처리가 완료된 데이터를 학습시킨다(훈련). 전처리 완료된 데이터 셋(data set)은 학습용 데이터(training data)와 평가용 데이터(test data)로 구성한다.
평가 단계	머신러닝 기법을 이용한 분석모델(연구모형)을 실행하고 성능(예측정확도)을 평가하는 단계이다. 모형평가에는 연구모형이 얼마나 정확한가, 연구모형이 관찰된 데이터를 얼마나 잘 설명하는가, 연구모형의 예측에 대해 얼마나 자신할 수 있는가(신뢰성, 타당성), 모형이 얼마나 이해하기 좋은가 등을 평가하고 만족하지 못한 결과가 나온다면 모델링 및 훈련 단계를 반복 수행한다.
배포 단계	평가 단계에서 머신러닝 기법을 이용한 연구모형이 성공적으로 학습된 것으로 판단되면 완성된 모델을 배포한다. 분석모델을 실행하여 도출된 최종결과물을 점검하고, 사업적 측면에서 결과의 가치를 재평가한다. 분석모델을 파일럿 테스트(pilot test, 시험작동)를 통해 운영한 다음 안정적으로 확대하여 운영계 시스템에 구축한다.

【머신러닝 워트플로워(6단계)】

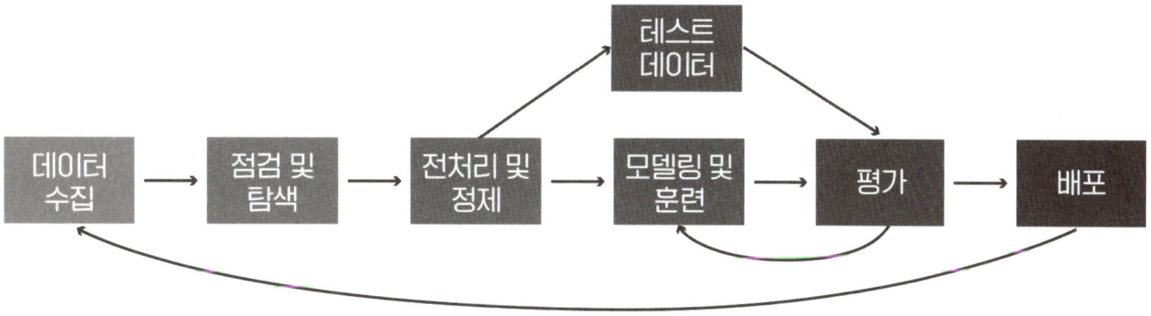

예제 26

머신러닝 워크플로우 프로세스의 순서를 고르시오.

① 데이터 수집 → 점검 및 탐색 → 전처리 및 정제 → 모델링 및 훈련 → 평가 → 배포
② 점검 및 탐색 → 데이터 수집 → 전처리 및 정제 → 모델링 및 훈련 → 평가 → 배포
③ 데이터 수집 → 전처리 및 정제 → 모델링 및 훈련 → 평가 → 배포 → 점검 및 탐색
④ 데이터 수집 → 전처리 및 정제 → 점검 및 탐색 → 모델링 및 훈련 → 평가 → 배포

해설 ① 데이터 수집 → 점검 및 탐색 → 전처리 및 정제 → 모델링 및 훈련 → 평가 → 배포

② 데이터마이닝(Data Mining)

㉠ 데이터마이닝(Data Mining)의 정의

– 축적된 대용량 데이터를 통계기법 및 인공지능기법을 이용하여 분석하고 이에 대한 평가

를 거쳐 일반화시킴으로써 새로운 자료에 대한 예측 및 추측을 할 수 있는 의사결정을 지원한다.

– 대규모로 저장된 데이터 안에서 다양한 분석기법을 활용하여 전통적인 통계학 이론으로는 설명이 힘든 패턴과 규칙을 발견한다.

ⓛ 데이터마이닝의 단계

데이터마이닝은 분류(classification), 추정(estimation), 예측(prediction), 유사집단화(affinity grouping), 군집화(clustering)의 5가지 업무영역으로 구분한다.

【데이터마이닝의 5가지 업무 영역】

업무영역	데이터마이닝 기법	사례
분류	의사결정나무분석, 사례기반추론	부도기업과 건전기업 분류, 신용우량고객과 불량고객 분류, 보험사기분류(정상청구, 허위청구)
추정	회귀분석, 신경망	수입, 은행잔고, 배당금 산출, 고객평생가치 산출
예측	장바구니분석, 사례기반추론, 의사결정나무, 신경망	소비자구매행동예측, 고객이탈률예측, 부도확률예측, 환율변동성예측
유사집단화	장바구니분석, 연관성분석	장바구니 분석, 교차판매, 끼워팔기 전략 수립
군집화	클러스터링	시장 세분화

예제 27

[보기]는 무엇에 대한 설명인가?

- 축적된 대용량 데이터를 통계기법 및 인공지능기법을 이용하여 분석하고 이에 대한 평가를 거쳐 일반화시킴으로써 새로운 자료에 대한 예측 및 추측을 할 수 있는 의사결정을 지원한다.
- 대규모로 저장된 데이터 안에서 다양한 분석기법을 활용하여 전통적인 통계학 이론으로는 설명이 힘든 패턴과 규칙을 발견한다.
- 분류(classification), 추정(estimation), 예측(prediction), 유사집단화(affinity grouping), 군집화(clustering)등의 다양한 기법이 사용된다.

① 챗봇(Chat Bot) ② 블록체인(Block Chain)
③ 스마트계약(Smart Contract) ④ 데이터마이닝(Data Mining)

해설 ④ 데이터마이닝(Data Mining)에 대한 설명이다.

③ 텍스트마이닝(Text Mining)

㉠ 텍스트마이닝(Text Mining)의 정의

– 최근 텍스트, 이미지, 음성데이터와 같이 정형화 되지 않은 비정형데이터(unstructured data)를 다루는 기술이 빠르게 발전하고 있다.

– 기업에서 생산되는 데이터의 80% 이상은 비정형데이터로 이루어져 있으며, 그 중 텍스트 데이터는 가장 대표적인 비정형 데이터이다.

– 온라인 쇼핑몰 이용자는 구매자가 남긴 제품리뷰 텍스트(구매후기)로부터 제품에 대한 정보를 수집한다. 이들 텍스트데이터를 분석하여 구매자들의 구매행동예측과 제품선호도를 분석할 수 있다.

ⓛ 텍스트마이닝의 특징

- 텍스트마이닝은 자연어(natural language) 형태로 구성된 비정형 또는 반정형 텍스트데이터에서 패턴 또는 관계를 추출하여 의미 있는 정보를 찾아내는 기법으로 자연어처리가 핵심기술이다.
- 자연어처리는 컴퓨터를 이용해 사람의 자연어를 분석하고 처리하는 기술로 자연어 분석, 자연어 이해, 자연어 생성의 기술이 사용된다.
- 텍스트마이닝 분석을 실시하기 위해서는 불필요한 정보를 제거하고, 비정형데이터를 정형데이터로 구조화하는 작업이 필요한데 이를 위해 데이터 전처리(data preprocessing) 과정이 필수적이다.
- 데이터 전처리 과정은 텍스트 형태로 작성된 문서를 컴퓨터가 자동으로 인식할 수 있도록 사전 작업을 수행하는 것이다.

예제 28

[보기]는 무엇에 대한 설명인가?

- 자연어(natural language) 형태로 구성된 비정형 또는 반정형 데이터에서 패턴 또는 관계를 추출하여 의미 있는 정보를 찾아내는 기법
- 온라인 쇼핑몰 남긴 제품리뷰(구매후기)로부터 제품에 대한 정보를 수집하고, 분석하여 구매자의 행동예측과 제품선호도 등을 분석할 수 있다.

① 블록체인(Block Chain) ② 가상현실(Virtual Reality)
③ 텍스트마이닝(Text Mining) ④ 시뮬레이션학습(Simulation Learning)

해설 ③ 텍스트마이닝(Text Mining)에 대한 설명이다.

예제 29

인공지능 기반의 빅데이터 분석기법에 대한 설명으로 적절하지 않은 것은?

① 텍스트마이닝 분석을 실시하기 위해서는 불필요한 정보를 제거하는 데이터 전처리(data preprocessing) 과정이 필수적이다.
② 텍스트마이닝은 자연어(natural language) 형태로 구성된 정형데이터에서 패턴 또는 관계를 추출하여 의미 있는 정보를 찾아내는 기법이다.
③ 데이터마이닝은 대규모로 저장된 데이터 안에서 다양한 분석기법을 활용하여 전통적인 통계학 이론으로는 설명이 힘든 패턴과 규칙을 발견한다.
④ 데이터마이닝은 분류(classification), 추정(estimation), 예측(prediction), 유사집단화(affinity grouping), 군집화(clustering)의 5가지 업무영역으로 구분할 수 있다.

해설 ② 텍스트마이닝은 자연어(natural language) 형태로 구성된 비정형 또는 반정형 텍스트데이터에서 패턴 또는 관계를 추출하여 의미 있는 정보를 찾아내는 기법이다.

(4) 인공지능 비즈니스 혁신

① 정의

RPA(Robotic Process Automation, 로봇 프로세스 자동화)는 소프트웨어 프로그램이 사람을 대신해 반복적인 업무를 자동 처리하는 기술을 말한다. 인공지능과 머신러닝을 사용하여 가능한 많은 반복적 업무를 자동화할 수 있는 소프트웨어 로봇 기술이다. RPA는 반복적인 규칙 기반 작업에 특화되어 있으며, RPA와 AI를 통합하는 경우에 RPA로 구현된 로봇은 AI 알고리즘을 사용하여 의사 결정을 내릴 수 있고, 기계 학습을 통해 작업을 최적화하는 등의 지능적인 자동화가 가능할 수 있다.

② 적용분야

㉠ 시장조사기관 가트너(Gartner)에 따르면 RPA를 활용하면 기존 사무 작업의 80%가 자동화가 가능하다고 전망한 바 있다.

㉡ 최근 제조, 금융, 유통 등 다양한 분야에서 RPA가 적용되고 있다.

㉢ 제조 산업은 인공지능을 활용한 디지털 전환으로 RPA 도입 · 적용이 활발히 이루어져 인력 및 업무 구조 변화가 일어나고 있다.

㉣ 독일 자동차 제조회사 BMW는 글로벌 공장에 스마트팩토리를 도입하여 공장 운영 효율화 및 자동화를 위해 RPA 기술을 적극 적용하고 있다.

㉤ 금융권은 업무 생산성을 위한 RPA를 정보조회, 금리산출, 여신심사, 자금세탁방지 등 업무 전반에 도입하여 직원들의 효율적인 업무수행을 돕고 비용을 절감하고 있다.

③ RPA 적용단계

㉠ 1단계 기초프로세스 자동화 : 정형화된 데이터 기반의 자료 작성, 단순 반복 업무 처리, 고정된 프로세스 단위 업무 수행 등이 해당된다.

㉡ 2단계 데이터 기반의 머신러닝 활용 : 이미지에서 텍스트 데이터 추출, 자연어 처리로 정확도와 기능성을 향상시키는 과정이다.

㉢ 3단계 인지자동화 : RPA가 업무 프로세스를 스스로 학습하면서 자동화하는 단계이며, 빅데이터 분석을 통해 사람이 수행하는 더 복잡한 작업과 의사결정을 내리는 수준이다.

예제 30

정형화된 데이터 기반의 자료 작성, 단순 반복 업무 처리, 고정된 프로세스 단위 업무 수행이 이루어지는 RPA 적용단계는 무엇인가?

① 인지자동화
② 예측모델구축
③ 기초프로세스 자동화
④ 데이터 기반의 머신러닝(기계학습) 활용

해설 ③ 1단계 기초프로세스 자동화 적용단계이다.

예제 31

다음 [보기]에서 설명하는 RPA 적용단계는 무엇인가?

빅데이터 분석을 통해 사람이 수행한 복잡한 의사결정을 내리는 수준이다. 이것은 RPA가 업무 프로세스를 스스로 학습하면서 자동화하는 단계이다.

① 기초프로세스 자동화
② 데이터 기반의 머신러닝(기계학습) 활용
③ 인지자동화
④ 데이터전처리

해설 ③ 3단계 인지자동화는 빅데이터 분석을 통해 사람이 수행한 복잡한 의사결정을 내리는 수준이다. 이것은 RPA가 업무 프로세스를 스스로 학습하면서 자동화하는 단계이다.

(5) 인공지능 비즈니스 혁신: 챗봇(ChatBot)

① 정의

채팅(Chatting)과 로봇(Robot)의 합성어인 챗봇(ChatBot)은 로봇의 인공지능을 대화형 인터페이스에 접목한 기술로 인공지능을 기반으로 사람과 상호작용하는 대화형 시스템을 지칭한다. 챗봇은 기업에서 사용하는 메신저에서 채팅을 하듯이 질문을 입력하면 인공지능이 빅데이터 분석을 통해 일상 언어로 사람과 소통하는 대화형 메신저이다.

② 적용분야

㉠ 현재 대화형 상거래, 고객상담센터, 법률자문, 헬스케어, 여행/관광 분야를 중심으로 챗봇 시장이 성장하고 있다.

㉡ 인공지능 기반 챗봇 구축을 통해 단순한 질문은 챗봇이 답변함으로써 고객센터(콜상담) 업무의 일부 대체가 가능해 기존 인력을 전문상담으로 배치할 수 있다.

예제 32

챗봇(ChatBot)에 대한 설명으로 적절하지 않은 것은?

① 단순한 고객상담 등의 업무를 일부 대체할 수 있다.
② 대부분 대화형 인터페이스를 통해 서비스를 제공한다.
③ 법률자문, 헬스케어 등 다양한 분야에서 시장이 성장하고 있다.
④ 분산형 데이터베이스의 형태로 데이터를 저장하는 연결구조체를 의미한다.

해설 ④ 블록체인(Block Chain)에 대한 설명이다.

(6) 인공지능 비즈니스 혁신 : 블록체인(Block Chain)

① 정의

블록체인(Block Chain)이란 분산형 데이터베이스(distributed database)의 형태로 데이터를 저장하는 연결구조체이며, 모든 구성원이 네트워크를 통해 데이터를 검증 및 저장하여 특정인의 임의적인 조작이 어렵도록 설계된 저장플랫폼이다. 블록(Block)은 거래 건별 정보가 기록되는 단위이며 이것이 시간의 순서에 따라 체인(chain) 형태로 연결된 데이터베이스를 블록체인이라고 한다. 블록체인은 블록의 정보와 거래내용(거래정보)을 기록하고 이를 네트워크 참여자들에게 분산 및 공유하는 분산원장(distributed ledger) 또는 공공거래장부이다.

② 블록체인 기술의 특징

구 분	내 용
탈중개성(P2P-based)	공인된 제3자의 공증 없이 개인 간 거래가 가능하며 불필요한 수수료를 절감할 수 있다.
보안성(secure)	정보를 다수가 공동으로 소유하므로 해킹이 불가능하여 보안비용을 절감할 수 있다.
신속성(instantaneous)	거래의 승인·기록은 다수의 참여에 의해 자동 실행되므로 신속성이 극대화된다.
확장성(scalable)	공개된 소스에 의해 쉽게 구축, 연결, 확장이 가능하므로 IT구축비용을 절감할 수 있다.
투명성(transparent)	모든 거래기록에 공개적 접근이 가능하여 거래 양성화 및 규제비용을 절감할 수 있다.

③ 블록체인 활용분야

㉠ 글로벌 자선단체 및 사회복지공동모금기관은 블록체인 기반 기부플랫폼을 운영하고 있다. 블록체인 기술을 이용하여 기부금이 어떻게, 어디에, 얼마나 사용되는지 투명하게 확인할 수 있다.

㉡ 스마트계약(smart contract)은 블록체인 기술을 활용하여 계약, 협상의 실행 및 시행을 할 수 있는 프로그램 코드를 말한다. 스마트계약은 자동으로 계약이 체결되기 때문에 계약 체결과 이행에 따르는 위험을 제거하여 향후 재판이나 강제집행 등이 필요 없고 중개인의 필요성도 거의 없어 비용 효율성이 장점이다.

예제 33

[보기]는 무엇에 대한 설명인가?

- 분산형 데이터베이스(distributed database)의 형태로 데이터를 저장하는 연결구조체
- 모든 구성원이 네트워크를 통해 데이터를 검증 및 저장하여 특정인의 임의적인 조작이 어렵도록 설계된 저장플랫폼

① 챗봇(Chatbot)
② 블록체인(Blockchain)
③ 메타버스(Metaverse)
④ RPA(Robotic Process Automation)

해설 ② 블록체인(Block Chain)에 대한 설명이다.

(7) 인공지능 비즈니스 적용 프로세스

AI Summit은 비즈니스 분야에서 인공지능을 어떻게 적용하고 활용할 것인지 탐구하는 목적으로 열리는 국제 컨퍼런스로 기업 경쟁력 향상을 위한 인공지능 비즈니스 적용 프로세스 5단계를 제시하였다.

【인공지능 비즈니스 적용 프로세스】

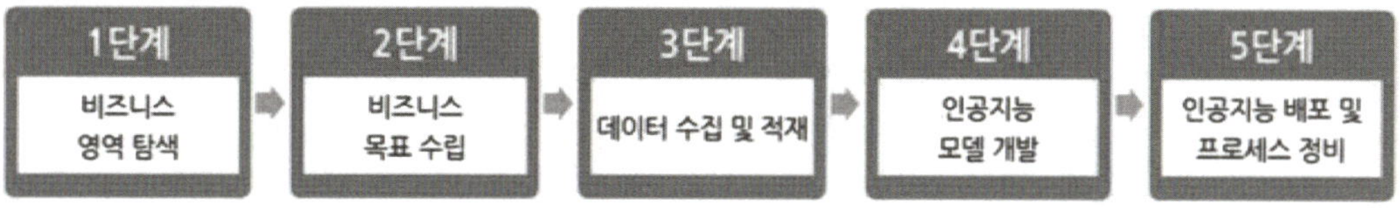

① 1단계: 비즈니스 영역 탐색

기업이 인공지능 비즈니스를 수행하려면 개선 및 이윤 창출이 가능한 영역이 자사의 업무에 있는지 탐색해야 한다. 인공지능을 비즈니스에 적용하는 것은 IT 부서만의 일이 아니기 때문에 비즈니스와 인공지능 기술을 모두 이해해야 한다.

② 2단계: 비즈니스 목표 수립

인공지능을 적용할 비즈니스 영역을 발견한다면, 비즈니스 목표와 기술 목표를 수립해야 한다.

③ 3단계: 데이터 수집 및 적재

인공지능 기술은 특정 문제를 해결하기 위한 알고리즘으로 적용대상 비즈니스가 보유한 데이터와 상황에 맞는 알고리즘을 사용한 모델링이 필요하다. 딥러닝은 방대한 양의 데이터가 필요한 알고리즘이므로 양질의 데이터 확보 여부가 인공지능 비즈니스의 성패를 결정한다.

④ 4단계: 인공지능 모델 개발

인공지능 모델 개발 단계는 인공지능 모델 구축 관련 인프라를 준비하고, 모델 평가 지표 수립 후 알고리즘 선택/모델링/평가/보완 작업을 반복적으로 수행한다.

⑤ 5단계: 인공지능 배포 및 프로세스 정비

인공지능 적용 프로젝트의 성과를 최대화하기 위하여 불필요한 업무정비, 업무흐름 재수립, 업무목표 변경 등의 프로세스 개선을 통해 인공지능 도입에 따른 변화에 연착륙을 시도해야 한다.

예제 34

다음 중 인공지능 비즈니스 적용 프로세스의 순서로 올바른 것은?

① 비즈니스 영역 탐색 → 비즈니스 목표 수립 → 데이터 수집 및 적재 → 인공지능 모델 개발 → 인공지능 배포 및 프로세스 정비
② 비즈니스 목표 수립 → 비즈니스 영역 탐색 → 데이터 수집 및 적재 → 인공지능 모델 개발 → 인공지능 배포 및 프로세스 정비
③ 비즈니스 목표 수립 → 데이터 수집 및 적재 → 인공지능 모델 개발 → 인공지능 배포 및 프로세스 정비 → 비즈니스 영역 탐색
④ 비즈니스 영역 탐색 → 비즈니스 목표 수립 → 데이터 수집 및 적재 → 인공지능 배포 및 프로세스 정비 → 인공지능 모델 개발

해설 ① 인공지능 비즈니스 적용 프로세스(5단계)는 비즈니스 영역 탐색, 비즈니스 목표 수립, 데이터 수집 및 적재, 인공지능 모델 개발, 인공지능 배포 및 프로세스 정비 등이다.

예제 35

다음 중 차세대 ERP의 비즈니스 애널리틱스(Business Analytics)에 관한 설명으로 가장 적절하지 않은 것은 무엇인가?

① 비즈니스 애널리틱스는 구조화된 데이터(structured data)만을 활용한다.
② ERP시스템 내의 방대한 데이터 분석을 위한 비즈니스 애널리틱스가 ERP의 핵심요소가 되었다.
③ 비즈니스 애널리틱스는 질의 및 보고와 같은 기본적 분석기술과 예측 모델링과 같은 수학적으로 정교한 수준의 분석을 지원한다.
④ 비즈니스 애널리틱스는 리포트, 쿼리, 대시보드, 스코어카드뿐만 아니라 예측모델링과 같은 진보된 형태의 분석기능도 제공한다.

해설 ① 비즈니스 애널리틱스는 구조화된 데이터(structured data)와 비구조화된 데이터(unstructured data)를 동시에 이용한다.

(8) 인공지능 윤리

① 인공지능 규범 원칙

인공지능 개발과 사용과정에서 발생하는 위험요소와 오용을 예방하기 위하여 인공지능에 대한 윤리원칙의 정립이 필요하다는 추세이다. 2018년 9월 세계경제포럼(World Economic Forum)에서 인공지능 규범(AI code)의 5개 원칙을 발표하였다.

【세계경제포럼의 인공지능 규범 원칙】

코드명	인공지능 규범(AI code)의 5개 원칙
Code 1	인공지능은 인류의 공동 이익과 이익을 위해 개발되어야 한다.
Code 2	인공지능은 투명성과 공정성의 원칙에 따라 작동해야 한다.
Code 3	인공지능이 개인, 가족, 지역 사회의 데이터 권리 또는 개인정보를 감소시켜서는 안 된다.
Code 4	모든 시민은 인공지능을 통해서 정신적, 정서적, 경제적 번영을 누리도록 교육받을 권리를 가져야 한다.
Code 5	인간을 해치거나 파괴하거나 속이는 자율적 힘을 인공지능에 절대로 부여하지 않는다.

② 유럽연합(EU)의 인공지능법(EU AI Act)

㉠ 배경

- EU 집행위원회는 2021년 4월 인공지능에 대한 포괄적 규제 방안을 담은 '인공지능법 제정안(AI Act)' 초안을 공개하였고, 2022년 11월 오픈AI의 챗GPT(ChatGPT)가 발표된 것을 계기로 법안 채택 협상이 가속화되었다.
- 2023년 6월 인공지능법(EU AI Act)이 통과되면서 EU는 세계 최초로 인공지능 기술을 규제하는 포괄적인 주요 규칙을 공식적으로 채택하게 되었다.

㉡ 내용

- 인공지능법은 EU에서 개발 · 사용되는 인공지능이 인간 중심적이고 신뢰할 수 있는 인공지능의 활용을 촉진하고 유해한 영향으로부터 건강, 안전, 기본권 및 민주주의를 보호하는 것을 목표로 한다.
- 얼굴 인식 데이터베이스 구축을 위해 인터넷이나 CCTV 영상에서 얼굴 이미지를 목적 없

이 스크랩하는 행위(인권 및 사생활 침해)는 금지되며, 어린이, 취약 계층 및 채용 관행에 초점을 맞춘 인공지능은 더 엄격한 규제를 받게 된다.

- 인공지능법은 인공지능으로 사람을 판단하고 개인의 사회적 행위 등을 평가 또는 점수화하는 소셜 스코어링(Social Scoring), 민감한 특성(성별, 인종, 시민권 상태, 종교, 정치적 성향)을 사용하는 생체 인식 분류 및 감정 인식을 위한 인공지능 시스템도 전면 금지되고, 생성형 인공지능 서비스로 생성된 콘텐츠가 인간이 구현한 것이 아님을 명시하는 것과 학습에 사용된 데이터를 모두 공개하는 내용이 포함됐다.
- 인공지능법은 개인정보보호 기준과 투명성 법규 등 협조하지 않을 경우 징벌적 벌금이 부과된다.

예제 36

다음 중 세계경제포럼(World Economic Forum)에서 발표한 인공지능 규범(AI code)의 5개 원칙에 해당하지 않는 것은?

① 인공지능은 인류의 공동 이익과 이익을 위해 개발되어야 한다.
② 인공지능은 투명성과 공정성의 원칙에 따라 작동해야 한다.
③ 인공지능이 개인, 가족, 지역 사회의 데이터 권리 또는 개인정보를 감소시켜야 한다.
④ 인간을 해치거나 파괴하거나 속이는 자율적 힘을 인공지능에 절대로 부여하지 않는다.

해설 ③ 인공지능이 개인, 가족, 지역 사회의 데이터 권리 또는 개인정보를 감소시켜서는 안 된다.

예제 37

인공지능 규범(AI CODE)의 5대 원칙으로 적절하지 않은 것은?

① 인공지능은 투명성과 공정성의 원칙에 따라 작동해야 한다.
② 인공지능이 개인, 가족, 사회의 데이터 권리를 감소시켜서는 안된다.
③ 모든 시민은 인공지능을 통해서 정신적, 정서적, 경제적 번영을 누리도록 교육받을 권리를 가져야 한다.
④ 인간을 해치거나 파괴하거나 속이는 자율적 힘을 인간의 통제하에서 인공지능에게 부여할 수 있다.

해설 ④ 인간을 해치거나 파괴하거나 속이는 자율적 힘을 인공지능에 절대로 부여하지 않는다.

국가공인 정보관리사 ERP 회계2급

단원 기본문제

경영혁신과 ERP

01 다음 [보기]의 (   )안에 공통적으로 들어갈 용어는 무엇인가?

> ERP도입의 성공여부는 (   )을(를) 통한 업무개선이 중요하며, (   )은(는) 원가, 품질, 서비스, 속도와 같은 주요 성과측정치의 극적인 개선을 위해 업무 프로세스를 급진적으로 재설계하는 것으로 정의할 수 있다.

① EC (Electronic Commerce)
② EIS (Executive Information System)
③ DSS (Digital Signature Standard)
④ BPR (bustness process reengineering)

02 다음 중 ERP의 도입 목적에 해당한다고 볼 수 없는 것은?

① 재고관리 능력의 향상
② 시스템 표준화를 통한 데이터 일관성 유지
③ 폐쇄형 정보시스템 구성으로 자율성, 유연성 극대화
④ 클라이언트/서버 컴퓨팅 구현으로 시스템 성능 최적화

03 다음 중 기능적 특징으로 볼 수 없는 것은?

① 투명경영의 수단으로 활용된다.
② 국내용 패키지 ERP는 단일 통화만 지원된다.
③ 경영정보를 제공하며 경영조기경보체계가 구축되어 있다.
④ 중복업무를 배제할 수 있으며 실시간으로 정보를 처리할 수 있는 체계이다.

04 다음 중에서 ERP 도입의 직접적 역할로 볼 수 없는 것은?

① 기업내부의 정보 인프라 구축
② 인터넷 비즈니스 구현 기반
③ 인터넷 사용요금의 감소
④ 기업의 경쟁력 강화

05 ERP에 대한 다음 설명 중 가장 적절하지 않은 것은?

① ERP는 생산, 회계, 인사 등의 업무프로세스를 지원하는 각각의 개별시스템이다.
② ERP라는 용어는 가트너 그룹에서 최초로 사용하였다.
③ 기업의 형태나 환경의 변화에 따라 ERP도 변화한다.
④ ERP 소프트웨어는 경영혁신의 도구이다.

06 다음 중 ERP 구축 및 사용에 대한 성공요인으로 가장 적절한 것은?

① 현재의 업무방식을 구축에 맞춰 조정한다.
② IT중심의 프로젝트로 추진하여야 한다.
③ 단기간에 효과가 구현되어야 한다.
④ 업무단위별로 추진하여야 한다.

07 기업에 ERP시스템이 성공적으로 도입되고 운영되기 위해서는 많은 요소들을 고려해야한다. 다음 중 ERP 시스템 도입을 위한 성공요인으로 적절하지 않은 것은 무엇인가?

① 업무 단위별 추진
② 경영진의 확고한 의지
③ 지속적인 교육 및 훈련
④ 현업 중심의 프로젝트 진행

08 다음 중 ERP에 대한 설명으로 바르지 않는 것은 무엇인가?

① 경영혁신환경을 뒷받침하는 새로운 경영업무 시스템 중 하나이다.
② 기업의 전반적인 업무과정이 컴퓨터로 연결되어 실시간 관리를 가능하게 한다.
③ 기업 내 각 영역의 업무프로세스를 지원하고 단위별 업무처리의 강화를 추구하는 시스템이다.
④ 전통적 정보시스템과 비교하여 보다 완벽한 형태의 통합적인 정보인프라구축을 가능하게 해주는 신경영혁신의 도구이다.

09 다음 중 ERP 도입 효과로 가장 적합하지 않는 것은 무엇인가?

① 불필요한 재고를 없애고 물류비용을 절감할 수 있다.
② 업무의 정확도가 증대되고 업무 프로세스가 단축된다.
③ 업무시간의 단축할 수 있고 필요인력과 필요자원을 절약할 수 있다.
④ 의사결정의 신속성으로 인한 정보 공유의 공간적, 시간적 한계가 있다.

10 다음 ERP 구축절차 중 'AS-IS 파악 및 TFT를 결성' 하는 것은 어느 단계에 해당하는가?

① 분석단계
② 설계단계
③ 구축단계
④ 구현단계

11 ERP 시스템 구축 중 구현 단계에서 수행할 내용으로 적절하지 않은 것은?

① 시스템 평가
② 시험가동(Prototyping)
③ 커스터마이징(Customizing)
④ 데이터 전환(Data Conversion)

12 ERP 구축절차 4단계 중 패키지를 설치하고 인터페이스 문제를 논의하는 것은 다음 중 어느 단계에 해당하는가?

① 분석단계 ② 설계단계
③ 구축단계 ④ 구현단계

13 상용화 패키지에 의한 EPR시스템 구축 시, 성공과 실패를 좌우하는 요인으로 보기 어려운 것은?

① 시스템 공급자와 기업 양쪽에서 참여하는 인력의 자질
② 기업환경을 최대한 고려하여 개발할 수 있는 자체개발인력 보유 여부
③ 제품이 보유한 기능을 기업의 업무환경에 얼마만큼 잘 적용하는지에 대한 요인
④ 사용자 입장에서 ERP시스템을 충분히 이해하고 사용할 수 있는 반복적인 교육훈련

14 다음 중 클라우드 서비스 기반 ERP와 관련된 설명으로 가장 적절하지 않은 것은 무엇인가?

① ERP 구축에 필요한 IT인프라 자원을 클라우드 서비스로 빌려 쓰는 형태를 IaaS라고 한다.
② ERP 소프트웨어 개발을 위한 플랫폼을 클라우드 서비스로 제공받는 것을 PaaS라고 한다.
③ PaaS에는 데이터베이스 클라우드 서비스와 스토리지 클라우드 서비스가 있다.
④ 기업의 핵심 애플리케이션인 ERP, CRM 솔루션 등의 소프트웨어를 클라우드 서비스를 통해 제공받는 것을 SaaS라고 한다.

15 다음 중 ERP 아웃소싱(Outsourcing)의 장점으로 가장 적절하지 않은 것은 무엇인가?

① ERP 아웃소싱을 통해 기업이 가지고 있지 못한 지식을 획득할 수 있다.
② ERP 개발과 구축, 운영, 유지보수에 필요한 인적 자원을 절약할 수 있다.
③ IT아웃소싱 업체에 종속성(의존성)이 생길 수 있다.
④ ERP 자체개발에서 발생할 수 있는 기술력 부족의 위험요소를 제거할 수 있다.

16 다음 [보기]의 괄호 안에 들어갈 용어로 가장 적절한 것은 무엇인가?

> ERP시스템 내의 데이터 분석 솔루션인 (　　　　　)은(는) 구조화된 데이터(structured data)와 비구조화된 데이터(unstructured data)를 동시에 이용하여 과거 데이터에 대한 분석뿐만 아니라 이를 통한 새로운 통찰력 제안과 미래 사업을 위한 시나리오를 제공한다.

① 리포트(Report)
② SQL(Structured Query Language)
③ 비즈니스 애널리틱스(Business Analytics)
④ 대시보드(Dashboard)와 스코어카드(Scorecard)

17 다음 중 ERP 시스템 구축의 장점으로 볼 수 없는 것은?

① ERP 시스템은 비즈니스 프로세스의 표준화를 지원한다.
② ERP 시스템의 유지보수비용은 ERP 시스템 구축 초기보다 증가할 것이다.
③ ERP 시스템은 이용자들이 업무처리를 하면서 발생할 수 있는 오류를 예방한다.
④ ERP 구현으로 재고비용 및 생산비용의 절감효과를 통한 효율성을 확보할 수 있다.

18 ERP 시스템의 프로세스, 화면, 필드, 그리고 보고서 등 거의 모든 부분을 기업의 요구사항에 맞춰 구현하는 방법을 무엇이라 하는가?

① 정규화(Normalization)
② 트랜잭션(Transaction)
③ 컨피규레이션(Configuration)
④ 커스터마이제이션(Customization)

19 다음 중 ERP 구축 전에 수행되는 단계적으로 시간의 흐름에 따라 비즈니스 프로세스를 개선해가는 점증적 방법론은 무엇인가?

① BPI(Business Process Improvement)
② BPR(Business Process Re-Engineering)
③ ERD(Entity Relationship Diagram)
④ MRP(Material Requirement Program)

20 다음 중 ERP와 CRM간의 관계에 대한 설명으로 가장 적절하지 않은 것은 무엇인가?

① ERP와 CRM 간의 통합으로 비즈니스 프로세스의 투명성과 효율성을 확보할 수 있다.
② ERP시스템은 비즈니스 프로세스를 지원하는 백오피스 시스템(Back-Office System)이다.
③ CRM시스템은 기업의 고객대응활동을 지원하는 프런트오피스 시스템(Front-Office System)이다.
④ CRM시스템은 조직 내의 인적자원들이 축적하고 있는 개별적인 지식을 체계화하고 공유하기 위한 정보시스템으로 ERP시스템의 비즈니스 프로세스를 지원한다.

21 다음 중 확장된 ERP시스템의 SCM 모듈을 실행함으로써 얻는 장점으로 가장 적절하지 않은 것은 무엇인가?

① 공급사슬에서의 가시성 확보로 공급 및 수요변화에 대한 신속한 대응이 가능하다.
② 정보투명성을 통해 재고수준 감소 및 재고회전율(inventory turnover) 증가를 달성할 수 있다.
③ 공급사슬에서의 계획(plan), 조달(source), 제조(make) 및 배송(deliver) 활동 등 통합 프로세스를 지원한다.
④ 마케팅(marketing), 판매(sales) 및 고객서비스(customer service)를 자동화함으로써 현재 및 미래 고객들과 상호작용할 수 있다.

22 다음 중 ERP 도입전략으로 ERP자체개발 방법에 비해 ERP패키지를 선택하는 방법의 장점으로 가장 적절하지 않은 것은 무엇인가?

① 검증된 방법론 적용으로 구현 기간의 최소화가 가능하다.
② 검증된 기술과 기능으로 위험 부담을 최소화할 수 있다.
③ 시스템의 수정과 유지보수가 지속적으로 이루어질 수 있다.
④ 향상된 기능과 최신의 정보기술이 적용된 버전(version)으로 업그레이드(upgrade)가 가능하다.

23 다음 중 ERP시스템에 대한 투자비용에 관한 개념으로 시스템의 전체 라이프사이클(life-cycle)을 통해 발생하는 전체 비용을 계량화하는 것을 무엇이라 하는가?

① 유지보수 비용(Maintenance Cost)
② 시스템 구축비용(Construction Cost)
③ 소프트웨어 라이선스비용(Software License Cost)
④ 총소유비용(Total Cost of Ownership)

24 다음 중 효과적인 ERP교육을 위한 고려사항으로 가장 적절하지 않은 것은 무엇인가?

① 다양한 교육도구를 이용하라.
② 교육에 충분한 시간을 배정하라.
③ 비즈니스 프로세스가 아닌 트랜잭션에 초점을 맞춰라.
④ 조직차원의 변화관리활동을 잘 이해하도록 교육을 강화하라.

25 다음 중 ERP 구축 시 컨설턴트를 고용함으로써 얻는 장점으로 가장 적절하지 않은 것은 무엇인가?

① 프로젝트 주도권이 컨설턴트에게 넘어갈 수 있다.
② 숙달된 소프트웨어 구축방법론으로 실패를 최소화할 수 있다.
③ ERP기능과 관련된 필수적인 지식을 기업에 전달할 수 있다.
④ 컨설턴트는 편견이 없고 목적 지향적이기 때문에 최적의 패키지를 선정하는데 도움이 된다.

26 기업이 클라우드 ERP를 통해 얻을 수 있는 장점으로 적절하지 않은 것은?

① 기업의 데이터베이스 관리 효율성 증가
② 시간과 장소에 구애받지 않고 ERP 사용이 가능
③ 장비관리및 서버관리에 필요한 IT 투입자원 감소
④ 필요한 어플리케이션을 자율적으로 설치 및 활용이 가능

27 다음 [보기]에서 설명하는 클라우드 서비스 유형은 무엇인가?

> 기업의 업무처리에 필요한 서버, 스토리지, 데이터베이스, 네트워크 등의 IT 인프라 자원을 클라우드 서비스로 빌려 쓰는 형태이다.

① IaaS(Infrastructure as a Service)
② PaaS(Platform as a Service)
③ SaaS(Software as a Service)
④ MaaS(Manufacturing as a Service

28 클라우드 서비스의 비즈니스 모델에 관한 설명으로 옳지 않은 것은?

① 공개형 클라우드는 사용량에 따라 사용료를 지불하며 규모의 경제를 통해 경쟁력 있는 서비스 단가를 제공한다는 장점이 있다.
② 공개형 클라우드는 데이터의 소유권 확보와 프라이버시 보장이 필요한 경우 사용된다.
③ 폐쇄형 클라우드는 특정한 기업 내부 구성원에게만 제공되는 서비스(internal cloud)를 말한다.
④ 혼합형 클라우드는 특정 업무는 폐쇄형 클라우드 방식을 이용하고 기타 업무는 공개형 클라우드 방식을 이용하는 것을 말한다.

29 다음 중 빅데이터 플랫폼의 빅데이터 처리과정으로 옳지 않은 것은?

① 데이터 수집기술
② 데이터 분석기술
③ 데이터 복구기술
④ 데이터 시각화기술

30 제품, 공정, 생산설비와 공장에 대한 실제 세계와 가상 세계의 통합시스템이며 제조 빅데이터를 기반으로 사이버모델을 구축하고 이를 활용하여 최적의 설계 및 운영을 수행하는 것을 무엇이라 하는가?

① 사이버물리시스템(Cyber Physical System, CPS)
② 비즈니스 애널리틱스(Business Analytics)
③ 전사적 자원관리(Enterprise Resource Planning, ERP)
④ 공급사슬관리(Supply Chain Management, SCM

31 스마트공장의 구성영역 중에서 생산계획 수립, 재고관리, 제조자원관리, 품질관리, 공정관리, 설비제어 등을 담당하는 것은?

① 제품개발
② 현장자동화
③ 공장운영관리
④ 공급사슬관리

32 인공지능의 기술발전에 대한 설명으로 옳지 않은 것은?

① 계산주의는 인간이 보유한 지식을 컴퓨터로 표현하고 이를 활용해 현상을 분석하거나 문제를 해결하는 지식기반시스템을 말한다.
② 연결주의는 지식을 직접 제공하기보다 지식과 정보가 포함된 데이터를 제공하고 컴퓨터가 스스로 필요한 정보를 학습한다.
③ 연결주의 시대는 학습에 필요한 빅데이터와 컴퓨팅 파워의 부족이라는 한계를 극복하였다.
④ 딥러닝은 입력층(input layer)과 출력층 (output layer) 사이에 다수의 숨겨진 은닉층(hidden layer)으로 구성된 심층신경망(Deep Neural Networks)을 활용한다.

33 기계학습에 대한 설명으로 옳지 않은 것은?

① 지도학습은 학습 데이터로부터 하나의 함수를 유추해내기 위한 방법이다.
② 비지도학습 방법에는 분류모형과 회귀모형이 있다.
③ 비지도학습은 입력값에 대한 목표치가 주어지지 않는다.
④ 강화학습은 선택 가능한 행동들 중 보상을 최대화하는 행동 혹은 순서를 선택하는 방법이다.

34 다음 [보기]에서 설명하는 RPA 적용단계는 무엇인가?

> 빅데이터 분석을 통해 사람이 수행한 복잡한 의사결정을 내리는 수준이다. 이것은 RPA가 업무 프로세스를 스스로 학습하면서 자동화하는 단계이다.

① 기초프로세스 자동화
② 데이터 기반의 머신러닝(기계학습) 활용
③ 인지자동화
④ 데이터전처리

35 다음 중 인공지능 비즈니스 적용 프로세스의 순서로 올바른 것은?

① 비즈니스 영역 탐색 → 비즈니스 목표 수립 → 데이터 수집 및 적재 → 인공지능 모델 개발 → 인공지능 배포 및 프로세스 정비
② 비즈니스 목표 수립 → 비즈니스 영역 탐색 → 데이터 수집 및 적재 → 인공지능 모델 개발 → 인공지능 배포 및 프로세스 정비
③ 비즈니스 목표 수립 → 데이터 수집 및 적재 → 인공지능 모델 개발 → 인공지능 배포 및 프로세스 정비 → 비즈니스 영역 탐색
④ 비즈니스 영역 탐색 → 비즈니스 목표 수립 → 데이터 수집 및 적재 → 인공지능 배포 및 프로세스 정비 → 인공지능 모델 개발

36 다음 중 세계경제포럼(World Economic Forum)에서 발표한 인공지능 규범(AI code)의 5개 원칙에 해당하지 않는 것은?

① 인공지능은 인류의 공동 이익과 이익을 위해 개발되어야 한다.
② 인공지능은 투명성과 공정성의 원칙에 따라 작동해야 한다.
③ 인공지능이 개인, 가족, 지역 사회의 데이터 권리 또는 개인정보를 감소시켜야 한다.
④ 인간을 해치거나 파괴하거나 속이는 자율적 힘을 인공지능에 절대로 부여하지 않는다.

국가공인 정보관리사 ERP 회계2급

02

재무회계

MEMO

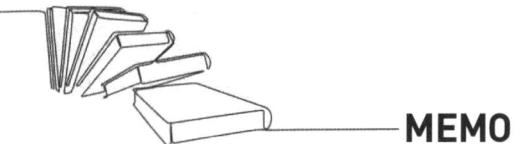

제2장 재무회계

1 회계의 뜻과 분류

1. 회계의 정의

회계(accounting)는 회계정보이용자가 합리적인 판단이나 의사결정을 할 수 있도록 기업실체에 관한 유용한 정보를 **식별·측정·전달**하는 과정이다. 여기서 측정이란 재무제표에 인식(재무제표 본문에 특정 계정명칭과 화폐금액으로 기록하는 것)되고 평가되어야 할 요소를 화폐금액으로 결정하는 과정이다.

2. 재무회계의 목적

재무회계는 투자자(주주)나 채권자 등 기업의 **외부정보이용자에게 경제적 의사결정에 유용한 정보를 제공**함을 목적으로 하는 회계이다. 즉 재무회계의 목적은 재무제표를 작성함으로서 달성된다. 재무제표가 제공하는 정보는 다음과 같다.

재무제표	제공하는 정보
재 무 상 태 표	**일정시점** 현재 기업이 보유하고 있는 **자산과 부채 및 자본**에 대한 정보를 제공한다.
손 익 계 산 서	**일정기간** 동안 기업실체의 **경영성과(재무성과)**에 대한 정보를 제공한다.
현 금 흐 름 표	일정기간 동안 기업실체의 현금유입과 현금유출에 대한 정보를 제공한다.
자 본 변 동 표	일정기간 동안 자본의 크기와 변동에 관한 정보를 제공한다.
주 석	재무제표의 이해가능성을 높이는 정보를 제공한다.

(1) 투자자 및 외부정보이용자에게 유용한 회계정보를 제공한다.

(2) 미래 현금흐름을 예측하는데 유용한 정보를 제공한다.

(3) 재무상태, 경영성과, 현금흐름 및 자본변동에 관한 정보를 제공한다.

(4) 경영자의 수탁책임평가에 유용한 정보를 제공한다.

- **회계의 주체** : 기업
- **회계정보이용자**
  - 내부정보이용자 : 경영진, 종업원
  - 외부정보이용자 : 거래처, 채권자, 정부, 투자자(주주)

예제 ①

재무제표에 대한 다음 설명 중 가장 옳지 않은 것은?

① 손익계산서는 일정기간의 재무성과(경영성과)에 대한 정보를 제공한다.

② 재무상태표는 일정시점의 재무상태에 대한 정보를 제공한다.

③ 자본변동표는 일정기간의 자본변동에 대한 정보를 제공한다.

④ 현금흐름표는 일정시점의 현금 및 현금성자산에 대한 정보를 제공한다.

해설 ④ 현금흐름표는 [일정기간]의 현금 및 현금성자산에 대한 정보를 제공한다.

예제 ②

다음 중 회계정보의 이용자에 대해서 잘못 설명한 것은?

① 임금협상에 관심이 있는 노동조합은 회계정보의 이용자이다.

② 세금으로 재정수입을 결정하는 정부는 회계정보 이용자가 아니다.

③ 물품조달 계약의 체결에 앞서 기업의 재무적 안정성을 평가하는 공급업자는 회계정보의 이용자이다.

④ 기업의 적절한 고용수준 유지와 환경보전활동을 전개할 것을 요구하기 위해 기업정보를 필요로 하는 지역 주민은 회계정보의 이용자이다.

해설 ② 세금으로 재정수입을 결정하는 정부는 회계정보 이용자이다.

3. 회계의 분류

(1) 재무회계 : 기업의 **외부정보 이용자**(거래처, 채권자, 투자자) 에게 유용한 회계정보를 제공하는 회계이다.

(2) 관리회계 : 기업의 **내부정보 이용자**(경영진, 종업원)에게 유용한 회계정보를 제공하는 회계이다.

(3) 세무회계 : 기업의 과세 소득 산정과 정확한 세금 계산을 목적으로 하는 회계이다.

구 분	재 무 회 계	관 리 회 계
목 적	외부 보고 목적	내부 보고 목적
정 보 이 용 자	내·외부 정보 이용자	내부 정보 이용자
정 보 제 공 수 단	재무제표	일정한 서식 없음
정 보 지 향 시 점	과거 지향적	미래 지향적
질 적 특 성	충실한 표현	목적 적합성
정 보 의 준 거 기 준	기업회계기준서	일반적인 준거 기준 없음
정 보 의 보 고 주 기	정기보고(1년, 반기, 분기)	수시보고(월별, 1년, 장기간)

예제 ③

회계의 영역을 일반적으로 재무회계와 관리회계, 세무회계로 구분하고 있다. 다음 재무회계와 관리회계에 대한 비교 설명 중 연결이 잘못 된 것은?

① 재무회계는 기업의 외부이해관계자를 보고대상으로 한다.

② 관리회계는 기업의 내부이해관계자를 보고대상으로 한다.

③ 재무회계는 미래지향적이며, 객관적인 정보의 성격을 가지고 있다.

④ 관리회계는 미래지향적이며, 주관적인 정보의 성격을 가지고 있다.

해설 ③ 재무회계는 [과거지향적]이며, 객관적인 정보의 성격을 가지고 있다.

4. 거래(去來)

(1) 거래의 뜻

기업의 경영활동으로 인하여 자산, 부채, 자본의 증감변화가 있으면 거래(transactions)이다. 수익과 비용의 발생과 소멸도 자본의 증감을 일으키는 요소이므로 회계상 거래로 보며, 모든 회계거래는 화폐가치로 측정할 수 있어야 한다.

<table>
<tr><th colspan="2">회계상의 거래</th><th>회계상의 거래가 아님</th></tr>
<tr><td>· 천재지변(화재, 홍수, 태풍, 지진 등)
· 분실·도난 등
· 자산의 가치감소(감가상각비)
· 채권의 회수 불능액(대손상각비)</td><td>· 상품의 매입과 매출
· 채권·채무의 발생과 소멸
· 현금의 수입과 지출
· 비용의 지급, 수익의 수입</td><td>· 상품의 주문·보관
· 임대차 계약
· 고용 계약
· 금전의 대여나 차입의 약속</td></tr>
<tr><th>일반적인 거래가 아님</th><th colspan="2">일반적인 거래</th></tr>
</table>

예제 ❹

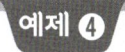

다음 중 회계상의 거래에 해당하는 것은?

① 회사는 홈쇼핑에서 전화로 컴퓨터 1대(금액 : 700,000원)를 주문하였다.
② 회사 창고에 화재가 발생하여 10,000,000원의 제품 및 상품이 소실되었다.
③ 대졸 신입직원에게 월급으로 2,000,000원 상여금은 400%를 지급하기로 하였다.
④ 본사 사무실을 이전하기 위해 오피스텔을 임차하기로 계약하고, 계약금은 다음날 계좌이체를 통하여 지급하기로 하였다.

해설 ② 제품 및 상품이라는 자산이 감소하였으므로 회계상 거래이다.

(2) 거래의 결합관계 (거래의 8요소)

모든 거래는 자산·부채·자본의 증가와 감소, 수익·비용의 발생의 요소로 구성되어 있다. 이것을 거래의 8요소라 한다.

거래의 결합관계 (거래의 8요소)

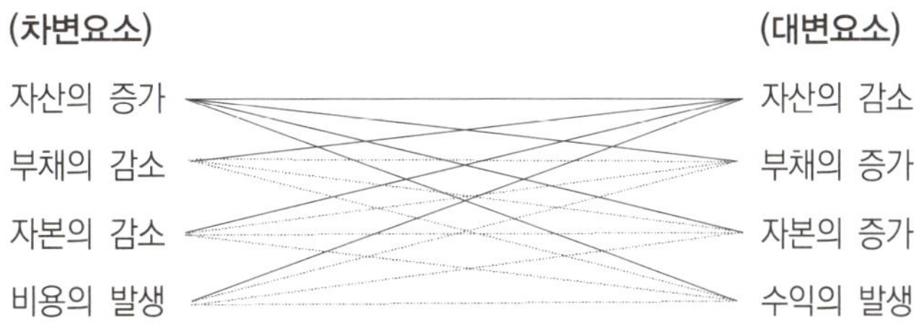

예제 ❺

다음 중 계정에 대한 설명으로 틀린 것은?
① 계정의 왼쪽을 차변, 오른쪽을 대변이라고 한다.
② 자산의 증가는 차변에, 부채와 자본의 증가는 대변에 기입된다.
③ 수익의 발생은 차변에, 비용의 발생은 대변에 기록된다.
④ 어떤 계정이든 평상잔액은 증가가 기입되는 편에 나타난다.

해설 ③ 비용의 발생은 차변에 수익의 발생은 대변에 기록된다.

(3) 거래의 이중성과 대차평균의 원리

복식부기에서는 하나의 거래가 발생하면 반드시 차변요소와 대변요소의 결합이 같은 금액으로 이루어 지는 것을 '거래의 이중성'이라 하고, 그 결과 계정 전체적으로 보면 **차변합계금액과 대변합계금액은 반드시 일치**하는데, 이를 '대차 평균의 원리'라 한다. 즉, 거래의 이중성에 의해 대차평균의원리가 성립되며, 복식부기의 장점인 자기검증기능(자기통제기능)이 실현되는 것이다.

(4) 기본공식

① 기초자산 - 기초부채 = 기초자본
② 기말자산 - 기말부채 = 기말자본
③ 총수익 - 총비용 = 순손익
④ 기말자본 - (기초자본 + 추가출자 - 인출액) = 순손익

예제 ❻

다음 [보기]는 (주)한국기업의 재무상태 및 경영성과이다. 다음 자료에 의하여 계산되는 기말 자산은 얼마인가?

· 기초 재무상태 : 자산 500,000원, 부채 100,000원
· 당기 경영성과 : 수익 800,000원, 비용 500,000원
· 기중 추가 출자액 : 70,000원
· 기말 재무상태 : 부채 150,000원

① 620,000원 ② 700,000원
③ 770,000원 ④ 920,000원

해설 ④
㉠ 기초자산(500,000) - 기초부채(100,000) = 기초자본(400,000)
㉡ 기말자산(920,000) - 기말부채(150,000) = 기말자본(770,000)
㉢ 총수익(800,000) - 총비용(500,000) = 순손익(300,000)
㉣ 기말자본(770,000) - (기초자본(400,000) + 추가출자(70,000)) = 순손익(300,000)

5. 회계의 순환과정

(1) 장부

장부
- 주요부 : 분개장, 총계정원장
- 보조부
  - 보조원장 : 상품재고장, 매출처원장, 매입처원장
  - 보조기입장 : 현금출납장, 당좌예금출납장, 매입장, 매출장, 받을어음기입장, 지급어음기입장

(2) 시산표

① 시산표(trial balance ; T/B)의 뜻

대차평균의 원리에 의하여 거래가 총계정원장 각 계정계좌에 전기가 정확한가를 검증하기 위하여 작성하는 집계표를 시산표라고 한다. 즉 한변의 금액오류를 시산표에서 찾을 수 있다.

② 시산표의 종류

시산표는 작성방법에 따라 합계시산표, 잔액시산표, 합계잔액시산표로 구분한다.

시산표 등식	기말자산 + 총비용 = 기말부채 + **기초자본** + 총수익

잔 액 시 산 표

기 말 자 산 300	기 말 부 채 100
	기 초 자 본 100
총 비 용 100	총 수 익 200

✻ **시산표에서 찾을 수 없는 오류**
- 거래 전체의 분개 또는 전기 누락
- 어떤 거래를 이중으로 분개하거나 전기한 경우
- 차·대변에 다같이 틀린 금액으로 동일하게 분개 또는 전기한 경우
- 오류가 우연히 상계된 경우

예제 7

다음 중 시산표 작성시 발견될 수 있는 오류는 무엇인가?

① 하나의 거래에 대하여 차변, 대변계정과목을 반대로 기입한다.
② 하나의 거래가 이중으로 분개되어 입력되었다.
③ 하나의 거래에 대하여 차변과 대변 모두 동일한 금액으로 분개되었다.
④ 하나의 거래에 대하여 차변, 대변의 금액을 다르게 분개하였다.

해설 ④ 시산표는 전기의 오류를 한변의 금액차이로 발견한다.

(3) 회계의 순환과정

기업의 회계 순환과정은 회계의 측정과 전달 그리고 보고가 매기 반복되는 과정이다.

[거 래] → [분개장] → [총계정원장] → [시산표 및 재고조사표작성] →
(분개) (전기) (결산의 예비절차)
[결산의 본절차] → [재무제표작성]의 과정으로 이루어진다.

> **분개** : 어느 계정과목에 얼마를 어느 변에 기입할 것인가를 결정하는 것이다.
> **전기** : 분개장에서 총계정원장으로 옮겨 기입하는 것을 말한다.

예제 8

다음 중 회계순환과정에 대해서 잘못 설명한 것은?

① 상품매매업과 제조업에서만 회계순환과정이 이루어진다.
② 회계순환과정의 결과는 재무제표라는 회계보고서로 나타난다.
③ 회계순환과정은 회계기간 중의 분개와 전기라는 체계적 기록과정과 회계기간 말에 최종적으로 재무제표가 작성되는 결산과정으로 구분된다.
④ 회계순환과정 중 회계기간 말에 이루어지는 결산과정 중에도 분개와 전기가 발생할 수 있다.

해설 ① 회계순환과정은 모든 업종에서 이루어진다.

예제 9

[보기]가 설명하고 있는 것은 다음 중 무엇인가?

> 거래가 발생하면,
> 첫째, 계정과목을 결정한다.
> 둘째, 결정된 계정과목을 차변, 대변 어느 쪽에 기입할 것인지 결정한다.
> 셋째, 각 계정에 얼마의 금액을 기입할 것인지 결정한다.

① 분개 ② 계정
③ 회계순환과정 ④ 전기

해설 ① 분개에 대한 설명이다.

예제 10

다음 중 분개에 대해서 잘못 설명한 것은?

① 분개장에 거래를 기록하는 절차를 분개(journalizing)라고 한다.
② 기업의 거래발생 사실을 기록하기 위하여 분개장의 대용으로 사용하는 서식이 전표이다.
③ 자산과 비용은 차변에서, 부채와 자본과 수익은 대변에서 각각 증가와 발생을 나타내며, 감소와 소멸은 그 반대쪽에 나타내게 된다.
④ 분개는 거래사실에 대한 계정과목과 금액을 확정지은 후 왼쪽의 대변과 오른쪽의 차변에 기록하며, 내용상 원인과 결과를 나타내는 형식이 된다.

해설 ④ 왼쪽은 차변, 오른쪽은 대변이라 한다.

(4) 결산절차

(1) 결산의 예비절차

① 시산표 작성
② 재고조사표작성(기말결산정리분개)
③ 정산표작성

(2) 결산의 본절차

① 총계정원장의 마감
㉠ 수익, 비용계정(손익계산서계정)을 **손익**계정으로 마감한다.
㉡ 손익계정을 미처분이익잉여금(또는 미처리결손금)계정으로 마감한다.
㉢ 자산, 부채, 자본계정(재무상태표계정)을 **차기이월**로 마감하고 이월시산표를 작성한다.
② 분개장 및 기타장부 마감

(3) 결산보고서(재무제표) 작성절차

① 재무상태표 ② 손익계산서 ③ 현금흐름표 ④ 자본변동표 ⑤ 주석

2 재무회계의 개념체계

1. 재무보고의 기본가정(회계공준)

(1) 회계공준(accounting postulates)

회계공준이란 재무회계의 이론적 체계를 정립하기 위한 기본적인 전제 또는 가정을 말하는 것으로서 이러한 기본전제는 기업실체를 둘러싼 환경으로부터 귀납적으로 도출되는 환경적 가정이라고도 한다.

(2) 회계공준의 종류

① 기업실체의 공준 : 특정 기업실체를 그 소유주나 다른 기업실체와는 독립적으로 존재하는 하나의 회계단위로 간주하고 특정 회계단위의 입장에서 그 경제활동에 대한 재무정보를 측정, 보고하는 가정을 말한다.

② 계속기업의 공준 : 한번 설립된 기업은 본래 목적을 달성하기 위하여 장기적으로 계속하여 존재한다는 가정이다.

③ 기간별 보고의 공준 : 한 기업실체의 존속기간을 일정기간의 인위적 단위로 분할하여 각 기간에 대해 경제적 의사결정에 유용한 정보를 보고하는 가정을 말한다.

> ✱ K-IFRS(한국채택국제회계기준)에서는 계속기업을 유일한 기본가정으로 규정하고 있다.

2. 회계정보의 질적 특성

회계정보의 질적 특성이란 회계정보가 유용한 정보가 되기 위해 갖추어야 할 주요 속성을 말하는데 이해가능성, 목적적합성, 신뢰성, 비교가능성이 있다.

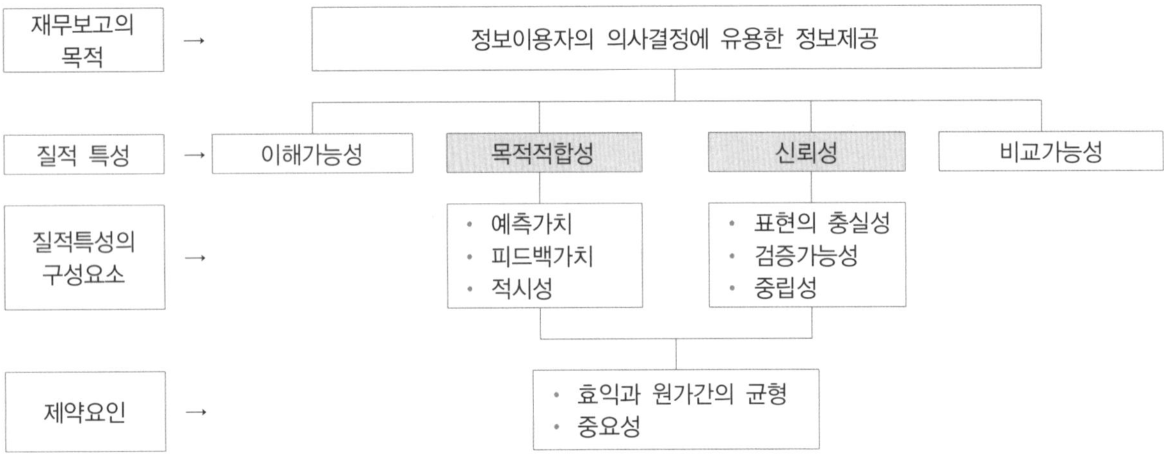

(1) 이해가능성

회계정보는 궁극적으로 회계정보이용자에게 유용한 정보가 되어야 하고, 동시에 이러한 정보는 이용자에게 이해가능한 형태로 제공되어야 한다.

(2) 주요 질적 특성

회계정보의 질적 특성 중 가장 중요한 질적 특성은 목적적합성과 신뢰성이다.

① 목적적합성 : 회계정보가 정보이용자의 의사결정목적과 관련이 있어야 하며 당해 회계정보를 이용하여 의사결정을 하였을 경우 회계정보를 이용하지 아니하고 의사결정을 하였을 경우와 차이를 발생시킬 수 있는 속성을 말한다. 목적적합한 정보가 되기 위해서는 예측가치, 확인가치(피드백가치), 적시성을 갖추어야 한다.

㉠ 예측가치 : 정보이용자가 기업의 미래 재무상태, 경영성과, 현금흐름 등을 예측하는 데에 그 정보가 활용될 수 있는 능력을 말한다.

㉡ 피드백가치(확인가치) : 과거의 기대치 또는 예측치를 확인하거나 수정함으로써 정보이용자의 의사결정에 영향을 미칠 수 있는지의 여부를 말한다.

㉢ 적시성 : 회계정보가 정보로서의 가치가 상실되기 전에 정보이용자에게 제공되어야 한다는 정보의 질적 특성을 말한다.

② 신뢰성 : 신뢰성이란 회계정보에 대한 오류나 미리 의도된 편견 없이, 객관적이고 검증가능하며 나타내고자하는 바를 충실하게 표현해야 한다는 정보의 특성을 말한다. 회계정보가 신뢰성을 갖기 위해서는 표현의 충실성·중립성·검증가능성을 갖추고 있어야 한다.

㉠ 표현의 충실성 : 회계정보의 측정치는 표현하고자 하는 거래와 경제적 사건을 그대로 왜곡됨 없이 충실하게 표현해야 한다는 정보의 특성을 말한다.

㉡ 검증가능성 : 다수의 서로 다른 측정자들이 동일한 경제적 사건이나 거래를 동일한 측정방법으로 측정할 경우 유사한 결론에 도달할 수 있어야 한다는 정보의 특성을 말한다.

㉢ 중립성 : 회계정보가 신뢰성을 갖기 위해서는 한쪽에 치우침 없이 중립적이어야 한다는 속성으로 회계정보가 특정이용자에게 치우치거나 편견을 내포해서는 안 된다는 것을 의미한다.

③ 질적 특성 간의 균형 : 목적적합성과 신뢰성의 상충관계를 고려하여 질적 특성 간에 적절한 균형을 이루는 것을 목표로 하여야 한다.

구 분	목적적합성	신 뢰 성
자산의 평가방법	공정가치법(시가법)	역사적원가법(원가법)
수익의 인식방법	진행기준	완성기준
손익의 인식방법	발생주의	현금주의
정보의 보고시점	중간보고서(분기, 반기)	연차보고서

(3) 비교가능성

기업의 재무상태, 경영성과 등의 과거 추세분석과 기업 간의 상대적 평가를 위하여 회계정보는 기간별 비교가능성(일관성)과 기업 간 비교가능성(통일성)을 가지고 있어야 한다는 속성이다.

① 기간별 비교가능성 : 기업의 재무제표를 다른 기간의 재무제표와 비교할 수 있는 속성을 말한다.

② 기업별 비교가능성 : 동종 산업의 다른 기업과 유사한 정보와 비교할 수 있는 속성을 말한다.

(4) 회계정보의 제약요인

① 효익과 원가간의 균형 : 회계정보가 정보제공에 소요되는 비용이 효익을 초과한다면 그러한 정보제공은 정당화될 수 없다.

② 중요성 : 특정회계정보가 정보이용자의 의사결정에 영향을 미치는 정도를 말한다. 특정정보가 생략되거나 잘못 표시될 경우 정보이용자의 판단이나 의사결정에 영향을 미칠 수 있다면 그 정보는 중요한 것이다. 이러한 정보는 금액의 대소로 판단하지 않고 정보이용자의 의사결정에 영향을 미치면 중요한 정보가 되는 것이다. 예를 들어 어느 기업의 소모품비와 같은 소액의 비용을 자산으로 처리하지 않고 발생즉시 비용으로 처리하는 것은 정보이용자 관점에서 중요하지 않기 때문에 당기 비용으로 하는 것이다.

보수주의 : 어떤 한 거래에 대하여 두가지 이상의 선택가능한 방법이 있는 경우에 재무적 기초를 견고히 하는 관점에 따라 회계처리 하여야 한다는 원칙으로 자산 과 수익은 적게, 부채 와 비용은 크게 표현하여 당기순이익을 가장 적게 표현 한다.

[보수주의를 적용한 예]

① 초기감가상각은 정액법 대신 정률법 적용
② 물가상승시 재고자산평가는 선입선출법대신 후입선출법 적용
③ 재고자산 평가시 총계기준대신 종목별기준 적용
④ 자본적 지출 대신 수익적 지출 적용
⑤ 할부판매에서 인도(판매)기준대신 회수기준 적용
⑥ 사채할인발행차금 초기상각을 유효이자율법 대신 정액법 적용
⑦ 도급공사에서 공사진행기준 대신 공사완성기준 적용

K-IFRS(한국채택국제회계기준)의 재무정보의 질적특성

근본적 질적특성	목적적합성 : 예측가치와 확인가치, 중요성
	충실한표현 : 완전한 서술, 중립적 서술, 오류가 없는 서술
보강적 질적특성	비교가능성, 검증가능성, 적시성, 이해가능성

예제 ⑪

재무보고를 위한 개념체계를 따를 경우 재무정보의 질적특성에 대한 설명 중 옳지 않은 것은?

① 목적적합한 재무정보는 정보이용자의 의사결정에 차이가 나도록 할 수 있다. 재무정보에 예측가치, 확인가치 또는 이 둘 모두가 있다면 의사결정에 차이가 없어야 한다.
② 비교가능성, 검증가능성, 적시성 및 이해가능성은 목적적합하고 충실하게 표현된 정보의 유용성을 보강시키는 질적 특성이다.
③ 재무정보가 유용하기 위해서는 나타내고자 하는 현상을 충실하게 표현하여야 한다. 완벽하게 충실한 표현을 하기 위해서 서술은 완전하고, 중립적이며, 오류가 없어야 할 것이다.
④ 유용한 재무정보의 근본적 질적 특성은 목적적합성과 충실한 표현이다.

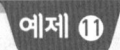

해설 ① 목적적합한 재무정보는 정보이용자의 의사결정에 차이가 나도록 할 수 있다. 재무정보에 예측가치, 확인가치 또는 이 둘 모두가 있다면 의사결정에 차이가 나도록 할 수 있다.

예제 ⑫

비교적 저렴한 전화기, 선풍기 등을 비품으로 처리하기보다 소모품비로 처리하는 이유는 다음 중 어느 것에 해당하는가?

① 중요성　　② 계속성
③ 객관성　　④ 발생주의

해설 ① 비품으로 처리하기보다 소모품비로 처리하는 것은 중요성에 해당한다.

3 재무제표

1. 재무상태표

(1) 재무상태표의 목적

재무상태표는 일정 시점 현재 기업이 보유하고 있는 경제적 자원인 자산과 경제적 의무인 부채, 그리고 자본에 대한 정보를 제공하는 재무보고서로서, 정보이용자들이 기업의 유동성, 재무적 탄력성, 수익성과 위험 등을 평가하는 데 유용한 정보를 제공한다.

(2) 재무상태표의 기본구조

① 재무상태표의 구성요소인 자산, 부채, 자본으로 구분한다.
② 자산과 부채는 유동성이 큰 항목부터 배열하는 것을 원칙으로 한다.
③ 재무상태표의 표시와 분류방법은 기업의 재무상태를 쉽게 이해할 수 있도록 결정되어야 한다.

(3) 자산과 부채의 유동성과 비유동성 구분

① 자산은 1년 또는 정상적인영업주기를 기준으로 유동자산과 비유동자산으로 분류한다.
② 부채는 1년 또는 정상적인영업주기를 기준으로 유동부채와 비유동부채로 분류한다.
③ 정상적인 영업주기가 명확하게 확인되지 않는 경우에는 1년으로 추정한다.

> **회계상 1년 이내** ⇒ 재무상태표작성일(결산일)로부터 1년 이내를 말한다.

(4) 재무상태표 항목의 구분과 통합표시

자산, 부채, 자본 중 중요한 항목은 재무상태표 본문에 별도 항목으로 구분하여 표시한다. 중요하지 않은 항목은 성격 또는 기능이 유사한 항목에 통합하여 표시할 수 있으며, 통합할 적절한 항목이 없는 경우에는 기타항목으로 통합할 수 있다. 이 경우 세부 내용은 주석으로 기재한다.

(5) 자산과 부채의 총액표시

① 자산과 부채는 원칙적으로 상계하여 표시하지 않는다.
② 매출채권에 대한 대손충당금 등은 해당 자산이나 부채에서 직접 가감하여 표시할 수 있다. 이 경우 가감한 금액을 주석으로 기재한다.

예제 ⑬

다음 재무제표 구성 요소 중 성격이 다른 하나는?

① 자산 ② 부채

③ 수익 ④ 자본

해설 ③ 자산, 부채, 자본은 재무상태표항목이고, 수익과 비용은 손익계산서 항목이다.

(6) 재무상태표 양식

재 무 상 태 표

회사명 제×기 20××년 ×월 ×일 현재 (단위 : 원)

과목	금액	과목	금액
자산	×××	부채	×××
유동자산	×××	유동부채	×××
당좌자산	×××	비유동부채	×××
재고자산	×××	부채총계	×××
비유동자산	×××	자본	×××
투자자산	×××	자본금	×××
유형자산	×××	자본잉여금	×××
무형자산	×××	자본조정	×××
기타비유동자산	×××	기타포괄손익누계액	×××
		이익잉여금	×××
		자본총계	×××
자산총계	×××	부채 및 자본 총계	×××

(7) 자산·부채·자본의 분류

자산의 분류		내용
유동자산	당좌자산	현금 및 현금성자산(현금, 당좌예금, 보통예금, 현금성자산), 단기투자자산(단기금융상품, 단기매매증권, 단기대여금), 매출채권(외상매출금, 받을어음), 선급금, 선급비용, 미수금, 미수수익
	재고자산	상품, 저장품(소모품), 원재료, 재공품, 반제품, 제품
비유동자산	투자자산	투자부동산, 장기대여금, 지분법적용투자주식, 장기금융상품(장기예금), 장기투자증권(만기보유증권, 매도가능증권),
	유형자산	토지, 설비자산(건물, 구축물, 기계장치), 비품, 차량운반구, 건설중인자산, 선박, 공구기구
	무형자산	영업권, 산업재산권(특허권, 실용신안권, 의장권, 상표권), 광업권, 어업권, 차지권, 저작권, 개발비, 라이선스와프랜차이즈, 컴퓨터소프트웨어, 임차권리금
	기타비유동자산	임차보증금, 장기매출채권, 장기미수금, 장기미수수익, 장기선급금, 장기선급비용,

예제 14

다음의 자산 중 재무상태표에 유동성 기준으로 배열할 때 가장 먼저 표시되는 계정과목은 무엇인가?

① 상품 ② 건물
③ 외상매출금 ④ 투자부동산

해설 ③ 당좌자산(외상매출금) → 재고자산(상품) → 투자자산(투자부동산) → 유형자산(건물)

부채의 분류	내 용
유 동 부 채	단기차입금(당좌차월포함), 매입채무(외상매입금, 지급어음), 예수금, 선수금, 선수수익, 미지급금, 미지급비용, 미지급법인세, 유동성장기부채
비 유 동 부 채	퇴직급여충당부채, 사채, 전환사채, 신주인수권부사채, 장기차입금, 장기미지급금, 장기선수금, 장기제품보증충당부채, 이연법인세부채, 임대보증금

예제 15

다음 중 비유동부채에 해당하지 않은 것은 무엇인가?

① 사채 ② 퇴직급여충당부채
③ 장기차입금 ④ 유동성장기부채

해설 ④ 유동성장기부채는 유동부채로 분류한다.

자본의 분류		내 용
자 본 금		보통주자본금, 우선주자본금
자 본 잉 여 금		주식발행초과금, 기타자본잉여금(감자차익, 자기주식처분이익)
자 본 조 정	차 감	주식할인발행차금, 감자차손 및 자기주식처분손실, 자기주식
	가 산	신주청약증거금, 주식매수선택권, 출자전환채무, 미교부주식배당금
기 타 포 괄 손 익 누 계 액		매도가능증권평가손익, 해외사업환산손익, 현금흐름위험회피 파생상품평가손익, 재평가잉여금
이 익 잉 여 금		법정적립금(이익준비금), 임의적립금(○○적립금), 미처분이익잉여금

- **평가계정**
  ① 차감적평가계정 : 재고자산평가충당금, 감가상각누계액, 손상차손누계액, 상품권할인액, 사채할인발행차금, 현재가치할인차금
  ② 부가적평가계정 : 사채할증발행차금
- **충당부채** : 퇴직급여충당부채, 공사보증충당부채, 판매보증충당부채

예제 16

다음은 자본의 분류와 그에 속하는 계정과목을 연결한 것이다. 옳은 것은?

① 자본조정 - 감자차익 ② 자본잉여금 - 이익준비금
③ 이익잉여금 - 주식발행초과금 ④ 기타포괄손익누계액 - 매도가능증권평가이익

해설 ④ 보기① 자본잉여금 - 감자차익, 보기② 이익잉여금 - 이익준비금, 보기③ 자본잉여금 - 주식발행초과금

(8) 자산, 부채, 자본계정의 뜻

자산의 종류	내 용
1. 현 금	통화 및 통화대용 증권
2. 당 좌 예 금	당좌수표를 발행할 수 있는 예금
3. 보 통 예 금	수시로 입금이나 출금이 가능한 예금
4. 현 금 성 자 산	취득시 만기나 상환기일이 3개월 이내의 금융상품이나, 유가증권
5. **[현금및현금성자산]**	현금, 당좌예금, 보통예금, 현금성자산을 합한것
6. 단 기 금 융 상 품	만기가 보고기간말로부터 1년 이내인 정기예금·정기적금·양도성예금증서
7. 단 기 매 매 증 권	매수와 매도가 적극적이고, 빈번하게 이루어지는 국채·사채·공채·주식 등을 구입한 경우
8. 단 기 대 여 금	보고기간말로부터 1년내 회수 조건으로 금전을 빌려준 것
9. **[단 기 투 자 자 산]**	단기금융상품, 단기매매증권, 단기대여금을 합한것
10. 외 상 매 출 금	상품을 외상으로 매출한 경우의 채권
11. 받 을 어 음	상품 값으로 어음을 받은 경우의 채권
12. **[매 출 채 권]**	외상매출금과 받을어음을 합한 것
13. 건 물	영업용 사무실, 창고, 기숙사, 공장 등
14. 기 계 장 치	기계장치·운송설비(콘베어, 호이스트, 기중기 등)와 기타의 부속설비 등
15. 구 축 물	교량, 궤도, 갱도, 정원설비 및 기타의 토목설비 또는 공작물 등
16. **[설 비 자 산]**	건물, 기계장치, 구축물을 합한것
17. 토 지	영업용으로 구입한 땅
18. 차 량 운 반 구	영업용으로 구입한 화물차, 승합차, 승용차, 지게차, 오토바이 등
19. 비 품	영업용으로 구입한 책상·의자, 컴퓨터·복사기 등
20. 상 품	판매를 목적으로 매입한 물품
21. 저 장 품(소모품)	사무용품등의 미사용액
22. 선 급 금	상품 계약금(착수금)을 지급
23. 선 급 비 용	비용을 먼저 준 것
24. 미 수 금	상품이외의 물품을 외상으로 처분
25. 미 수 수 익	수익을 못 받은 것

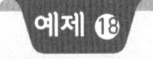

예제 ⑰

다음은 각 계정의 기말잔액이다. 재무상태표에 매출채권으로 표시될 금액은 얼마인가?

가. 미 수 금	₩10,000	나. 받 을 어 음	₩15,000
다. 미 지 급 금	₩ 4,000	라. 외 상 매 출 금	₩20,000

① ₩15,000　② ₩24,000　③ ₩30,000　④ ₩35,000

해설 ④ 외상매출금(20,000) + 받을어음(15,000) = 매출채권(35,000)

예제 ⑱

다음 [보기]의 설명은 어떤 유형자산에 대한 내용인가?

기업이 소유하고 있는 건물 이외의 토목설비, 공작물 및 부속설비로서 여기에는 갱도, 굴뚝, 교량, 안벽, 부교, 주차장, 정원, 저수지 등이 해당된다.

① 토지　② 구축물　③ 투자부동산　④ 건설 중인 자산

해설 ② 구축물에 대한 설명이다.

부채의 종류	내 용
1. 외 상 매 입 금	상품을 외상으로 매입한 채무
2. 지 급 어 음	상품 값으로 어음을 지급 한 경우의 채무
3. [매 입 채 무]	외상매입금과 지급어음을 합한것
4. 단 기 차 입 금	보고기간말로부터 1년내 지급조건으로 금전을 빌려온 것
5. 선 수 금	상품 계약금(착수금)을 받음
6. 선 수 수 익	수익을 먼저 받은 것
7. 미 지 급 금	상품이외의 물품을 외상으로 구입
8. 미 지 급 비 용	비용을 줄 것
9. 예 수 금	일반적 상거래 외에 발생한 일시적 보관액

자본의 종류	내 용
1. 자 본 금	자산총액에서 부채총액을 차감한 잔액(자기자본)

예제 ⑲

다음의 외상거래에서 미수금 또는 미지급금으로 처리해야 할 거래는?

① 제품을 판매하고 한 달 후에 3개월 어음으로 받다.

② 원재료를 외상으로 구입하고 한 달 후에 현금으로 지급하다.

③ 상품을 외상으로 구입하고 한 달 후에 3개월 어음을 지급하다.

④ 생산설비부족으로 외주가공을 하고 대금은 한 달 후에 현금 지급하다.

해설

① (차) 외상매출금 ×× (대) 제품매출 ××
　　받을어음 ×× 외상매출금 ××

② (차) 원 재 료 ×× (대) 외상매입금 ××
　　외상매입금 ×× 현 금 ××

③ (차) 상 품 ×× (대) 외상매입금 ××
　　외상매입금 ×× 지급어음 ××

❹ (차) 외주가공비 ×× (대) 미지급금 ××
　　미지급금 ×× 현 금 ××

2. 손익계산서

(1) 손익계산서의 목적

포괄손익계산서는 일정 기간 동안 기업의 경영성과에 대한 정보를 제공하는 재무보고서이다. 포괄손익계산서는 당해 회계기간의 경영성과를 나타낼 뿐만 아니라 기업의 미래현금흐름과 수익창출 능력 등의 예측에 유용한 정보를 제공한다.

(2) 손익계산서의 기본구조

손익계산서(보고식)

매 출 액	×××
매 출 원 가	(-) ×××
매 출 총 이 익	×××
판 매 비 와 관 리 비	(-) ×××
영 업 이 익	×××
영 업 외 수 익	(+) ×××
영 업 외 비 용	(-) ×××
법 인 세 비 용 차 감 전 순 이 익	×××
법 인 세 비 용	(-) ×××
당 기 순 이 익	×××
주 당 이 익	××× 원

(3) 수익과 비용의 총액표시

수익과 비용은 각각 총액으로 보고하는 것을 원칙으로 한다. 그리고 동일 또는 유사한 거래나 회계사건에서 발생한 차익, 차손 등은 총액으로 표시하지만 중요하지 않은 경우에는 관련 차익과 차손 등을 상계하여 표시할 수 있다.

(4) 수익과 비용의 분류

비용의 분류	내 용
매 출 원 가	기초상품재고액 + 당기순매입액 - 기말상품재고액
판 매 비 와 관 리 비	급여, 퇴직급여, 통신비, 접대비, 운반비, 연구비, 소모품비, 여비교통비, 수도광열비, 복리후생비, 광고선전비, 차량유지비, 도서인쇄비, 경상개발비, 감가상각비, 대손상각비, 무형자산상각비, 세금과공과, 임차료, 보험료, 보관료, 명예퇴직금
영 업 외 비 용	이자비용, 수수료비용, 장기투자증권손상차손, 외환차손, 단기매매증권처분손실, 단기매매증권평가손실, 투자자산처분손실, 지분법손실, 유형자산처분손실, 재고자산감모손실, 외화환산손실, 사채상환손실, 재해손실, 전기오류수정손실, 잡손실, 기부금, 기타의대손상각비
법 인 세 비 용	법인세, 주민세

수익의 분류	내 용
영 업 수 익	매출
영 업 외 수 익	이자수익, 수수료수익, 배당금수익, 보험차익, 외환차익, 단기매매증권처분이익, 단기매매증권평가이익, 투자자산처분이익, 지분법이익, 유형자산처분이익, 사채상환이익, 외화환산이익, 전기오류수정이익, 잡이익, 자산수증이익, 채무면제이익, 장기투자증권손상차손환입, 임대료

예제 ⑳

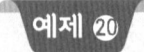

다음 중 손익계산서에 대한 설명으로 맞는 것은?

① 일정시점의 재무성과(경영성과)에 대한 정보를 제공해주는 재무제표이다.
② 일정기간 동안 재무성과(경영성과)에 대한 정보를 제공해주는 재무제표이다.
③ 일정시점에 기업이 보유하고 있는 자산, 부채, 자본에 대한 정보를 제공해주는 재무제표이다.
④ 일정기간동안 기업이 보유하고 있는 자산, 부채, 자본에 대한 정보를 제공해주는 재무제표이다.

해설 ② 손익계산서는 일정기간 동안 재무성과(경영성과)에 대한 정보를 제공해주는 재무제표이다.

예제 ㉑

다음 자료를 참고하여 영업손익은 얼마인가?

- 매출총이익 ₩ 200,000
- 접 대 비 ₩ 50,000
- 기 부 금 ₩ 20,000
- 이자비용 ₩ 50,000
- 광고선전비 ₩ 10,000

① ₩ 100,000 ② ₩ 140,000 ③ ₩ 150,000 ④ ₩ 170,000

해설 ② 매출총이익(200,000) - 판매비와관리비(50,000+10,000) = 영업이익(140,000)

(5) 비용과 수익계정의 뜻

수익의 종류	내 용
1. 매 출	상품 또는 제품을 매출한 금액
2. 단기매매증권처분이익	단기매매증권을 장부금액이상으로 처분한 경우의 이익
3. 단기매매증권평가이익	결산시 단기매매증권의 장부금액보다 공정가치가 큰경우
4. 유형자산처분이익	유형자산을 장부금액이상으로 처분한 경우의 이익
5. 잡 이 익	영업활동과 관계없이 발생한 소액의 이익
6. 이 자 수 익	대여금, 예금에 대한 이자수입액
7. 수 수 료 수 익	상품의 판매알선, 용역제공을 하고 수수료를 받은 경우
8. 배 당 금 수 익	주식에 투자하고 받는 배당금 수입액
9. 임 대 료	건물 등을 빌려주고 받은 수익
10. 보 험 차 익	보험피해금액보다 보상받은 보험금액이 큰 경우
11. 채 무 면 제 이 익	채권자로부터 채무의 전부 또는 일부를 면제 받은 경우
12. 자 산 수 증 이 익	타인으로부터 자산을 무상으로 받은 경우

비용의 종류	내 용
1. 매 출 원 가(매 입)	판매한 상품 또는 제품의 원가
2. 급 여	근로의 대가로 지급하는 금액
3. 통 신 비	전화요금, 전보, 우표, 엽서, 인터넷전용회선요금, 팩스사용료 등
4. 접 대 비	거래처 접대비· 선물비·경조금·화환대 등
5. 운 반 비	상품 매출시 발송비, 택배비 등
6. 수 선 비	건물수선비, 구축물수선비, 기계장치수선비, 공·기구비품수선비 등
7. 소 모 품 비	사무용품, 사무용용지, 청소용품, 주방용품, 어음수표구입, 양식구입 등
8. 복 리 후 생 비	종업원에 대한 식대보조금, 식당운영보조비, 잔업식대, 의료비, 건강보험료, 산재보험료, 고용보험료, 국민연금, 선물대, 경조금, 일·숙직비, 건강진단료, 동호회활동비, 학자금보조, 시상금, 사내행사비 등
9. 수 도 광 열 비	전기료, 수도료, 가스료, 유류비, 연탄비등
10. 차 량 유 지 비	차량유류대, 잡유대, 주차료, 통행료, 세차비, 검사비, 차량수리비 등
11. 광 고 선 전 비	국내광고비, 해외광고비, 전시회비용, 홍보자료제작비, 야외옥탑광고 등
12. 여 비 교 통 비	국내출장비, 해외출장비 시내교통비 및 대중교통 요금, 전임및부임여비
13. 도 서 인 쇄 비	도서구입, 정기간행물, 해외기술서석, 인쇄비
14. 감 가 상 각 비	유형자산의 가치감소액
15. 대 손 상 각 비	매출채권에 대한 대손추산액 또는 회수불가능채권
16. 잡 비	발생빈도나 금액이 적어서 중요성이 없는 비용, 발생빈도나 금액이 클 경우 별도과목 표시 (예, 회의비, 교육훈련비, 연수비, 자료수집비, 신용조사비)
17. 세 금 과 공 과	재산세, 인지세, 벌과금, 면허세, 자동차세, 사업소세, 종합토지세, 균등할주민세, 상공회의소회비, 협회비 등
18. 임 차 료	사옥임차료, 기계 및 장비임차료, 복사기임차료, 사택임차료, 차량임차료, 전산장비임차료 등
19. 보 험 료	손해보험료, 보증보험료, 창고보험료, 수출보험료 등
20. 보 관 료	창고 사용료
21. 단기매매증권처분손실	단기매매증권을 장부금액미만으로 처분한 경우의 손실
22. 단기매매증권평가손실	결산시 단기매매증권의 장부금액보다 공정가치가 적은경우
23. 유형자산처분손실	유형자산을 장부금액미만으로 처분한 경우의 손실
24. 잡 손 실	영업활동과 관계없이 발생한 소액의 손실
25. 재 해 손 실	천재지변(화재, 풍수해, 지진등)과 돌발적인 사건(거액의 도난)에 의한 손실
26. 이 자 비 용	차입금이나 사채의 이자 지급액
27. 수 수 료 비 용	용역을 제공받고 지급한 수수료
28. 기 부 금	자선 사업이나 공공사업을 도울 목적으로 내어 놓는 돈

예제 22

다음 항목 중 비용에 해당하지 않는 것은?

① 주주에 대한 배당금의 지급 ② 건물에 대한 임차료

③ 종업원에 대한 급료 ④ 상품의 매출원가

해설 ① 주주에 대한 배당금 지급은 이익 처분 항목이다.

3. 현금흐름표

(1) **현금흐름표 뜻** : 일정기간의 영업활동, 투자활동, 재무활동에 의한 현금의 증감 내역을 나타내는 보고서이다.

(2) 현금흐름의 구분

영업활동	매입, 급여지급, 이자지급, 법인세비용지급, 매출, 이자수익, 배당금수입, 단기매매증권의 구입과 처분
투자활동	현금의 대여와 회수, 투자자산, 유형자산, 무형자산의 취득과 처분
재무활동	현금의 차입과 상환, 어음발행, 사채발행, 주식발행, 배당금지급

(3) 영업활동으로 인한 현금의 흐름(간접법)

Ⅰ. 영업 활동으로 인한 현금 흐름		
1. 당기순이익		×××
2. 현금유출이 없는 비용 가산	(+)	×××
3. 현금유입이 없는 수익 차감	(−)	×××
4. 자산의 감소, 부채의 증가	(+)	×××
5. 자산의 증가, 부채의 감소	(−)	×××

4. 자본변동표

자본변동표는 자본의 크기와 그 변동에 관한 정보를 제공하는 재무보고서로서, 자본을 구성하고 있는 자본금, 자본잉여금, 자본조정, 기타포괄손익누계액, 이익잉여금(또는 결손금)의 변동에 대한 포괄적인 정보를 소유주의 투자와 소유주에 대한 분배라는 기본요소로 제공된다.

5. 주석

재무제표 작성기준 및 중요한 거래와 회계사건의 회계처리에 적용한 회계정책, K-IFRS에서 주석공시를 요구한 사항, 재무상태표, 손익계산서, 현금흐름표 및 자본변동표의 본문에 표시되지 않는 사항으로서 재무제표를 이해하는데 필요한 추가정보를 제공한다.

6. 재무제표 작성과 표시의 일반목적

(1) 계속기업

경영진은 재무제표를 작성할 때 계속기업을 전제로 재무제표를 작성한다.

(2) 재무제표 작성책임과 공정한 표시

재무제표의 작성과 표시에 대한 책임은 경영진에게 있고, 경제적 사실과 거래의 실질을 반영하여 공정하게 표시하여야 한다.

(3) 회계정책의 결정

기업은 기업회계기준이 허용하는 범위 내에서 회계정책을 선택할 수 있다.

(4) 재무제표 항목의 구분과 통합표시

중요한 항목은 재무제표의 본문이나 주석에 그 내용을 가장 잘 나타낼 수 있도록 구분하여 표시하며, 중요하지 않은 항목은 성격이나 기능이 유사한 항목과 통합하여 표시할 수 있다.

(5) 비교재무제표의 작성

전기 재무제표의 모든 계량정보를 당기와 비교하는 형식으로 표시한다.

(6) 재무제표 항목의 표시와 분류의 계속성

재무제표의 기간별 비교가능성을 제고하기 위하여 재무제표 항목의 표시와 분류는 매기 동일하여야 한다.

(7) 재무제표의 보고양식

재무제표는 이해하기 쉽도록 간단하고 명료하게 표시하여야 하며, 예시된 재무제표의 양식을 참조하여 작성한다. 예시된 명칭보다 잘 나타내는 계정과목이 있을 때는 그 계정과목을 사용할 수 있다.

재무제표의 명칭과 함께 기재하는 내용

① 회사명
② 재무상태표일 또는 회계기간
③ 보고통화 및 금액단위

재무제표 작성순서 : 제조원가명세서 → 손익계산서 → 이익잉여금처분계산서 → 재무상태표

예제 23

재무회계 전반에 대한 다음의 내용 중 가장 옳지 않은 것은?

① 회계의 목적은 회계정보이용자의 합리적인 의사결정에 유용한 정보를 제공하는 것이다.
② 재무제표의 작성과 표시에 대한 책임은 대주주에게 있다.
③ 재무제표에는 재무상태표, 손익계산서, 자본변동표, 현금흐름표, 주석이 포함 된다.
④ 경영자, 주주. 채권자 등은 회계정보이용자에 해당된다.

해설 ② 재무제표의 작성과 표시에 대한 책임은 [경영진]에게 있다.

예제 24

다음은 무엇에 대한 설명인가?

현금의 입금과 출금이 이루어진 기간이 아니라 거래가 발생한 기간에 수익과 비용을 인식하는 방법 즉, 대금이 회수된 기간이 아니라 판매가 이루어진 기간에 매출로 인식

① 현금주의 ② 수익비용대응의원칙
③ 자산평가기준 ④ 발생주의

해설 ④ 발생주의 설명이다

단원 기본문제

재무회계의 이해 I

01 다음 회계순환과정에 대한 순서 중 가장 바르게 나열한 것은 무엇인가?

① 분개 → 전기 → 시산표 작성 → 정산표 작성 → 재무제표 작성
② 전기 → 분개 → 시산표 작성 → 재무제표 작성 → 정산표 작성
③ 분개 → 전기 → 정산표 작성 → 시산표 작성 → 재무제표 작성
④ 시산표 작성 → 정산표 작성 → 분개 → 전기 → 재무제표 작성

02 다음 중 시산표 작성시 발견할 수 있는 오류에 대한 설명으로 바른 것은 무엇인가?

① 하나의 거래에 대해 이중 전기되었음을 발견할 수 있다.
② 하나의 거래에 대해 분개가 누락되었음을 발견할 수 있다.
③ 하나의 거래에 대해 대차금액이 일치하지 않았음을 발견할 수 있다.
④ 하나의 거래에 대해 계정과목이 잘못 입력되었음을 발견할 수 있다.

03 다음 중 분개에 대해서 잘못 설명한 것은?

① 분개장에 거래를 기록하는 절차를 말한다.
② 기업의 거래발생 사실을 기록하기 위하여 분개장의 대응으로 사용하는 서식이 전표이다.
③ 자산과 비용은 차변에서, 부채와 자본과 수익은 대변에서 각각 증가와 발생을 나타내며, 감소와 소멸은 그 반대쪽에 나타내게 된다.
④ 분개는 거래사실에 대한 계정과목과 금액을 확정지은 후 왼쪽의 대변과 오른쪽의 차변에 기록하여, 내용상 원인과 결과를 나타내는 형식이 된다.

04 다음 우리나라의 일반기업회계기준에 대한 규정에 대한 설명 중 바르지 않은 것은 무엇인가?

① 재무제표의 작성과 표시에 대한 책임은 경영진에게 있다.
② 일반 기업회계기준에는 재무제표의 작성과 표시에 관한 기준을 정하는 목적이 포함되어 있다.
③ 일반 기업회계기준의 재무제표는 재무대조표, 손익성과표, 현금흐름표, 자본변동표로 구성되며, 주석이 포함된다.
④ 일반기업회계기준은 「주식회사의 외부감사에 관한 법률」의 적용대상 기업 중 한국채택국제회계기준에 따라 회계처리하지 아니하는 비상장법인의 회계처리에 적용한다.

05 다음 중 계정 기입 방법으로 적합하지 않은 것은 무엇인가?

① 자산의 증가는 자산계정 대변에 자산의 감소는 자산계정 차변에 기입
② 부채의 증가는 부채계정 대변에 부채의 감소는 부채계정 차변에 기입
③ 자본의 증가는 자본계정 대변에 자본의 감소는 자본계정 차변에 기입
④ 수익의 발생은 수익계정 대변에 수익의 소멸은 수익계정 차변에 기입

06 다음 부채관련 계정과목 중 성격이 다른 계정과목은 무엇인가?

① 유동성장기부채
② 이연법인세부채
③ 퇴직급여충당부채
④ 장기제품보증충당부채

07 다음 중 자본의 분류상 기타포괄손익누계에 해당하지 않는 것은 무엇인가?

① 해외사업환산손익
② 주식할인발행차금
③ 매도가능증권평가손익
④ 현금흐름회피 파생상품환산손익

08 다음 중 손익계산서에 대한 설명으로 맞는 것은 무엇인가?

① 일정시점의 재무성과(경영성과)에 대한 정보를 제공해주는 재무제표이다.
② 일정기간 동안 재무성과(경영성과)에 대한 정보를 제공해주는 재무제표이다.
③ 일정시점에 기업이 보유하고 있는 자산, 부채, 자본에 대한 정보를 제공해주는 재무제표이다.
④ 일정기간 동안 기업이 보유하고 있는 자산, 부채, 자본에 대한 정보를 제공해주는 재무제표이다.

09 다음은 현금흐름표에 대한 설명이다. 다음 설명 중 가장 적절하지 않은 것은 무엇인가?

① 현금흐름표는 발생주의 원칙에 의해서 작성되는 기본 재무제표이다.
② 현금흐름표는 일정기간의 현금 및 현금성자산 변동에 대한 정보를 제공한다.
③ 현금흐름표는 기업의 영업활동, 투자활동, 재무활동으로 인한 현금흐름 정보를 제공한다.
④ 현금흐름표는 영업활동으로 인한 현금흐름을 계산하는 방법의 차이에 따라 직접법과 간접법으로 분류한다.

10 재무제표에 포함되어 있는 자료를 중심으로 의사결정자에게 유용한 정보를 창출하는 과정을 재무제표분석이라 한다. 다음 중 재무제표정보에 관한 분석에 대해서 잘못 설명한 것은 무엇인가?

① 재무제표를 통해 매출 및 경상수익과 같은 경영전반 활동을 파악할 수 있다.
② 재무제표정보는 수치를 통해 나타나기 때문에 그 분석자료는 어떤 문제점도 가질 수 없다.
③ 기준연도를 정해놓고 재무제표 항목의 변동크기 및 그 방향을 파악하는 추세분석도 가능하다.
④ 의사결정자는 재무제표 상에 공표된 자료 이외에 감사보고서나 부속명세서와 같은 추가 자료를 통해서도 의사결정을 내리게 된다.

11 다음 중 회계상의 거래에 해당하지 않는 것은 무엇인가?

① 회사 창고에 화재가 발생하여 ₩10,000,000의 제품 및 상품이 소실되었다.
② 회사는 인터넷쇼핑몰에서 컴퓨터 2대(@700,000)를 주문하고 카드로 결제하였다.
③ 대졸 신입직원에게 월급으로 ₩2,000,000, 상여금 400%를 지급하기로 근로계약을 맺었다.
④ 본사 사무실을 이전하기 위해 오피스텔을 임차하기로 계약하고, 계약금 ₩1,000,000을 계좌이체를 통하여 지급하였다.

12 다음 중 연결이 바르지 않은 것은 무엇인가?

① 영업외비용 - 임차료
② 영업외수익 - 임대료
③ 영업외수익 - 외환차익
④ 판매비와관리비 - 대손상각비

13 다음 기본 재무제표의 표시일자 및 표시기간의 연결이 올바르지 않은 것은 무엇인가?

① 재무상태표 : 일정시점
② 손익계산서 : 일정기간
③ 현금흐름표 : 일정시점
④ 자본변동표 : 일정기간

4 당좌자산

1. 현금 및 현금성자산

현금, 당좌예금, 보통예금, 현금성자산을 묶어서 현금 및 현금성자산이라 한다.

(1) 현금

기업이 보유하고 있는 자산 중 유동성이 가장 높고 교환의 매개수단이며 가치의 측정기준 되는 것으로 통화와 통화대용증권을 현금이라고 한다.

① 통화	지폐, 주화(동전)
② 통화대용증권	타인(동점)발행수표, 자기앞수표, 여행자수표, 가계수표, 송금수표, 우편환증서, 전신환증서, 배당금지급통지서, 공·사채만기이자표, 국고송금통지서 등

(2) 현금과부족

현금의 실제잔액과 장부잔액이 일치하지 않는 경우 원인이 판명될 때까지 일시적으로 처리하는 임시가계정이다.

① 현금부족시 (장부잔액 〉 실제잔액)

구 분	차 변		대 변	
㉠ 현금 부족시 (장부 〉 실제)	현 금 과 부 족	10,000	현 금	10,000
㉡ 원인 판명시	(임 차 료)	7,000	현 금 과 부 족	7,000
㉢ 결산시 까지 원인 불명	잡 손 실	3,000	현 금 과 부 족	3,000
㉣ 결산시 부족액을 발견한 경우	잡 손 실	10,000	현 금	10,000

② 현금과잉시 (장부잔액 〈 실제잔액)

구 분	차 변		대 변	
㉠ 현금 과잉시 (장부 〈 실제)	현 금	10,000	현 금 과 부 족	10,000
㉡ 원인 판명시	현 금 과 부 족	7,000	(임 대 료)	7,000
㉢ 결산시 까지 원인 불명	현 금 과 부 족	3,000	잡 이 익	3,000
㉣ 결산시 과잉액을 발견한 경우	현 금	10,000	잡 이 익	10,000

예제 ①

다음 각 일자별 거래에 대한 분개로 옳지 않은 것은?

8/17 현금의 장부가액은 ₩600,000인데, 실제 현금은 ₩550,000인 것으로 발견되었으며 원인은 조사 중이다.
8/30 상기 8/17에 대한 현금과부족액에 대한 원인조사 결과, 보험료 ₩40.000의 기장 누락으로 판명되었다.
9/ 1 외상매출금 ₩10,000을 자기앞수표로 받았다.

① 8/17 (차) 현금과부족 50,000 (대) 현 금 50,000
② 8/30 (차) 보 험 료 40,000 (대) 현금과부족 40,000
③ 9/ 1 (차) 현 금 10,000 (대) 외상매출금 10,000
④ 12/31 (차) 현금과부족 10,000 (대) 잡 이 익 10,000

해설 ④ 12/31 (차) 잡 손 실 10,000 (대) 현금과부족 10,000

(3) 당좌예금

기업이 은행과 당좌거래계약을 맺고 현금을 예입하였다가 필요에 따라 당좌수표를 발행하여 사용할 수 있는 예금이다.

(4) 당좌차월(단기차입금)

수표의 발행은 당좌예금범위 내에서 행해지는 것이 원칙이지만 은행과 계약에 의하여 당좌예금 한도를 초과하여 수표를 발행하는 제도를 당좌차월이라 하며, 당좌차월은 재무상태표에 단기차입금으로 표시한다.

구 분	차 변		대 변	
당좌수표 발행시 (당좌예금잔액 ₩10,000)	상 품	15,000	당 좌 예 금 당좌차월(단기차입금)	10,000 5,000
당좌예입 하면 (당좌차월잔액 ₩5,000)	당좌차월(단기차입금) 당 좌 예 금	5,000 15,000	상 품 매 출	20,000

(5) 보통예금

예금거래의 금액, 기간, 인출 등에 제한 없이 입금과 출금이 가능한 예금이다.

(6) 현금성자산

큰 거래 비용 없이 현금으로 전환이 용이하고 이자율 변동에 따른 가치변동의 위험이 중요하지 않은 유가증권 및 금융상품으로 **취득당시 만기(또는 상환일)가 3개월** 이내에 도래하는 것을 말한다.

현금성자산의 예

① 취득당시 만기가 3개월 이내에 도래하는 채권(공채, 사채, 정기예금, 정기적금)
② 취득당시 상환일 까지 기간이 3개월 이내인 상환우선주
③ 취득당시 환매조건이 3개월 이내의 환매채(환매조건부 채권)
④ 투자신탁 계약기간이 3개월 이내의 초단기 수익증권

예제 ②

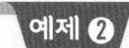

다음은 각 계정의 기말잔액이다. 재무상태표 상에서 현금및현금성자산으로 표시될 금액은 얼마인가?

· 현금	₩ 10,000	· 보통예금	₩ 15,000
· 단기대여금	₩ 20,000	· 양도성예금증서(만기120일)	₩ 30,000
· 당좌예금	₩ 5,000	· 자기앞수표	₩ 10,000

① ₩ 35,000
② ₩ 40,000
③ ₩ 60,000
④ ₩ 70,000

해설 ② 현금 및 현금성자산이란 현금, 당좌예금, 보통예금, 현금성자산을 합한 것이다.
현금(10,000) + 보통예금(15,000) + 당좌예금(5,000) + 자기앞수표(10,000) = 현금및현금성자산(40,000)

2. 단기투자자산

단기투자자산이란 단기금융상품, 단기대여금, 단기매매증권을 합한 것을 말한다.

(1) 단기금융상품

① 정기예금·정기적금 : 만기가 결산일로부터 1년 이내에 도래하는 것
② 사용이 제한되어 있는 예금 : 감채기금(만기가 결산일로부터 1년 이내에 도래하는 것)
③ 기타 정형화된 금융상품

· 양도성예금증서(CD) · 환매조건부채권(RP) · 어음관리구좌(CMA) · 머니마켓펀드(MMF)
· 기업어음(CP) · 표지어음

(2) 단기대여금 : 단기대여금이란 차용증서나 어음 등을 받고 금전을 보고기간말로부터 1년 이내로 빌려준 것이다.

(3) 유가증권 : 채무증권(국채, 사채, 공채), 지분증권(주식)

단기매매증권	매수와 매도가 적극적이고, 빈번하게 이루어져야한다. 지분증권, 채무증권
만기보유증권	만기까지 보유할 적극적인의도와 능력이 있는 경우, 채무증권
매도가능증권	단기매매증권이나 만기보유증권으로 분류되지 아니하는 유가증권, 시장성이 없다.
지분법적용투자주식	중대한 영향력 행사(지배, 통제)목적, 지분증권

① 단기매매증권

㉠ 단기매매증권의 뜻

단기매매증권은 주로 단기간 내의 매매차익을 목적으로 취득한 유가증권(국채, 사채, 공채, 주식)으로서 매수와 매도가 적극적이고 빈번하게 이루어지는 것을 말한다.

㉡ 단기매매증권의 구입과 처분

구 분	차 변		대 변	
구입시	단기매매증권 수수료비용	20,000 500	현금	20,500
처분시 (처분가액 〉 장부금액)	현금	22,000	단기매매증권 단기매매증권처분이익	20,000 2,000
처분시 (처분가액 〈 장부금액)	현금 단기매매증권처분손실	18,000 2,000	단기매매증권	20,000

- 구입시 제비용(매입수수료, 증권거래세 등)이 있으면 수수료비용으로 하고, 처분시 제비용은 처분가액에서 직접 차감하여 기록한다.
- 지분증권은 주식이고, 채무증권은 국채, 공채, 사채 등을 말한다.
- 동일한 금융상품을 여러 번에 걸쳐 각각 서로 다른 가격으로 구입한 경우 가중평균법(이동평균법)으로 한다.
- 단기매매증권은 유동자산으로만 분류된다.

㉢ 단기매매증권의 평가

단기매매증권은 공정가치로 측정하며, 공정가치변동분은 당기손익에 반영한다. 금융상품의 경우 공정가치의 최선의 측정치는 활성시장에서 공시되는 가격이지만 금융시장에 대한 활성시장이 없다면 공정가치는 합리적인 평가기법을 사용하여 결정한다.

구 분	차 변		대 변	
증가시(장부금액 〈 공정가치)	단기매매증권	×××	단기매매증권평가이익	×××
감소시(장부금액 〉 공정가치)	단기매매증권평가손실	×××	단기매매증권	×××

㉣ 단기매매증권의 이자와 배당금 수입

채무증권(국채, 사채, 공채)을 보유하면 사전에 약정된 이자를 받고 지분증권(주식)을 보유하면 현금 배당을 받게 된다.

구 분	차 변		대 변	
채무증권의 이자를 받으면	현금	10,000	이자수익	10,000
지분증권의 배당금을 받으면	현금	10,000	배당금수익	10,000

② 만기보유증권

만기가 확정된 채무증권(국채, 사채, 공채 등)으로서 상환금액이 확정되었거나 확정이 가능한 채무증권을 만기까지 보유할 적극적인 의도와 능력이 있는 경우를 말한다.

구 분	차 변		대 변	
구입시	만기보유증권	20,000	현금	20,000
이자수입시	현금	400	이자수익	400
만기상환 받을시	현금	20,000	만기보유증권	20,000

- 취득과 관련된 거래원가(중개수수료, 증권거래세 등)는 공정가치에 가산하여 측정한다.
- 만기까지 보유할 자산이므로 공정가치로 평가하지 않는다.

③ 매도가능증권

단기매매증권이나 만기보유증권으로 분류되지 아니하는 유가증권을 말한다. 즉, 기업이 여유자금을 이용해 장기투자목적으로 취득한 주식이나 채권이다. 매도가능증권평가손익은 자본항목(기타포괄손익누계액)으로 계상하여 이월시키고, 처분손익은 당기손익에 반영한다.

구 분	차 변		대 변	
구입시	매도가능증권	20,000	현금	20,000
평가시	매도가능증권평가손실	2,000	매도가능증권	2,000
처분시	현금	21,000	매도가능증권	18,000
			매도가능증권평가손실	2,000
			매도가능증권처분이익	1,000

- 취득과 관련된 거래원가(중개수수료, 증권거래세 등)는 공정가치에 가산하여 측정한다.
- 공정가치를 신뢰성 있게 측정할 수 있는 경우 공정가치법(이연법)으로 평가하고, 공정가치를 신뢰성 있게 측정할 수 없는 경우는 원가법으로 평가한다.

④ 지분법적용투자주식

중대한 영향력 행사(지배, 통제)목적으로 지분증권(주식)을 20%이상 50%미만 보유하고 있는 경우로 지분법을 적용하여 회계처리 한다.

㉠ 중대한 영향력을 행사할 목적으로 A사 주식 ₩200,000을 취득하고 현금으로 지급하다.(지분율 20%)

(차) 지분법적용투자주식 200,000 (대) 현금 200,000

㉡ A사의 당기순이익이 ₩50,000이 발행한 것으로 보고를 받았다.

(차) 지분법적용투자주식 10,000 (대) 지분법이익 10,000

- 당기순이익(50,000) × 지분율(20%) = 지분법이익(10,000)

㉢ A사로부터 ₩5,000의 현금배당을 받았다.

(차) 현금 5,000 (대) 지분법적용투자주식 5,000

예제 ③

다음 자료에 의하면 20×1년도 11월에 구입하여 20×2년 1월에 처분한 유가증권의 처분손익은 얼마인가?

· 구입가격 1,000,000원 · 장부가액 1,200,000원 · 처분가격 1,100,000원

① 처분이익 : ₩100,000 ② 처분손실 : ₩100,000
③ 처분이익 : ₩200,000 ④ 처분손실 : ₩200,000

해설 ② 장부금액 1,200,000원을 1,100,000원에 처분하면 처분손실이 100,000원이다.

3. 매출채권과 매입채무

매출채권이란 회사의 일반적상거래인 상품매출과 제품매출로 발생한 외상채권인 외상매출금과 어음상 채권인 받을어음을 말한다. 매입채무는 일반적상거래인 상품의 매입과 원재료의 매입으로 발생한 외상채무인 외상매입금과 어음상의 채무인 지급어음을 말한다.

외상매출금(자산)

전기이월(기초잔액)	회수액 대손발생액
외상매출액	**차기이월**(기말잔액)

외상매입금(부채)

지급액	전기이월(기초잔액)
차기이월(기말잔액)	외상매입액

받을어음

전기이월(기초잔액)	어음대금추심(회수)액 어음의 배서양도 어음의 할인 어음의 부도
약속어음수취 환어음수취	차기이월(기말잔액)

지급어음

어음대금 지급액 당점발행어음의 수취	전기이월(기초잔액)
차기이월(기말잔액)	약속어음 발행 환어음 인수

(1) 어음의 배서양도

상품의 매입대금이나 외상매입금을 지급하기 위해 소유하고 있던 어음뒷면에 양도자의 인적사항을 기재하여 양도하는 것을 말한다.

구 분	차 변	대 변
어음 배서양도시	상품(외상매입금) 50,000	받 을 어 음 50,000

(2) 어음의 할인

자금이 필요한 경우 소유하고 있던 어음을 만기일 이전에 은행에 양도하고 어음 할인일부터 만기일까지의 이자(할인료)를 차감한 실수금을 받는 것이다. 이때 할인료는 매출채권처분손실계정으로 한다.

구 분	차 변	대 변
어음 할인시	당 좌 예 금 47,000 매출채권처분손실 3,000	받 을 어 음 50,000

할인료계산(월할 계산의 경우) : 할인료 = 어음의 액면금액 × $\frac{\text{할인개월수}}{12}$

예제 ④

다음 중 받을어음과 지급어음 계정의 대변에 기록될 수 없는 것은 무엇인가?

① 받을어음의 회수　　② 지급어음의 발행

③ 받을어음의 할인　　④ 지급어음의 지급

해설 ④ 지급어음의 지급은 부채의 감소로 차변에 기록한다.

4. 채권의 대손

대손(또는 손상)이란 매출채권(외상매출금, 받을어음), 기타채권(단기대여금, 미수금)이 **거래처의 파산이나 폐업** 등으로 **회수불가능**하게 되는 경우를 말한다.

	설정	환입
매출채권 (외상매출금, 받을어음)	대손상각비 (판매관리비)	대손충당금환입 (판매관리비의 부(-)의 계정)
기타채권 (대여금, 미수금)	기타의 대손상각비 (영업외비용)	대손충당금환입 (영업외수익)

※ 대손충당금은 매출채권 또는 기타채권의 차감적 평가계정이다.

(1) 대손(손상)을 예상(설정)하다. 〈결산시〉

기말결산시 매출채권에 대하여 손상발생을 검토하여 대손충당금잔액이 부족하면 대손상각비로 대손충당금 잔액이 초과하면 대손충당금환입계정으로 처리한다.

대손계산공식	매출채권 × 대손율 - 대손충당금잔액 = ×××

구　분	차　변	대　변
대손충당금 부족시	대 손 상 각 비　×××	대 손 충 당 금　×××
대손충당금 과잉시	대 손 충 당 금　×××	대손충당금환입　×××

예제 ❺

20×2년 12월 31일 매출채권 잔액 ₩25,000,000에 대한 3%의 대손을 예상하고 있으며, 대손충당금 잔액은 450,000원이다. 결산시점에 계상되어야할 대손충당금은 얼마인가?

① ₩200,000　　② ₩300,000
③ ₩400,000　　④ ₩500,000

해설 ② 25,000,000 × 0.03 - 450,000 = 300,000

(2) 대손(손상) 발생시

특정 채권이 회수가 불가능하다고 판단될 경우, 즉, 손상사건이 발생한 경우 손상차손금액을 대손충당금과 상계하고 대손충당금이 부족한 경우 대손상각비로 인식한다.

구　분	차　변	대　변
대손충당금 **있다.**	대 손 충 당 금　×××	외 상 매 출 금　×××
대손충당금 **없다.**	대 손 상 각 비　×××	외 상 매 출 금　×××

예제 ❻

거래처의 파산으로 외상매출금 ₩100,000이 회수불능되어 대손처리하다. (단, 대손충당금 ₩ 80,000이 있다.)

① (차)	대손상각비	100,000	(대) 외상매출금	100,000
② (차)	대손충당금	100,000	(대) 외상매출금	100,000
③ (차)	대손충당금	80,000	(대) 외상매출금	100,000
	대손상각비	20,000		
④ (차)	외상매출금	100,000	(대) 대손충당금	80,000
			대손상각비	20,000

해설 ③ 채권이 회수불능되면 우선 대손충당금으로 대체하고, 부족액은 대손상각비로 처리한다.

5 재고자산

1. 재고자산의 정의

재고자산이란 기업의 정상적인 영업활동과정에서 판매목적(상품, 제품)으로 소유하고 있거나, 판매할 제품의 생산을 위하여 소유하고 있는 저장품, 원재료와 생산중에 있는 재공품등을 말한다. 또한 **재고자산의 수익인식(매출)시점은 상품 또는 제품을 인도한 날** 인식하게 되어있다.

2. 재고자산의 종류

(1) 상 품	판매를 목적으로 구입한 상품
(2) 저장품	소모품·소모공구기구비품·수선용부분품 및 기타저장품
(3) 원재료	제품제조를 위하여 매입한 원료와 재료
(4) 재공품	제품 또는 반제품의 제조를 위하여 제조과정에 있는 것
(5) 제 품	판매를 목적으로 제조한 생산품·부산물
(6) 반제품	자가 제조한 중간제품과 부분품

3. 재고자산의 취득원가

재고자산의 취득원가에는 매입가격과 매입부대비용을 포함하고, 매입환출 및 에누리와 매입할인을 차감하여 계산한다. 매입부대비용에는 매입운임, 매입수수료, 하역비, 보관료 등이 있다.

매입가격 + 매입부대비용(매입운임, 매입수수료, 하역비, 보관료) = 재고자산 취득원가

✸ 선적지 인도조건 : 상품의 선적시점에 소유권이 판매자에서 구매자에게 이전되므로 선적이후 운임이나 보험료는 구매자의 부담이고 매입원가에 포함한다.

✸ 도착지 인도조건 : 상품이 목적지에 도착하는 시점에 소유권이 판매자에서 구매자로 이전되므로 도착 할 때까지의 운임이나 보험료는 판매자의 부담으로 판매비(물류원가)와 관리비로 처리한다.

예제 7

다음 중 재고자산에 속하지 않는 것은?

① 도착지인도조건인 미착상품 ② 수탁자가 보관 중인 적송품

③ 매입자가 매입의사표시를 하기 전인 시송품 ④ 저당권이 실행되기 전인 저당상품

해설 ① 선적지 인도조건인 미착상품이 구매자의 재고자산이다.

4. 재고자산의 조정항목

(1) 매입환출	매입했던 상품이나 원재료 중 파손이나 견본상이품 등을 돌려보낸 것
(2) 매입에누리	매입했던 상품이나 원재료 중 파손이나 불량 및 견본상이품 등에 대해 값을 깎은 것
(3) 매입할인	외상매입금을 약정기일 이전에 지급으로 할인받은 금액
(4) 매출환입	매출했던 상품이나 제품 중 파손이나 견본상이품 등이 되돌아 온 것
(5) 매출에누리	매출했던 상품이나 제품 중 파손이나 불량 견본상이품 등에 대해 값을 깎아 준 것
(6) 매출할인	외상매출금을 약정기일 이전에 회수함으로써 할인해 준 금액

5. 상품공식

(1) 총매입액(매입제비용) - (매입환출 + 매입에누리 +매입할인) = 순매입액

(2) 총매출액 - (매출환입 + 매출에누리 + 매출할인) = 순매출액

(3) 기초재고액 + 순매입액 - 기말재고액 = 매출원가

(4) 순매출액 - 매출원가 = 매출총이익

✸ 판매가능액 = 기초재고액 + 순매입액(또는 기말재고액 + 매출원가)

예제 8

다음 자료를 이용하여 순매입액을 계산하면 얼마인가?

· 총매입액 10,000,000 · 매입할인 500,000 · 매입에누리 200,000
· 매입환출 100,000 · 매입운임 100,000

① 9,400,000 ② 9,300,000 ③ 9,200,000 ④ 9,100,000

해설 ② (총매입액 + 매입제비용) - (매입환출 + 매입에누리 + 매입할인) = 순매입액
(10,000,000 +100,000) - (500,000 +200,000 + 100,000) = 9,300,000

예제 9

다음 A회사의 매출관련 자료에서 계산된 상품매출원가는 얼마인가?

· 기초상품재고액	70,000원	· 총매입액	400,000원
· 매입환출액	30,000원	· 매입에누리액	25,000원
· 총매출액	500,000원	· 매출환입액	40,000원
· 매출에누리액	20,000원	· 기말상품재고액	50,000원

① 340,000원 ② 345,000원
③ 350,000원 ④ 365,000원

해설 ④ ㉠ 총매입액(400,000) - (매입환출(30,000) + 매입에누리(25,000)) = 순매입액(345,000)
㉡ 기초재고액(70,000) + 순매입액(345,000) - 기말재고액(50,000) = 매출원가(365,000)

예제 10

다음과 같은 자료를 이용할 때 당해연도의 매출원가에 미치는 영향은 얼마인가?

· 당기매입액 ₩2,000,000 · 상품재고의 감소 ₩500,000

① ₩3,500,000 감소 ② ₩2,500,000 증가
③ ₩2,500,000 감소 ④ ₩3,500,000 증가

해설 ② 기초재고액(500,000) + 당기매입액(2,000,000) - 기말재고액(0) = 매출원가(2,500,000)

6. 재고자산의 평가방법

(1) 재고자산의 수량결정방법

① 계속기록법 : 장부에 남아있는 재고자산 수량을 기말재고자산 수량으로 결정한다.
기초재고수량 + 당기매입수량 - 당기매출수량 = 기말재고(장부)수량

② 실제재고조사법 : 기말에 실제 조사한 재고수량을 기말재고자산 수량으로 결정한다.
기초재고수량 + 당기매입수량 - 기말재고(실제)수량 = 당기매출수량

> 재고자산감모손실은 계속기록법과 실제재고조사법을 병행해야 파악 할 수 있다.

(2) 재고자산 매출단가 결정방법

① **개별법**(specific identification method) : 재고자산의 원가를 개별적으로 파악하여 매출원가와 기말재고액을 결정하는 방법이다.

특징 ㉠ 주로 고가품이나 귀중품에 적용이 가능하다.
㉡ 실제물량흐름과 일치하고 이론적으로 가장 이상적인 방법이다.
㉢ 수익과 비용이 정확하게 대응되어 정확한 이익을 측정할 수 있다.

㉣ 개별법은 판매된 재고자산의 원가를 경영자가 임의로 결정하여 당기손익을 조작할 수 있는 가능성이 있다.

② **선입선출법**(first in first out method : **FIFO**) : 먼저 매입한 상품을 먼저 인도하는 형식으로 인도단가를 결정하는 방법이다.

특징 ㉠ 과거 매입액이 매출원가가 된다.
㉡ 최근 매입액이 기말상품재고액이 된다.
㉢ 물가상승시 매출원가가 적고 매출이익은 크게 표현된다.
㉣ 일반적 물량흐름과 일치한다.

③ **후입선출법**(last in first out method : **LIFO**) : 최근에 매입한 상품을 먼저 인도하는 형식으로 인도단가를 결정하는 방법이다. (단, K-IFRS에서는 후입선출법을 허용하지 않는다.)

특징 ㉠ 최근 매입액이 매출원가가 된다.
㉡ 과거 매입액이 기말재고액이 된다.
㉢ 물가상승시 매출원가가 크고 매출이익은 적게 표현된다.

④ **이동평균법**(moving average method : **MAM**) : 상품 매입시 마다 평균단가를 구하여 인도단가로 결정 하는 방법이다.

· 이동평균단가 = $\frac{\text{매입직전의 재고액 + 금번의 매입액}}{\text{매입직전의 재고수량 + 금번의 매입수량}}$

특징 : 실제재고조사법에서는 사용불가

⑤ **총평균법**(total average method : **TAM**) : 기초재고액과 **일정기간**에 대한 순매입액의 합계액을 기초수량과 순매입수량을 합산한 수량으로 나누어서 **총평균법단가**를 구하고 이를 인도단가로 결정하는 방법이다.

· 총평균단가 = $\frac{\text{기초재고액 + 당기매입액}}{\text{기초재고수량 + 당기매입수량}}$

특징 : 장부마감시 일정기간의 말일까지 기다려야 된다.

- **가중평균법** : 이동평균법, 총평균법
- **물가상승시 기말재고액과 매출총이익의 크기**
  선입선출법 〉 이동평균법 ≧ 총평균법 〉 후입선출법
- **물가상승시 매출원가의 크기**
  선입선출법 〈 이동평균법 ≦ 총평균법 〈 후입선출법

- 물가 상승시 이익이 가장 적게 나오는 재고자산평가 방법은 후입선출법이다.
- 실지 재고조사법에서 사용이 불가능한 재고자산평가 방법은 이동평균법이다.
- 감모손실이 없다는 가정 하에서 계속기록법과, 실지재고조사법의 매출원가와 기말재고가 동일하게 나오는 경우의 평가 방법은 선입선출법이다.

예제 ⑪

재고자산 기말재고액 평가에 대한 설명으로 가장 옳지 않은 것은?

① 선입선출법 : 매출원가는 과거 시점의 구입가격으로 계산되는 반면, 기말재고상품은 최근의 구입가격으로 계산됨

② 후입선출법 : 매출총이익률이 기간별로 변하지 않고 일정하다는 가정을 전제로 계산됨

③ 이동평균법 : 특정시점에서 매출되는 상품은 그 시점에 기업이 보유하고 있는 상품일 수밖에 없으며, 이들은 동일한 상품인 한 동일한 원가로 평가되어야 한다는 가정

④ 총평균법 : 일정 기간에 매출되는 상품은 동일한 원가로 평가되어야 한다는 가정

해설 ② 후입선출법은 나중에 들어온 것을 먼저 판매하는 것으로 매출원가는 최근에 구입한 가격으로 계산되는 반면 기말재고액은 과거에 구입한 가격으로 계산된다.

예제 ⑫

재고자산 평가방법 중 일반적인 물량흐름과 일치하지 않지만 수익과 비용대응의 원칙에 가까운 평가방법은?

① 개별법 ② 선입선출법
③ 평균법 ④ 후입선출법

해설 ④ 물량의 흐름에 일치하는 것은 선입선출법이고, 수익·비용대응의 원칙에 부합하는 것은 후입선출법이다.

7. 재고자산감모손실과 재고자산평가손실

(1) 재고자산감모손실 : 실제재고수량이 장부재고수량보다 부족한 경우

- 장부재고액 - 실제재고액 = 재고자산감모손실
- (장부재고수량 - 실제재고수량) × 단위당원가 = 재고자산감모손실

① 정상적인 감모손실(원가성이 있는 경우)은 매출원가에 산입하고, 비정상적인 감모손실(원가성이 없는 경우)는 기타(영업외)비용으로 처리한다.

② 감모손실 계상시 (차) 재고자산감모손실 ×× (대) 이 월 상 품 ××
(매 출 원 가)

(2) 재고자산평가손실 : 순실현가능가치(시가)가 장부가액보다 하락한 경우

- 원가에 의한 실제재고액 - 순실현가능가치(추정판매가치-추정판매비) = 재고자산평가손실
- 실제재고수량 × (단위당원가 - 단위당순실현가능가치) = 재고자산평가손실

① 재고자산평가손실은 항상 매출원가에 포함 시킨다.

② 평가손실계상시
(차) 재고자산평가손실 ×× (대) 재고자산평가충당금 ××
(매 출 원 가)

③ 가격회복시
(차) 재고자산평가충당금 ×× (대) 재고자산평가충당금환입 ××

- 시가가 회복되면 재고자산의 최초 취득원가 한도까지만 재고자산평가충당금을 환입하며, 재고자산평가충당금은 재고자산에 대한 차감적평가계정이다.
- 재고자산의 평가는 종목별저가기준을 적용하여 평가한다.
- 재고자산의 시가는 순실현가능가치(판매가치)를 적용한다. 단, 원재료는 현행대체원가(구매가치)로 평가한다.

예제 ⑬

다음 재고자산 평가에 관한 설명 중 가장 올바르지 않은 것은?

① 재고자산 평가손실은 영업외비용으로 분류한다.

② 정상적인 재고자산 감모손실은 매출원가에 가산한다.

③ 비정상적인 재고자산 감모손실은 영업외비용으로 분류한다.

④ 재고자산의 시가가 취득원가보다 하락한 경우 저가법을 사용한다.

해설 ① 재고자산 평가손실은 매출원가에 가산한다.

예제 ⑭

다음 재고자산과 관련된 일반기업회계기준에 관한 규정 중 가장 적절하지 않은 설명은 무엇인가?

① 재고자산 매입관련 운반비는 재고자산 원가에 포함시킨다.

② 정상적인 감모손실은 매출원가에 가산하고 비정상적인 감모손실은 영업외비용으로 처리한다.

③ 재고자산으로 분류되기 위해서는 해당 자산이 회사의 정상적인 영업활동과 관련이 있어야 한다.

④ 성격이 상이한 재고자산을 일괄하여 구입한 경우에는 예외적으로 일괄 매입원가 총액을 각 재고자산별로 배분하지 않고 일괄하여 공시할 수 있다.

해설 ④ 성격이 상이한 재고자산을 일괄하여 구입한 경우에는 총매입액을 각 재고자산의 공정가치 비율에 따라 배분하여 개별 재고자산의 매입액을 결정하는 것이 합리적이다. 이때 일괄구입한 재고자산이 원재료인 경우에는 상대적 현행원가를, 상품인 경우에는 상대적 순실현가능가치를 공정가치로 보는 것이 합리적이다.

8. 재고자산의 추정방법

(1) 소매재고법

판매가(소매가)로 파악된 기말재고자산에 원가율을 곱하는 방법으로 매출가격환원법이라고도 한다. 백화점이나 할인점은 재고자산의 종류가 다양하여 거래시마다 원가를 계산하는 것이 비경제적인 경우에 사용한다.

① 원가율 = $\frac{\text{기초재고액(원가)} + \text{당기매입액(원가)}}{\text{기초재고액(매가)} + \text{당기매입액(매가)}}$

② 기말재고(매가) = 기초재고액(매가) + 당기매입액(매가) − 매출액

③ 기말재고액(원가) = 기말재고액(매가) × 원가율

④ 매출원가 = 매출액 × 원가율

(2) 매출총이익율법

과거의 추정 매출총이익율을 이용하여 매출원가를 산정하고 판매가능상품원가에서 매출원가를 차감하여 기말재고액을 구하는 방법이다. 기업회계기준에서 인정하는 방법은 아니지만 실지재고조사 없이 중간결산을 하거나 재해로 재고자산의 기록이 멸실된 경우 불가피하게 사용할 수 있다.

① 매출총이익율 = 매출총이익 ÷ 매출액

② 매출원가 = 매출액 × (1−매출총이익율)

③ 기말재고액 = 판매가능상품 − 매출원가

예제 ⑮

K상사는 화재가 발생하여 보관 중이던 재고자산 중 ₩ 500,000을 제외하고는 전부 소실되었다. 다음 자료로 기말재고액을 추정하면 얼마인가? (단, 매출총이익률법을 적용해서 계산하시오.)

- 기초상품재고액 ₩ 1,000,000
- 당기 매입액 ₩ 2,000,000
- 당기 중 매출액 ₩ 1,500,000
- K상사에 대한 매출총이익률 40%

① ₩ 600,000 ② ₩ 900,000

③ ₩ 1,600,000 ④ ₩ 2,100,000

해설 ④ ㉠ 매출액(1,500,000) × 매출원가률(1−0.4) = 매출원가(900,000)
㉡ 기초재고(1,000,000) + 순매입액(2,000,000) − 기말재고((2,100,000)) = 매출원가(900,000)

9. 수익인식시점(매출인식시점)

일반적 매출		상품 또는 제품을 인도한 날
할부매출(단기, 장기)		상품 또는 제품을 인도한 날
위탁매출		수탁자가 위탁품을 제3자에게 판매한 시점
시용매출(판매조건부매출)		매입자가 구매의사 표시한 날 또는 반품기간의 종료시점
예약매출		진행기준에 따라 인식
용역매출(도급공사)		진행기준에 따라 인식
상품권매출		물품 등을 제공하고 상품권을 회수한때에 인식
설치 및 검사조건부 매출		설치 또는 검사가 완료된 때
부동산 판매		법적소유권 이전시점과 위험과 효익이 이전되고 판매자의 중요한 추가의 무완료 시점 중 빠른 날
방송사의 광고수익		광고를 대중에게 전달하는 시점
광고제작 용역수익		제작기간동안 진행기준 적용
공연입장료		행사가 개최되는 시점
수강료		강의기간동안 발생기준 적용
입회비 및 연회비	회원자격유지(재화나 용역의 제공 대가는 별도로 수취하는 경우)	회비의 회수가 확실하게 된 시점
	비회원보다 저렴한 가격으로 재화나 용역을 구매할 수 있는 경우	제공된 효익의 시기, 성격, 가액을 반영하는 합리적인 기준에 따라 수익을 인식
배당금 수익		배당금을 받을 권리와 금액이 확정되는 시점
이자수익		유효이자율을 적용하여 발생기준에 따라 인식
로열티수익		발생기준에 따라 인식

6 유형자산

1. 유형자산의 뜻

유형자산은 재화의 생산이나 용역의 제공, 타인에 대한 임대, 또는 자체적으로 사용할 목적으로 보유하고 있으며, 물리적 형태가 있는 비화폐성자산으로 토지, 건물, 기계장치, 구축물, 건설중인자산, 비품, 차량운반구 등을 포함한다.

예제 16

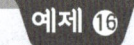

다음 중 유형자산으로 볼 수 없는 것은?

① 회사에서 판매 목적으로 보유하고 있는 중고차량
② 회사 식당에 종업원 복지를 위해 설치한 LCD TV
③ 회사의 업무용 트럭
④ 회사에서 제작 중인 기계장치

해설 ① 판매목적으로 보유하고 있는 중고차량은 재고자산(상품)이다.

2. 유형자산의 구입

구 분	차 변		대 변	
영업용 건물구입	건 물	×××	당 좌 예 금	×××

- 취득원가 = 구입가액 + 취득등록세 + 중개수수료 + 기타구입제비용
- 토지구입시 구건물 철거비용에서 골조등 판매금액을 차감한 후 토지의 취득원가에 가산한다.

예제 17

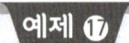

다음은 유형자산과 관련하여 발생하는 경비이다. 취득원가에 포함이 되지 않은 것은?

① 설치비 ② 취득세 ③ 등록세 ④ 수선유지비용

해설 ④ 수선유지비용은 수선비(비용)로 처리한다.

3. 유형자산의 처분

구 분	차 변		대 변	
처분가액 〉 장부금액	감가상각누계액	20,000	건 물	50,000
	미 수 금	40,000	유형자산처분이익	10,000
처분가액 〈 장부금액	감가상각누계액	20,000		
	미 수 금	20,000	건 물	50,000
	유형자산처분손실	10,000		

- 처분시 제비용은 처분가액에서 직접 차감하여 기록한다.

예제 18

어느 기업에서 취득한 기계장치의 취득원가는 1,800,000원 이고, 4년 후 감가상각누계액은 1,200,000원 이었다. 이 기계장치를 이듬해 7월 1일에 현금 800,000원을 받고 처분하였다. 유형자산처분이익이 350,000원으로 계상되었다면, 처분된 해에 계산된 감가상각비는 얼마인가?

① ₩100,000 ② ₩150,000 ③ ₩350,000 ④ ₩450,000

해설 ② (차) 감가상각누계액 1,200,000 (대) 기 계 장 치 1,800,000
감 가 상 각 비 (150,000) 유형자산처분이익 350,000
현 금 800,000

또는 1,200,000 ÷ 4년 = 300,000(1년분 감가상각비) × $\frac{6}{12}$ = 150,000(6개월 감가상각비)

4. 유형자산의 취득후 지출(후속원가)

유형자산의 취득이후 사용기간 동안 지출되는 비용 중 미래 경제적 효익을 증가시켜주는 거래로 자산의 내용연수를 연장시키거나 가치를 실질적으로 증가시키는 지출은 자산(자본적지출)으로 처리하여 해당 자산(예 : 건물, 차량운반구등)의 가액을 증가시키고, 자산의 원상을 회복시키거나 능률유지를 위한 지출은 비용(수익적지출)으로 발생한 시점의 비용(예: 수선비, 차량유지비등)으로 인식한다.

자산으로 처리하는 경우(자본적 지출)	비용으로 처리하는 경우(수익적 지출)
① 본래의 용도를 변경하기 위한 개조 ② 계단식 건물에 에스컬레이터 또는 엘리베이터설치 ③ 냉난방 장치의 설치나 내용연수 연장 ④ 빌딩에 피난시설 등의 설치 ⑤ 재해 등으로 인한 건물, 기계, 설비 등이 멸실, 훼손되어 당해 자산의 본래의 용도에 이용가치가 없는 것의 복구 ⑥ 중고품을 구입하고 사용 전 수리비지급 ⑦ 기디 게량, 확장, 증설 등 자산의 가치를 증가시키는 것	① 오래된 건물 또는 벽의 도색(페인트칠) ② 파손된 유리나 기와의 대체 ③ 기계의 소모된 부속품과 벨트의 대체 ④ 오래 사용한 자동차의 타이어 또는 배터리 교체 ⑤ 재해를 입은 자산에 대한 외장의 복구, 도장, 유리의 삽입 ⑥ 건물내부의 조명기구 교환 ⑦ 기타 조업가능한 상태의 유지나 원상회복 등을 위한 것

구 분	차 변	대 변
자산처리(자본적 지출)	(건 물) ×××	현 금 ×××
비용처리(수익적 지출)	(수 선 비) ×××	현 금 ×××

예제 19

다음 중 성격이 다른 하나는 무엇인가?

① 건물 벽의 도장 ② 건물 내 냉난방기 설치
③ 건물 내 피난 시설의 설치 ④ 건물 내 엘리베이터 1기 신규 설치

해설 ① 보기 ①번은 비용(수익적 지출)이고, 보기 ②③④번은 자산(자본적 지출)이다.

5. 유형자산의 감가상각

유형자산의 감가상각은 사용(이용)가능한 때부터 시작한다. 유형자산은 사용에 의한 소모, 시간의 경과와 기술의 변화에 따른 진부화 등에 의해 경제적 효익이 감소되는 것을 체계적인 방법으로 기간 배분하기 위하여 감가상각을 한다. 단, 토지와 건설중인자산은 감가상각을 하지 않는다.

(1) 감가상각비 계산

① 정액법 (직선법)

취득원가에서 잔존가액을 차감한 금액을 내용연수로 나누어서 매기 균등하게 감가상각비를 계산하는 방법

$$\frac{(\text{취득원가} - \text{잔존가액})}{\text{내용연수}} = \text{감가상각비}$$

예제 ⑳

20×2년 1월 1일 차량운반구 10,000,000원을 현금으로 취득하였으며, 취득 시 취득세 500,000원과 등록세 500,000원을 현금으로 지급하였다. 20×2년 12월 31일 결산 시 감가상각비는 얼마인가?
(단, 정액법, 내용연수 10년, 잔존가액 0원, 결산 연1회)

① 1,000,000원　　② 1,050,000원
③ 1,100,000원　　④ 1,150,000원

해설 ③ $\frac{\text{취득원가}(11,000,000) - \text{잔존가액}(0))}{\text{내용연수}(10)} = \text{감가상각비}(1,100,000)$

② 체감잔액법

㉠ 이중체감법(정액법의 배법)

감가상각비의 계산방법은 정률법과 같고 상각률은 잔존가치를 고려하지 않고 정액법의 2배로 적용하는 방법이다. 내용연수의 마지막 연도의 감가상각비는 미상각잔액에서 잔존가치를 차감하여 계산한다.

(취득원가 - 감가상각누계액) ÷ 내용연수 × 2 = 감가상각비

㉡ 정률법

미상각잔액(취득원가 - 감가상각누계액)에 매기 일정한 상각률을 곱하여 해당 연도의 감가상각비를 계산하는 방법

(취득원가 - 감가상각누계액) × 정률 = 감가상각비

$$\text{정률} = 1 - \sqrt[n]{\frac{\text{잔존가액}}{\text{취득원가}}} \quad (n = \text{내용연수})$$

예제 21

다음 자료를 기초로 20×2년 결산시점(12월 31일)에 계상하여야 할 감가상각비와 감가상각누계액을 순서대로 바르게 짝지은 것은?

- 취득시점 : 20×1년 1월 1일
- 취득원가 : 10,000,000원
- 내용연수 : 10년
- 정　　률 : 20%(감가상각방법은 정률법 적용)

① ₩2,000,000 / ₩4,000,000
② ₩1,600,000 / ₩2,000,000
③ ₩1,600,000 / ₩3,600,000
④ ₩1,000,000 / ₩2,000,000

해설 ③ ㉠ (10,000,000 - 0) × 0.2 = 2,000,000(20×1년 감가상각비)
㉡ (10,000,000 - 2,000,000) × 0.2 = 1,600,000(20×2년 감가상각비)
㉢ 2,000,000 + 1,600,000 = 3,600,000(20×2년 감가상각누계액)

㉢ 연수합계법

내용 연수의 합계를 분모로 하고, 잔여 내용연수를 분자로 하는 상각률을 감가상각 대상액에 곱해 감가상각액을 산출한다.

$$(취득원가 - 잔존가액) \times \frac{잔여내용연수}{내용연수의 합계} = 감가상각비$$

예제 22

다음 [보기]의 자료를 참고로 하여 2016년 12월 31일 결산시점에서 감가상각비로 계상할 금액은 얼마인가?

(주)부산은 2016년 7월 1일 기계장치를 ₩ 15,000,000에 구입하고 대금은 1개월 어음으로 지급하였다.
(단, 내용연수는 5년, 잔존가치 ₩ 0, 연수합계법을 적용하고 월할계산함)

① ₩ 2,000,000
② ₩ 2,500,000
③ ₩ 3,000,000
④ ₩ 3,500,000

해설 ② ㉠ (15,000,000 - 0) × $\frac{5}{(5+4+3+2+1)}$ = 5,000,000(1년분)
㉡ 5,000,000 × $\frac{6}{12}$ = 2,500,000(6개월분)

③ 생산량비례법

특정기간 동안에 실제 생산된 수량 또는 작업시간을 기준으로 매기 감가상각비를 계산하는 방법

$$(취득원가 - 잔존가액) \times \frac{당기실제생산량}{총추정생산량} = 감가상각비$$

(2) 기장방법

구　분	차　변	대　변
㉠ 직　접　법	감가상각비　×××	(건　　　물)　×××
㉡ 간　접　법	감가상각비　×××	감가상각누계액　×××

- 감가상각비(판매비와 관리비), 감가상각누계액(차감적 평가계정)
- 감가상각의 3요소 : ① 내용년수 ② 취득원가 ③ 잔존가액
- 유형자산의 감가상각은 간접법에 의하여 회계처리 한다.

예제 23

유형자산에 대해 감가상각을 하는 목적을 가장 적절히 기술한 것은?

① 교체하고자 하는 자산의 취득자금을 확보하기 위해 감가상각을 한다.
② 자산의 정확한 가치평가가 감가상각의 구체적인 목적이다.
③ 특정 기간 동안 자산의 가치감소분을 측정하기 위해 감가상각을 한다.
④ 자산의 취득원가를 체계적으로 기간에 걸쳐 배분하기 위한 것이 감가상각이다.

해설 ④ 감가상각을 하는 목적은 취득원가를 체계적으로 기간에 걸쳐 배분하기 위한 것이다.

7 무형자산

무형자산(intangible assets)이란 물리적인 형태는 없지만 식별가능하고 기업이 통제하고 있으며 미래경제적효익이 있는 비화폐성자산을 말한다.

1. 무형자산의 특성

(1) 무형자산은 기업이 통제하고 있으며 미래경제적효익이 기업에 유입되리라고 기대되는 자산이다
(2) 무형자산은 물리적 형체가 없다.
(3) 무형자산은 식별가능하다.

2. 무형자산의 분류

무형자산은 기업의 영업활동에서 유사한 성격과 용도를 가진 자산끼리 묶어서 분류한다. 이러한 종류의 예는 다음과 같다.

(1) 브랜드명 (2) 제호와 출판표제 (3) 컴퓨터소프트웨어
(4) 라이선스와 프랜차이즈 (5) 저작권, 특허권, 기타 산업재산권, 용역운영권
(6) 기법, 방식, 모형, 설계 및 시제품 (7) 개발 중인 무형자산 등을 포함한다.

- 사업결합에서 발생하는 영업권은 별도로 표시한다.
- 내부적으로 창출된 브랜드, 고객목록 등에 대한 지출은 무형자산으로 인식하지 않는다.

3. 무형자산의 종류

(1) 영업권

영업권(goodwill)이란 우수한 경영진, 뛰어난 판매조직, 양호한 신용, 원만한 노사관계, 기업의 좋은 이미지 등 동종의 다른 기업에 비하여 특별히 유리한 사항들의 집합한 무형의 자원을 말한다. 영업권은 다른 무형자산과 달리 식별가능하지 않고, 개별적으로 판매되거나 교환할 수 없고, 기업전체와 관련지어서 확인가능하다는 특징이 있다.

① 영업권의 유형

㉠ 사업결합으로 취득한 영업권 : 기업이 다른 기업이나 사업을 매수·합병하는 경우 발생한 영업권을 말한다.

㉡ 내부창출영업권 : 기업이 스스로 영업권을 계상하는 경우 발생하는 영업권을 말한다. 내부창출영업권은 취득원가를 신뢰성 있게 측정할 수 없고 기업이 통제하고 있는 식별가능한 자원이 아니기 때문에 내부창출영업권은 인정하지 않고 있다.

② 영업권의 손상

㉠ 사업결합에서 취득한 영업권은 상각하지 않고, 매년 또는 손상징후가 있을 때마다 손상검사를 한다.

㉡ 손상차손을 인식한 영업권은 추후에 회복할 수 없다.

(2) 산업재산권

산업재산권은 법률에 의하여 일정기간 독점적, 배타적으로 이용할 수 있는 권리를 말한다.

① 특 허 권	새로운 발명품을 특허법에 등록하여 일정기간 독점적·배타적으로 이용할 수 있는 권리
② 실용신안권	물건의 모양·구조 또는 결합 등을 실용적인 고안을 법률에 등록하여 일정기간 독점적·배타적으로 이용할 수 있는 권리
③ 디 자 인 권	물건의 디자인을 고안하여 법률에 등록하고 일정기간 독점적·배타적으로 이용할 수 있는 권리
④ 상 표 권	특정 상표를 법률에 등록하여 일정기간 독점적·배타적으로 이용할 수 있는 권리

(3) 개발비

개발활동과 관련하여 발생한 지출액 중 미래경제적효익이 기업에 유입될 가능성이 높으며, 취득원가를 신뢰성 있게 측정 가능한 것을 말한다.

① 자산인식요건을 충족한 경우에 연구단계에서 지출한 금액은 판매비와관리비의 연구비계정으로 하고, 개발단계에서 지출한 금액은 무형자산의 개발비계정으로 인식한다.

② 자산인식요건을 충족하지 못한 경우 연구단계에서 발생한 금액은 판매비와 관리비의 연구비계정으로 하고, 개발단계에서 발생한 금액은 제조원가 또는 판매비와관리비의 경상개발비계정으로 인식한다.

연구단계의 예	개발단계 예
① 새로운 지식을 얻고자 하는 활동 ② 연구결과나 기타 지식을 탐색, 평가, 최종선택, 응용하는 활동 ③ 재료, 장치, 제품, 공정, 시스템이나 용역에 대한 여러 가지 대체안을 탐색하는 활동 ④ 새롭거나 개선된 재료, 장치, 제품, 공정, 시스템이나 용역에 대한 여러 가지 대체안을 제안, 설계, 평가 최종 선택하는 활동	① 생산이나 사용 전의 시제품과 모형을 설계, 제작, 시험하는 활동 ② 새로운 기술과 관련된 공구, 기구, 주형, 금형 등을 설계하는 활동 ③ 상업적 생산목적으로 실현가능한 경제적 규모가 아닌 시험공장을 설계, 건설, 가동하는 활동 ④ 신규 또는 개선된 재료, 장치, 제품, 공정, 시스템이나 용역에 대하여 최종적으로 선정된 안을 설계, 제작, 시험하는 활동

- 개발비 미상각 잔액은 특허권계정으로 대체하지 않고 상각기간 내에 상각한다. 특허권은 특허권 취득을 위해 직접 사용된 금액만 취득원가로 한다.
- 연구단계와 개발단계를 구분할 수 없는 경우는 모두 연구단계에서 발생한 것으로 본다.

4. 기타무형자산

① 라 이 선 스	다른 기업의 제품을 독점적으로 사용할 수 있는 권리를 말한다.
② 프 랜 차 이 즈	특정 체인사업에 가맹점을 얻어 일정한 지역에서 특정 상표나 제품을 독점적으로 판매영업을 할 수 있는 권리를 말한다.
③ 저 작 권	저작자가 자기 저작물의 복제·번역·방송·공연 등을 독점적으로 이용할 수 있는 권리를 말한다.
④ 컴퓨터소프트웨어	상용소프트웨어 구입을 위하여 지출한 금액을 말한다. (컴퓨터는 운영체제 없이 가동이 불가능하므로 Windows는 하드웨어의 일부로 보아 유형자산으로하고, 하드웨어의 일부가 아닌 혼글, Excel등은 무형자산으로 회계처리 한다.)
⑤ 임 차 권 리 금	토지나 건물 등을 임차할 때 그 이용권을 갖는 대가로 빌려 준 사람에게 보증금 이외에 지급하는 금액을 말한다.
⑥ 어 업 권	일정한 수면에서 독점적·배타적으로 어업을 경영할 수 있는 권리를 말한다.
⑦ 시 추 권(광업권)	특정 지역에서 광물자원을 추출할 수 있는 권리를 말한다.

5. 무형자산의 상각

(1) 원가모형과 재평가모형 중 요건충족시 선택 적용할 수 있고, 사용(이용)가능 할 때부터 시작한다.

(2) 내용연수가 유한한 무형자산과 비한정적인 무형자산으로 구분하고, 비한정적인 무형자산은 상각하지 않되 매년 손상검사를 한다.

(3) 상각방법에는 정액법, 체감잔액법과 생산량비례법이 있고 자산의 경제적 효익이 소비되는 형태를 반영한 방법이어야 한다. 다만, 소비되는 형태를 신뢰성 있게 결정할 수 없는 경우에는 정액법을 사용한다.

(4) 영업권은 상각하지 않고, 매년 손상검사 그리고 손상징후가 나타날 때마다 손상검사하되 손상차손 환입은 인식하지 않는다.

(5) 내용연수가 유한한 무형자산의 잔존가치는 특별한 경우를 제외하고 영(0)으로 본다.

예제 24

일반기업회계기준 하에서의 무형자산에 대한 다음 설명 중 가장 적합한 것은 무엇인가?

① 무형자산의 상각은 대부분 정률법으로 한다.

② 무형자산은 미래효익의 실현에 대한 확실성이 높다.

③ 무형자산의 회수가능액은 순매각가액과 사용가치 중 적은 금액으로 결정한다.

④ 특정기업에 가치가 있는 자산으로 그 기업과 분리하여 존재할 수 없는 자산이다.

해설 ④ ① 무형자산의 상각은 대부분 정액법으로 한다.
② 무형자산은 미래효익이 기업에 유입될 가능성이 매우높다.
③ 무형자산의 회수가능액은 순매각가액과 사용가치 중 큰 금액으로 결정한다.

예제 25

연구 및 개발단계에서 발생하는 다음 지출종류 중 회계처리시 자산화 또는 당기 비용화의 유형이 나머지 셋과 다른 하나는 무엇인가?

① 연구비 ② 개발비

③ 경상개발비 ④ 무형자산상각비

해설 ② 개발비는 무형자산이고, 연구비, 경상개발비, 무형자산상각비는 판매관리비이다.

예제 26

다음 무형자산 중 개별적으로 가치의 식별(확인)이 불가능한 것은?

① 특허권 ② 영업권

③ 상표권 ④ 실용신안권

해설 ② 영업권은 다른 무형자산과 달리 식별가능하지 않고, 개별적으로 판매되거나 교환할 수 없고, 기업전체와 관련지어서 확인가능하다는 특징이 있다.

8 부채와 자본

1. 사채의 발행

(1) 사채의 정의와 발행방법

사채란 주식회사가 거액의 장기자금을 조달하기 위하여 발행하는 것으로 일정한 이자를 지급하고 만기에 원금을 상환해야 하는 확정채무증권으로 사채발행 방법은 아래와 같다.

구 분	차 변		대 변		비 고
평가 발행	당 좌 예 금	10,000	사 채	10,000	시장이자율 = 액면이자율
할인 발행	당 좌 예 금 사채할인발행차금	9,000 1,000	사 채	10,000	시장이자율 〉 액면이자율
할증 발행	당 좌 예 금	12,000	사 채 사채할증발행차금	10,000 2,000	시장이자율 〈 액면이자율

- 상법상 사채의 발행총액은 순자산(자본)의 4배를 초과하지 못하도록 규정하고 있고, 사채1좌의 금액은 ₩10,000이상 이어야 한다.
- 사채발행비용은 사채할인발행차금에는 가산하고 사채할증발행차금에서는 차감하여 표시한다.
- 사채할인발행차금은 사채에 대한 차감적 평가계정이고, 사채할증발행차금은 사채에 대한 부가적 평가계정이다.
- 발행시점에서 사채의 현재가치를 계산하는 방법 : 만기가액의 현재가치 + 이자지급액의 현재가치

(2) 사채이자

사채이자의 지급은 유효이자율법에 의해 사채할인발행차금상각액을 가산하여 이자비용차변에 기입하고 사채할증발행차금환입액은 차감하여 처리한다.

구 분	차 변		대 변	
사채 이자지급시	이 자 비 용	×××	미 지 급 이 자 사채할인발행차금	××× ×××

- **유효이자율법**
  ① 액면금액 × 액면이자율 = 미지급이자
  ② 순사채(사채 - 사채할인발행차금) × 유효이자율 = 이자비용

(3) 사채의 상환

발행한 사채에 대하여 대금을 지급하고, 사채권을 회수하는 것을 사채의 상환이라 한다. 사채의 상환방법에는 만기 전 상환과 만기상환이 있다.

사채를 상환할 때에는 사채와 관련된 계정인 사채할인발행차금 또는 사채할증발행차금계정도 함께 정리하여야 한다. 이때 사채의 장부금액과 상환가액의 차이를 사채상환이익 또는 상채상환손실 계정으로 처리한다.

구 분	차 변		대 변	
사채 매입 상환시	사 채	×××	당 좌 예 금 사채할인발행차금 사 채 상 환 이 익	××× ××× ×××
사채 만기 상환시	사 채	×××	당 좌 예 금	×××

【보기】 할증발행의 경우

① 액면 총액 ₩1,000,000(상환기간 5년, 액면이자율 연 12%, 유효이자율 연 10%)의 사채를 ₩1,075,800에 발행하고 납입금은 당좌예금하다.

(차)	당 좌 예 금	1,075,800	(대)	사 채		1,000,000
				사 채 할 증 발 행 차 금		75,800

② 위의 사채에 대한 이자를 현금으로 지급하다.

(차)	이 자 비 용	107,580	(대)	현 금	120,000
	사 채 할 증 발 행 차 금	12,420			

㉠ 1,000,000 × 0.12 = 120,000(액면이자율)
㉡ 1,075,800 × 0.1 = 107,580(유효이자율)
㉢ 120,000 - 107,580 = 12,420(사채할증발행차금환입액)

【보기】 사채발행비 지급의 경우

① 액면 ₩1,000,000의 사채를 ₩1,000,000에 평가발행하고 납입금은 당좌예금하다. 그리고 사채발행비 ₩50,000은 현금으로 지급하다.

(차)	당 좌 예 금	1,000,000	(대)	사 채	1,000,000
	사 채 할 인 발 행 차 금	50,000		현 금	50,000

② 액면 ₩1,000,000의 사채를 ₩920,000에 할인발행하고, 납입금은 당좌예금하다. 그리고 사채발행비 ₩50,000은 현금으로 지급하다.

(차)	당 좌 예 금	920,000	(대)	사 채	1,000,000
	사 채 할 인 발 행 차 금	130,000		현 금	50,000

③ 액면 ₩1,000,000의 사채를 ₩1,080,000에 할증발행하고, 납입금은 당좌예금하다. 그리고 사채발행비 ₩50,000은 현금으로 지급하다.

(차)	당 좌 예 금	1,080,000	(대)	사 채	1,000,000
				사 채 할 증 발 행 차 금	30,000
				현 금	50,000

【보기】 사채이자 계산

① (주)태성은 20×1년 1월 1일 사채 ₩90,394(액면 ₩100,000, 표시이자율 연 8%, 이자는 매년 말 지급, 만기 3년)을 발행하고 발행대금은 현금으로 받다. 시장이자율 12%이고, 결산일은 매년 12월 31일이다. (단, 유효이자율법에 의하며, 원미만 버림)

(차)	현금	90,394	(대)	사채	100,000
	사채할인발행차금	9,606			

② 20×1년 말 사채이자를 당좌수표를 발행하여 지급하다.

(차)	이자비용	10,847	(대)	현금	8,000
				사채할인발행차금	2,847

㉠ 100,000 × 0.08 = 8,000(액면이자율)
㉡ 90,394 × 0.12 = 10,847(유효이자율)
㉢ 10,847 - 8,000 = 2,847(사채할인발행차금상각액)

③ 20×2년 말 사채이자를 당좌수표를 발행하여 지급하다.

(차)	이자비용	11,188	(대)	현금	8,000
				사채할인발행차금	3,188

㉠ 100,000 × 0.08 = 8,000(액면이자율)
㉡ (90,394 + 2,847) × 0.12 = 11,188(유효이자율)
㉢ 11,188 - 8,000 = 3,188(사채할인발행차금상각액)

예제 27

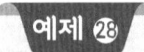

사채의 발행가액에 대한 다음 설명 중 가장 옳지 않은 것은?

① 사채의 액면이자율과 시장이자율이 동일한 경우 액면발행이 된다.
② 사채의 액면이자율이 시장이자율보다 낮을 경우 할증발행이 된다.
③ 사채의 발행가액은 액면이자율과 시장이자율의 차이에 의해서 결정된다.
④ 사채할인발행차금상각은 유효이자율법을 적용하여 계산한다.

해설 ② 사채의 액면이자율이 시장이자율보다 낮을 경우 할인발행이 된다.

예제 28

사채의 발행가격은 어떻게 결정되는가?

① 만기금액의 미래가치 + 이자지급액의 현재가치
② 만기금액의 현재가치 + 이자지급액의 미래가치
③ 만기금액의 미래가치 + 이자지급액의 미래가치
④ 만기금액의 현재가치 + 이자지급액의 현재가치

해설 ④ 사채의 발행가액은 사채의 만기금액의 현재가채에 이자지급액의 현재가치를 더한 금액으로 발행가액을 결정한다.

2. 퇴직급여

퇴직급여란, 종업원이 퇴직할 때 또는 퇴직 이후에 지급되는 일시불이나 퇴직연금과 같은 퇴직급여를 말한다. 퇴직급여제도는 제도의 주요 규약에서 도출되는 경제적 실질에 따라 두 가지로 분류된다.

(1) 확정기여제도(defined contribution plans ; DC)

기업이 별개의 실체(기금, 보험회사 등)에 사전에 확정된 고정 기여금을 납부하는 것으로 기업의 의무가 종결되는 제도를 말한다. 따라서 그 기금이 종업원의 퇴직급여를 지급할 만큼 충분하지 못하더라도 기업에게는 추가로 기여금을 납부해야 하는 법적 의무가 없다.

(2) 확정급여제도(defined benefit plans ; DB)

기업이 퇴직급여에 관한 모든 의무를 부담하기 때문에 기금이 부족한 경우에는 기업이 추가적으로 기여금을 납부해야할 의무가 있는 경우가 이에 해당한다.

구 분	차 변	대 변
결산시 퇴직급여충당부채를 설정하면	퇴 직 급 여 ×××	퇴직급여충당부채 ×××
퇴직금을 지급하면	퇴직급여충당부채 ×××	현 금 ×××

예제 29

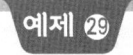

다음 중 퇴직급여충당부채에 대해서 맞게 설명한 것은?

① 퇴직급여충당부채는 종업원이 근무하는 동안 발생한 수익에 대응하여 비용을 인식하는 것이다.

② 퇴직급여충당부채의 설정 시 분개는 다음과 같이 처리된다.
(차) 퇴직급여충당부채 xxx (대) 퇴 직 급 여 xxx

③ 퇴직금 지급 시 퇴직급여충당부채의 잔액이 없더라도 분개는 다음과 같이 처리한다.
(차) 퇴직급여충당부채 xxx (대) 현 금 등 xxx

④ 퇴직금이 퇴직급여충당부채설정액보다 많을 때는, 퇴직급여충당부채를 그대로 놔두고 퇴직급여로만 처리한다.

해설

① ② (차) 퇴 직 급 여 ××× (대) 퇴직급여충당부채 ×××
③ (차) 퇴 직 급 여 ××× (대) 현 금 ×××
④ 퇴직급여충당부채를 먼저 대체하고, 부족액은 퇴직급여로 한다.
(차) 퇴직급여충당부채 ××× (대) 현 금 ×××
퇴 직 급 여 ×××

3. 주식의 발행

구분	차 변	대 변	비고
평가발행	당 좌 예 금 100	자 본 금 100	발행가액 = 액면가액
할증발행	당 좌 예 금 120	자 본 금 100 주 식 발 행 초 과 금 20	발행가액 〉 액면가액
할인발행	당 좌 예 금 90 주 식 할 인 발 행 차 금 10	자 본 금 100	발행가액 〈 액면가액

- 자본금의 계산 : 주식발행수 × 액면단가 = 자본금
- 설립시 주식발행비용은 창업비(판매비(물류원가)와관리비)계정으로 처리하고, 신주발행(증자)시 주식발행비용은 주식할인발행차금은 증가되고 주식발행초과금은 감소되게 처리 한다.
- 주식발행초과금은 자본잉여금이고, 주식할인발행차금은 자본조정이다.

예제 30

회사의 기초 자본금은 1억원(액면가 5,000원, 발행주식수 20,000주)이다. 신규 사업 진출을 위해 회사는 주당 10,000원(액면가 5,000원)에 1,000주를 증자하였다. 이때 기말 자본금은 얼마인가?

① 100,000,000 ② 105,000,000
③ 110,000,000 ④ 115,000,000

해설 ② ㉠ 주식발행수 × 액면단가 = 자본금 ㉡ 20,000주 × 5,000원 = 100,000,000
㉢ 1,000주 × 5,000원 = 5,000,000 ㉣ 100,000,000 + 5,000,000 = 105,000,000

9 수익과 비용

1. 수익과 비용의 뜻과 계정

(1) 수익의 뜻

수익은 주요 경영활동으로서의 재화의 생산·판매, 용역의 제공 등에 따른 경제적 효익의 유입으로서, 자산의 증가 또는 부채의 감소 및 그 결과에 따른 자본의 증가로 나타나는 것이다.

(2) 수익의 인식

수익은 다음의 두 가지 기준을 동시에 충족하였을 때 수익으로 인식한다.
① 실현기준 : 실현되었거나 혹은 실현가능한 시점에서 수익을 인식한다.
② 가득기준 : 가득(수익획득)과정이 완료된, 즉 가득된 시점에서 수익을 인식한다.

(3) 비용의 뜻

비용은 기업실체의 경영활동과 관련된 재화의 판매, 용역의 제공 등에 따라 발생하는 자산의 유출이나 사용 또는 부채의 증가로 결과적으로 자본의 감소를 가져오는 것이다.

(4) 비용의 인식

비용을 인식함에 있어 적용되는 일반적인 원칙은 수익·비용대응의 원칙이다. 경제적 효익의 사용은 그 사용으로 인해 획득되는 수익이 인식될 때 비용으로 인식한다는 것이다. 즉, 비용은 그 비용이 기여한 수익과 동일한 기간에 인식하는 수익·비용 대응의 원칙에 따라 인식한다.

① 직접 대응 비용 : 매출원가, 판매원 수당 등
② 기간별 대응 비용 : 광고비 등
③ 합리적이고 체계적인 배분 비용 : 감가상각비, 무형자산상각비 등

(5) 수익과 비용 계정

비	용
전기선급액(기초)	전기미지급액(기초)
지 급 액	손 익(당기분)
당기미지급액(기말)	당기선급액(기말)

수	익
전기미수액(기초)	전기선수액(기초)
손 익(당기분)	수 입 액
당기선수액(기말)	당기미수액(기말)

예제 31

비용에 대한 다음의 설명 중 가장 옳지 않은 것은?
① 비용은 수익비용 대응의 원칙에 따라 인식한다.
② 판매비와 관리비에는 급여, 복리후생비, 접대비, 개발비 등이 포함된다.
③ 매출원가와 판매비와 관리비는 영업비용에 해당된다.
④ 판매된 제품이나 상품 등의 제조원가 또는 매입원가는 매출원가에 해당된다.

해설 ② 개발비는 무형자산이고, 경상개발비가 판매비와 관리비이다.

10 결 산

1. 결산항목

수동결산	· 자산, 부채의 평가 · 수익, 비용의 이연 및 예상(선급비용, 선수수익, 미수수익, 미지급비용 · 소모품 계상 · 가지급금, 가수금등 임시계정정리 · 비유동부채의 유동성대체
자동결산	· 재고자산의 매출원가대체 · 감가상각비 계상 · 대손충당금 계상 · 퇴직급여충당부채 계상 · 법인세 계상

2. 손익의 정리

구 분	차 변	대 변
비용의 **선급**액(미경과액)	선 급 비 용 ×××	(비 용) ×××
수익의 **선수**액(미경과액)	(수 익) ×××	선 수 수 익 ×××
수익의 **미수**액(경과액)	미 수 수 익 ×××	(수 익) ×××
비용의 **미지급**액(경과액)	(비 용) ×××	미지급비용 ×××

예제 32

다음 자료에 대한 결산수정분개로 적절하지 않은 것은?

(1) 기말 현재 보험료 미경과분 100,000원
(2) 기말 현재 임대료 선수분 200,000원
(3) 건물에 대한 감가상각비 30,000원 계상
(4) 기말 현재 이자 미수분 300,000원

① (차) 보 험 료 100,000 (대) 미 지 급 비 용 100,000
② (차) 임 대 료 200,000 (대) 선 수 수 익 200,000
③ (차) 감 가 상 각 비 30,000 (대) 감가상각누계액 30,000
④ (차) 미 수 수 익 300,000 (대) 이 자 수 익 300,000

해설 ① (차) 선급비용 100,000 (대) 보 험 료 100,000

3. 비용처리법과 자산처리법

(1) 보험료의 비용처리법과 자산처리법

① 비용처리법

구 분	차 변		대 변	
06월 01일 보험료 1년분 지급시	보 험 료	120,000	현 금	120,000
12월 31일 미경과 보험료 정리	선 급 보 험 료	50,000	보 험 료	50,000

120,000원 ÷ 12개월 × 5개월(미경과된 월) = 50,000(선급 보험료)

② 자산처리법

구 분	차 변		대 변	
06월 01일 보험료 1년분 지급시	선 급 보 험 료	120,000	현 금	120,000
12월 31일 경과된 보험료 정리	보 험 료	70,000	선 급 보 험 료	70,000

120,000원 ÷ 12개월 × 7개월(경과된 월) = 70,000(당기분 보험료)

- 보험료(비용) → 경과액 　　선급보험료 (자산) → 미경과액

(2) 소모품의 비용처리법과 자산처리법

① 비용처리법

구 분	차 변		대 변	
소모품 100,000원 구입시	소 모 품 비	100,000	현 금	100,000
결산시 소모품 미사용액 30,000원	소 모 품	30,000	소 모 품 비	30,000

② 자산처리법

구 분	차 변		대 변	
소모품 100,000원 구입시	소 모 품	100,000	현 금	100,000
결산시 소모품 사용액 70,000원	소 모 품 비	70,000	소 모 품	70,000

※ 소모품비(비용) → 사용액　　　　소모품 (자산) → 미사용액

예제 33

성균관회사의 회계담당자는 소모품을 200,000원에 구입하고 이를 자산으로 회계처리 하였다. 기말 소모품 실사를 하던 중 소모품의 가치가 50,000원 이라는 것을 확인하였으나 원장에 이를 수정분개하지 않은 것을 발견하였다. 다음 중 틀린 내용은?

① 소모품 구입 시 소모품비(비용) 혹은 소모품(자산)으로 처리한 것과 상관없이 기말에 수정분개만 올바르게 한다면 그 결과는 동일하다.
② 소모품을 구입할 때 외상으로 구입하였다면 구입당시 자산과 부채가 동시에 증가한다.
③ 소모품을 구입할 때 현금으로 구입하였다면 구입당시 재무상태표의 자산총액은 증가한다.
④ 회사는 해당 내역에 대해 [(차) 소모품비 150,000 (대) 소 모 품 150,000] 와 같이 수정분개 할 수 있다.

해설 ③ (차) 소모품(자산의 증가) (대) 현금(자산의 감소)이므로 자산총액은 변동이 없다.

11 부가가치세

부가가치세(value added tax : VAT)란 부가가치에 대하여 과세되는 세금이다. 즉, 부가가치 = 매출액 − 매입액이다.

1. 과세기간

현행 부가가치세법에서는 1역년을 2개의 과세기간으로 나누고 있으며, 사업자에 대한 부가가치세의 과세기간은 다음과 같다.

과세기간		신고 및 납부기간			신고사항
구분 및 대상기간		구 분 명	신고대상기간	신고납부기한	
제1기	1/1 ~ 6/30	제1기 예정신고	1/1 ~ 3/31	4/25	예정신고기간분
		제1기 확정신고	4/1 ~ 6/30	7/25	확정신고기간분 + 예정신고누락분
제2기	7/1 ~ 12/31	제2기 예정신고	7/1 ~ 9/30	10/25	예정신고기간분
		제2기 확정신고	10/1 ~ 12/31	다음연도 1/25	확정신고기간분 + 예정신고누락분

- 신규사업자의 과세기간 : 사업개시일 ~ 당해과세기간 종료일
- 폐업자의 과세기간 : 당해과세기간 시작일 ~ 폐업일

2. 부가가치세의 회계처리

구 분	차 변		대 변	
상품 매입시	상품 부가가치세대급금	10,000 1,000	외상매입금	11,000
상품 매출시	외상매출금	14,300	상품매출 부가가치세예수금	13,000 1,300
부가세 납부시	부가가치세예수금	1,300	부가가치세대급금 현금	1,000 300
결산시 부가세 정리	부가가치세예수금	1,300	부가가치세대급금 미지급세금	1,000 300

- 부가가치세 과세기간 : 제1기(1/1 ~ 6/30), 제2기(7/1 ~ 12/31)
- 매출세액 − 매입세액 = 납부세액

3. 공제받지 못할 매입세액

공제받지 못할 매입세액이란 세금계산서를 수취하였으나 법적으로 매입세액으로 인정하지 않는 것으로 다음과 같은 경우이다.

① 세금계산서 미수령·필요적 기재사항 불분명 매입세액
② 매입처별세금계산서 미제출·부실기재 매입세액
③ 사업과 직접 관련이 없는 지출에 대한 매입세액
④ 비영업용 소형승용자동차의 구입과 임차 및 유지에 관한 매입세액
⑤ 접대비 및 이와 유사한 비용의 지출에 관련된 매입세액
⑥ 면세사업에 관련된 매입세액과 토지관련 매입세액
⑦ 사업자 등록을 하기 전의 매입세액(등록신청일로부터 역산하여 20일 이내의 것 제외)등
⑧ 부가가치세가 면제되는 재화 또는 용역(부가가치세가 과세되지 않는 재화 또는 용역 포함)을 공급받으면서 세금계산서를 발급받은 경우의 매입세액(다만, 해당 재화 또는 용역을 공급한 사업자가 납부세액을 모두 납부한 경우로서 대통령령으로 정하는 매입세액은 제외한다.)

※ 비영업용 승용자동차란 개별소비세법에 열거된 주로 사람의 수송만을 목적으로 제작된 일반형 승용자동차(지프형 포함)로서 개별소비세 과세대상이 되는 차량을 말한다. 따라서 개별소비세가 과세되지 않으면 매입세액이 공제된다. 예컨대 모닝등과 같이 8인 이하의 사람만을 수송목적으로 제작되었으나 배기량 1,000cc 이하로 길이3.5m, 폭 1.5m 이하인 것은 개별소비세가 과세되지 않으므로 매입세액을 공제받을 수 있다.

4. 영세율과 면세

(1) 영세율

영세율이란 국제적 이중과세의 방지와 수출산업의 지원육성을 위한 완전면세제도로 영세율 적용대상자는 과세사업자이어야 하며 면세사업자가 영세율을 적용받기 위해서는 면세포기를 하여야 한다. 영세율적용대상은 다음과 같다.

① 수출하는 재화
② 국외에서 제공하는 용역
③ 선박 또는 항공기의 외국항행용역
④ 기타 외화획득 재화 또는 용역
⑤ 조세 특례 제한법상 영세율 적용대상거래

(2) 면세

일반소비세인 부가가치세의 특성상 모든 재화와 용역의 공급에 과세하는 것이 원칙이나, 부가가치세가 갖고 있는 역진성을 보완하기 위한 목적으로 도입된 것이 면세제도이다. 면세대상은 다음과 같다.

① 미가공 식료품 및 우리나라에서 생산된 농·축·수·임산물
② 수돗물

③ 연탄과 무연탄
④ 여객운송용역
⑤ 우표·복권·공중전화
⑥ 주택 및 부수토지의 임대용역
⑦ 의료보건용역과 혈액, 생리대
⑧ 교육용역
⑨ 도서·신문·잡지·통신 및 방송
⑩ 예술창작품 및 문화행사
⑪ 도서관·과학관·박물관·동물원 등의 입장
⑫ 금융·보험용역
⑬ 토지의 공급
⑭ 인적용역
⑮ 담배 중 특정의 것
⑯ 종교·학술 기타 공익단체 등이 공급하는 재화 또는 용역
⑰ 국가·지방자치단체 등이 공급하는 재화 또는 용역
⑱ 국가 등 공익단체에 무상으로 공급하는 재화 또는 용역

단원 기본문제

재무회계의 이해 II

01 다음 중 현금 및 현금성자산에 포함되지 않는 계정과목은 무엇인가?

① 받을어음
② 당좌예금
③ 일람출급어음
④ 타인발행당좌수표

02 다음 중 매출채권에 대한 설명으로 바르지 않은 것은 무엇인가?

① 매출채권에는 외상매출금, 받을어음, 미수금이 포함된다.
② 제품매출이 발생한 경우, 차변에 외상매출금 계정을 기록한다.
③ 받을어음의 회수나 만기결제 시에는 대변에 받을어음의 계정을 기록한다.
④ 예상되는 회수불능 매출채권에 대해 대손충당금을 설정하며, 이때 대손충당금에 대응되는 매출채권의 대손상각비는 판매비와 관리비로 분류된다.

03 다음 A회사의 매출관련 자료에서 계산된 상품매출원가는 얼마인가?

· 기초상품재고액	70,000원	· 총매입액	400,000원
· 환출액	30,000원	· 매입에누리액	25,000원
· 총매출액	500,000원	· 환입액	40,000원
· 매출에누리액	20,000원	· 기말상품재고액	50,000원

① 340,000원
② 345,000원
③ 350,000원
④ 365,000원

04 다음 재고자산 평가에 관한 설명 중 가장 바르지 않은 것은 무엇인가?

① 재고자산 평가시 재고수량을 어떻게 기록하고 파악할 것인지, 구입단가를 어떻게 적용할 것인지에 따라 결과는 달라진다.
② 재고자산 감모손실이란 재고자산의 도난, 파손, 분실 등으로 인해 발생한 기말재고자산의 수량부족으로 발생한 차이를 말한다.
③ 원가성이 있는 재고자산 감모손실은 매출원가에 가산하며, 원가성이 없는 재고자산 감모손실의 경우 영업외비용으로 분류하여 처리한다.
④ 재고자산 평가손실이란 재고자산을 기말에 저가법으로 평가할 때 나타나며 재고자산의 시가인 순실현가능가치가 장부가액보다 오른 경우에 발생한다.

05 다음은 재고자산 회계처리에 대한 설명이다. 다음 설명 중 가장 적절하지 않은 것은 무엇인가?

① 재고자산 평가손실은 매출원가로 분류한다.
② 재고자산 감모손실은 원가성 유무에 따라 매출원가나 영업외비용으로 분류한다.
③ 재고자산은 유동자산으로 분류되므로 취득과 관련된 원가는 당기 비용으로 처리한다.
④ 재고자산을 일괄 구입한 경우에는 총 매입원가를 각 재고자산의 공정가치 비율에 따라 배분한다.

06 다음은 유형자산과 관련하여 발생하는 경비이다. 취득원가에 포함이 되지 않는 것은 다음 중 무엇인가?

① 설치비
② 취득세
③ 등록세
④ 수선유지비용

07 (주)한국기업이 20X0년에 취득원가 1,800,000인 기계장치를 구입하였다. 20X3년 이 기계장치의 감가상각누계액은 1,200,000이었다. 이듬해 7월 1일 (주)세종이 현금 800,000을 받고 처분하였다. 유형자산처분이익이 350,000으로 계상되었다면, 처분된 해에 계산된 감가상각비는 얼마인가?

① ₩ 100,000
② ₩ 150,000
③ ₩ 350,000
④ ₩ 450,000

08 다음 중 감가상각 회계처리가 가능한 경우는 무엇인가?

① 당기에 신규로 취득하여 사용 중인 업무용 차량
② 당기에 신규로 취득하여 등기가 완료된 업무용 토지
③ 전기부터 공사가 시작되어 당기에 건설 중인 공장 건물
④ 당기에 신규로 취득하여 설치 완료 후 사용 전 기계장치

09 다음 중 사채할인발행차금에 대해서 잘못 설명한 것은 무엇인가?

① 사채할인발행차금은 사채의 차감항목으로써 대변에 계상된다.
② 사채할인발행차금은 사채의 액면가액과 발행가액과의 차액이다.
③ 사채할인발행차금은 사채와 관련한 이자비용의 일부를 만기에 원금에 가산하여 지급하는 것이 된다.
④ 사채할인발행차금은 사채기간 동안에 적절한 방법(유효이자율법)에 의하여 이자비용으로 인식하기 위한 결산정리분개가 필요하다.

10 회사의 기초 자본금은 1억원(액면가 5,000원, 발행주식수 20,000주)이다. 신규 사업 진출을 위해 회사는 주당 10,000원(액면가 5,000원)에 1,000주를 증자하였다. 이때의 기말 자본금은 얼마인가?

① 995,000,000원
② 100,000,000원
③ 105,000,000원
④ 110,000,000원

11 성균관회사의 회계담당자는 소모품을 200,000원에 구입하고 이를 자산으로 회계처리하였다. 기말 소모품 실사를 하던 중 소모품의 가치가 50,000원이라는 것을 확인하였으나 원장에 이를 수정분개하지 않은 것을 발견하였다. 이와 관련한 다음 내용 중 바르지 않은 것은 무엇인가?

① 소모품을 구입할 때 외상으로 구입하였다면 구입당시 자산과 부채가 동시에 증가한다.
② 소모품을 구입할 때 현금으로 구입하였다면 구입당시 재무상태표의 자산총액은 증가한다.
③ 회사는 해당 내역에 대해 (차) 소모품비 150,000 / (대) 소모품 150,000 와 같이 수정분개 할 수 있다.
④ 소모품 구입 시 소모품비(비용) 혹은 소모품(자산)으로 처리한 것과 상관없이 기말에 수정분개만 올바르게 한다면 그 결과는 동일하다.

12 다음은 수익과 비용 회계처리에 대한 설명이다. 다음 중 가장 적절하지 않은 설명은 무엇인가?

① 대표적인 영업수익으로는 매출액이 있다.
② 수익과 비용은 발생주의 원칙에 따라 인식한다.
③ 매출원가와 판매비와 관리비는 영업비용에 해당된다.
④ 매출과 관련된 광고선전비, 접대비, 기부금은 판매비와 관리비로 분류한다.

13 보수주의란 어떤 거래나 경제적 사건에 대하여 두 가지 이상의 대체적인 회계처리 방법이 있는 경우, 재무적 기초를 견고히 하는 관점에서 이익을 낮게 보고하는 방법을 선택하는 것이다. 다음 중 보수주의에 의해 처리하는 사례로 적절하지 않은 것은 무엇인가?

① 저가주의에 의한 재고자산 평가
② 자본적 지출 대신 수익적 지출로 처리
③ 물가 상승시 재고자산 평가방법에 선입선출법 적용
④ 초기 감가상각방법으로 정액법 대신 정률법으로 상각

03

프로그램설치와 기초데이터(DB) 저장 및 복원

1. 핵심ERP 설치 유의사항
2. ERP정보관리사 실기 프로그램설치 안내
3. 최초로그인
4. i CUBE 핵심ERP 기초데이터의 저장
5. i CUBE 핵심ERP 기초데이터의 복원

MEMO

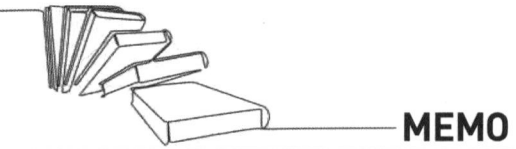

제3장 프로그램설치와 기초데이터(DB) 저장 및 복원

1. 핵심ERP 설치 유의 사항

(1) 아래 컴퓨터 사양 보다 낮은 설치 환경에서는 핵심ERP Ver.2025을 설치할 수 없습니다.

- ■ 설치 가능 OS : Microsoft Windows7 이상의 OS (Mac OS X, Linux 등 설치 불가)
- ■ CPU : Intel Core2Duo / i3 1.8Ghz 이상의 CPU
- ■ Memory : 3GB 이상의 Memory
- ■ DISK : 10GB 이상의 C:₩ 여유 공간

위 최소 요구 사양에 만족하지 못하는 경우 핵심ERP 설치 진행이 불가능합니다.

(2) 프로그램을 설치하기 전에 반드시 바이러스 백신 프로그램을 종료후 설치해야 합니다.

2. ERP정보관리사 실기 프로그램(iCUBE 핵심ERP Ver.2025)설치 안내

(1) 핵심ERP 설치 파일 구성 확인

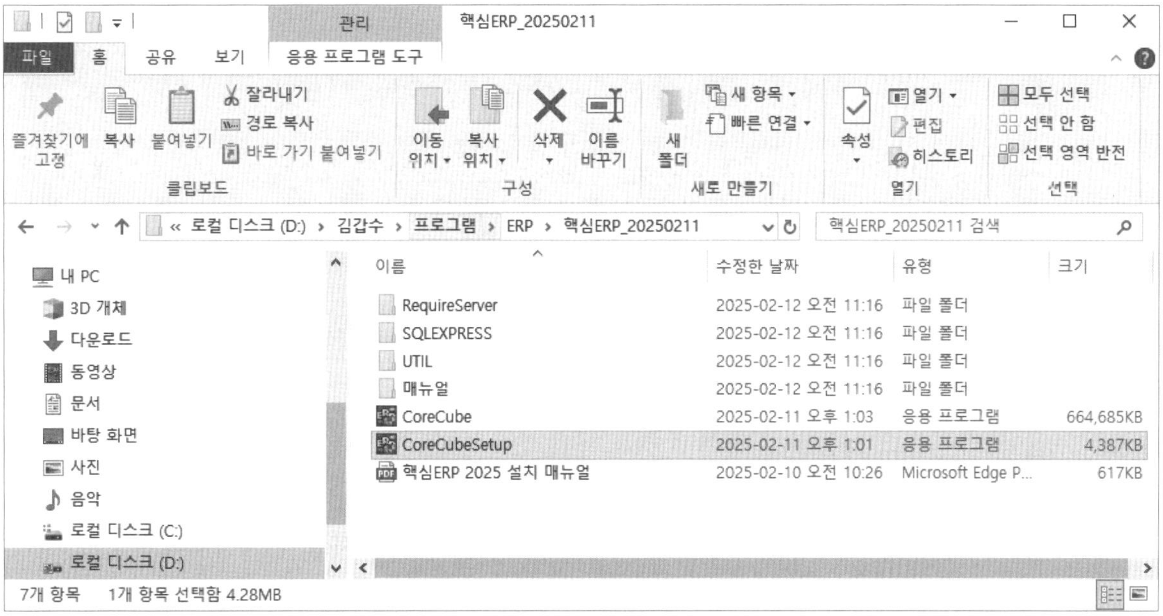

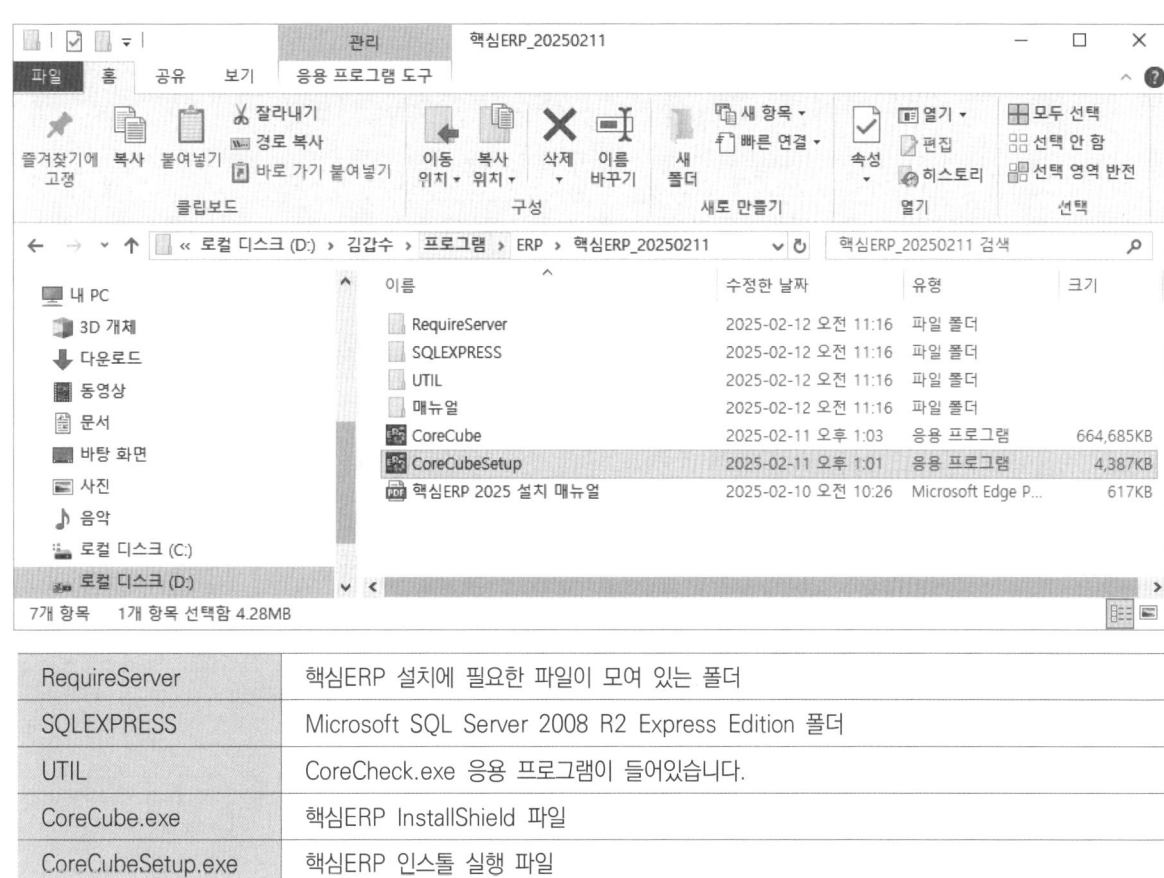

RequireServer	핵심ERP 설치에 필요한 파일이 모여 있는 폴더
SQLEXPRESS	Microsoft SQL Server 2008 R2 Express Edition 폴더
UTIL	CoreCheck.exe 응용 프로그램이 들어있습니다.
CoreCube.exe	핵심ERP InstallShield 파일
CoreCubeSetup.exe	핵심ERP 인스톨 실행 파일

(2) 파일 목록에서 반드시 [CoreCubeSetup.exe]를 실행하여 설치를 진행합니다.

진행을 하면 아래와 같이 [핵심ERP 설치 전 사양 체크] 프로그램이 실행됩니다.
4단계에 걸쳐 현재 컴퓨터에 사양을 체크하여 핵심ERP설치 가능 여부를 체크합니다.

- 1단계 – 현재 컴퓨터의 OS 체크
- 2단계 – 현재 컴퓨터의 CPU 체크
- 3단계 – 현재 컴퓨터의 MEMORY 용량 체크
- 4단계 – 현재 컴퓨터의 디스크 남은 용량 체크

※ 4단계를 모두 충족하지 못하는 경우 핵심ERP 설치를 진행할 수 없습니다.

〈핵심ERP 설치 환경에 적합하지 않은 경우〉

[상세내용] 버튼을 클릭하면 아래와 같이 확인할 수 있습니다.
[새로고침] 버튼을 클릭하면 사양 체크를 다시 진행할 수 있습니다.

(3) 핵심ERP 사용권 계약 동의

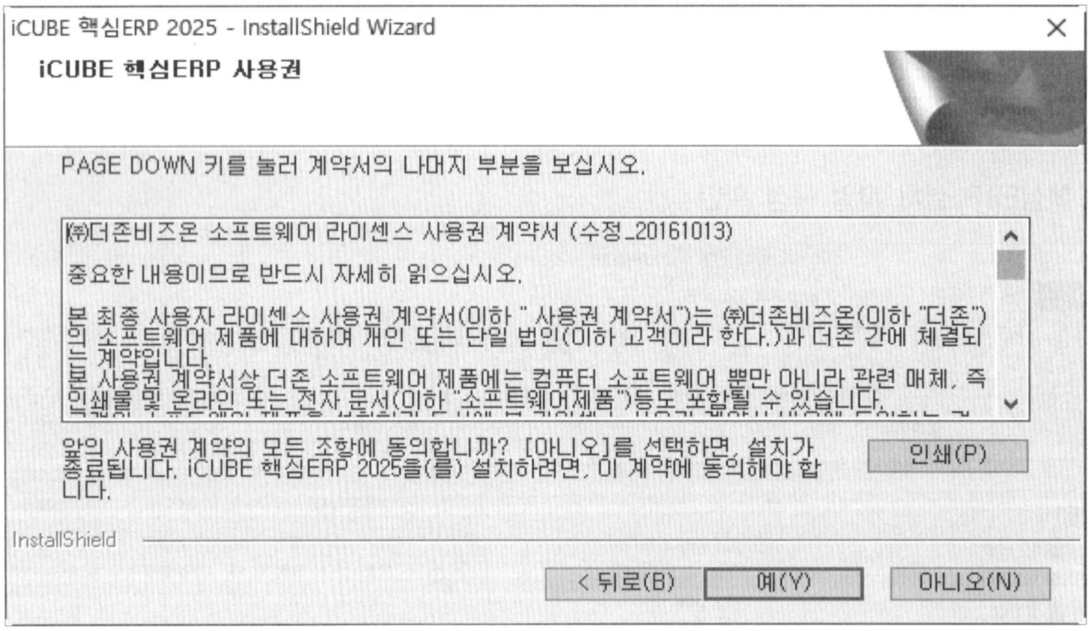

소프트웨어 라이선스 사용권 계약서에 동의하는 경우 [예] 버튼을 클릭합니다.

(4) 필수 구성요소 설치가 필요한 경우 아래와 같이 자동으로 설치를 진행합니다.

필수 설치 프로그램	1. Microsoft SQL Server 2008R2 – [DUZON_CORE]
	2. Microsoft .NET Framework4.0(이하 닷넷4.0)Full Version

※ SQL과 닷넷4.0이 설치 되어있는 경우에는 바로 핵심ERP DB와 파일을 설치합니다.

[SQL Server 2008R2]–[DUZON_CORE] 인스턴스를 설치합니다.
Microsoft .NetFramework4.0 설치가 필요한 경우 자동으로 설치를 진행합니다.

(5) 핵심ERP DATABASE와 실행 파일들을 설치합니다.

(6) 핵심ERP 설치가 완료 되면 [완료] 버튼을 클릭합니다.

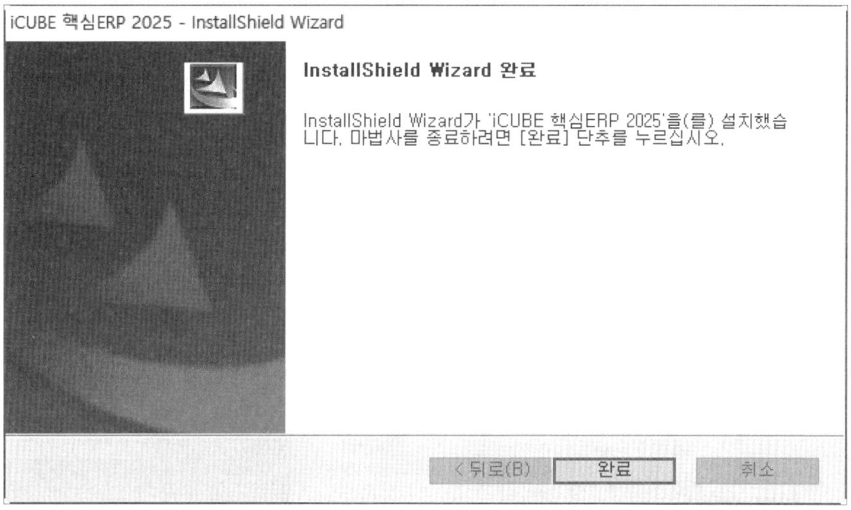

(7) [iCUBE-핵심ERP Ver.2025]이 자동 실행되며 로그인하여 사용하시기 바랍니다.

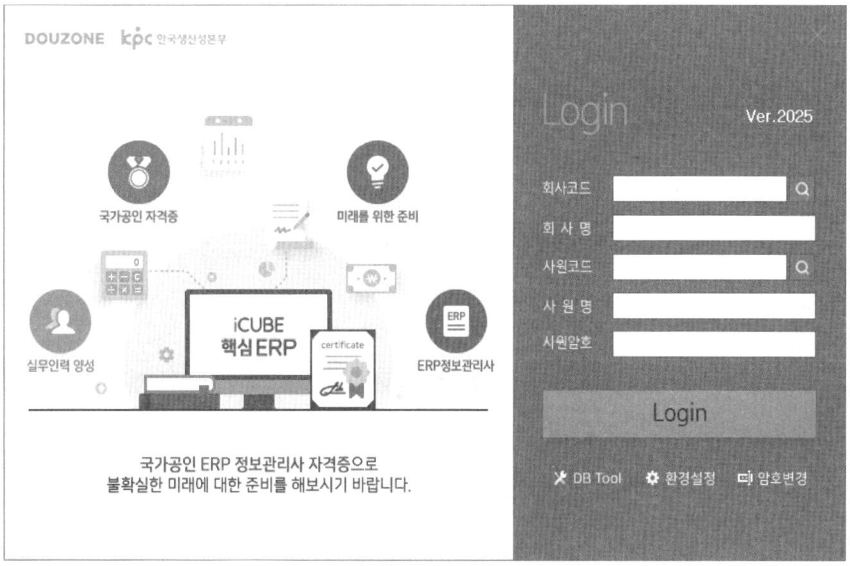

(8) 바탕화면에 iCUBE 핵심ERP 바로가기 아이콘이 나타나면 설치가 성공적으로 완료된 것입니다.

3. 최초 로그인

i-CUBE 핵심ERP프로그램을 설치하고 최초로 로그인 할 때는 "회사코드"【0000】으로 하고, "사원코드"와 "사원암호"는【SYSTEM】 영문대문자로 로그인하여 회사등록을 한다.(최초 로그인 이후에는 해당회사코드로 로그인한다.)

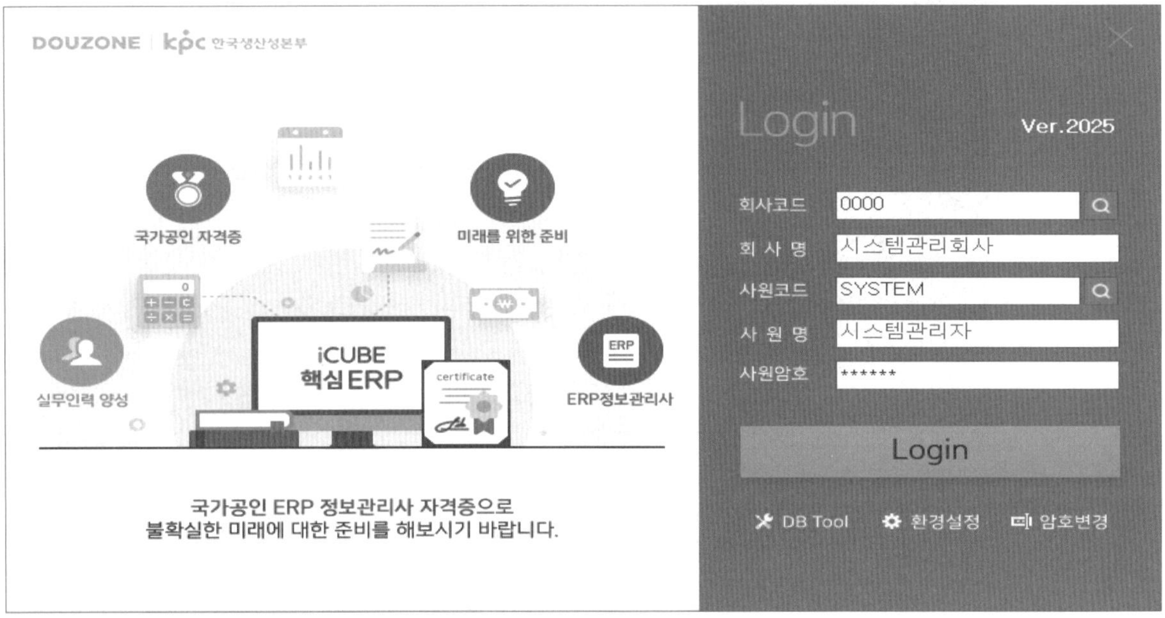

① 바탕화면에서 i-CUBE 핵심ERP 바로가기 아이콘을 클릭한다.

② "회사코드"에【0000】입력하고 Enter, "사원코드"에【SYSTEM】입력하고 Enter, "사원암호"【SYSTEM】입력하고 Enter한다.

③ 아래와 같은 화면 좌측 [회사등록정보] → [회사등록]부터 등록한다.

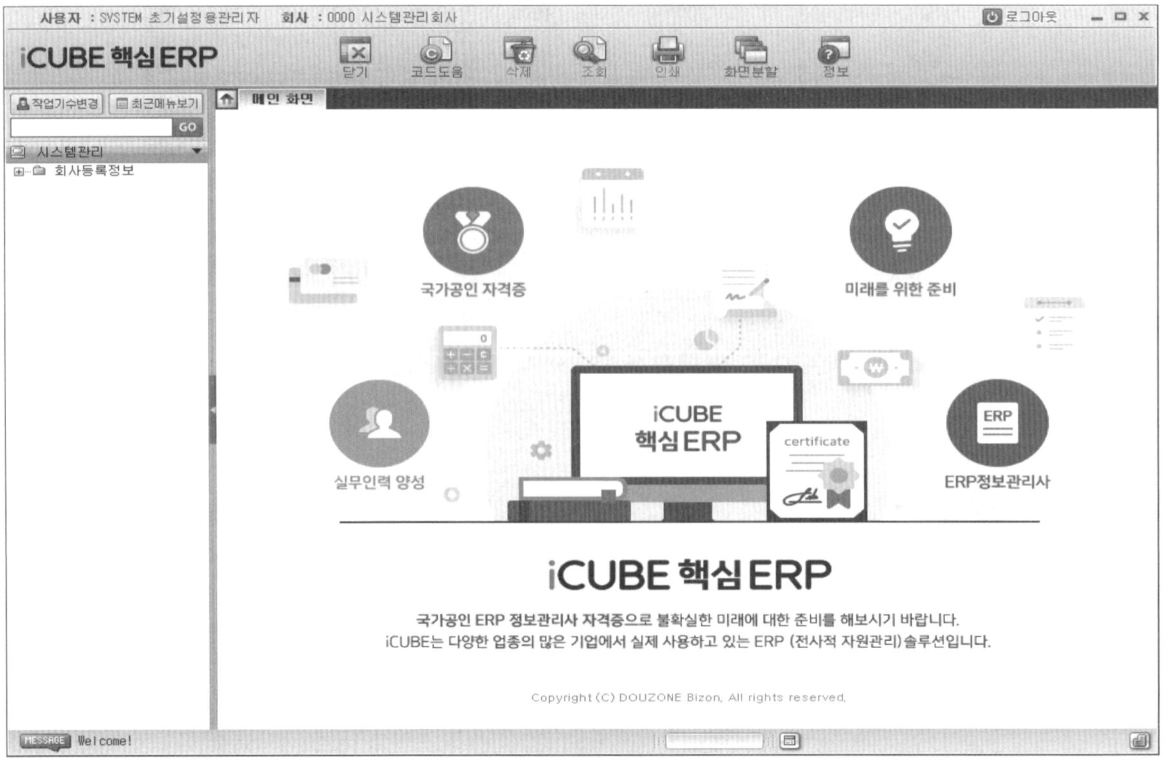

4. iCUBE 핵심ERP 기초데이터의 저장

(1) DB Tool 버튼을 클릭한다.

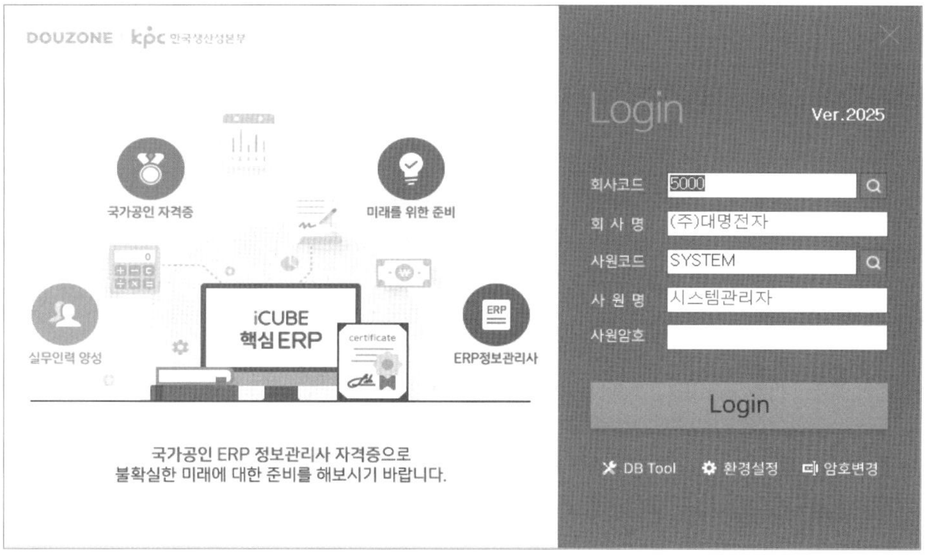

(2) DB백업 버튼을 클릭한다.

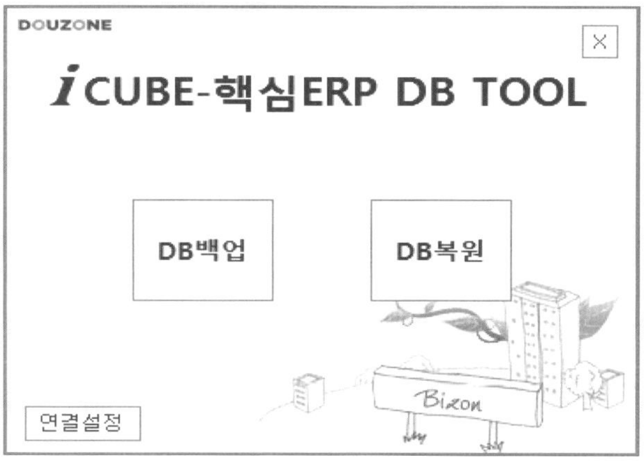

(3) 핵심ERP DB를 백업할 폴더명을 입력하고 [확인] 버튼을 클릭한다.(기본 폴더명은 현재시간으로 생성된다.)

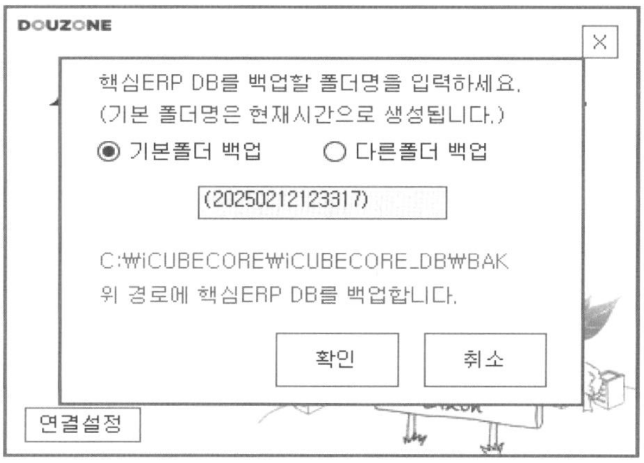

(4)【내컴퓨터】→【C:】→【iCUBECORE】 폴더 →【iCUBECORE_DB】 폴더 →【BAK】 폴더에 【DZCORECUBE.mdf 파일과 DZCORECUBELOG.ldf 파일】이 자동으로 저장된다.

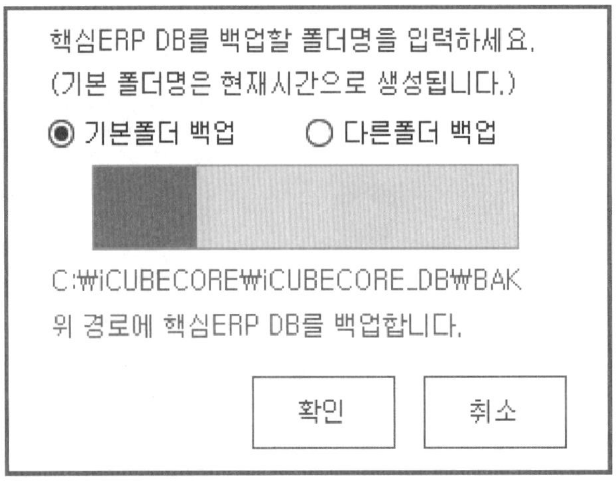

(5) DB백업이 완료되었습니다. [확인] 버튼을 클릭하면 백업폴더로 이동한다.

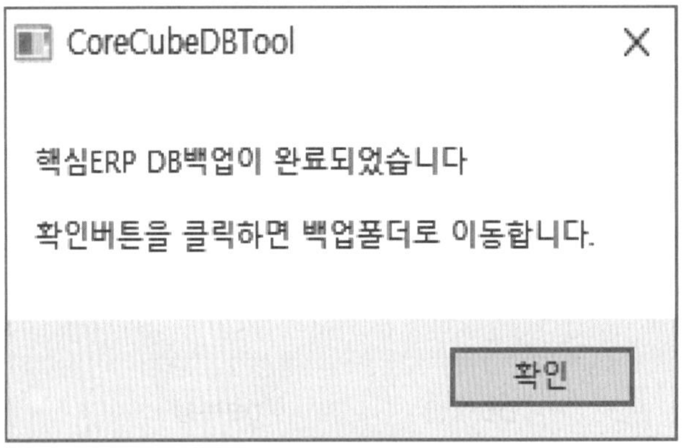

(6) 저장된 것을 확인하고 종료하면 된다.

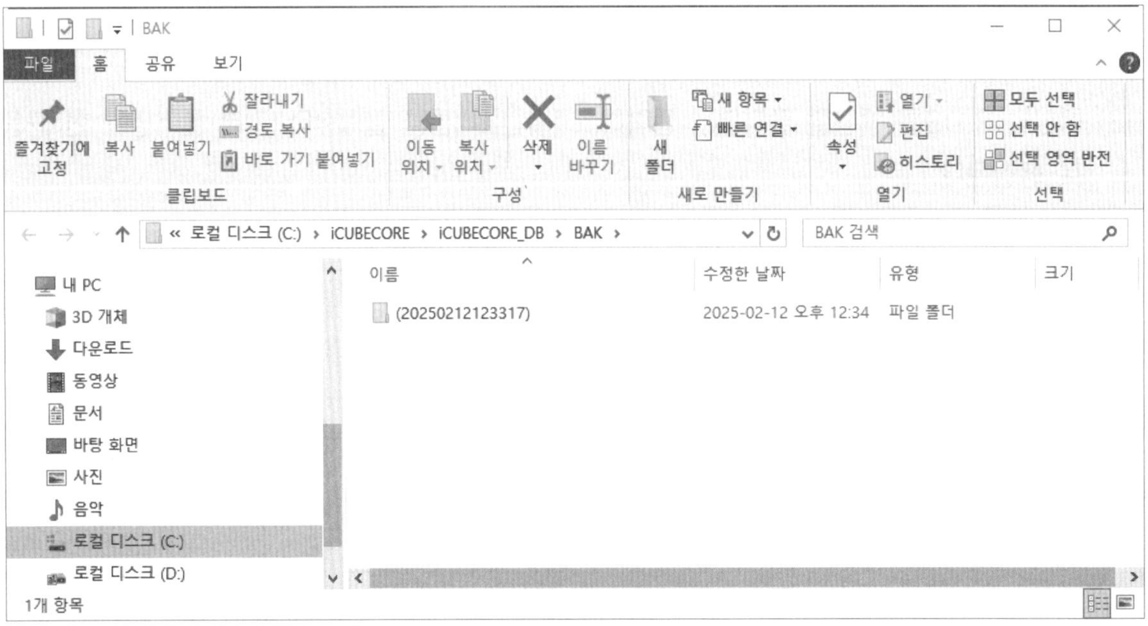

5. iCUBE 핵심ERP 기초데이터의 복원

(1) 복원하려는 기초데이터폴더를 복사하여 → 【내컴퓨터】 → 【C:】 → 【iCUBECORE】 폴더 → 【iCUBECORE_DB】 폴더 → 【BAK】 폴더에 붙여 넣기 한다.

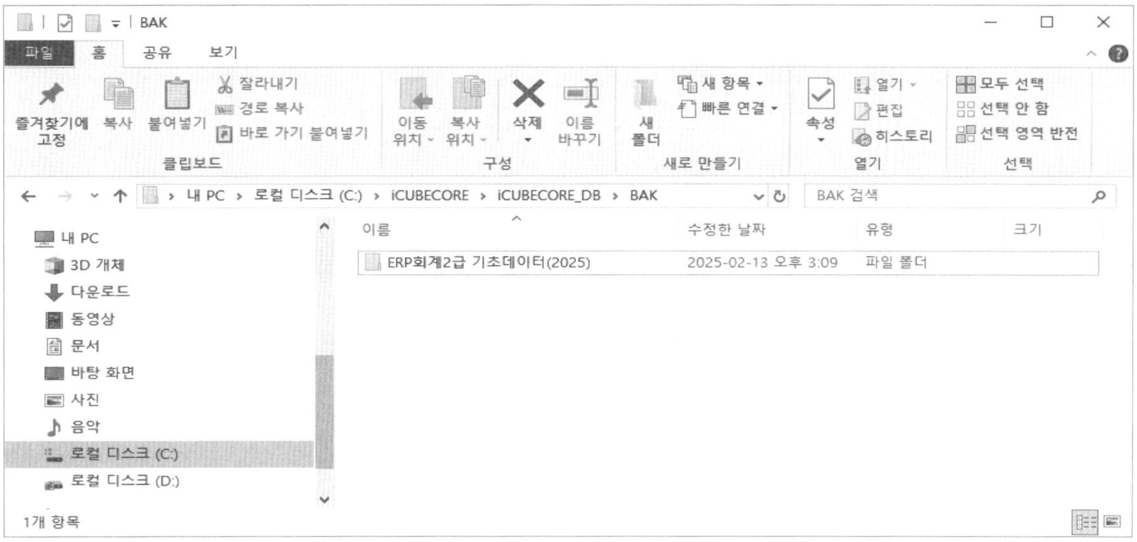

(2) 바탕화면에서 【iCUBE핵심ERP 2025】 단축아이콘을 더블클릭한다.

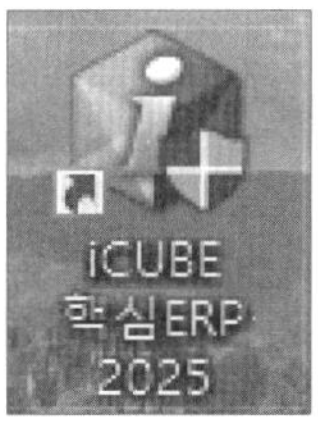

(3) DB Tool 버튼을 클릭한다.

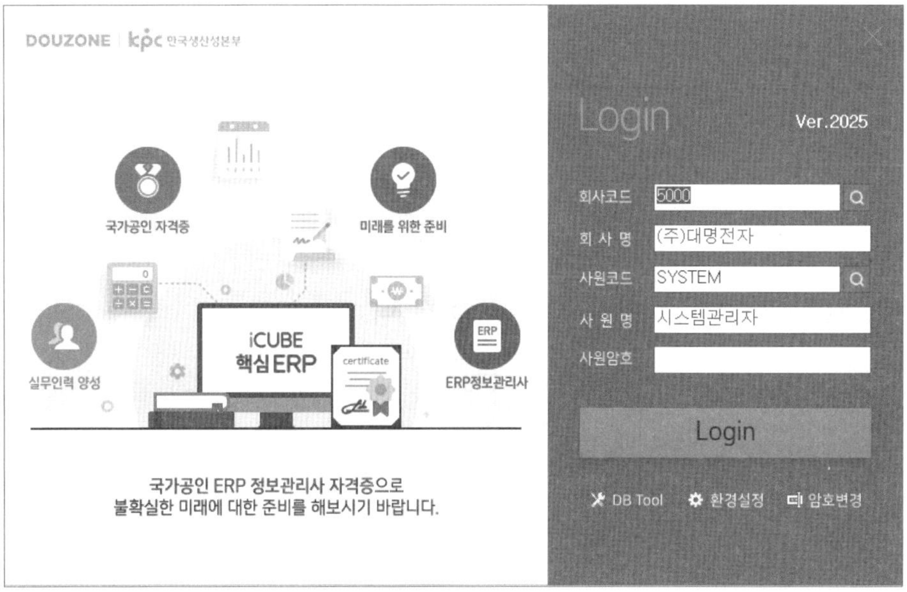

(4) DB복원 버튼을 클릭한다.

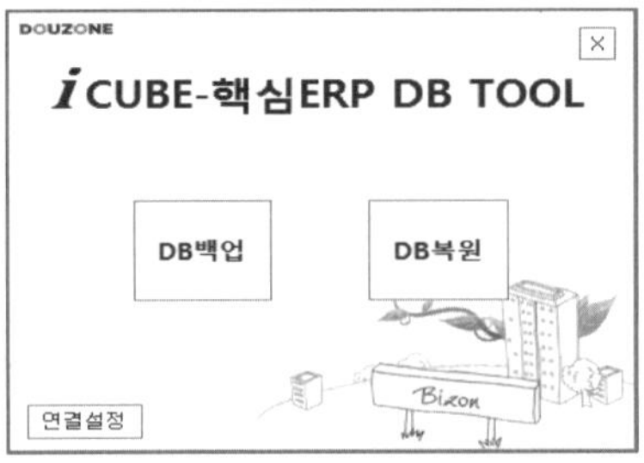

(5) 복원하고자 하는 폴더를 선택하고, [확인] 버튼을 클릭한다.

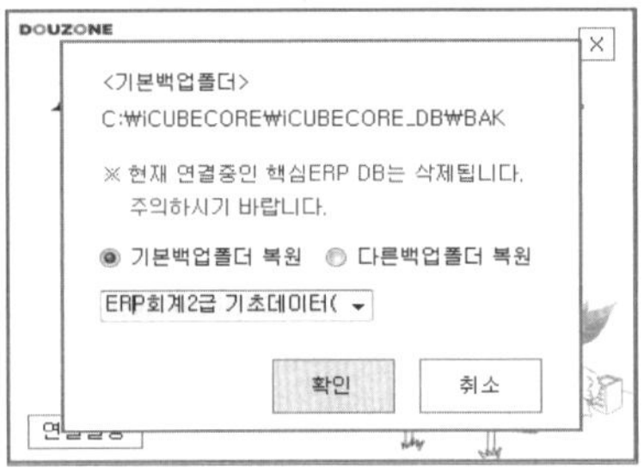

(6) 현재 연결중인 핵심ERP DB는 삭제됩니다.(저장하지 않은 DB는 반드시 저장한다.) 진행하시겠습니까? [예]를 클릭한다.

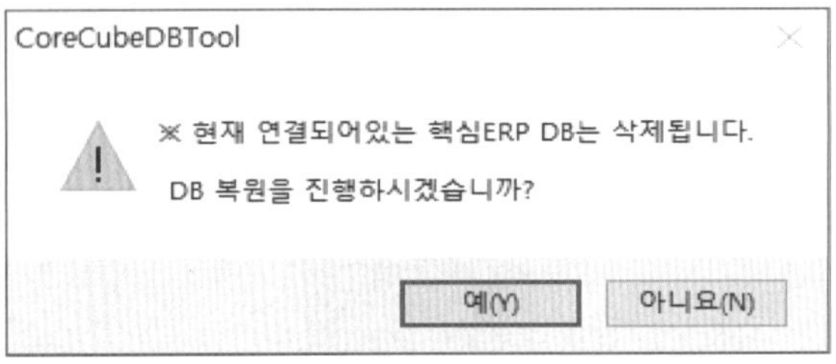

(7) 기본백업폴더 복원작업을 한다.

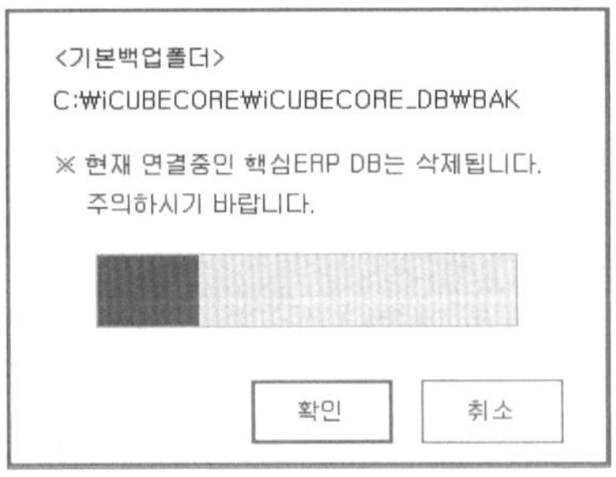

(8) DB복원이 완료되었습니다. [확인] 버튼을 클릭한다.

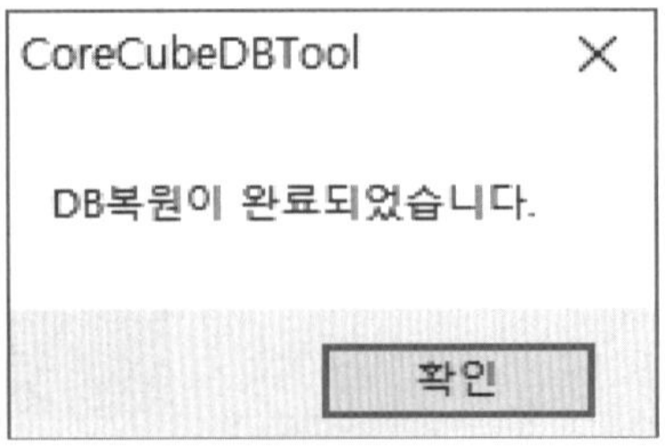

(9) 데이터 복원할 때 다음과 같은 [오류메시지]가 있는 경우

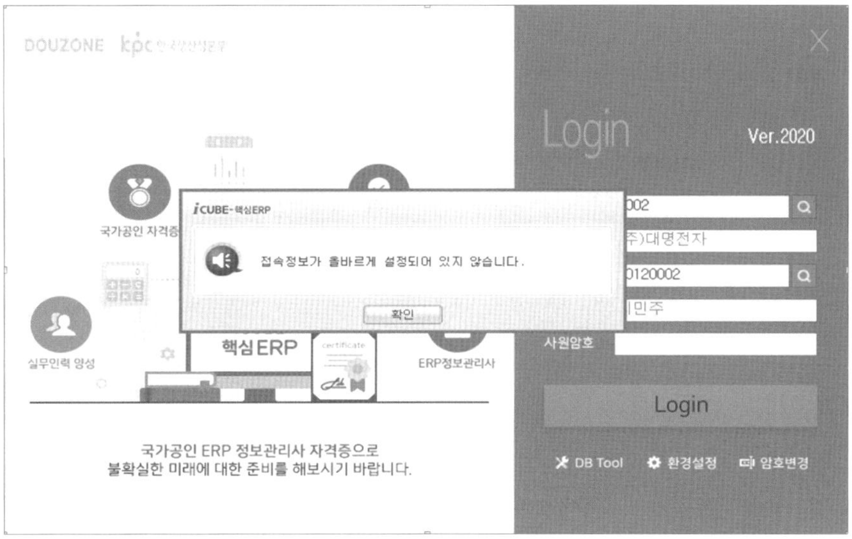

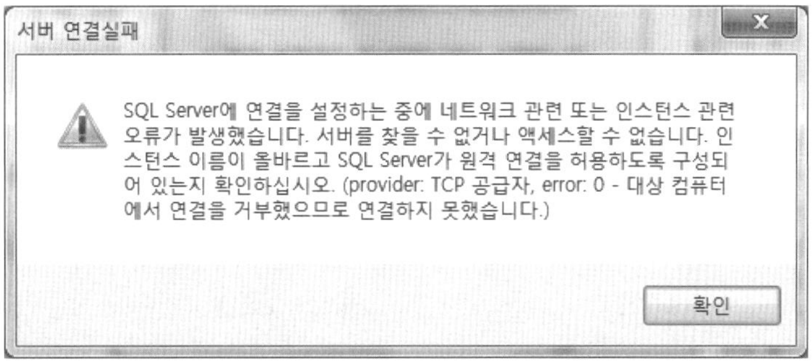

다음과 같이 해결 합니다.

① 2025년 핵심ERP 프로그램을 더블클릭한다.

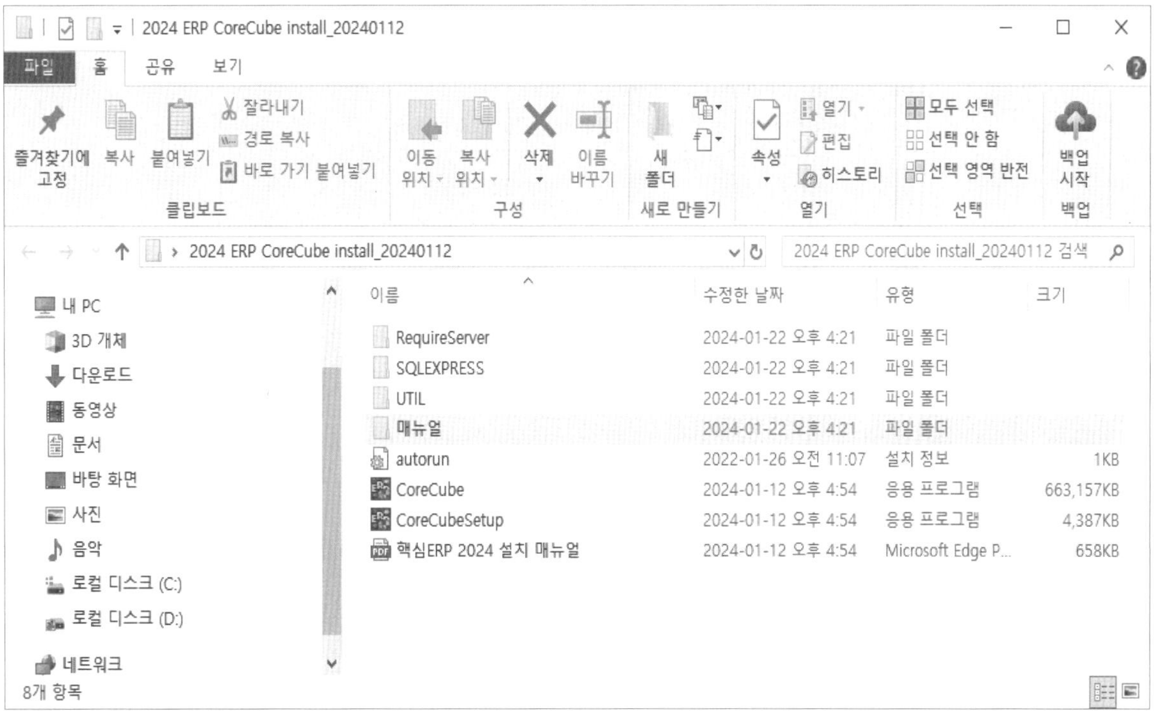

② [UTIL]폴더 → [CoreCheck]를 더블클릭한다.

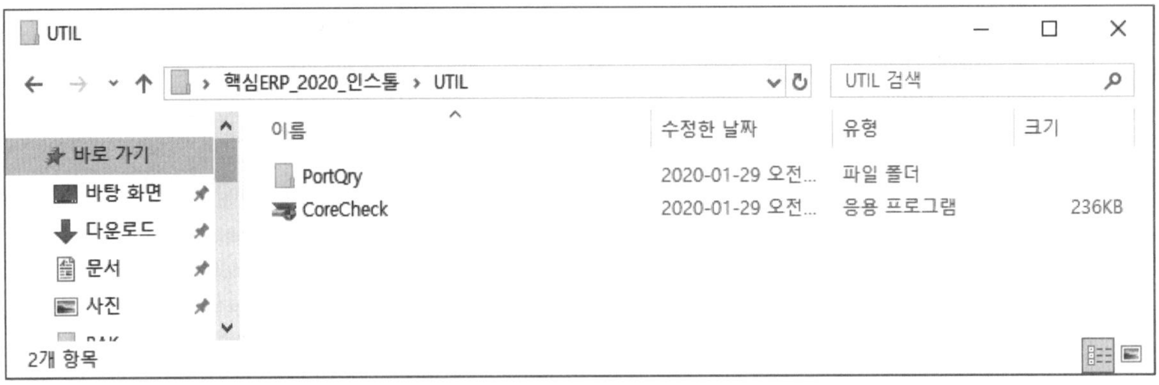

③ ×아이콘이 있으면 ×아이콘을 클릭한다.

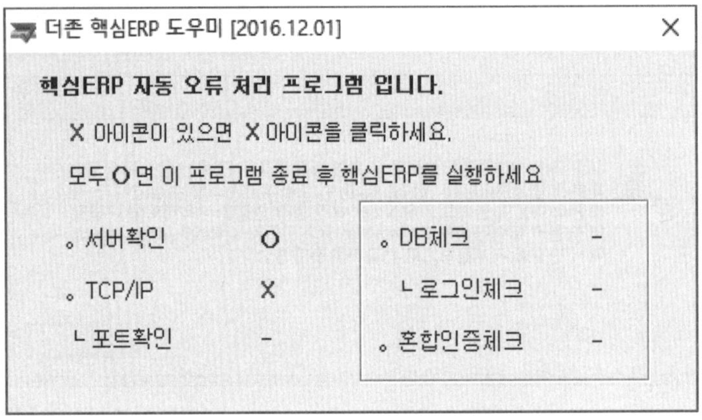

④ 모두 [○]이면 프로그램을 종료 후 핵심ERP 복원작업을 한다.

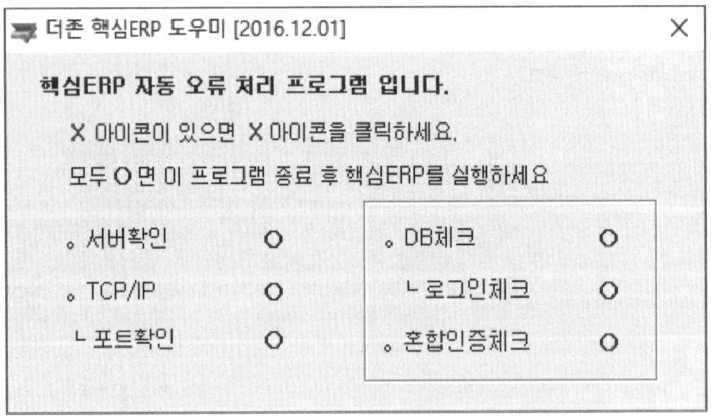

(10) 데이터 복원할 때 다음과 같은 [오류메시지]가 있는 경우

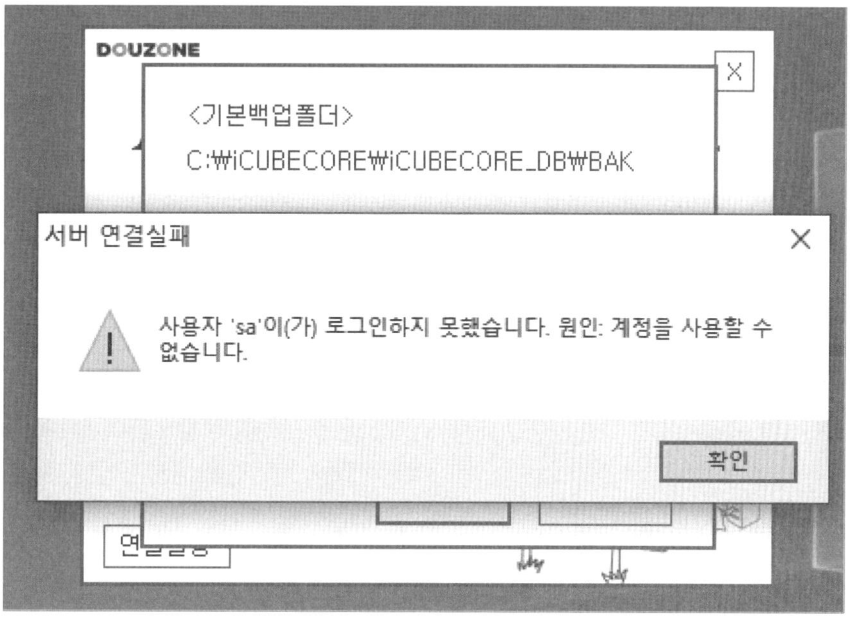

다음과 같이 해결 합니다.

① [연결설정]을 클릭한다.

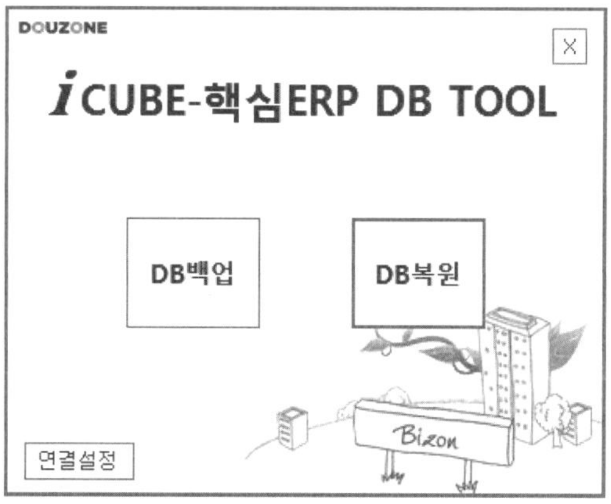

② [SQL Server 인증]을 [Windows 인증]으로 변경하고 [확인]버튼을 클릭한다.

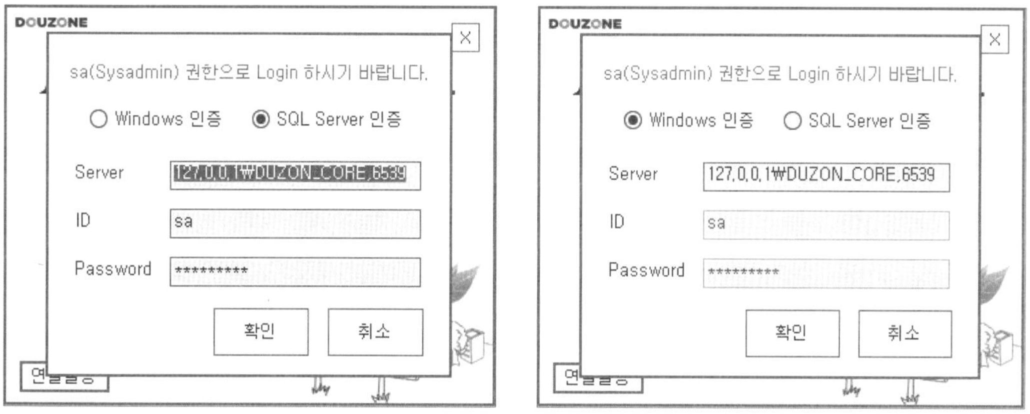

③ 복원작업을 하면 된다.

04

회계관리 실무 PROCESS

MEMO

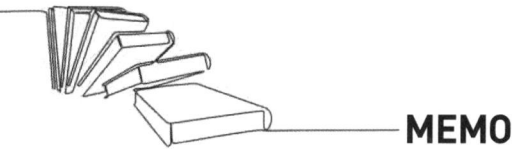

제4장 회계관리 실무 PROCESS

1 핵심 ERP 전체 프로세스

ERP시스템은 기본적으로 회계, 인사/급여, 영업, 구매/자재, 무역, 생산, 원가등의 업무기능이 서로 연계되어 있다.

1. 영업관리의 판매계획정보와 수주정보가 구매/자재관리의 주계획작성시 참조되고 수주정보는 작업지시와 외주발주시에도 참조된다. 그리고 매출정보와 수금정보가 회계처리를 통해 회계관리의 미결전표로 생성된다.
2. 구매/자재관리의 청구정보가 생산관리의 작업지시와 외주발주시 참조되고, 매입정보가 회계처리를 통해 회계관리의 미결전표로 생성된다.
3. 인사/급여관리의 급여정보가 회계처리를 통해 회계관리의 미결전표로 생성된다.
4. 생산관리의 생산계획정보가 구매/자재관리의 소요량전개시 참조되고, 외주가공비 정보가 회계처리를 통해 회계관리의 미결전표로 생성된다.
5. 원가관리는 구매/자재관리의 매입마감정보, 재고이동정보 등을 참조하고 생산관리의 자재출고정보, 사용자재정보, 창고입고정보등을 참조한다. 그리고 회계관리의 승인전표를 참조하여 원가를 계산하게 된다.
6. 인사/급여관리의 급여정보, 영업관리의 매출정보와 수금정보, 구매자재관리의 매입정보, 생산관리의 외주가공비정보를 전표처리하므로써 회계관리의 각종 장부 및 재무제표에 자동 반영한다.

기 능	내 용
시스템관리	· 회사등록정보 및 시스템관리자 설정 등 기초정보의 관리 설정 · 각 모듈별 기초정보 설정
회계모듈	· 전표장부관리, 결산재무제표관리, 자금관리, 예산관리, 고정자산관리, 부가가치세관리, 기초정보관리
인사/급여	· 기초환경설정, 인사관리, 근태/급여관리, 사회보험관리, 연말정산관리, 퇴직정산관리, 일용직관리
생산관리	· 생산계획, 작업지시, 생산실적, 외주관리, 생산외주현황, 기초정보관리
영업관리	· 판매계획, 수주관리, 수금관리, 출고관리, 매출관리, 영업현황, 영업분석, 일용직관리, 기초정보관리
구매/자재	· 구매관리, 구매현황, 구매분석, 재고관리, 재고/수불현황, 재고평가, 기초정보관리
무역관리	· L/C관리, 수출현황, 수입현황, 해외주주관리, 해외발주관리

▶ 핵심ERP 프로세스 흐름도 V 2.0

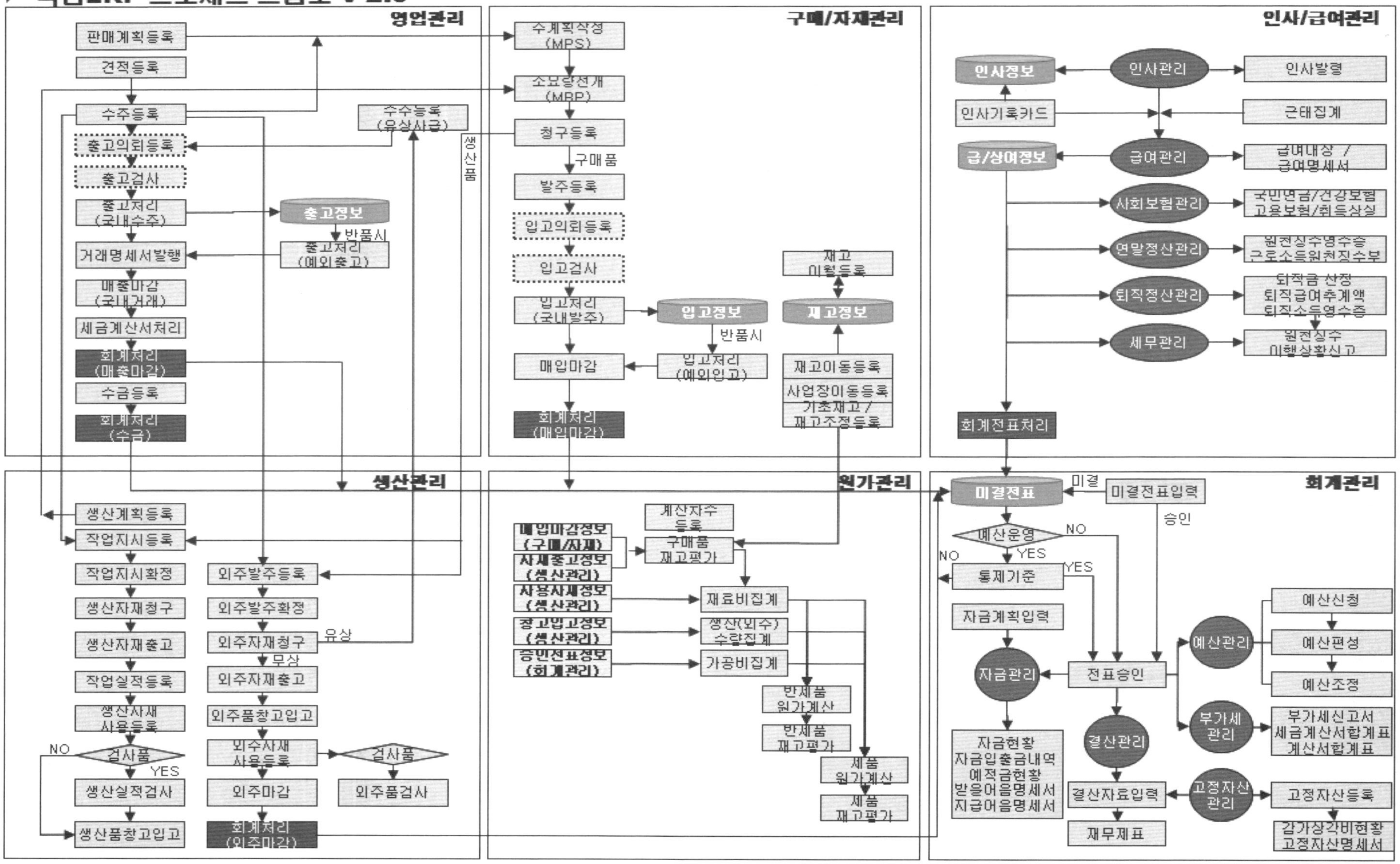

2 시스템관리

1. 회사등록정보

(1) 회사등록

ERP시스템을 활용하기 위하여 가장 먼저하는 작업이 회사등록이다. 회사등록메뉴에 등록된 내용이 각종 출력물(부가가치세, 원천징수, 법인세 등의 신고서)에 회사정보가 자동으로 표시되고 각종 계산에 영향을 주므로 정확히 입력해야 한다. 노란색으로 표시된 부분은 필수입력항목으로 반드시 입력해야 한다.

실습예제 01

다음의 사업자등록증에 의하여 회사를 등록하고 재 로그인(SYSTEM) 하시오.
(회사코드 : 5000, 회계연도 : 14기, 회계기간 : 2025년 1월 1일 ~ 2025년 12월 31일)

사업자등록증
(법인사업자)
등록번호 : 211-81-25594

법인명(단체명)	: (주)대명전자
대표자	: 김갑돌(680218-1550261)
개업연월일	: 2012년 2월 1일
법인등록번호	: 110111-1971023
사업장 소재지	: 서울시 강남구 강남대로 302(역삼동, 동희빌딩)
본점 소재지	: 서울시 강남구 강남대로 302(역삼동, 동희빌딩)
사업의 종류	: 업태 제조 종목 전자제품
교부사유	: 신규

2012년 2월 1일
강남세무서장(인)

마스터데이터 입력순서

회사등록 → 사업장등록 → (부문등록) → 부서등록 → 사원등록

따라 하기

① 회사코드 [0000]입력하고 Enter, 사원코드 [SYSTEM]입력하고 Enter, 사원암호 [SYSTEM]입력하고 Enter한다.

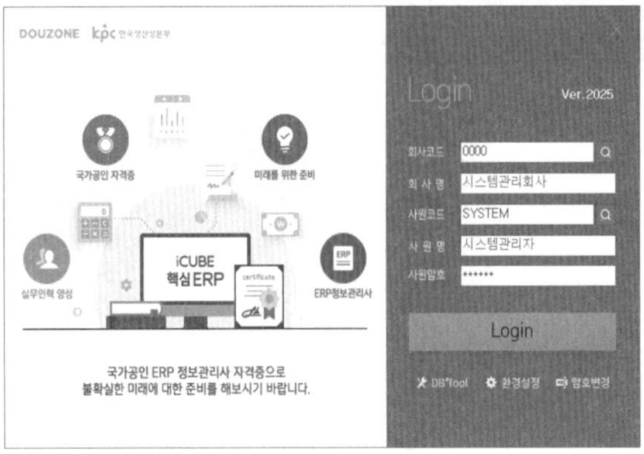

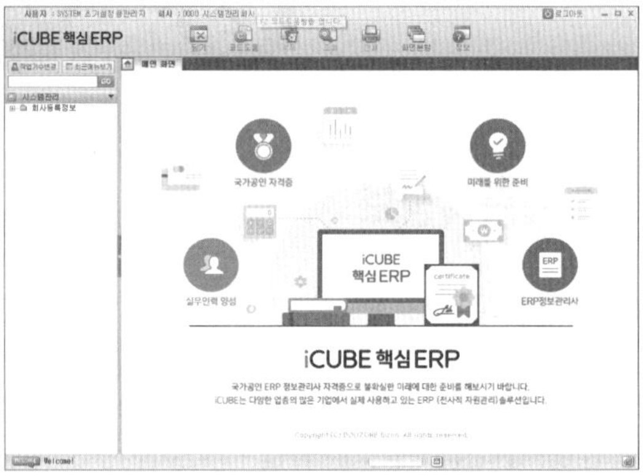

② 프로그램을 설치하고 최초로 로그인 할 때 필요한 과정이며, 기존에 사용하던 경우는 사용하던 회사코드로 로그인 하면 된다.

③ [시스템관리] → [회사등록정보] → [회사등록] 더블클릭하여 주어진 내용을 입력한다.

④ 사업자등록번호와 주민등록번호에 빨간색글씨로 표시된 것은 입력오류를 의미한다.

⑤ 노란색으로 표시된 레코드는 필수 입력항목이므로 반드시 입력해야 한다.

⑥ 본점우편번호를 입력할 때 아이콘을 클릭하여 [도로명주소]탭에서 [시도] "서울특별시" [시군구] "강남구"를 선택입력한 후 "강남대로"입력, [조회]클릭, "강남대로 302"선택하고 [확인]버튼을 클릭한다.

⑦ 내용입력시는 Enter로 이동하면서 입력한다.

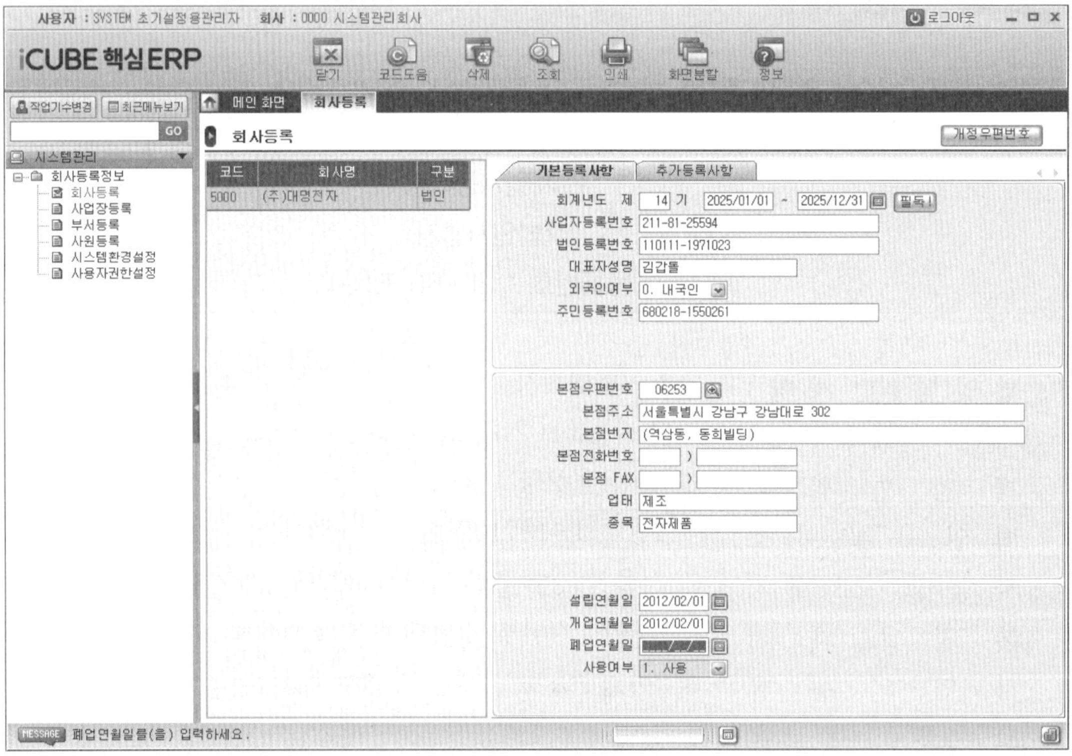

⑧ 주어진 내용을 모두 입력하고 사용여부[1.사용]Enter을 하여 레코드가 코드[5000]아래로 위치해 있으면 저장된 것이다.

코드	회사명	구분
5000	(주)대명전자	법인

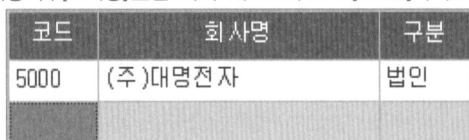

⑨ 회사를 등록한 다음 핵심ERP프로그램을 종료한 후 다시 회사코드[5000] 대명전자로 로그인한다.

⑩ 회사코드 [5000]Enter, 사원코드 [SYSTEM]Enter, 사원암호 [SYSTEM]Enter을 입력한다.

(2) 사업장 등록

사업장은 회사의 하위 개념으로 거래를 행하는 장소를 말한다. 회사의 모든 장부는 사업장별로 조회가 이루어진다. 부가가치세 신고·납부를 위해서 사업자등록증 개수만큼 사업장를 등록해야 한다.

(주)대명전자는 본사 외에 1개의 사업장을 가진 조직이다. 본사에서 부가가치세총괄납부를 신청하여 승인(승인번호 : 1234567)받았다. 각 사업장을 등록(천안공장 사업장코드 : 2000)하시오.(전자신고 ID : 12345678)

사업자등록증
(법인사업자)
등록번호 : 211-81-12347

법인명(단체명)	: (주)대명전자 천안공장
대표자	: 김갑돌(680218-1550261)
개업연월일	: 2012년 2월 1일
법인등록번호	: 110111-1971023
사업장소재지	: 충남 천안시 서북구 쌍용대로 67 (쌍용동, 인화빌딩)
본점소재지	: 서울시 강남구 강남대로 302(역삼동, 동희빌딩)
사업의종류	: 업태 제조 종목 전자제품
교부사유	: 신규

2012년 2월 1일
천안세무서장(인)

따라하기

① [시스템관리] → [회사등록정보] → [사업장등록]을 더블클릭하여 주어진 내용을 입력한다.
② 코드(1000), 사업장명 (주)대명전자본사로 자료가 나타난다. [기본등록사항]탭은 관할세무서이외의 모든 내용은 회사 등록시 입력된 정보를 본사사업장으로 자동반영 된다.
③ 관할세무서에서 🔍아이콘을 클릭하여 "강남"을 입력한 후 [조회]버튼을 클릭하고 [입력]버튼을 클릭한다.
④ 본점여부[1.여], 이행상황신고구분[0.월별]을 선택하고 Enter하면 레코드가 코드[1000]아래에 위치해 있으면 저장된 것이다.

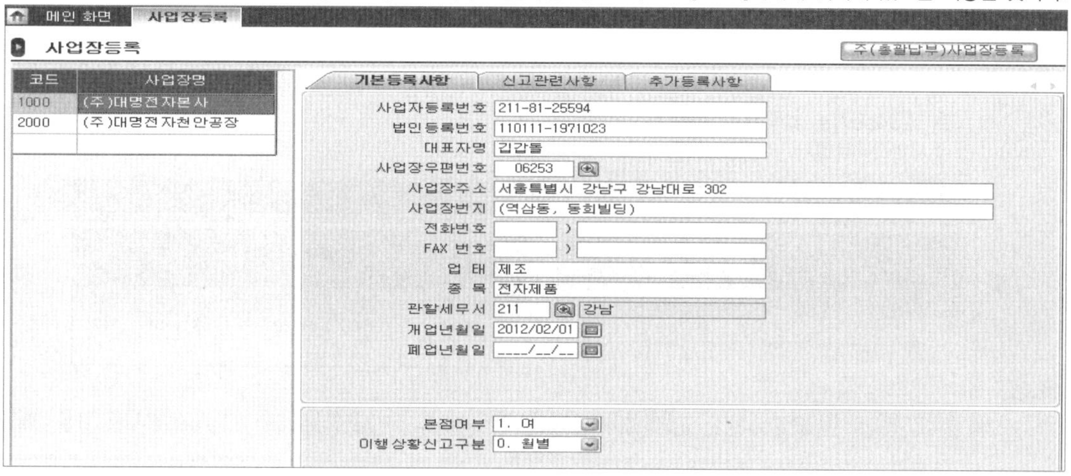

⑤ [신고관련사항]탭에서 주업종코드 🔍아이콘을 클릭하여 "전자"Enter[321000(제조업)]을 입력하고, 지방세신고지 🔍 아이콘을 클릭하여 "역삼1동"을 입력한 후 [조회]버튼을 클릭하고 [확인]버튼을 클릭하고, 전자신고ID[12345678]을 입력하고Enter한다.

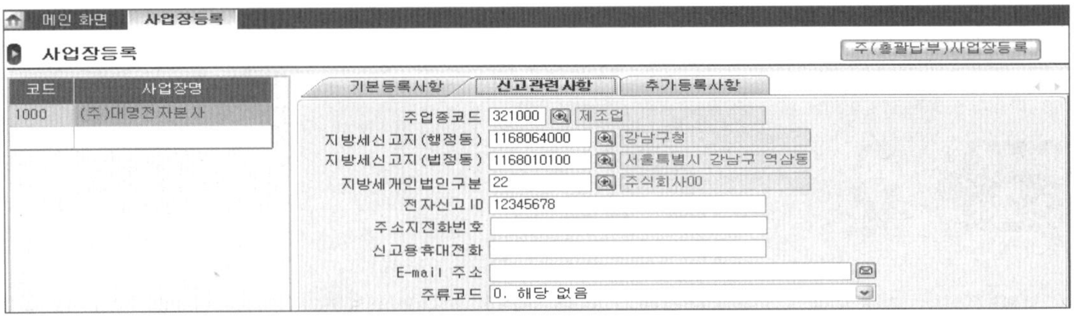

⑥ 코드[2000]Enter, 사업장명[(주)대명전자 천안공장]Enter하여 주어진 내용을 입력한다.

⑦ 본점여부[0.부], 이행상황신고구분[0.월별]을 선택하고 Enter하면 레코드가 코드[2000]아래에 위치해 있으면 저장된 것이다.

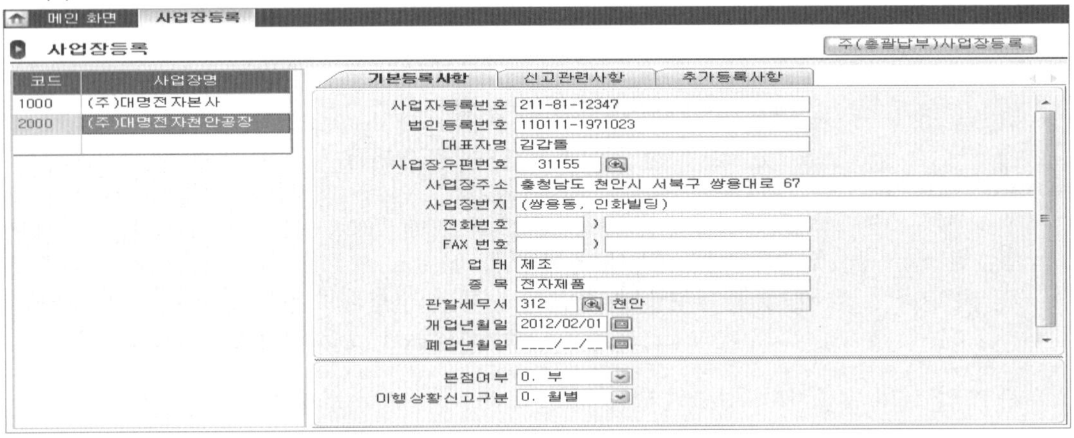

⑧ [신고관련사항]탭에서 주업종코드 🔍아이콘을 클릭하여 "전자"Enter[321000(제조업)]을 입력하고, 지방세신고지 🔍 아이콘을 클릭하여 "천안시 서북구 쌍용1동"을 입력한 후 [조회]버튼을 클릭하고 [확인]버튼을 클릭하고, 전자신고ID[12345678]을 입력하고Enter한다.

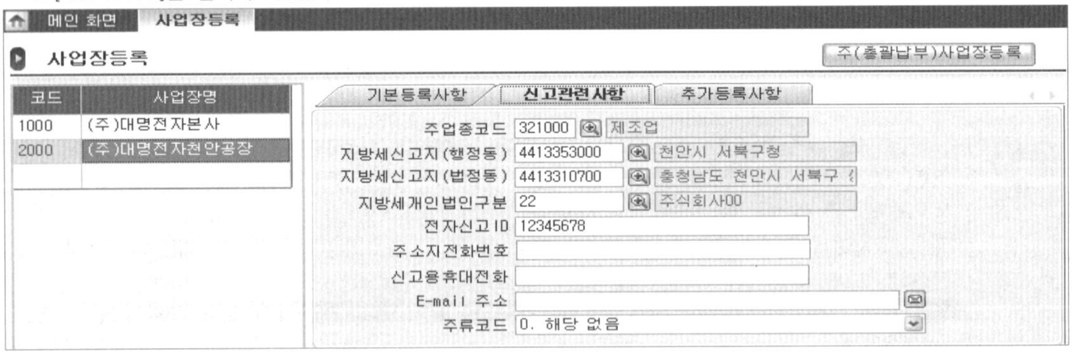

⑨ 화면 우측상단 [주(총괄납부)사업장등록]을 클릭하여 주(총괄납부)사업장등록 코드[1000]을 입력하고 Enter하고, 승인번호[1234567]을 입력하고 Enter한다.

⑩ 종사업장등록에서 코드[2000]을 입력하고 Enter한다.

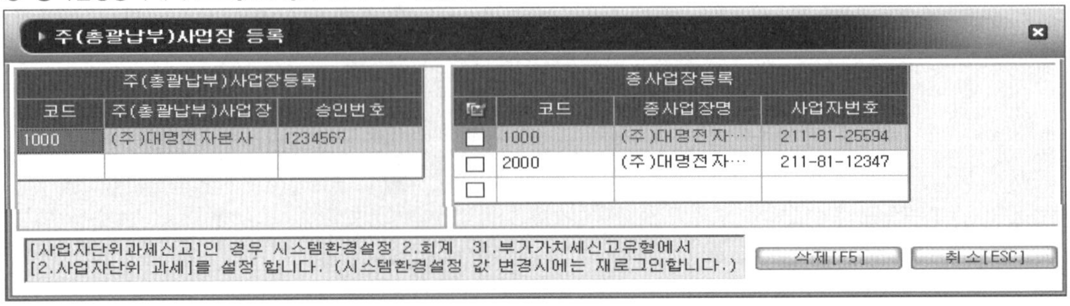

주사업장 총괄납부제도

부가가치세는 각 사업장마다 신고·납부하는 것이 원칙이나, 사업자가 2개 이상의 사업장을 가지고 있는 경우 사업자의 신청에 각 사업장의 납부(환급)세액을 합산하여 주된 사업장에서 총괄하여 납부하는 제도를 말한다. 즉, 신고는 각 사업장별로 하고 세금 납부만 총괄하여 납부하는 것이다.

사업자단위 신고납제제도

ERP시스템을 갖춘 동일기업이 2이상의 사업장이 있는 경우로서 해당 기업의 본점등을 관할하는 세무서장에게 사업자단위과세자로 등록한 사업자는 그 사업자의 본점 등에서 부가가치세를 총괄하여 신고·납부가능하다.

(3) 부문과 부서등록

부서란 회사의 구체적이고 상세적인 작업을 하는 조직체계를 의미하며, 회사의 업무영역에 따라 총무부, 경리부, 영업부, 인사부, 자재부, 생산부 등의 부서를 구분하여 관리한다. 이때 부서들의 총괄업무개념으로 부문을 사용한다.

다음과 같이 (주)대명전자의 부문과 부서를 등록하시오.

부문코드	부문명	사용기간(시작일)	부문코드	부문명	사용기간(시작일)
1000	관리부문	2025/01/01~	3000	자재부문	2025/01/01~
2000	영업부문	2025/01/01~	4000	생산부문	2025/01/01~

부서코드	부서명	사업장코드	사업장명	부문코드	부문명	사용기간
1100	임 원 실	1000	(주)대명전자 본사	1000	관리부문	2025/01/01~
1200	관 리 부	1000	(주)대명전자 본사	1000	관리부문	2025/01/01~
2100	영업1부	1000	(주)대명전자 본사	2000	영업부문	2025/01/01~
2200	영업2부	1000	(주)대명전자 본사	2000	영업부문	2025/01/01~
3100	자재부	2000	(주)대명전자 천안공장	3000	자재부문	2025/01/01~
4100	생산부	2000	(주)대명전자 천안공장	4000	생산부문	2025/01/01~

따라하기

① [시스템관리] → [회사등록정보] → [부서등록]을 더블클릭하여 우측상단 [부문등록]버튼을 클릭하여 Enter로 이동하면서 내용을 입력하고 확인버튼을 클릭한다.

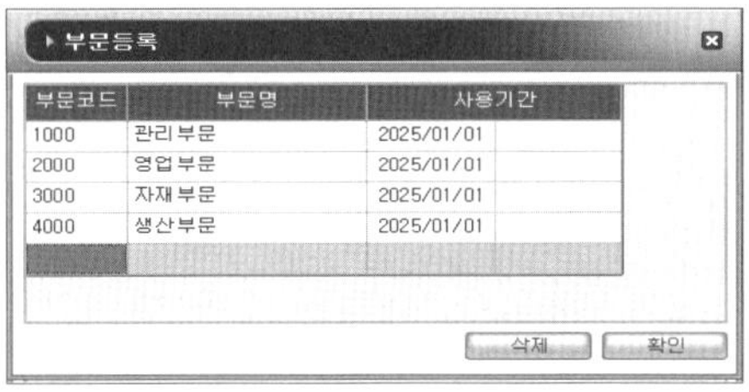

② Enter로 이동하면서 주어진 내용을 입력하여 레코드가 부서코드[4100]아래로 이동되면 저장된 것이다.

③ 저장된 것을 확인하는 것은 [조회] 버튼을 클릭하면 된다.

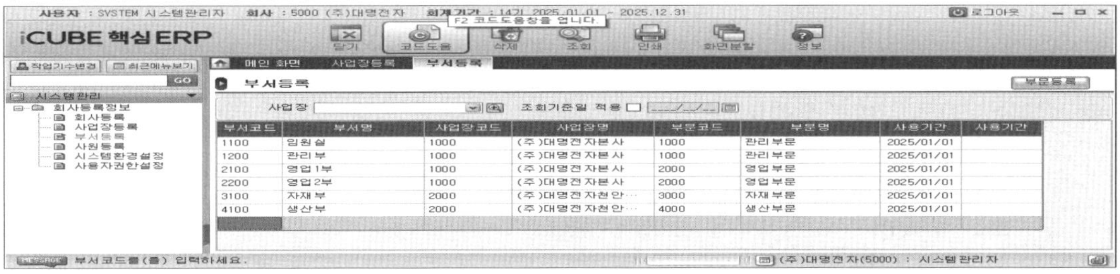

(4) 사원등록

사원이란 회사의 업무를 수행하는 가장 기본적인 단위로 사람을 의미한다. [사원등록]에서는 사원이 속해있는 부서 및 조회권한과 입력방식 등을 수행할 수 있도록 등록한다.

실습예제 04

(주)대명전자의 사원현황이다. 각 부서별 사원을 등록하시오.

사원코드	사원명	부서코드	부서명	입사일	사용자 여 부	인 사 입력방식	회 계 입력방식	조 회 권 한	품의서 권한	검수조서 권한
20120001	김갑돌	1100	임원실	2012.02.01	여	승인	승인	회 사	미결	미결
20120002	이민주	1200	관리부	2012.02.01	여	승인	수정	회 사	미결	미결
20120003	김스란	2100	영업1부	2012.04.30	여	미결	미결	사업장	승인	미결
20120004	김용채	2200	영업2부	2012.05.08	여	미결	미결	사업장	승인	미결
20130001	김은찬	3100	자재부	2013.03.05	여	미결	미결	사업장	승인	승인
20130002	엄현애	4100	생산부	2013.07.01	여	미결	미결	사업장	승인	승인

따라하기

① [시스템관리] → [회사등록정보] → [사원등록]을 더블클릭하여 주어진 내용을 입력한다.
② 부서란 공란이 되도록 Space Bar 치고 Enter 하고, Space Bar 치고 Enter Enter 하면 사원코드가 활성화 된다. (또는 그냥 삭제하고 Enter 해도 된다.)
③ Enter 로 이동하면서 주어진 내용을 입력하여 레코드가 사원코드[20130002]아래로 이동되면 저장된 것이다.
④ 저장된 것을 확인하는 것은 [조회]버튼을 클릭하면 된다.

사원코드	사원명	사원명(영문)	부서코드	부서명	입사일	퇴사일	사용자여부	암호	인사입력방식	회계입력방식	조회권한	품의서권한	검수조서권한	비상연락망
20120001	김갑돌		1100	임원실	2012/02/01		여		승인	승인	회사	미결	미결	
20120002	이민주		1200	관리부	2012/02/01		여		승인	수정	회사	미결	미결	
20120003	김스란		2100	영업1부	2012/04/30		여		미결	미결	사업장	승인	미결	
20120004	김용채		2200	영업2부	2012/05/08		여		미결	미결	사업장	승인	미결	
20130001	김은찬		3100	자재부	2013/03/05		여		미결	미결	사업장	승인	승인	
20130002	엄현애		4100	생산부	2013/07/01		여		미결	미결	사업장	승인	승인	

회계입력방식의 권한

미결	전표입력시 미결전표로 생성되어 승인권자로부터 승인을 받아야 승인전표가 되는 권한
승인	전표입력시 자동으로 승인되며, 전표를 수정·삭제하고자 할 경우 승인해제를 해야 하는 권한
수정	전표입력시 자동으로 승인되고 승인해제를 하지 않아도 해당 전표의 내용을 곧 바로 수정 및 삭제할 수 있는 권한

조회권한

미사용	ERP 프로그램을 사용할 수 없다.
회 사	회사의 모든 정보를 입력 및 조회할 수 있다.
사업장	사원이 속해 있는 해당 사업장의 정보만 입력 및 조회할 수 있다.
부 서	사원이 속해 있는 해당 부서의 정보만 입력 및 조회할 수 있다.
사 원	로그인한 사원의 정보만 입력 및 조회할 수 있다.

(5) 사용자권한 설정

사원등록에서는 사용자의 입력방식과 조회권한을 설정하였고, 사용자권한설정에서는 사용자별로 메뉴(프로그램)사용 권한을 설정한다. 권한이 설정되지 않으면 시스템을 사용할 수 없게 되며, 권한이 설정된 사원으로 로그인을 하면 로그인한 사원의 권한만큼 설정된 영역을 프로그램에서 제공하게 되므로 권한설정은 ERP시스템에서 각 사원별 역할분담에 대한 중요한 메뉴이다.

실습예제 05

(주)대명전자의 사원별 업무영역에 대한 핵심ERP 시스템의 사용권한을 다음과 같이 부여하고자 한다. 사원별 사용자 권한을 설정하시오.

사원코드	사원명	시스템	영업	구매/자재	무역	생산관리	인사/급여	회계	원가
20120001	김갑돌		전권	전권	전권	전권	전권	전권	전권
20120002	이민주	전권	전권	전권	전권	전권	전권	전권	전권
20120003	김스란		전권	전권	전권	전권			
20120004	김용채		전권	전권	전권	전권			
20130001	김은찬			전권	전권	전권			
20130002	엄현애			전권	전권	전권			

따라하기

① [시스템관리] → [회사등록정보] → [사용자권한설정]을 더블클릭하여 주어진 내용을 입력한다.
② 모듈구분[B.영업관리]선택 → 사원명[김갑돌]선택 → MENU[ ]선택 → 우측 상단[권한설정]버튼 클릭 → [전권설정]확인버튼 클릭하여 권한을 부여한다.
③ [P.구매/자재관리], [D.무역관리], [M.생산관리공통], [H.인사/급여관리], [A.회계관리], [C.원가관리]도 같은 방법으로 권한을 부여한다.
④ 사원명[김갑돌]선택하고 마우스오른쪽 버튼 클릭하여 [권한복사]를 클릭 → 사원명[이민주]선택 마우스 오른쪽 버튼 클릭하여 [권한붙여넣기(전체모듈)]클릭하면 사원명[김갑돌]의 권한이 사원명[이민주]의 권한으로 복사 된다.
⑤ 모듈구분[S.시스템관리]선택 → 사원명[이민주]선택 → MENU[ ]선택 → 우측 상단[권한설정]버튼 클릭 → [전권설정]확인버튼 클릭하여 권한을 부여한다.
⑥ 사원명[김스란]의 권한을 부여하고 권한을 복사하여, 사원명[김용채]에게 권한붙여넣기(전체모듈)를 한다.
⑦ 사원명[김은찬]의 권한을 부여하고 권한을 복사하여, 사원명[엄현애]에게 권한붙여넣기(전체모듈)를 한다.
⑧ 권한해제를 하고자 할 때는 [사용가능한 메뉴]를 선택하고, [권한해제]버튼을 클릭하여 권한해제를 실행하시겠습니까? [예]를 클릭하여 권한을 해제할 수 있다.

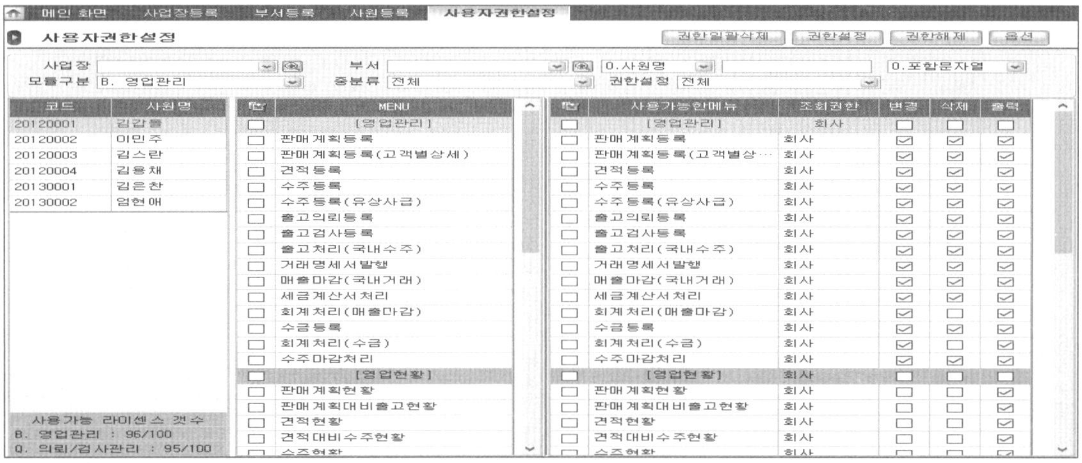

◎ **권한설정 순서** : [모듈구분]선택 → [사원명]선택 → [MENU]선택 → [권한설정]버튼 클릭

◎ **권한해제 순서** : [모듈구분]선택 → [사원명]선택 → [사용가능한메뉴]선택 → [권한해제]버튼 클릭

(6) 시스템 환경설정

시스템 환경설정은 ERP시스템을 사용하기 전에 기준이 되는 여러 가지 파라미터(기준값)를 설정하는 작업으로 전체 모듈에 공통적으로 적용되는 것이 있고, 각 모듈별로 적용되는 것도 있다. 환경요소명은 ERP 솔루션을 제공한 업체에 의해 고정된 것이므로 추가하거나 삭제할 수 없고 회사의 환경에 맞추어 파라미터(기준값)만 변경 가능하다. 시스템 환경설정을 변경한 후에는 반드시 재로그인해야 시스템에 변경사항이 반영된다.

실습예제 06

(주)대명전자의 ERP시스템에 대해 다음의 조건으로 환경설정을 하시오.

구분	코드	환경요소명	여부
공통	01	본지점회계여부	미사용
공통	06	금액소수점자리수	0
회계	25	거래처코드자동부여	사용않함
회계	26	자산코드자동부여	부
회계	29	등록자산상각방법	월할상각
회계	30	처분자산상각방법	상각안함

따라하기

① [시스템관리] → [회사등록정보] → [시스템환경설정] 더블클릭하여 주어진 내용을 입력한다.
② 조회구분[1.공통]을 선택하여 코드[01][06]내용을 확인한다.
③ 조회구분[2.회계]를 선택하여 코드[25][26][[29]내용을 확인하고, 코드[30]처분자산상각방법에서 [유형설정]을 [2](2.월할상각)을 [1](1.상각안함)번으로 변경한다.
④ 시스템환경설정을 변경한 후에는 반드시 재 로그인해야만 시스템변경사항이 반영된다.

구분	코드	환경요소명	유형구분	유형설정	선택범위	비고
공통	11	비율%표시여부	여부	0	여:1 부:0	
공통	14	거래처코드도움창	유형		0. 표준코드도움 1.대용량코드도움	
회계	20	예산통제구분	유형	0	0.결의부서 1.사용부서 2.프로젝트	
회계	21	예산관리여부	여부	0	여:1 부:0	
회계	22	입출금전표사용여부	여부	1	여:1 부:0	
회계	23	예산관리개시월	유형	01	예산개시월:01~12	
회계	24	거래처등록보조화면사용	여부	1	여:1 부:0	
회계	25	거래처코드자동부여	여부	0	0-사용않함, 3~10-자동부여자리수	
회계	26	자산코드자동부여	여부	0	여:1 부:0	
회계	27	전표출력기본양식	유형	1	전표출력기본양식 1~15	
회계	28	다국어재무제표 사용	유형	0	0.사용안함 1.영어 2.일본어 3.중국어	
회계	29	등록자산상각방법	유형	2	1.상각안함 2.월할상각 3.반년법상각	
회계	30	처분자산상각방법	유형	1	1.상각안함 2.월할상각	
회계	31	부가가치세 신고유형	유형	0	0.사업장별 신고 1.사업자단위 신고(폐…	
회계	32	전표입력 품의내역검색 조회권한적용	여부	0	0-사용자 조회권한 적용,1-미적용	
회계	34	전표복사사용여부	여부	0	0.미사용1.사용	
회계	35	금융CMS연동	유형	88	00.일반,03.기업,05.KEB하나(CMS플러스)…	
회계	37	거래처코드자동부여 코드값 결정 유형	유형	0	0 - 최대값 채번, 1 - 최소값 채번	
회계	39	고정자산 비망가액 존재여부	여부	1	여:1 부:0	
회계	41	고정자산 상각완료 시점까지 월할상각…	여부	0	1.여 0.부	
회계	45	거래처등록의 [프로젝트/부서/사원/지…	유형	2	0.적용안함, 1.[빠른부가세]입력만 적용…	
인사	02	더존SMART연말정산 사용여부	여부	0	0.미사용 1.사용	

기초데이터 사용 방법(시스템관리를 결석으로 인해 입력하지 못했거나 잘못 입력한분)

① 【DB TOOL】→【DB 복원】→【ERP회계2급 기초데이터(2025)】→【확인】 버튼을 클릭하여 기초데이터를 【복원】 한다.
② 회사코드 : 5000((주)대명전자), 사원코드 : 20120002(이민주), 사원암호 : [ ] 공란으로 로그인한다.

2. 기초정보관리

회사코드 : 5000((주)대명전자), 사원코드 : 20120002(이민주), 사원암호 : [ ] 공란으로 로그인하여 등록하시오.

(1) 거래처등록

거래처는 일반거래처와 금융거래처로 구분된다.

【일반거래처】

구분	등록내용
1. 일반	세금계산서·계산서등 교부
2. 무역	무역회사일 경우
3. 주민	상대방이 개인인 주민등록번호 기재분
4. 기타	일반, 무역, 주민이외의 거래처

【금융거래처】

구분	등록내용
5. 금융기관	보통예금 등 금융기관
6. 정기예금	정기예금통장
7. 정기적금	정기적금통장
8. 카드사	카드매출시 신용카드가맹점
9. 신용카드	구매용도의 법인신용카드

실습예제 01

다음은 거래처 중 일반거래처를 등록하시오.
(단, 전자신고반영여부 [1.반영], 거래시작일 [2025.01.01], 사용여부[1.사용]으로 하시오.)

코드	상호명	구분	사업자등록번호	대표자	업태	종목	주소
01001	(주)종로산업	일반	107-31-77895	정종로	도매	가전제품	서울 종로구 평창21길 17(평창동)
01002	강남유통	일반	109-21-52343	김강남	도매	가전제품	서울 강남구 봉은사로 140(역삼동)
01003	강북마트	일반	135-25-65675	이강북	소매업	종합소매업	서울 노원구 공릉로27길 100(공릉동)
01004	충청상회	일반	107-40-23334	서충청	도매	가전제품	충남 당진시 계성1길 16(읍내동)
01005	보스턴INC	일반	123-12-12345	오교보	도소매	서적	대구 중구 달성공원로 10(대신동)
02001	(주)천광	일반	105-21-04325	문천광	제조	가전제품	충남 천안시 서북구 봉정로 100(성정동)
02002	(주)제일	일반	108-81-31257	박제일	제조	가전제품	부산 부산진구 가야공원로 1(가야동)
02003	㈜당진해운	일반	109-32-12347	김당진			
02004	백두전자	일반	133-23-62697	최백두	제조	가전제품	광주광역시 북구 면앙로 1-5(용봉동)
02005	(주)대성산업	일반	105-81-59770	문대성	제조	전자제품	대전 중구 계룡로 732(오류동)
03001	DOREX CO. LTD	무역					
03002	INTECH CO. LTD	무역					
03003	(주)우리화재보험	일만	120-11-22226	최우리	서비스	보험	서울 서초구 강남대로 184(양재동)

◎ 도로명 주소 입력시 인터넷이 연결되어 있어야 한다. 만약 인터넷에 문제가 있는 경우 주소는 임의 입력사항이므로 생략하고 진행해도 무방하다.

따라 하기

① Icube 핵심ERP 단축아이콘을 더블클릭하고, 회사코드 아이콘을 클릭하여 회사코드[5000], 회사명[(주)대명전자]를 더블클릭하고, 사원코드 아이콘을 클릭하여 사원코드[20120002], 사원명[이민주]를 더블클릭하고 [Log In]버튼을 클릭한다. (사원암호는 실무에서는 입력하는 것이 당연하지만 교육용에서는 입력을 생략하기로 한다.)

② [시스템관리] → [기초정보관리] → [일반거래처등록]을 더블클릭하여 주어진 내용을 Enter로 이동하면서 입력하여 레코드가 코드[02005]아래로 이동되면 저장된 것이다.

③ 저장된 것을 확인하는 것은 [조회]버튼을 클릭하면 된다.

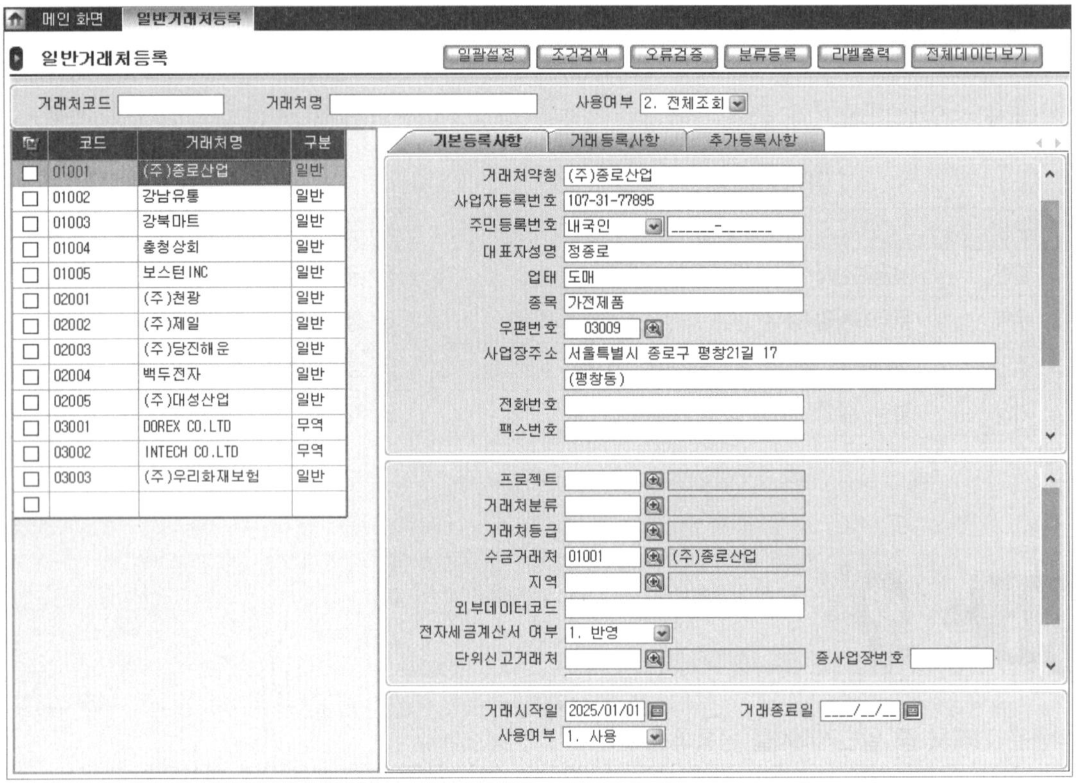

실습예제 1-1

다음은 거래처 중 금융거래처를 등록하시오.

코드	금융 거래처명	구분	계좌/카드번호	금융기관 코드	비고
90001	국민보통	금융기관	1234-12-1234-12	국민	예금종류 [보통예금], 예금주 [(주)대명전자]
90002	국민당좌	금융기관	4321-21-4321-21	국민	예금종류 [당좌예금], 예금주 [(주)대명전자] 당좌한도액 [20,000,000원]
90003	국민카드	신용카드	444-333-222-111		카드구분 [법인] 사업자번호[211-81-25594] 카드회원명[(주)대명전자] 신용카드사코드 [국민]

따라하기

① [시스템관리] → [기초정보관리] → [금융거래처등록]을 더블클릭하여 주어진 내용을 Enter로 이동하면서 입력하여 레코드가 코드[90003]아래로 이동되면 저장된 것이다.

② 저장된 것을 확인하는 것은 [조회]버튼을 클릭하면 된다.

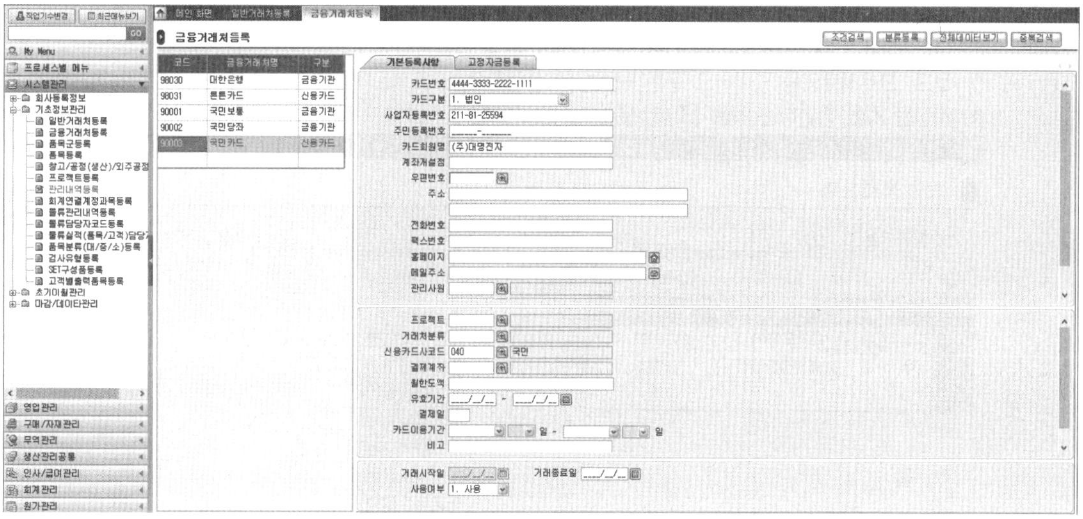

◎ **마스터데이터** : 마스터데이터란 일회성의 데이터가 아니라 지속적으로 사용하기 위해 저장된 데이터를 말한다. 회사코드, 사업장코드, 부문코드, 부서코드, 사원코드, 품목코드, 거래처코드, 관리항목코드 등을 말한다. 잘못된 부분의 삭제는 하위조직이 없어야 하며, 하위조직이 있다면 먼저 하위조직의 삭제가 이루어져야 한다.

(2) 프로젝트 등록

사업장과 부서 및 부문별관리 외에 별도의 임시(특정기간) 조직이 발생하는 경우 등록하는 메뉴이다. 각 모듈에서 기존 조직외의 세부적인 관리를 하고자 할 때 등록한다.

프로젝트 등록	➡	전표입력 회계초기이월등록 관리항목원장 관리내역현황	에서 활용된다.

실습예제 02

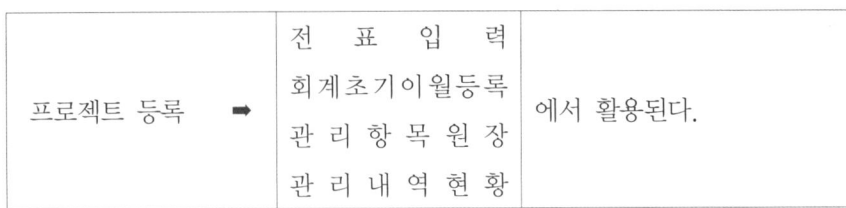

㈜대명전자의 프로젝트를 등록하시오.

코드	프로젝트명	구분	원가구분	프로젝트유형
A-001	COM교육사업	진행	제조	직접
B-001	특별할인판매	진행	제조	직접

따라하기

① [시스템관리] → [기초정보관리] → [프로젝트등록]을 더블클릭한다.
② 코드, 프로젝트명을 입력하고 구분(1.진행)을 선택하고, 프로젝트내용을 화면우측 프로젝트 등록사항에 입력한다.
③ 저장된 것을 확인하는 것은 [조회]버튼을 클릭하면 된다.

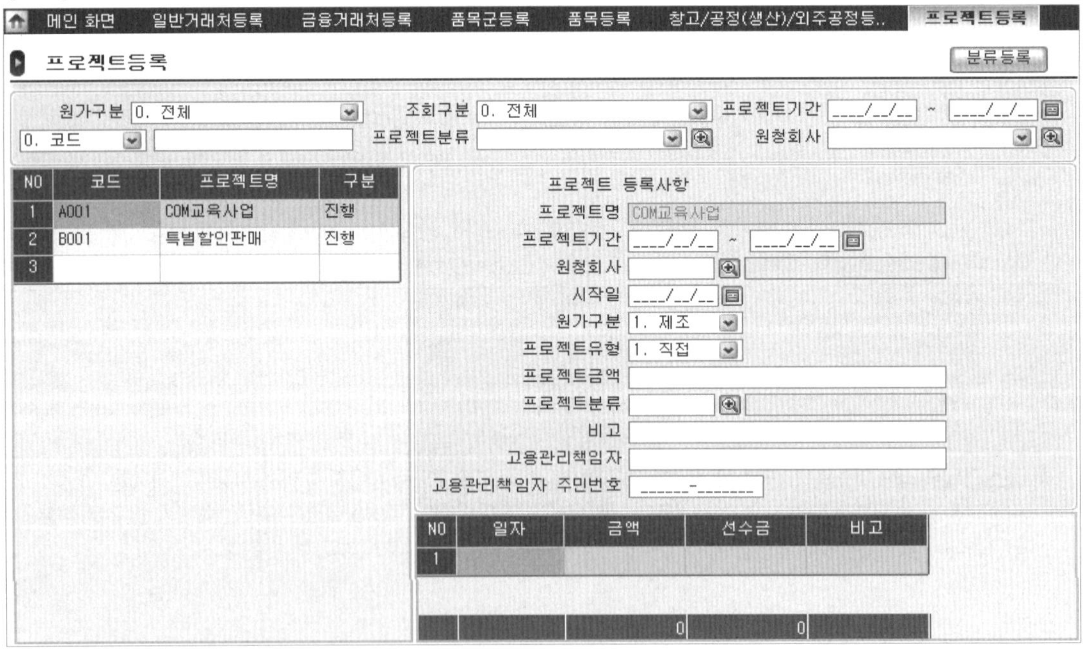

① 프로젝트 등록은 전표입력, 관리항목원장, 관리내역현황, 회계초기이월등록에서 활용된다.
② 원청회사 : 원청회사명을 입력하되 이미 등록된 거래처코드만 입력가능하다.
③ 프로젝트유형 : 직접, 공통 중 선택한다.(원가배분시 직접은 제조직접비 부과되고, 공통은 제조간접비로 배분후 원가에 반영된다.
④ 원가구분 : 제조, 도급, 분양, 기타 중에 해당사항을 선택한다.

(3) 관리내역등록

관리내역이란 시스템 내부의 프로세서 진행시 특정 업무를 추가로 관리하기 위하여 항목을 종류별로 구분하여 등록해 놓은 메뉴이다. 관리항목은 항목을 추가할 수 있으며, 구분란에 "변경가능"으로 된 항목은 등록된 관리항목의 내용을 추가등록한다.

실습예제 03

다음은 관리내역에 추가할 내용이다. 관리내역 등록 메뉴에 등록하시오. 단, 등록일은 2025. 01. 01이다.

조회구분	관리코드	관리항목	관리내역
회계	11	증빙구분	10.지출결의서 11.입금표 12.간이영수증
회계	L3(추가등록)	전화번호	구분 1.변경가능, 100. 02-1234-1334, 200. 041-321-4321

따라하기

① [시스템관리] → [기초정보관리] → [관리내역등록]을 더블클릭하고, 조회구분[1.회계]선택하고, 코드[11] 관리항목[증빙구분]을 선택한다.

② 우측화면 하단에 코드부터 관리내역을 Enter로 이동하면서 입력하여 레코드가 코드[12]아래로 이동되면 저장된 것이다.

③ 조회구분[1.회계]선택하고 화면우측 상단[관리항목등록] 버튼을 클릭하여 주어진 내용을 Enter로 이동하면서 입력하고 확인버튼을 클릭한다.

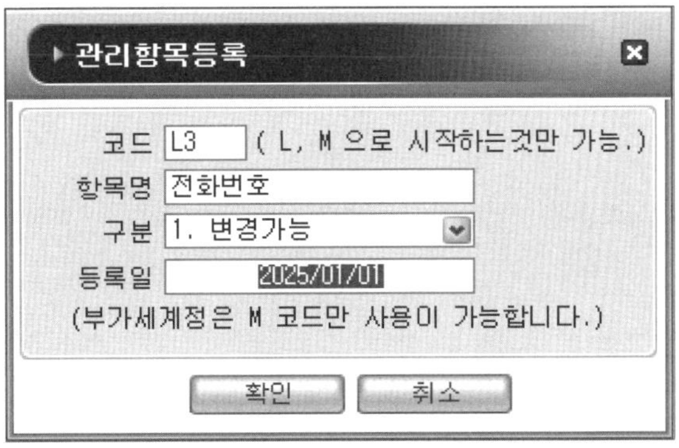

④ [L3 전화번호]를 선택하고 우측화면에 주어진 내용을 Enter로 이동하면서 입력하고 Enter하면 저장된다.

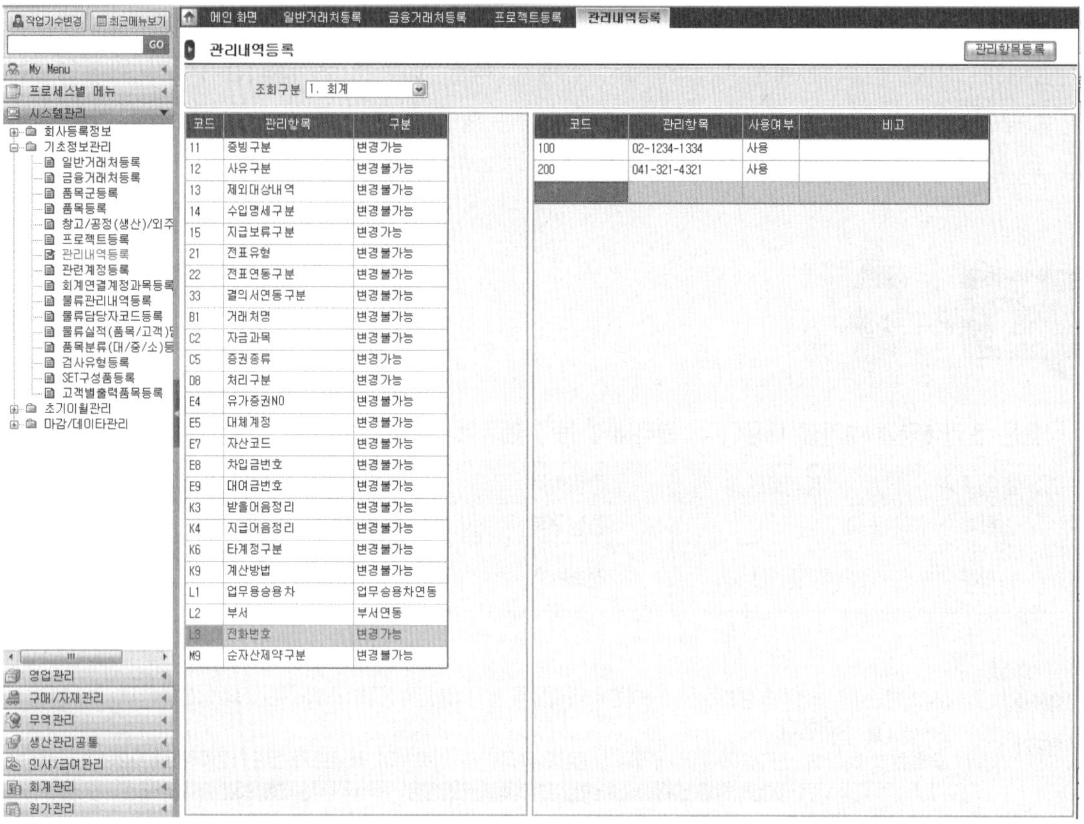

관리항목등록

① 관리항목등록코드는 L이나 M으로 시작하는 알파벳이나 숫자2자리로 설정하여야 하고 이미 등록된 코드는 등록되지 않는다.

② 이미 등록된 관리내역명의 삭제나 변경을 하지 않는 것이 원칙이다. 변경은 동일한 의미로 관리내역명을 변경하는 것은 가능하고, 삭제는 가급적 피하고 사용여부에서 "미사용"으로 수정하여 시스템에서 조회되지 않도록 한다.

③ 관리항목은 계정과목등록에서 연결이 되어야 사용가능하다. 따라서 사용자가 임의로 등록한 관리항목은 프로그램에 영향을 미치지 않는다.

④ 관리항목 추가는 회사의 업무환경에 따라 추가하여 사용하는 기능이다.

(4) 회계연결계정과목등록

ERP는 회사의 모든 프로세서가 통합되어 있는 시스템이다. 영업관리, 자재관리, 생산관리, 인사관리에서 발생한 회계적인 사건을 ERP의 중심에 있는 회계모듈에 연결하는 작업을 말한다.

실습예제 04

(주)대명전자의 영업관리, 자재관리, 생산관리, 인사관리 모듈에 대해 회계연결계정과목의 초기설정을 하시오.

따라하기

① [시스템관리] → [기초정보관리] → [회계연결계정과목등록]을 더블클릭하고, [초기설정]버튼을 클릭하고, 초기화 도움창에서 전체선택을 클릭하고 적용[TAB]을 클릭한다.

☑	모듈	전표코드
☑	영업관리	수금
☑	영업관리	선수금정리
☑	영업관리	DOMESTIC_영업
☑	무역관리	NEGO
☑	무역관리	NEGO 선입정리
☑	무역관리	NEGO 지급
☑	무역관리	NEGO 선급정리
☑	무역관리	LOCAL L/C_수입
☑	무역관리	구매승인서_수입
☑	무역관리	MASTER L/C_수입
☑	무역관리	해외수입_수입
☑	무역관리	부대비용
☑	무역관리	LOCAL L/C_수출
☑	무역관리	구매승인서_수출

② 연결계정을 초기화 하시겠습니까?(※ 저장된 연결계정 정보가 삭제되고 I CUBE 기본값으로 설정됩니다.)의 화면에서 [예]를 클릭한다.

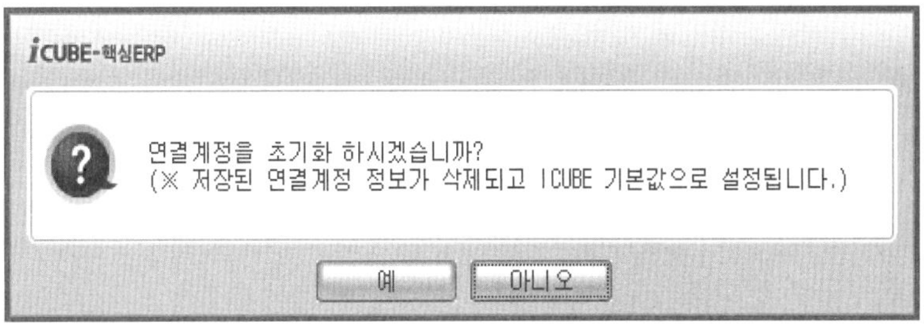

③ (초기화를 완료했습니다.)의 화면에서 [확인] 버튼을 클릭한다.

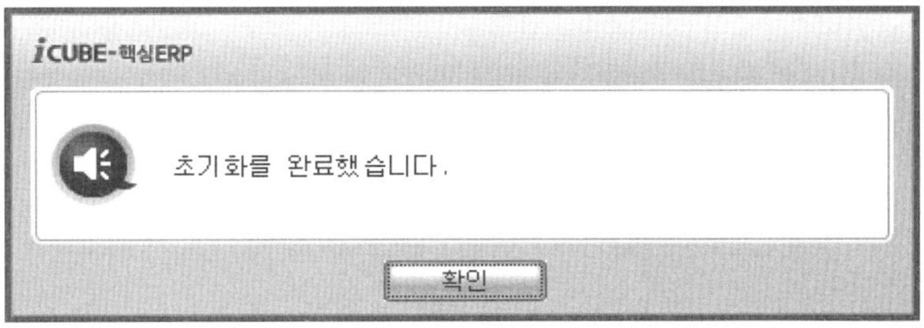

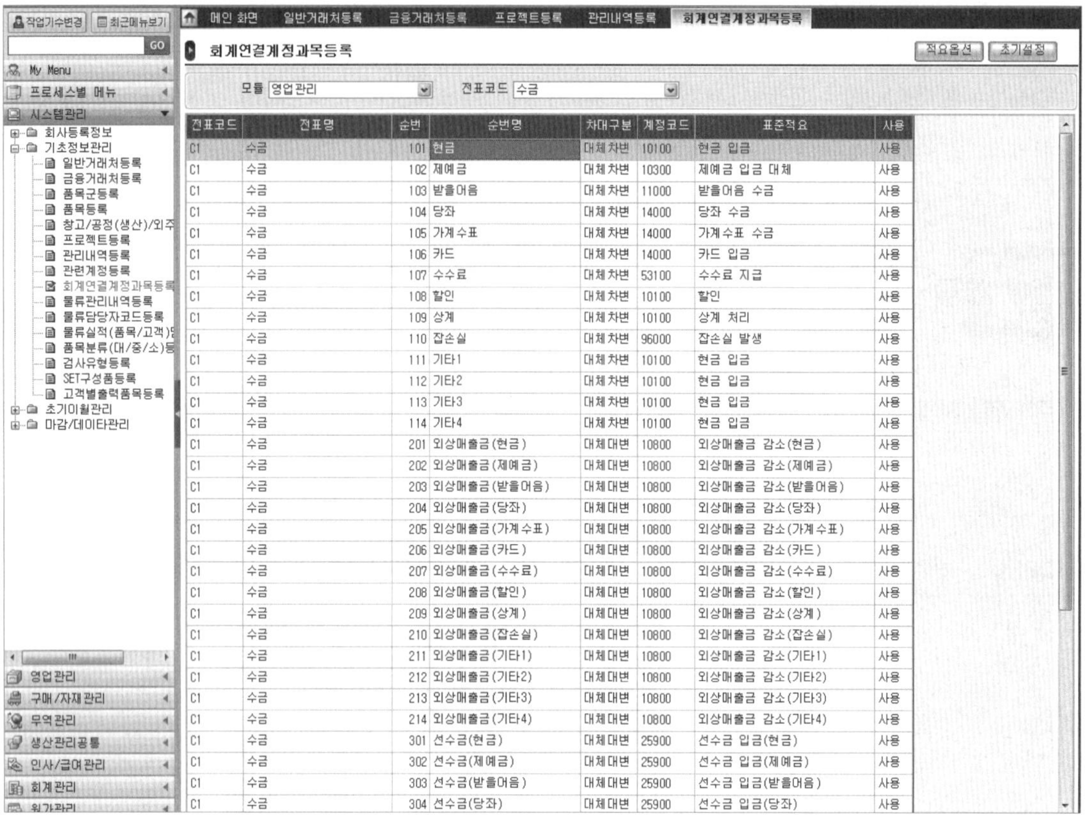

전표코드	전표명	순번	순번명	차대구분	계정코드	표준적요	사용
C1	수금	101	현금	대체차변	10100	현금 입금	사용
C1	수금	102	제예금	대체차변	10300	제예금 입금 대체	사용
C1	수금	103	받을어음	대체차변	11000	받을어음 수금	사용
C1	수금	104	당좌	대체차변	14000	당좌 수금	사용
C1	수금	105	가계수표	대체차변	14000	가계수표 수금	사용
C1	수금	106	카드	대체차변	14000	카드 입금	사용
C1	수금	107	수수료	대체차변	53100	수수료 지급	사용
C1	수금	108	할인	대체차변	10100	할인	사용
C1	수금	109	상계	대체차변	10100	상계 처리	사용
C1	수금	110	잡손실	대체차변	96000	잡손실 발생	사용
C1	수금	111	기타1	대체차변	10100	현금 입금	사용
C1	수금	112	기타2	대체차변	10100	현금 입금	사용
C1	수금	113	기타3	대체차변	10100	현금 입금	사용
C1	수금	114	기타4	대체차변	10100	현금 입금	사용
C1	수금	201	외상매출금(현금)	대체대변	10800	외상매출금 감소(현금)	사용
C1	수금	202	외상매출금(제예금)	대체대변	10800	외상매출금 감소(제예금)	사용
C1	수금	203	외상매출금(받을어음)	대체대변	10800	외상매출금 감소(받을어음)	사용
C1	수금	204	외상매출금(당좌)	대체대변	10800	외상매출금 감소(당좌)	사용
C1	수금	205	외상매출금(가계수표)	대체대변	10800	외상매출금 감소(가계수표)	사용
C1	수금	206	외상매출금(카드)	대체대변	10800	외상매출금 감소(카드)	사용
C1	수금	207	외상매출금(수수료)	대체대변	10800	외상매출금 감소(수수료)	사용
C1	수금	208	외상매출금(할인)	대체대변	10800	외상매출금 감소(할인)	사용
C1	수금	209	외상매출금(상계)	대체대변	10800	외상매출금 감소(상계)	사용
C1	수금	210	외상매출금(잡손실)	대체대변	10800	외상매출금 감소(잡손실)	사용
C1	수금	211	외상매출금(기타1)	대체대변	10800	외상매출금 감소(기타1)	사용
C1	수금	212	외상매출금(기타2)	대체대변	10800	외상매출금 감소(기타2)	사용
C1	수금	213	외상매출금(기타3)	대체대변	10800	외상매출금 감소(기타3)	사용
C1	수금	214	외상매출금(기타4)	대체대변	10800	외상매출금 감소(기타4)	사용
C1	수금	301	선수금(현금)	대체대변	25900	선수금 입금(현금)	사용
C1	수금	302	선수금(제예금)	대체대변	25900	선수금 입금(제예금)	사용
C1	수금	303	선수금(받을어음)	대체대변	25900	선수금 입금(받을어음)	사용
C1	수금	304	선수금(당좌)	대체대변	25900	선수금 입금(당좌)	사용

① 핵심ERP를 Install하면 회계연결계정은 설정되어 있지 않다. 각 모듈의 회계처리를 수행하기 위해서는 반드시 회계연결계정을 설정해야 한다.

② 회사의 환경에 따라 초기 설정 값을 수정할 있으나 임의로 수정하면 각종장부와 재무제표의 데이터가 일치하지 않을 수 있으므로 차변·대변구분과 계정코드 수정은 가급적 피하고 필요한 경우 반드시 회계담당자와 협의하여야 한다.

③ 설정된 항목은 삭제가 되지 않으므로 도입회사에서 미사용 항목이 있는 경우는 사용여부항목을 [미사용]으로 설정한다.

(5) 계정과목등록

계정과목등록은 회계프로그램 전반에 영향을 미치므로 프로그램을 처음 사용하는 시점에서 정확하게 설정 하여야 한다. 기업회계기준에 따라 가장 일반적인 계정과목은 이미 등록되어 있는 상태이므로 회사 특성에 따라 계정과목을 계정과목코드 체계에 따라 수정하거나 추가하여 사용할 수 있다. 계정과목코드는 5자리로 구성되어 있으며 마지막 2자리는 세목을 등록하여 사용하고자 할 경우에 이용한다.

실습예제 05

(주)대명전자에 대한 다음 조건들을 충족할 수 있도록 지시사항대로 계정과목을 등록하시오.

따라하기

① [회계관리] → [기초정보관리] → [계정과목등록]을 더블클릭하면, 기준서21호에 의해 2007년부터 계정과목체계가 변경되었습니다. 일괄변경을 원하면 확인버튼을 눌러 주세요. 라는 화면에서 [확인]버튼을 클릭한다.
② 2007년 NEW계정과목 일괄변경화면 우측하단의 [확인]버튼을 클릭한다.
③ ※ 일괄변경을 완료했습니다. 라는 화면이 보이면 [확인]버튼을 클릭한다.

지시사항 [유가증권]계정을 [단기매매증권]계정으로 변경하고, 입력필수항목을 [차.대변 필수]을 [차.대변선택]으로 모두 변경하시오.

따라하기

① [회계관리] → [기초정보관리] → [계정과목등록]을 더블클릭한다.
② [자산] → [유동자산] → [당좌자산]을 더블클릭하고, 10700 유가증권을 선택한다.
③ 화면우측 계정과목명과 계정과목명(보조언어)의 [유가증권]을 [단기매매증권]으로 입력하고 Enter누르고 커서가 출력계정명에 있을 때 화면 우측상단 [간격(F8)]버튼을 클릭한다.
④ 화면 우측하단의 입력필수에서 [1. 차.대변 필수]를 클릭하여 [2. 차.대변 선택]으로 모두 변경한다.

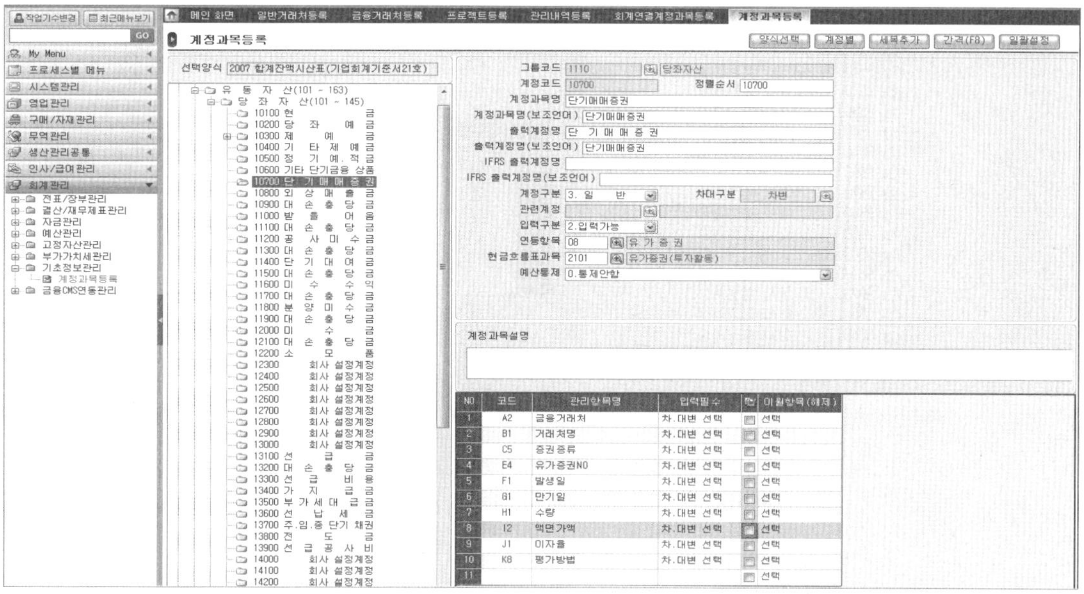

지시사항 영업외비용 코드범위에 [매출채권처분손실, 지급수수료]계정과목을 등록하시오.

따라하기

① [영업외비용]을 더블클릭하여 표시되는 계정과목 중 [회사 설정계정]을 클릭하고, 계정과목명과 계정과목명(보조언어)에 [매출채권처분손실]을 입력하고, Enter누르고 커서가 출력계정명에 있을 때 화면 우측상단 [간격(F8)]버튼을 클릭한다.

② 계정구분 [0.미사용]을 [3.일반]으로 입력구분[1.입력불가]를 [2.입력가능]으로 바꾸어준다.

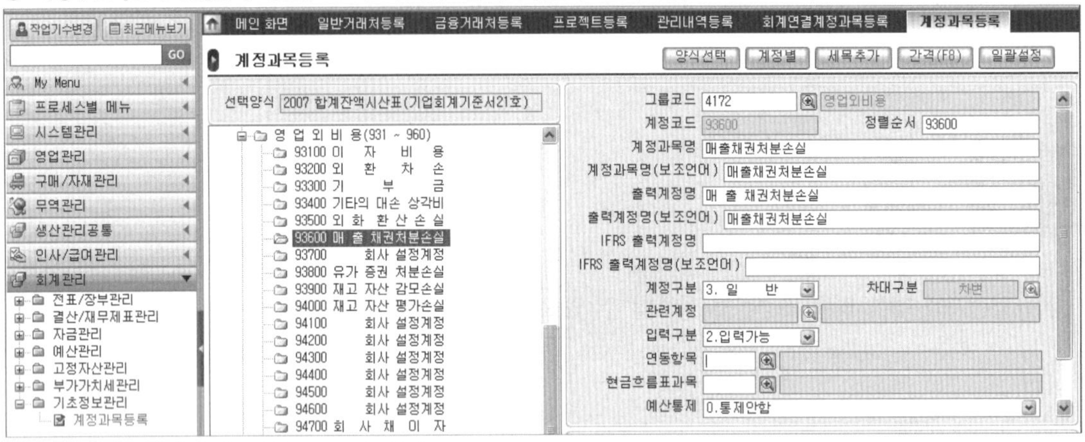

③ 지급수수료 계정도 같은 방법으로 입력한다.

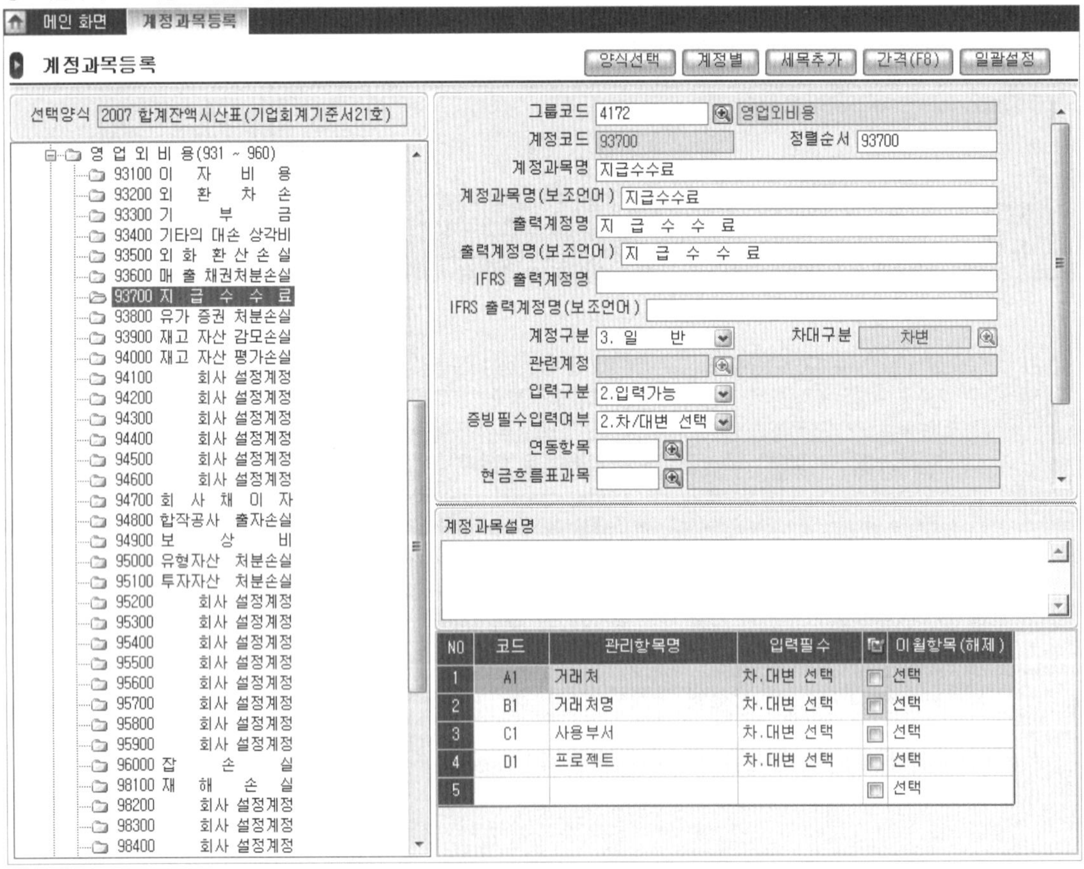

지시 사항 복리후생비(판)를 식대, 피복비, 경조사비, 건강보험, 기타의 세목으로 구분하여 관리한다.

따라 하기

① [판매관리비]를 더블클릭하여 [복리후생비]를 선택하고, 우측 상단[세목추가]버튼을 클릭한다.
② [계정과목코드 변경]에서 [확인]버튼을 클릭하고, 계정과목명에서 [복리후생비/식대]를 입력하고 Enter한다.
③ [복리후생비]를 선택하고, [세목추가]버튼을 클릭하여 나머지도 같은 방법으로 모두 입력한다.

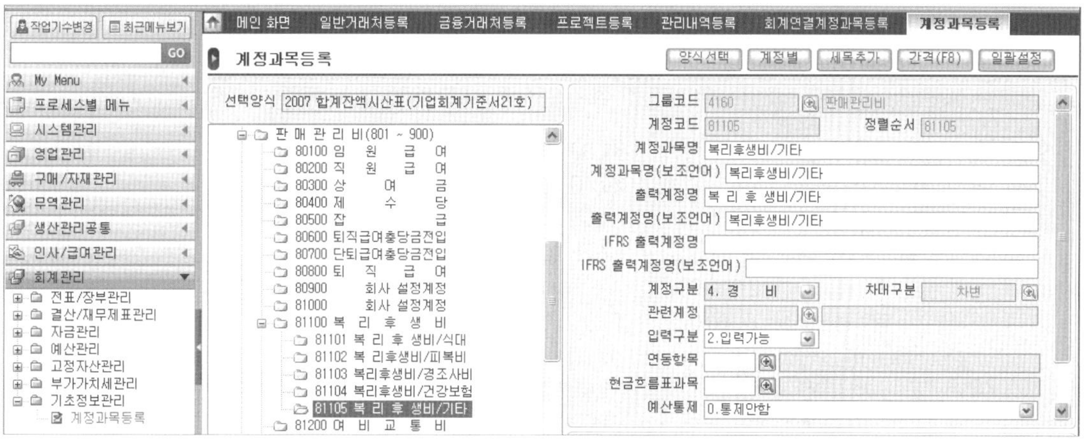

지시 사항 [통신비]계정에 대하여 전화번호별로 관리하고자 한다. 해당 관리항목을 등록하시오.

따라 하기

① [통신비]계정을 클릭하고 우측하단 관리항목 [D1 프로젝트]다음 줄 공란 레코드를 더블클릭 하여 [관리항목코드]팝업창에서 [L3 전화번호]를 더블클릭하여 입력한다.

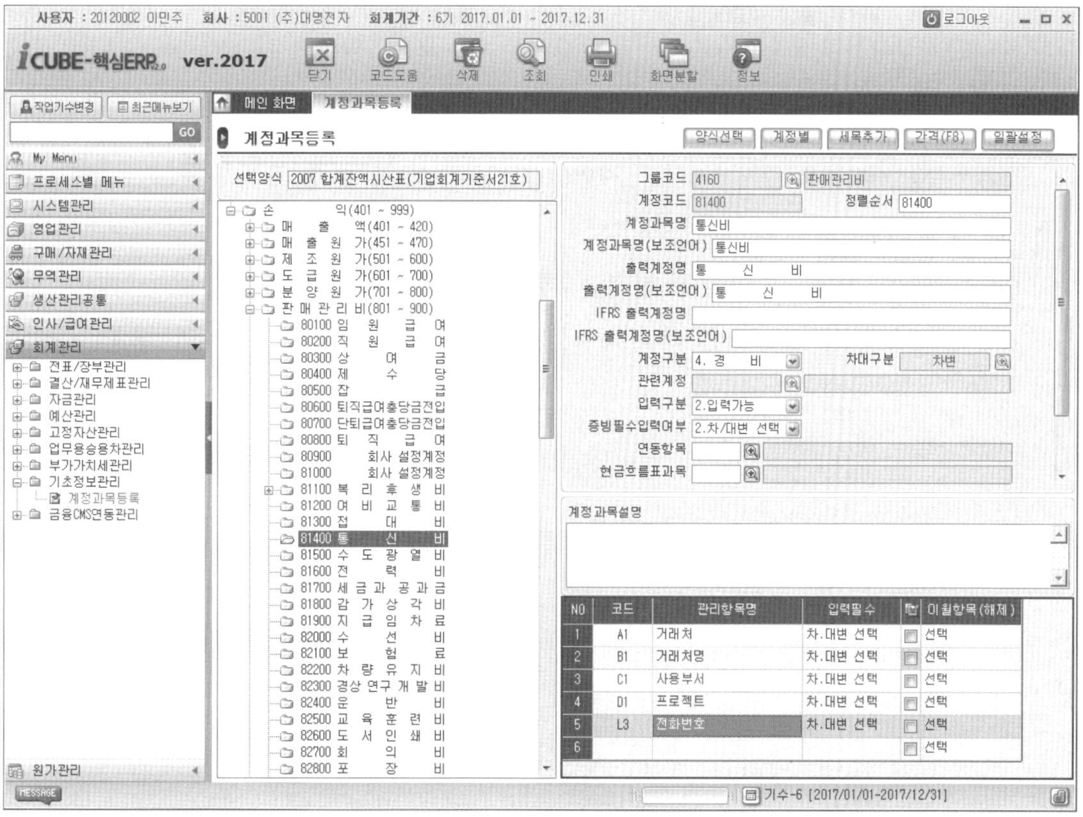

실습예제 06

(주)대명전자의 다음 자료에 의하여 전기분 재무상태표를 회계초기이월등록메뉴에 입력하시오.

재 무 상 태 표

회사명 : (주)대명전자　　　　제13기 2024년 12월 31일 현재　　　　(단위:원)

과목	제13(당)기		과목	제13(당)기	
	금액			금액	
자 산			**부 채**		
유동자산		**31,000,000**	**유동부채**		**15,340,000**
당좌자산		**29,400,000**	외상매입금		8,000,000
현금		4,000,000	미지급금		3,340,000
당좌예금		7,260,000	단기차입금		4,000,000
외상매출금	12,000,000				
대손충당금	60,000	11,940,000	**비유동부채**		**0**
받을어음		6,200,000			
재고자산		1,600,000	**부채총계**		**15,340,000**
제품		1,000,000			
원재료		600,000			
비유동자산		**8,940,000**	**자 본**		
투자자산		**0**	**자본금**		**20,000,000**
유형자산		**8,940,000**	자본금		20,000,000
기계장치	7,000,000		**자본잉여금**		0
감가상각누계액	4,000,000	3,000,000	**자본조정**		0
차량운반구	12,000,000		**기타포괄손익누계액**		0
감가상각누계액	7,060,000	4,940,000	**이익잉여금**		**4,600,000**
비품	4,000,000		이익준비금		600,000
감가상각누계액	3,000,000	1,000,000	미처분이익잉여금 (당기순이익2,000,000)		4,000,000
무형자산		**0**	**자본총계**		**14,600,000**
기타비유동자산		0			
자산총액		**39,940,000**	**부채와자본총계**		**39,940,000**

※ 미처분이익잉여금은 37500 이월이익잉여금 계정으로 입력한다.

◆ 전기분 재무상태표 참고자료 ◆

계정과목	거래처명	금액	비고
당좌예금	국민당좌	7,260,000	
외상매출금	충청상회 (주)천광	6,600,000 5,400,000	
받을어음	충청상회	600,000	NO. 가자12341234(자수) 만기일 : 2025. 04. 30 발행일 : 2024. 09. 30
받을어음	백두전자	5,600,000	NO. 나가43214321(자수) 만기일 : 2025. 02. 20 발행일 : 2024. 12. 16
외상매입금	(주)대성산업 (주)종로산업	5,000,000 3,000,000	
미지급금	(주)종로산업	3,340,000	
단기차입금	국민보통	4,000,000	

따라 하기

① [시스템관리] → [초기이월관리] → [회계초기이월등록] → 구분[1.재무상태표]를 선택하고 Enter한다.
② 코드에서 [현금]Enter하고 금액란에 [4,000,000]을 입력한다.
③ 코드에서 [당좌]Enter하여 [당좌예금]을 입력하고, 상세내역(화면 중앙) 코드에서 [국민]Enter하여 [국민당좌]를 선택하여 입력하고, 금액란에 [7,260,000]을 입력한다.
④ 재무상태표와 전기분 재무상태표 참고자료를 보면서 나머지도 같은 방법으로 계정과목만 이월이익잉여금까지 입력을 하면 차변금액과 대변금액의 합계금액이 54,060,000원으로 일치하면 된다.

- 계정과목 입력시 코드에 두 글자 입력 후 Enter한다.
- 금액 입력시 [+]를 누르면 "000"(천단위씩)이 입력된다. (예) 1,000,000입력시 1++로 입력 하면 된다.
- 차감적 평가계정(대손충당금, 감가상각누계액)은 계정과목 코드 다음번 코드를 입력하면 된다. (예) 외상매출금[코드 10800]이므로 외상매출금 대손충당금[코드 10900]이다.
- 재무상태표의 합계금액과 화면의 재무상태표의 합계금액이 일치하는 않는 이유는 차감적 평가계정(대손충당금, 감가상각누계액)이 대변에 표시되기 때문에 그 금액만큼 크게 나타나는 것이다.

[당좌예금이 입력된 화면]

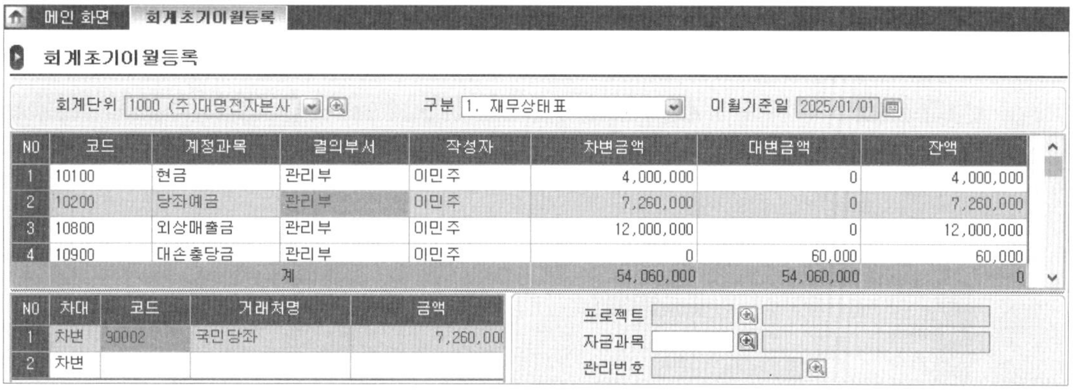

NO	코드	계정과목	결의부서	작성자	차변금액	대변금액	잔액
1	10100	현금	관리부	이민주	4,000,000	0	4,000,000
2	10200	당좌예금	관리부	이민주	7,260,000	0	7,260,000
3	10800	외상매출금	관리부	이민주	12,000,000	0	12,000,000
4	10900	대손충당금	관리부	이민주	0	60,000	60,000
		계			54,060,000	54,060,000	0

NO	차대	코드	거래처명	금액
1	차변	90002	국민당좌	7,260,00
2	차변			

[외상매출금이 입력된 화면]

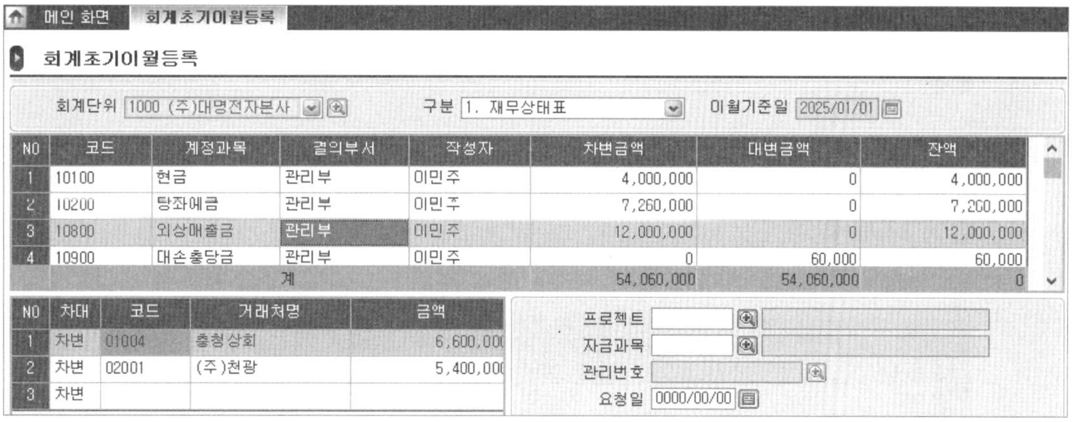

NO	코드	계정과목	결의부서	작성자	차변금액	대변금액	잔액
1	10100	현금	관리부	이민주	4,000,000	0	4,000,000
2	10200	당좌예금	관리부	이민주	7,260,000	0	7,260,000
3	10800	외상매출금	관리부	이민주	12,000,000	0	12,000,000
4	10900	대손충당금	관리부	이민주	0	60,000	60,000
		계			54,060,000	54,060,000	0

NO	차대	코드	거래처명	금액
1	차변	01004	충청상회	6,600,00
2	차변	02001	(주)천광	5,400,00
3	차변			

[받을어음이 입력된 화면]

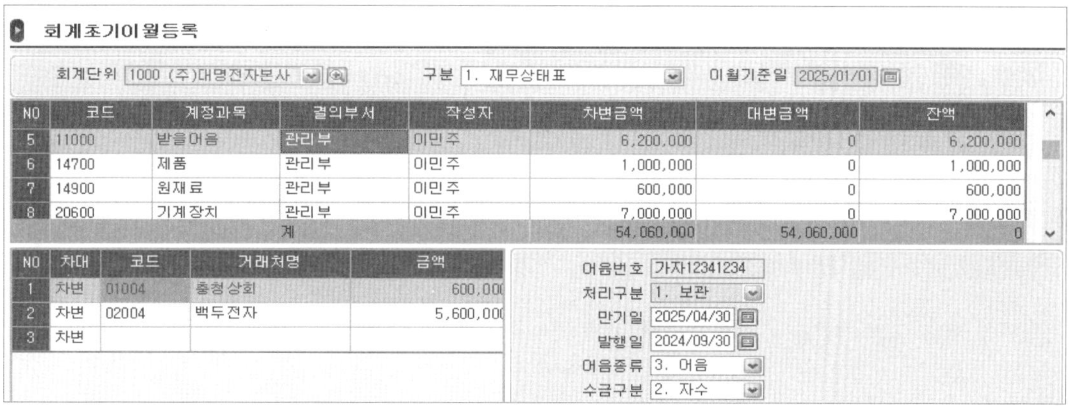

NO	코드	계정과목	결의부서	작성자	차변금액	대변금액	잔액
5	11000	받을어음	관리부	이민주	6,200,000	0	6,200,000
6	14700	제품	관리부	이민주	1,000,000	0	1,000,000
7	14900	원재료	관리부	이민주	600,000	0	600,000
8	20600	기계장치	관리부	이민주	7,000,000	0	7,000,000
		계			54,060,000	54,060,000	0

NO	차대	코드	거래처명	금액
1	차변	01004	충청상회	600,00
2	차변	02004	백두전자	5,600,00
3	차변			

[외상매입금이 입력된 화면]

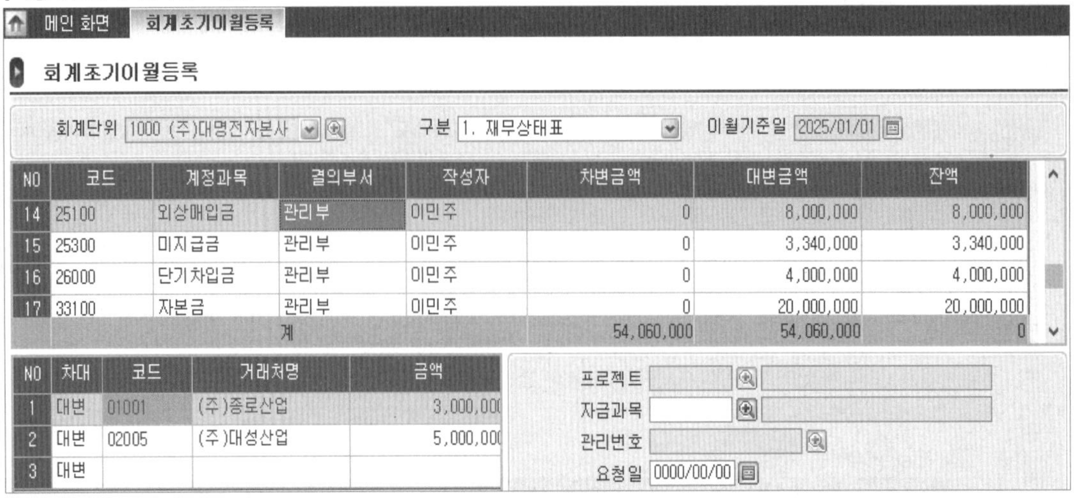

[미지급금이 입력된 화면]

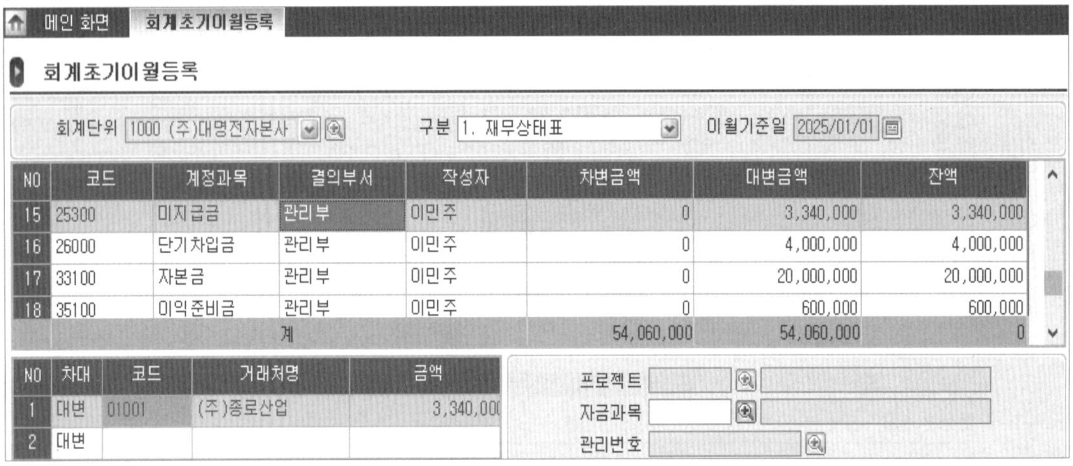

[단기차입금이 입력된 화면]

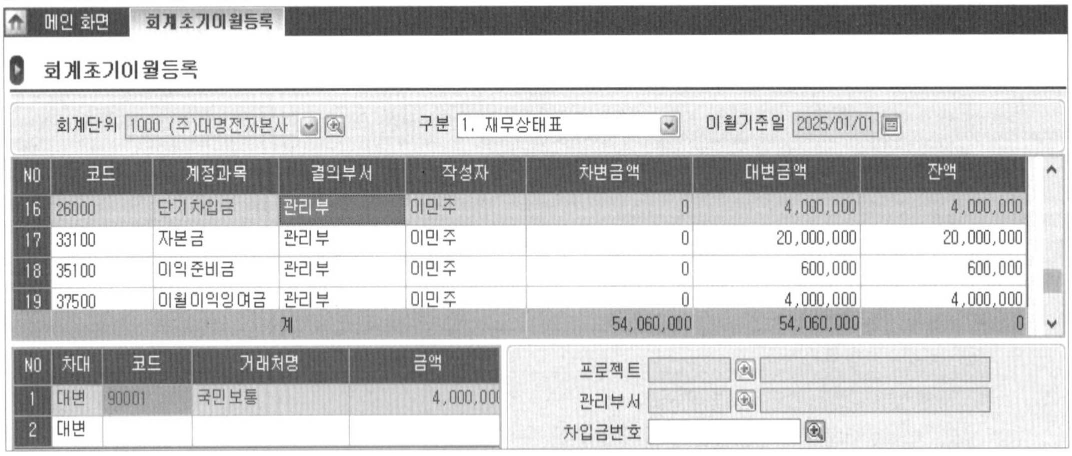

실습예제 07

전기분 손익계산서를 회계초기이월등록메뉴에 입력하시오. 세목등록으로 인해 제품매출은 “40401.국내제품매출액”, 복리후생비는 “81101.복리후생비/식대”로 입력한다.

손 익 계 산 서

회사명 : (주)대명전자　　　　2024. 01. 01 ~ 2024. 12. 31　　　　(단위 : 원)

과 목	금 액		과 목	금 액	
매 출 액		20,000,000	**영 업 이 익**		2,500,000
제 품 매 출	20,000,000				
			영 업 외 수 익		0
매 출 원 가		12,000,000			
			영 업 외 비 용		200,000
제 품 매 출 원 가		12,000,000	기 부 금	200,000	
기 초 제 품 재 고 액	1,000,000				
당기제품제조원가	12,000,000				
기 말 제 품 재 고 액	1,000,000				
매 출 총 이 익		8,000,000			
판 매 관 리 비		5,500,000			
			법인세비용차감전순이익		2,300,000
직 원 급 여	3,600,000				
복 리 후 생 비	300,000		**법 인 세 비 용**		300,000
여 비 교 통 비	200,000		법 인 세 등		300,000
접 대 비	600,000				
통 신 비	120,000		**당 기 순 이 익**		2,000,000
세 금 과 공 과 금	80,000				
소 모 품 비	540,000				
대 손 상 각 비	60,000				

따라 하기

① [시스템관리] → [초기이월관리] → [회계초기이월등록] → 구분[2.손익계산서]을 선택하고 Enter한다.
② 코드에서 [매출]Enter하고 [40401 국내매출액] 선택입력하고 금액란에 [20,000,000]을 입력한다.
③ 코드에서 [제품]Enter하고 [제품매출원가]선택입력하고 금액란에 [12,000,000]을 입력하고, 화면우측 기초재고액 [1,000,000], 당기매입액 [12,000,000], 기말재고액 [1,000,000]을 입력한다.
④ 나머지도 같은 방법으로 계정과목만 법인세등 까지 입력하면 잔액[2,000,000]이 당기순이익과 일치하면 입력이 완료된 것이다.

[제품매출원가가 입력된 화면]

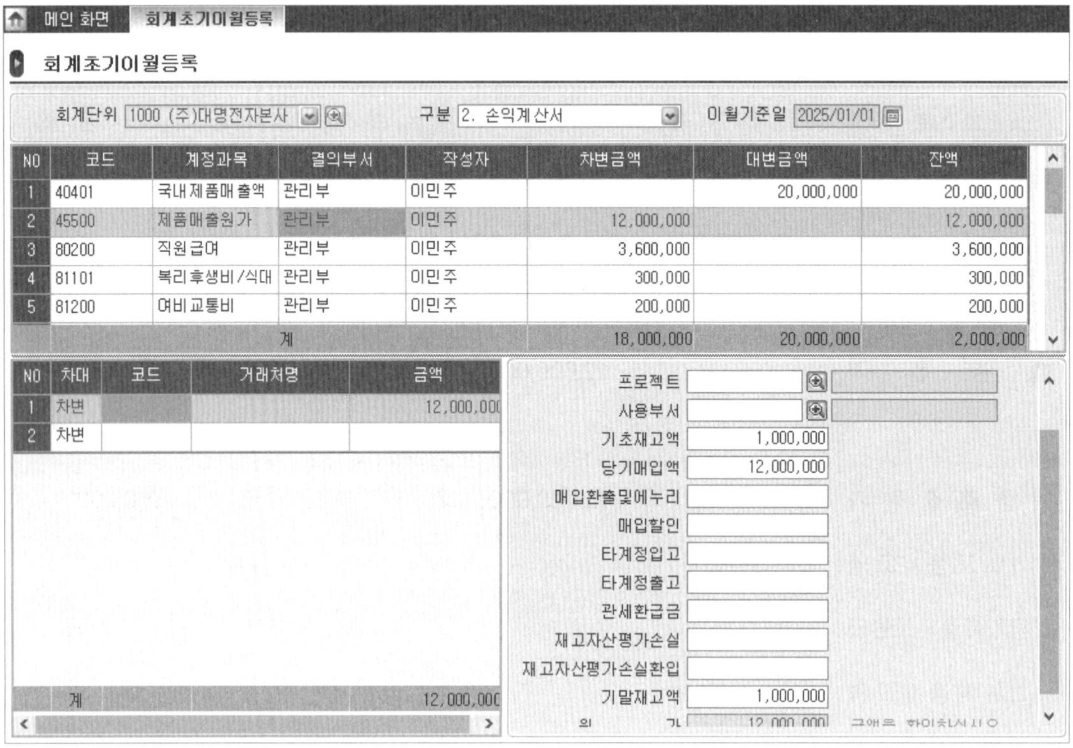

NO	코드	계정과목	결의부서	작성자	차변금액	대변금액	잔액
1	40401	국내제품매출액	관리부	이민주		20,000,000	20,000,000
2	45500	제품매출원가	관리부	이민주	12,000,000		12,000,000
3	80200	직원급여	관리부	이민주	3,600,000		3,600,000
4	81101	복리후생비/식대	관리부	이민주	300,000		300,000
5	81200	여비교통비	관리부	이민주	200,000		200,000
		계			18,000,000	20,000,000	2,000,000

NO	차대	코드	거래처명	금액
1	차변			12,000,000
2	차변			
	계			12,000,000

프로젝트	
사용부서	
기초재고액	1,000,000
당기매입액	12,000,000
매입환출및에누리	
매입할인	
타계정입고	
타계정출고	
관세환급금	
재고자산평가손실	
재고자산평가손실환입	
기말재고액	1,000,000

[전기분 손익계산서가 입력 완료된 화면]

NO	코드	계정과목	결의부서	작성자	차변금액	대변금액	잔액
1	40401	국내제품매출액	관리부	이민주		20,000,000	20,000,000
2	45500	제품매출원가	관리부	이민주	12,000,000		12,000,000
3	80200	직원급여	관리부	이민주	3,600,000		3,600,000
4	81101	복리후생비/식대	관리부	이민주	300,000		300,000
5	81200	여비교통비	관리부	이민주	200,000		200,000
6	81300	접대비	관리부	이민주	600,000		600,000
7	81400	통신비	관리부	이민주	120,000		120,000
8	81700	세금과공과금	관리부	이민주	80,000		80,000
9	83000	소모품비	관리부	이민주	540,000		540,000
10	83500	대손상각비	관리부	이민주	60,000		60,000
11	93300	기부금	관리부	이민주	200,000		200,000
12	99800	법인세등	관리부	이민주	300,000		300,000
13							
		계			18,000,000	20,000,000	2,000,000

NO	차대	코드	거래처명	금액
1	차변			12,000,000
2	차변			
	계			12,000,000

프로젝트	
사용부서	
기초재고액	1,000,000
당기매입액	12,000,000
매입환출및에누리	

실습예제 05

전기분 원가명세서를 회계초기이월등록메뉴에 입력하시오.

제 조 원 가 명 세 서

회사명 : (주)대명전자　　　　2024. 01. 01 ~ 2024. 12. 31　　　　(단위 : 원)

과 목	금 액	
원재료비		5,400,000
기초원재료재고액	0	
당기원재료매입액	6,000,000	
계	6,000,000	
기말원재료재고액	600,000	
노무비		4,000,000
임금	4,000,000	
경비		2,600,000
복리후생비	240,000	
가스수도료	120,000	
전력비	100,000	
세금과공과금	90,000	
감가상각비	1,400,000	
보험료	160,000	
차량유지비	290,000	
소모품비	200,000	
당기총제조비용		12,000,000
기초재공품재고액		0
합계		12,000,000
기말재공품재고액		0
타계정으로대체액		0
당기제품제조원가		12,000,000

제조업	제품매출원가	3.500번대 원가경비코드
용역업	도급원가	4.600번대 원가경비코드
분양건설	분양원가	5.700번대 원가경비코드

따라 하기

① [시스템관리] → [초기이월관리] → [회계초기이월등록] → 구분[3. 500번대 원가]을 선택하고 Enter한다.
② 코드에서 [원재]Enter하고 [원재료비]를 선택입력하고 금액란에 [5,400,000]을 입력하고, 화면우측 기초재고액 [0], 당기매입액 [6,000,000], 기말재고액 [600,000]을 입력한다.
③ 위와 같은 방법으로 임금부터 소모품비까지 입력하면 차변금액[12,000,000]과 대변금액[0], 잔액[12,000,000]이면 입력이 완료된 것이다.

[원재료비가 입력된 화면]

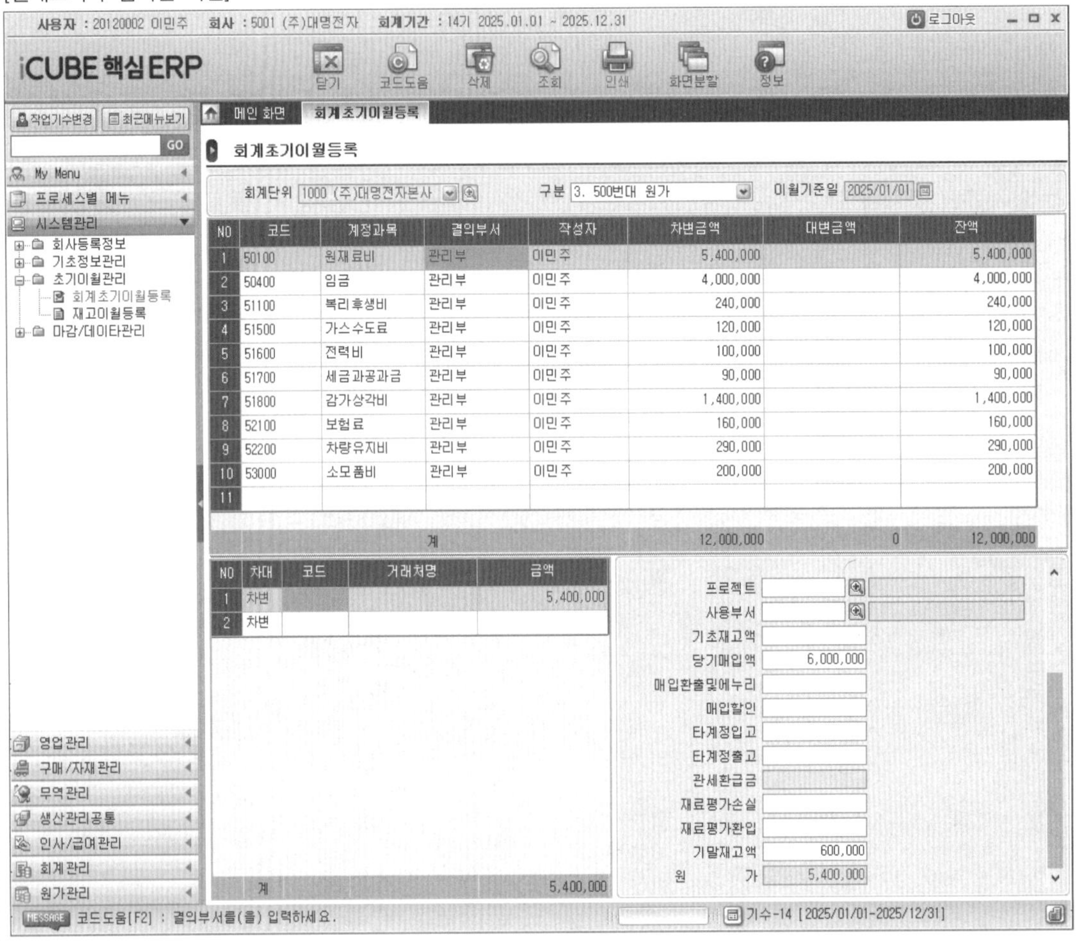

회계초기이월등록 메뉴의 구분 3. 500번대 원가에서는 당기총제조비용 까지의 금액만을 입력하고 기초재공품품과 기말재공품금액은 구분 1.재무상태표의 재공품계정의 [기초재공품]란에서 입력한다.

기초데이터 사용 방법(시스템관리를 결석으로 인해 입력하지 못했거나 잘못 입력한분)

① 【DB TOOL】→【DB 복원】→【ERP회계2급 기초데이터(2025)】→【확인】 버튼을 클릭하여 기초데이터를 【복원】 한다.
② 회사코드 : 5001((주)대명전자), 사원코드 : 20120002(이민주), 사원암호 : [ ] 공란으로 로그인한다.

③ 회계관리

1. 일반거래자료의 입력 (회계자료의 입력은 이민주로 로그인하여 작업한다.)

실습예제 01

01월 03일 영업1부 사원 김스란이 외근시 식대 8,000원(자매식당)을 청구하여 현금으로 지급하였다.
(증빙 : 영수증)

따라하기

분개	출금전표	(차) 복리후생비(판)	8,000	(대) 현 금	8,000

① [회계관리] → [전표/장부관리] → [전표입력]더블클릭하고, 거래발생일을 입력하고 Enter하여 이동한다.
② 헤드부분은 [일반]으로 Enter하여 분개부분으로 이동한다.
③ 화면하단 [1:출금], [2:입금], [3:차변], [4:대변], [5:매입부가세], [6:매출부가세]중 출금거래이므로 구분[1], 코드[복리]Enter하고, [복리후생비/식대]를 선택[확인]버튼을 클릭하고, 금액[8,000]을 입력하고, 증빙에서 [F2]누르고 영수증(일반경비) 선택하고, 확인버튼을 클릭하고, 사용부서에서 [F2]누르고 [영업1부]를 선택하여 입력하고 반드시 헤드부분의 두 번째 레코드를 클릭해야 기표번호가 생성되면서 저장된다.

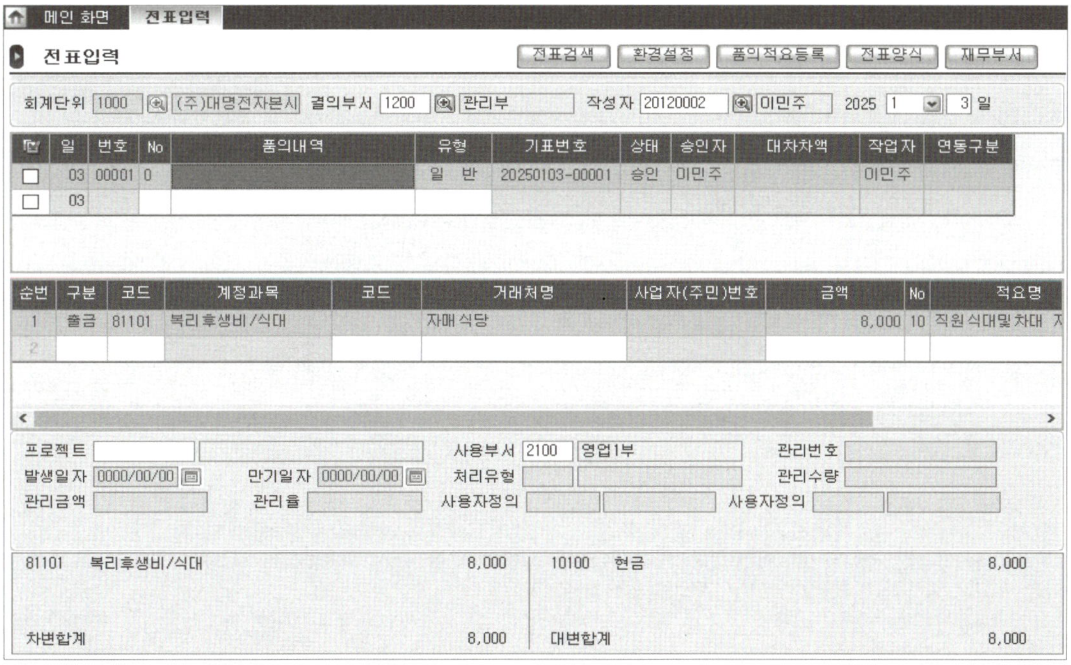

전표구분	전표종류	설 명
1:출금	출금전표	대변에 현금만 있을 때
2:입금	입금전표	차변에 현금만 있을 때
3:차변	대체전표 차변	차변에 현금이 없거나, 현금이 다른 계정과 같이 있을 때
4:대변	대체전표 대변	대변에 현금이 없거나, 현금이 다른 계정과 같이 있을 때
5:매입부가세	매입전표	부가가치세(VAT)와 관련한 매입거래를 입력할 때
6:매출부가세	매출전표	부가가치세(VAT)와 관련한 매출거래를 입력할 때

실습예제 02

01월 10일 천안공장 자재부 사원 구매품의(품의번호 : 1. 생산부 소모품 구입의건)에 의해 천안공장 생산부에서 사용할 소모성 부품을 영구상점에서 구입하고 대금 16,000원은 현금으로 지급하였다.
(비용으로 처리, 증빙 : 영수증)

따라하기

분개	출금전표	(차) 소 모 품 비(제)	16,000	(대) 현 금	16,000

① 거래발생일을 입력하고 Enter하고, 화면상단 [품의적요등록]버튼을 클릭하여 [품의내역등록]을 한다.
② 구분[1], 코드[소모]Enter하고, [53000소모품비]을 선택[확인]버튼을 클릭하고, 금액[16,000]을 입력하고, 사용부서에서 [F2]누르고 [생산부]를 선택하여 입력하고 반드시 헤드부분의 두 번째 레코드를 클릭해야 저장된다.

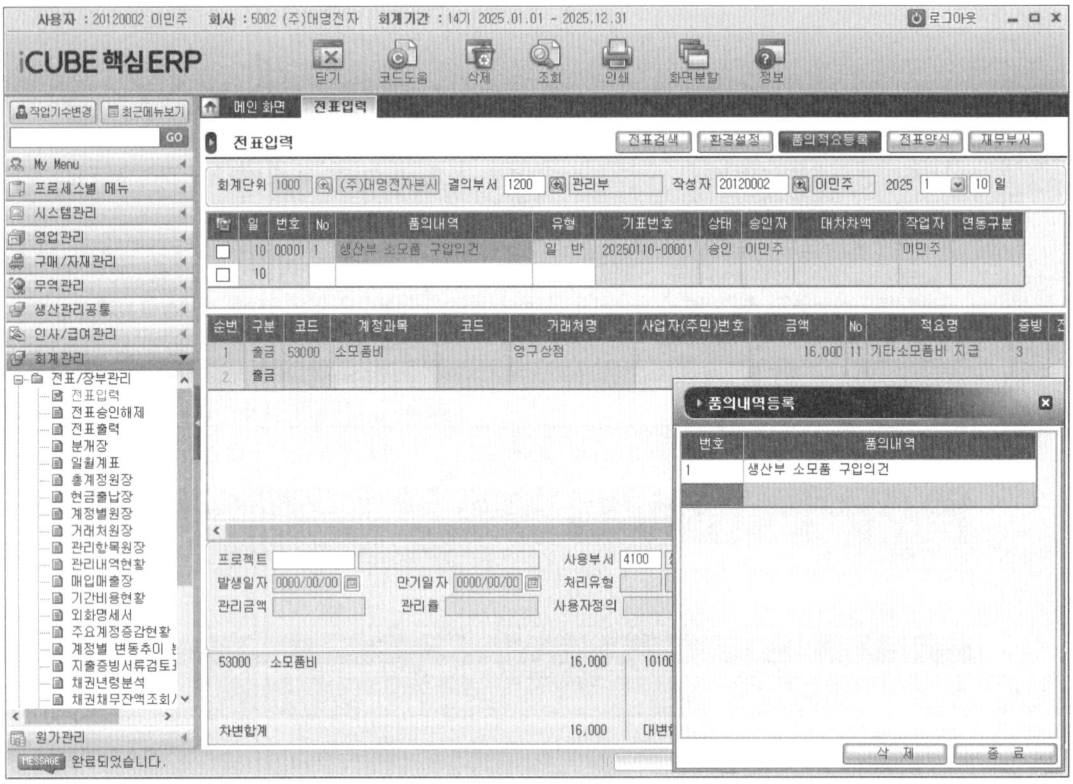

계정코드 선택

① 계정코드가 "8~"로 시작하는 것은 판매비와관리비계정이다. 즉, 본사 소속부서인 임원실, 관리부, 영업1부, 영업2부에서 발생한 판매비와 관리비 계정을 입력할 때 사용한다.
② 계정코드가 "5~"로 시작하는 것은 제조원가계정이다. 즉, 공장(지사) 소속부서인 자재부, 생산부에서 발생한 원가계정을 입력할 때 사용한다.

01월 18일 매출처 충청상회의 외상대금 1,000,000원을 동점발행 당좌수표로 회수하고 입금표를 발행하였다.

따라하기

분개	입금전표	(차) 현 금	1,000,000	(대) 외상매출금(충청)	1,000,000

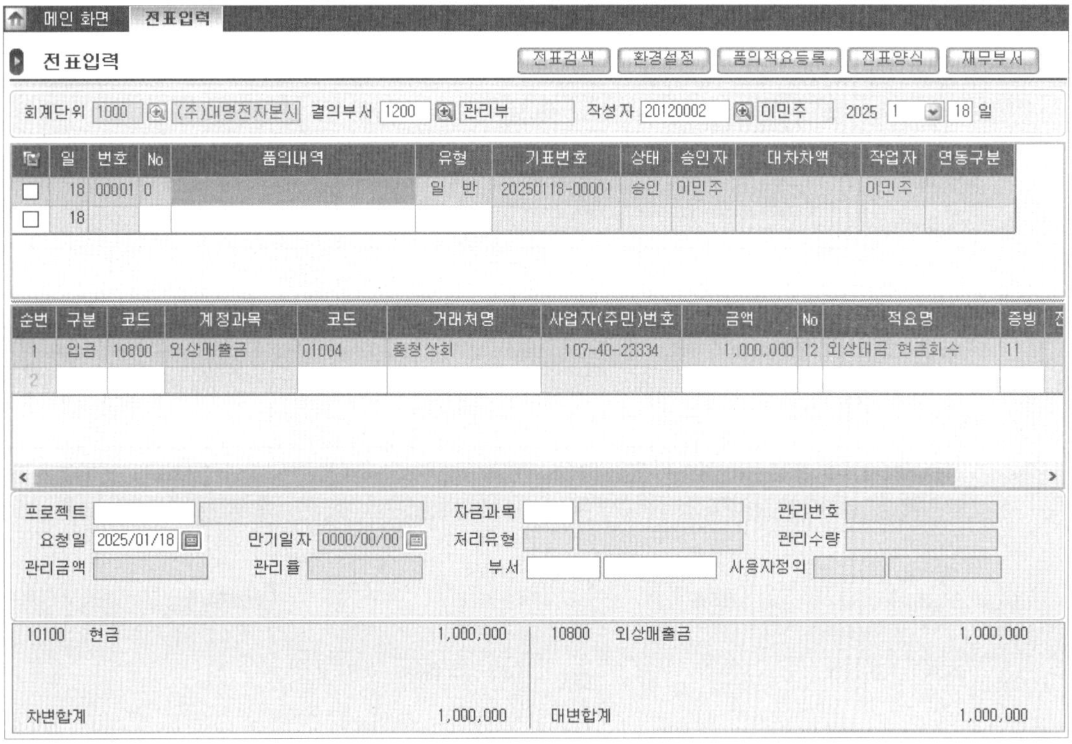

거래처 코드

① 채권/채무계정은 거래처별 잔액 또는 거래내역 관리를 위하여 반드시 거래처코드를 입력해야 한다. 거래처 관리가 특별히 필요 없는 판매비와 관리비등의 입력에는 코드를 입력하지 않아도 되나 부가세대급금, 부가세예수금 계정에는 반드시 거래처코드가 입력되어야 세금계산서합계표등 부가세신고 부속서류에 자동 반영된다.

② 거래처 코드를 찾는 방법 : 기능키[F2] 또는 도구바의 [코드도움]버튼 또는 코드에서 [더블클릭]등으로 찾는다.

채 권	채 무
외상매출금	외상매입금
받을어음	지급어음
미수금	미지급금
선급금	선수금
단기(장기)대여금	단기(장기)차입금

실습예제 04

01월 20일 관리부 이민주는 천일주유소에서 관리부용 승용차에 주유를 하고 주유대금 14,000원을 당사 소유의 법인카드(국민카드)로 결제하였다. (증빙 : 신용카드매출전표)

따라하기

분개	대체전표	(차) 차량유지비(판)	14,000	(대) 미지급금(국민)	14,000

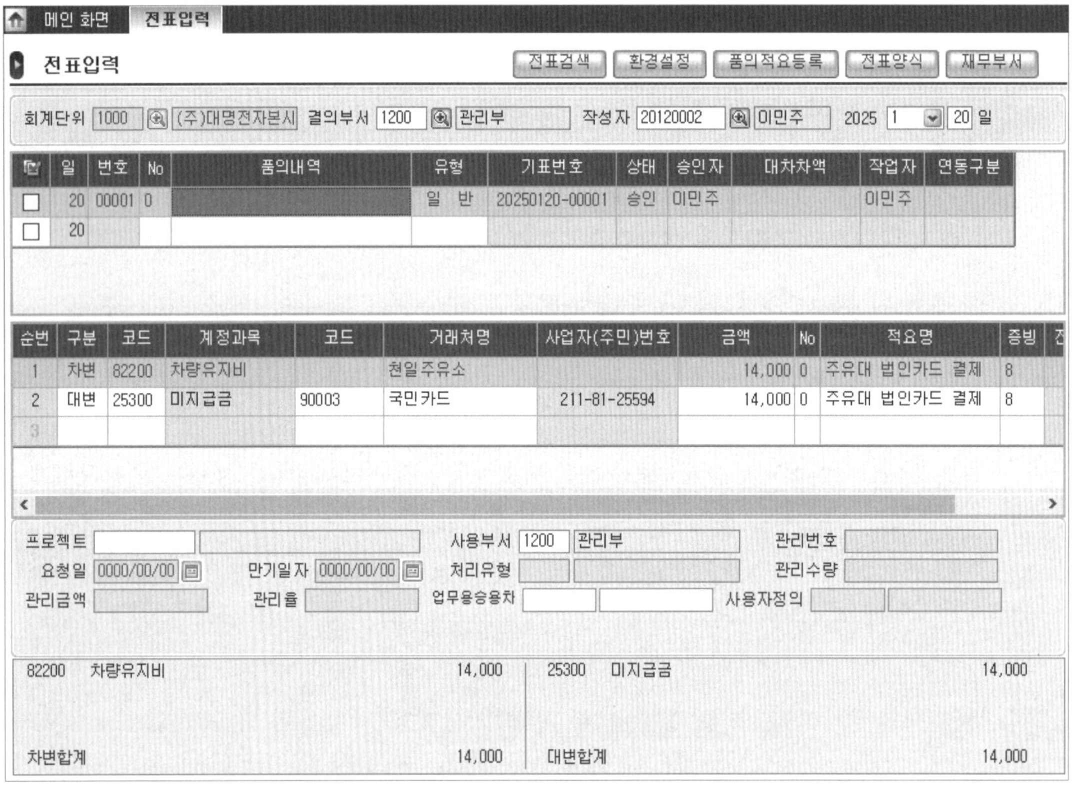

◎ 적요는 거래내용을 입력하는 곳이다. 적절한 적요가 없는 경우에 자주 사용하지 않는 적요는 적요NO "0"번으로 직접 입력하여 사용한다. 자주 사용하는 적요는 적요NO에서 [품의적요등록]버튼을 클릭하여 적요번호는 마지막번호 다음번호로 등록하여 사용하는 것이 편리하다.

◎ **전표의 유형**

① 일반	회계관리의 전표입력메뉴에서 직접 입력하는 전표의 유형으로 회계모듈만 사용시는 전표입력을 [일반]으로 선택하여 입력한다.
② 매입	자재관리 모듈에서 '회계처리' 과정을 통하여 넘겨받은 전표유형이다.
③ 매출	영업관리 모듈에서 '회계처리' 과정을 통하여 넘겨받은 전표유형이다.
④ 수금	영업관리 모듈에서 '회계처리' 과정을 통하여 넘겨받은 전표유형이다.

2. 받을어음의 입력

[계정과목등록]PG에 받을어음 계정의 연동항목이 “받을어음”으로 등록되어 받을어음 계정의 보유와 배서등의 거래에 대하여 [받을어음명세서]등에 반영된다.

자수	거래당사자로부터 직접 받은 약속어음
타수	거래당사자로부터 어음을 수취하기 전 약속어음 뒷면에 배서가 한번이상 있었던 어음

실습예제 01

02월 04일 매출처 (주)천광의 외상매출금 1,000,000원을 동점발행의 약속어음(NO.자가12345678, 만기일 2025.07.16, 우리은행)으로 받고 입금표를 발행하였다. (수금사원 : 관리부(이민주))

따라하기

분개	대체전표	(차) 받을어음(천광)	1,000,000	(대) 외상매출금(천광)	1,000,000

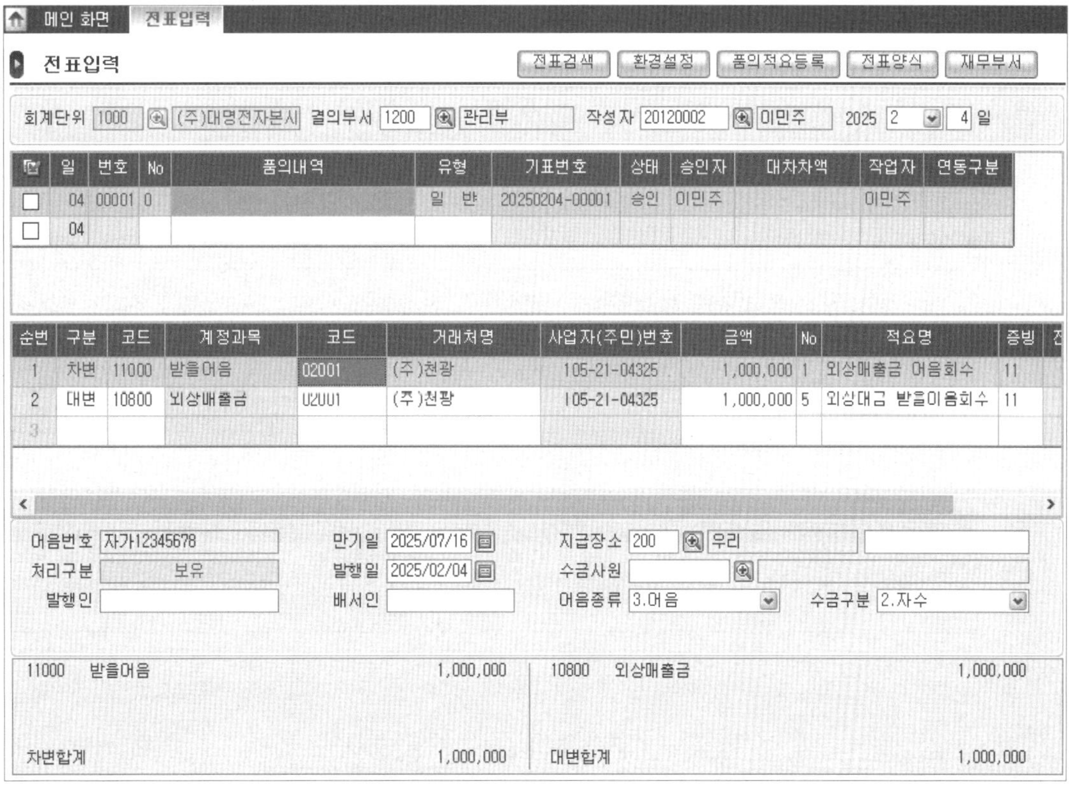

실습예제 02

02월 12일 원재료매입처 ㈜대성산업의 외상매입금 600,000원을 충청상회로 부터 받은 약속어음(NO. 가자12341234, 발행일 : 2024.09.30, 만기일 : 2025.04.30, 600,000원)을 배서하여 주고 입금표를 받았다.(사용부서 : 관리부)

따라하기

분개	대체전표	(차) 외상매입금(대성)	600,000	(대) 받을어음(충청)	600,000

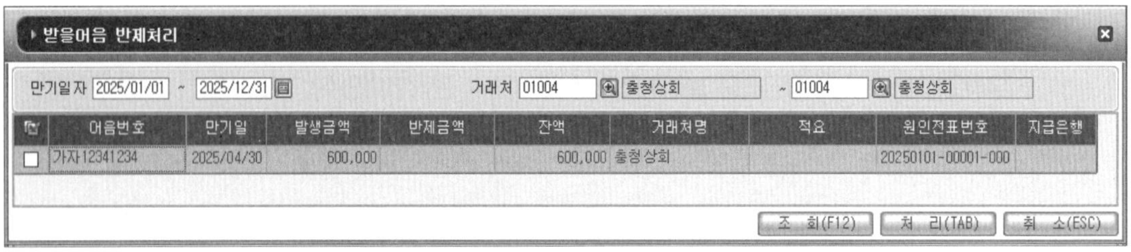

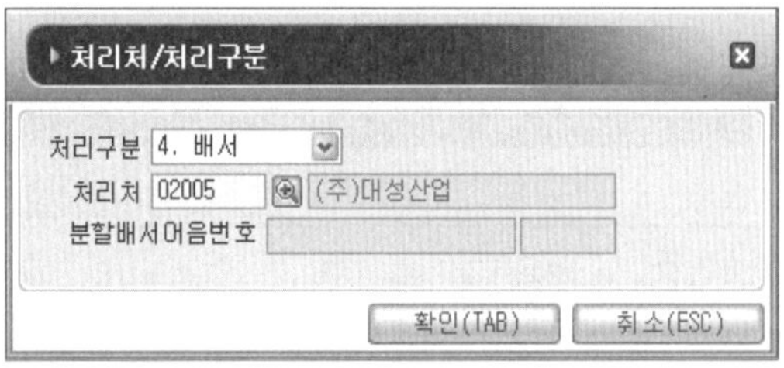

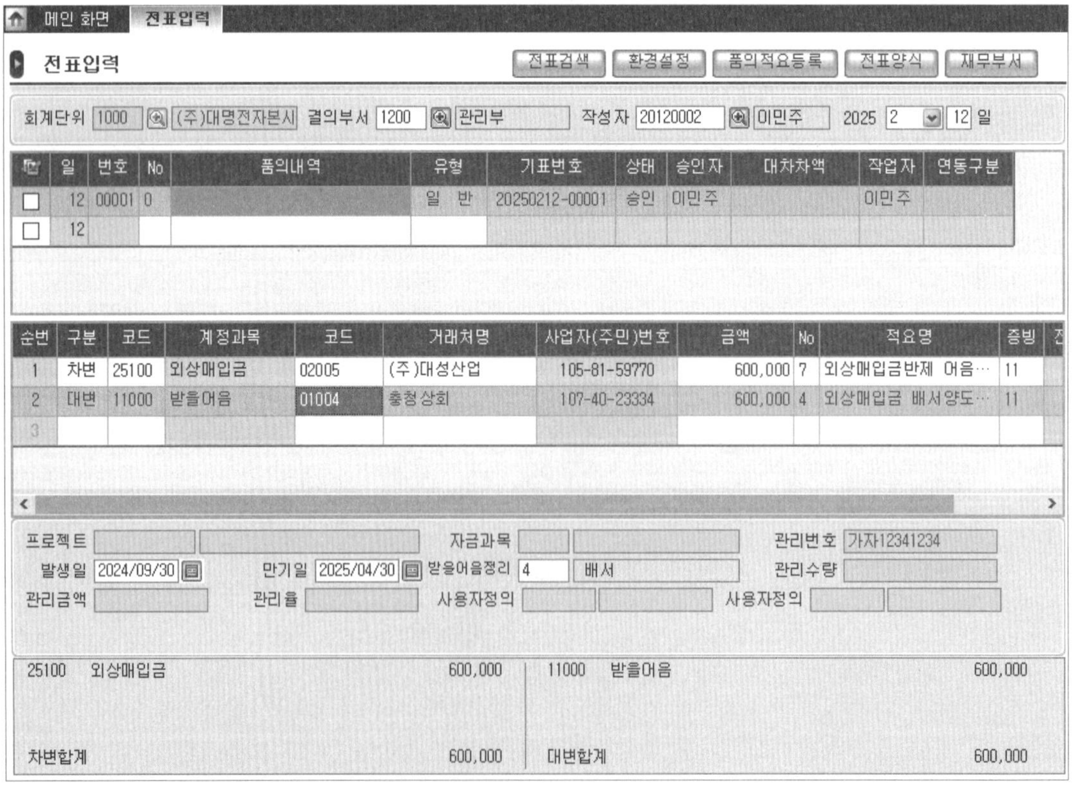

실습예제 03

02월 15일 매출처 (주)천광에서 물품대금으로 받아 보관중인 약속어음(금액 1,000,000원, NO.자가12345678, 만기일 2025.07.16, 신한은행)을 국민은행에서 할인받고 할인료 12,000원을 차감한 잔액은 국민은행 당좌예금계좌로 입금하였다.

따라하기

분개	대체전표	(차)	당 좌 예 금 (국 민) 매 출 채 권 처 분 손 실	988,000 12,000	(대)	받 을 어 음 (천 광)	1,000,000

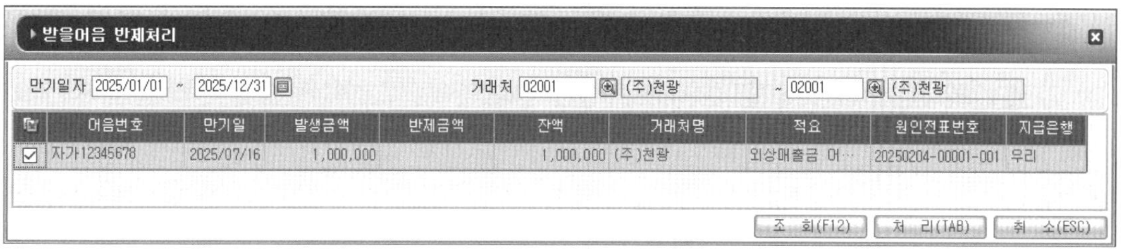

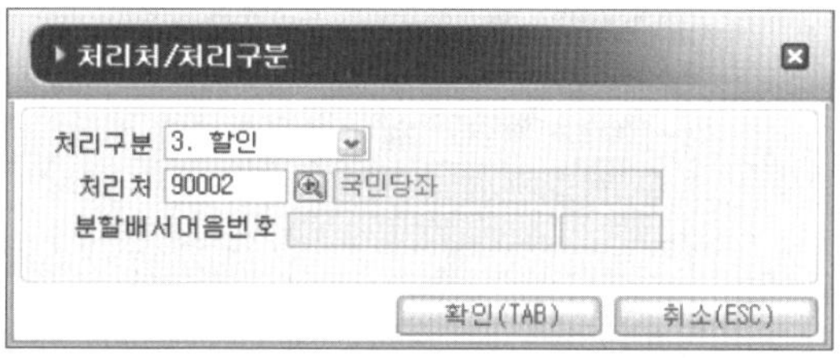

실습예제 04

02월 20일 매출처 백두전자에서 받아 보관중인 약속어음(5,600,000원, NO.나가43214321, 만기일 2025.02.20)이 만기되어 추심한 결과 결제되어 당사 국민은행 당좌예금계좌에 입금되었음을 확인하였다.

따라하기

분개	대체전표	(차) 당좌예금(국민)	5,600,000	(대) 받을어음(백두)	5,600,000

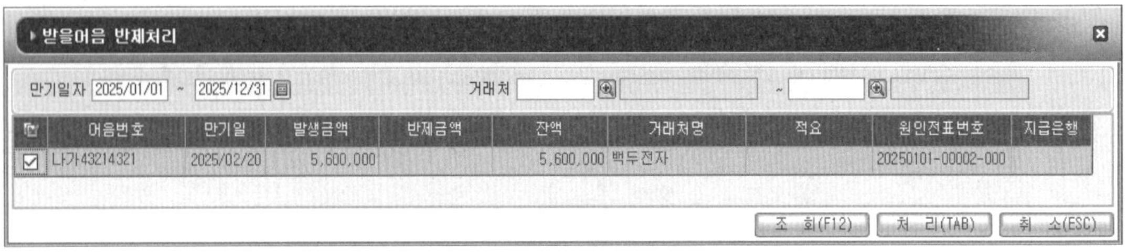

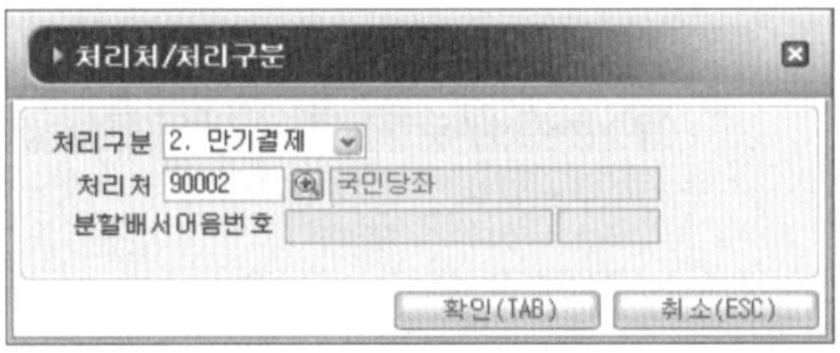

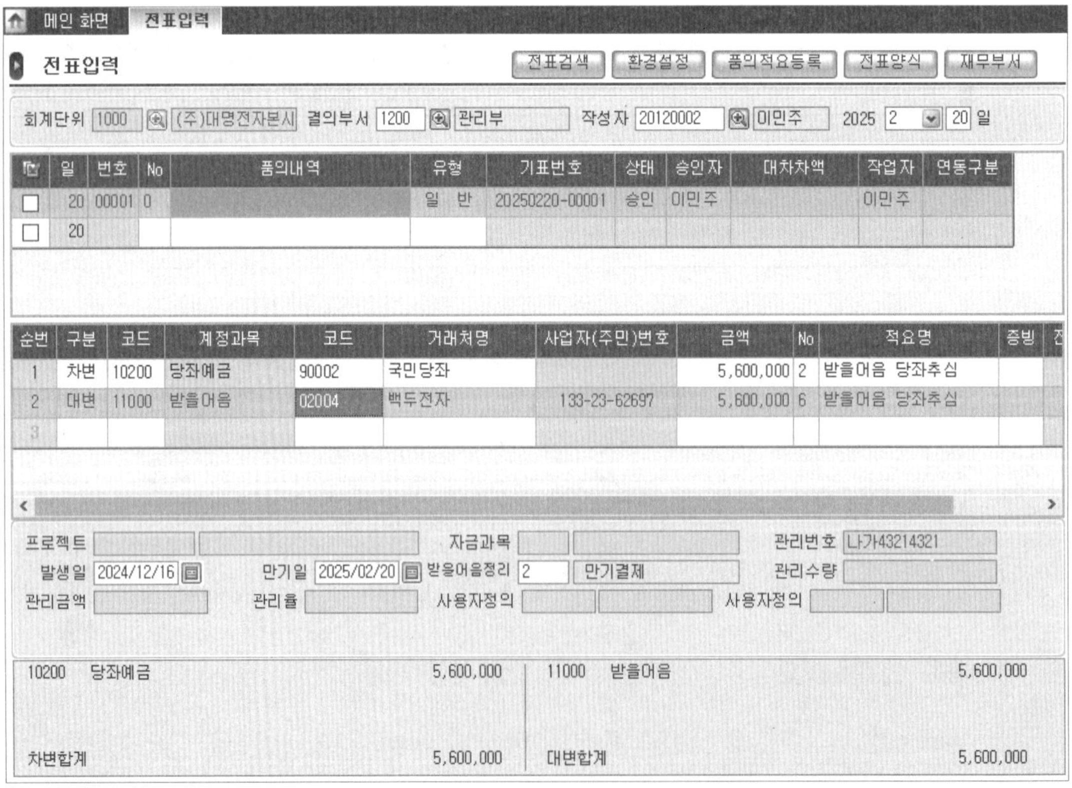

3. 지급어음의 입력

기업이 약속어음을 발행하려면 먼저 은행으로부터 약속어음용지를 수령한 다음 약속어음의 관리 번호별 수불부를 작성하여 보관하였다가 물품대금의 지급시 발행한다.

실습예제 01

03월 02일 국민은행(국민당좌)으로부터 약속어음 10매(나가43211001 ~ 43211010)를 수령하였다.

따라하기

① [회계관리] → [자금관리] → [지급어음명세서] → [어음등록] 버튼을 클릭한다.

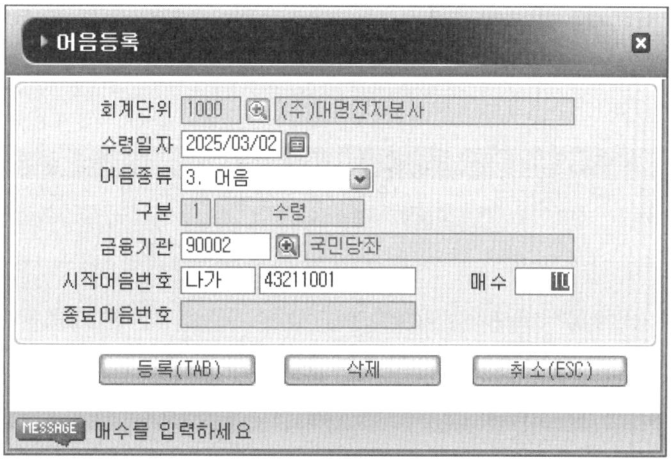

② [회계관리] → [자금관리] → [지급어음명세서] → [수불부]탭에서 등록된 어음을 확인한다.

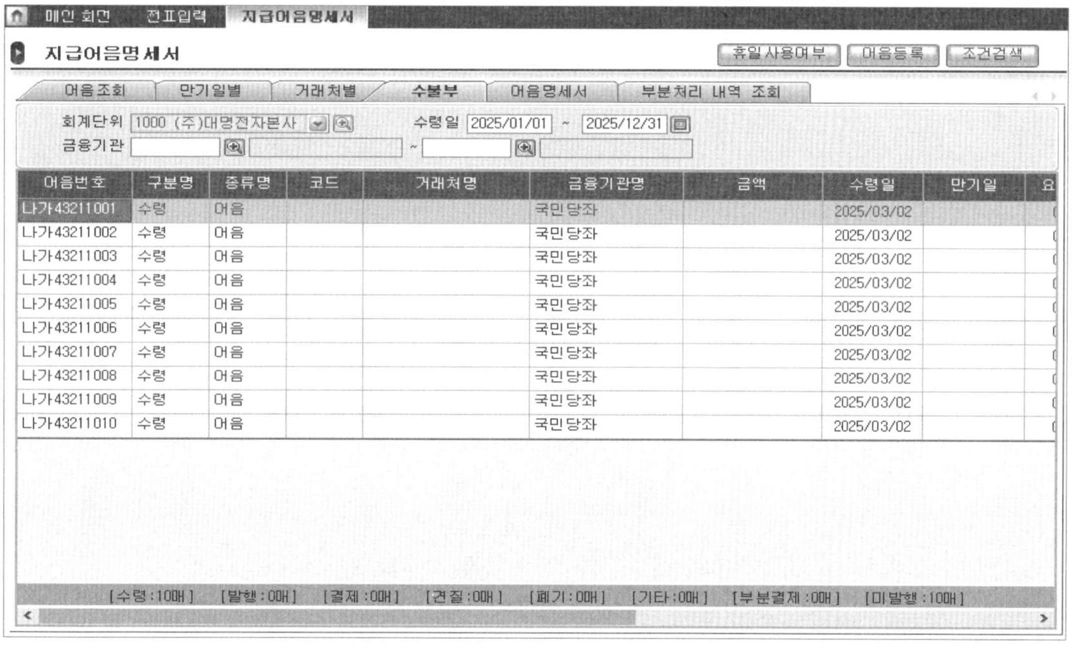

실습예제 02

03월 03일 (주)종로산업의 외상매입금 1,000,000원을 약속어음을 발행하여 지급하였다. (어음 NO.나가 43211001, 만기일 2025. 03. 31 증빙 : 입금표) (사용부서 : 관리부)

따라하기

분개	대체전표	(차) 외상매입금(종로)	1,000,000	(대) 지급어음(종로)	1,000,000

① 어음번호 입력시 🔍아이콘을 클릭하여 입력한다.

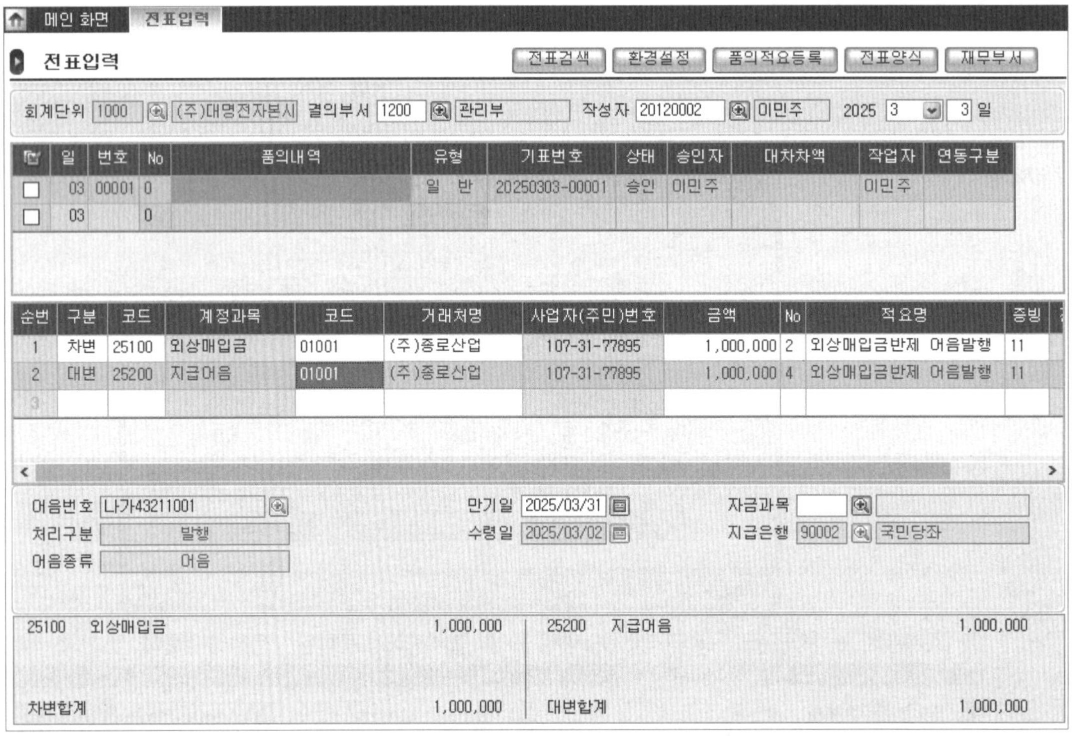

실습예제 03

03월 31일 (주)종로산업에 발행하였던 약속어음 1,000,000원(NO.나가 43211001)이 만기되어 당사 국민은행 당좌예금 계좌에서 자동지급처리 되었다.

따라 하기

분개	대체전표	(차) 지급어음(종로)	1,000,000	(대) 당좌예금(국민)	1,000,000

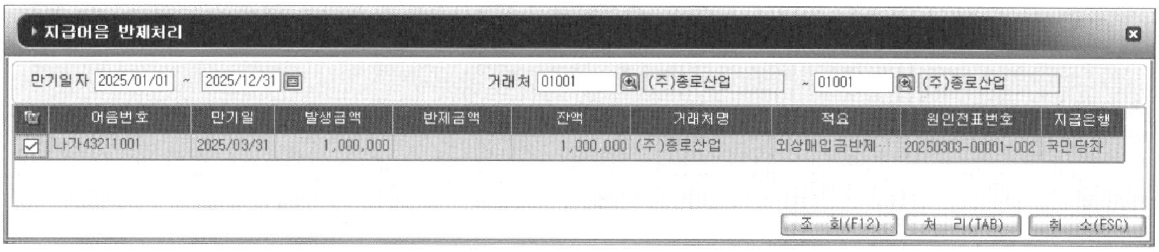

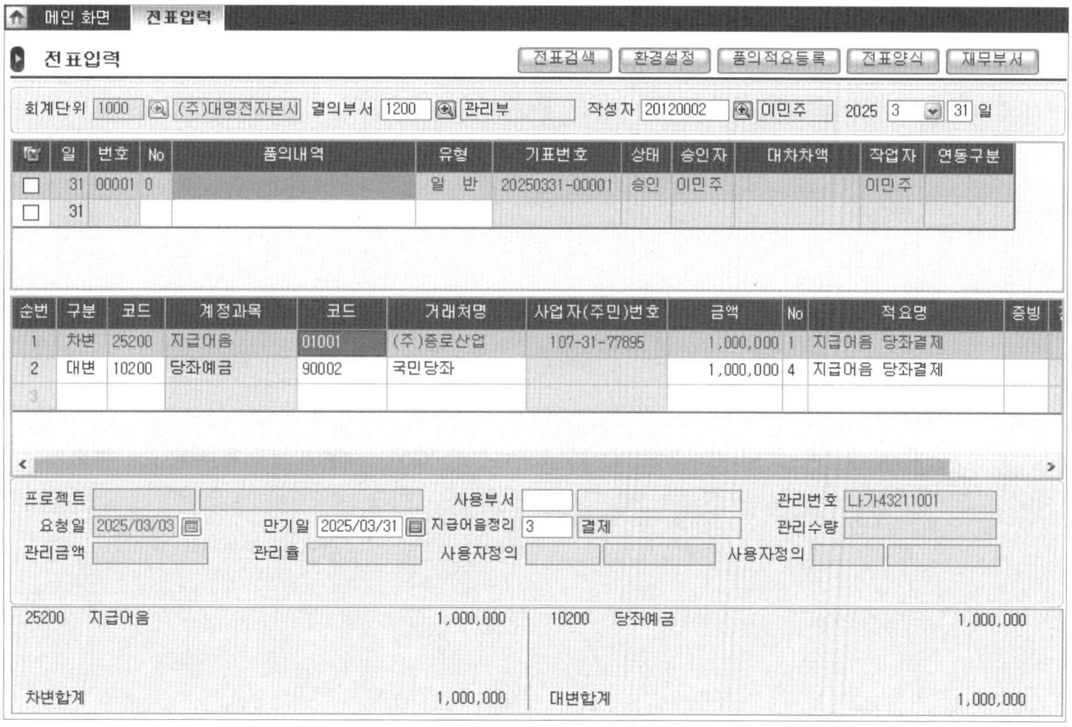

4. 유가증권의 입력

[계정과목등록] PG에 10700.단기매매증권, 17800.투자유가증권계정의 연동항목이 "유가증권"으로 등록되어, 전표입력후 [유가증권명세서]가 자동작성 된다.

실습예제 01

04월 30일 단기보유목적으로 (주)대성산업의 주식 300주(NO.10011001-10011300)액면가 10,000원, 매입가 2,400원)에 매입하면서 증권거래수수료등 10,000원을 포함하여 현금으로 지급하였다.

따라하기

분개	출금전표	(차)	단 기 매 매 증 권 지급수수료(영비)	720,000 10,000	(대)	현 금	730,000

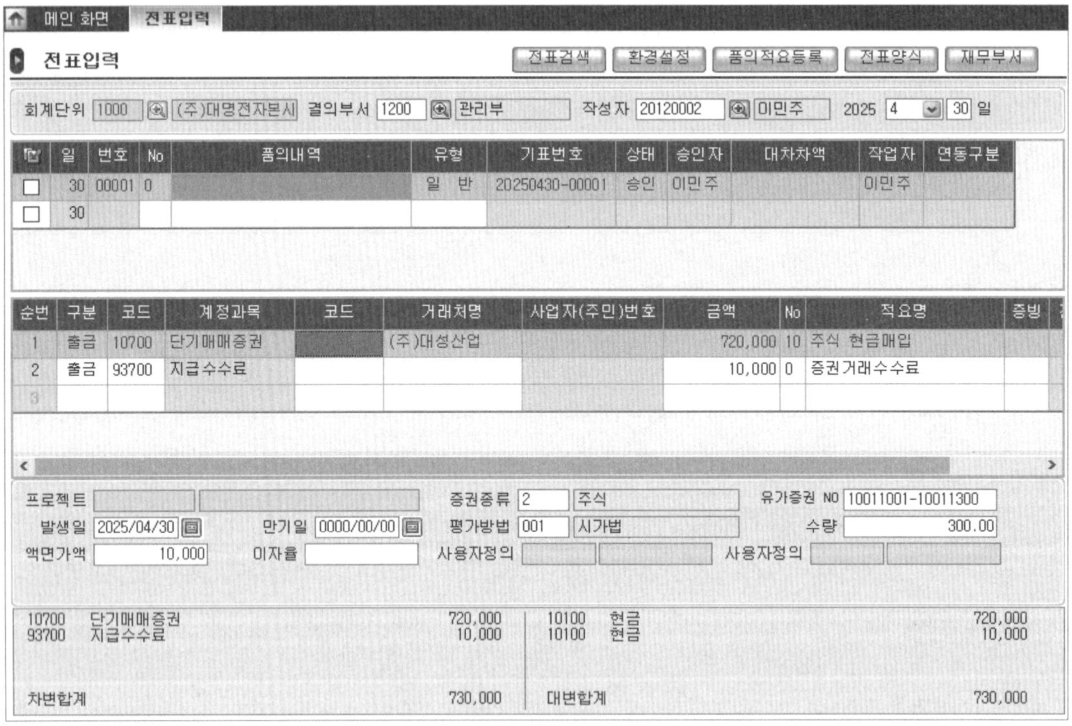

5. 기간비용의 입력

기간이 있는 비용들은 납부시 “선급비용”으로 처리하였다가 결산시 당해연도 기간경과분에 대해서 보험료, 이자비용 등의 계정으로 대체 하는 것이 실무적이라 할 수 있다.

양편넣기	월별 기간비용 계산시 계약기간 시작일, 계약기간 종료일 모두 일수에 포함한다.(예 : 보험료)
초일산입	월별 기간비용 계산시 계약기간 시작일은 일수에 포함하고, 계약기간 종료일은 일수에 포함하지 않는 방법이다.
말일산입	월별 기간비용 계산시 계약기간 시작일은 일수에 포함하지 않고 계약기간 종료일은 일수에 포함한다.(예: 임차료, 이자)

실습예제 01

05월 01일 영업1부 차량의 보험료 180,000원을 (주)우리화재보험에 현금으로 납부하고 보험에 가입(보험기간 : 2025.05.01~2026.04.30)하였다. (자산처리법, 증빙 : 입금표, 대체계정 : 보험료(판), 양편넣기)

따라하기

분개	출금전표	(차) 선 급 비 용	180,000	(대) 현 금	180,000

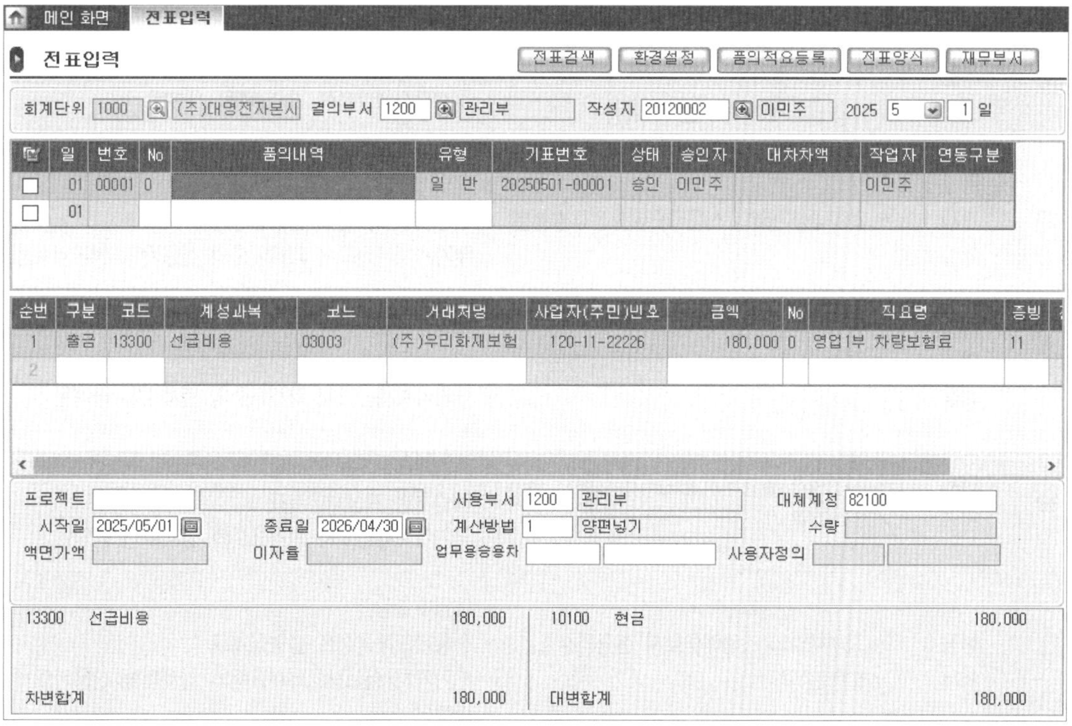

6. 매출부가세

부가가치세관련 자료 중 매출과 관련된 자료를 구분하여 "매출부가세"로 관리한다.

코드	유형	입력내용	반영되는 서식
11	과세 매출	· 일반 매출세금계산서(10%부가세)	· 매출처별 세금계산서합계표 · 매입매출장 · 부가가치세신고서 매출세액부분과 과세표준
12	영세 매출	· 영세율 거래 중 세금계산서 발행분 (주로 Local L/C, 구매확인서 등)	· 매출처별 세금계산서합계표 · 매입매출장 · 부가가치세신고서 매출세액부분과 과세표준
13	면세 매출	· 부가가치세 면세사업자가 발행하는 계산서	· 매출처별 계산서합계표 · 매입매출장 · 부가가치세신고서의 과세표준명세
14	건별 매출	· 세금계산서가 발행되지 않는 과세매출(소매매출) · 간주공급의 입력시	· 매입매출장 · 부가가치세신고서 과세매출의 기타란과 과세표준명세
15	종합 매출	· 간이관세자의 매출 (공급가액과 부가세가 구분되지 않음)	· 부가가치세신고서 과세표준의 기타란
16	수출	· 외국에 직접 수출하는 경우로 외국환증명서 · 수출신고서 등의 자료에 의함	· 매입매출장 · 부가가치세신고서 영세 매출 기타란
17	카드 과세 매출	· 과세대상거래의 신용카드매출전표발행분	· 매입매출장 · 신용카드매출전표 발행집계표 · 부가가치세신고서 과세매출의 신용카드·현금영수증 발행분
18	카드 면세 매출	· 면세대상의 신용카드매출전표발행분	· 매입매출장 · 신용카드매출전표 발행집계표 · 부가가치세신고서 과세표준의 면세수입 금액란
19	면세 건별	· 계산서가 발행되지 않는 거래로서 소매매출	· 매입매출장 · 매출처별 계산서합계표 · 부가가치세신고서 과세표준의 면세수입 금액란
31	현금 과세	· 과세사업의 소매매출로서 현금영수증 발행분	· 매입매출장 · 신용카드매출전표 발행집계표 · 부가가치세신고서 과세표준의 과세매출 신용카드·현금영수증 발행분
32	현금 면세	· 면세거래의 현금영수증 발행분	· 매입매출장 · 부가가치세신고서 과세표준의 면세수입금액란
33	과세매출 매입자발행 세금계산서	· 과세매출 매입자발행 세금계산서	· 매출처별 세금계산서합계표 · 매입매출장 · 부가가치세신고서

실습예제 01

07월 08일 영업1부 김스란은 충청상회에 제품(컴퓨터 10대, @240,000원, VAT별도)을 판매하고, 본사를 공급자로 전자세금계산서를 발행하였다. 대금은 전액 현금으로 받았다.

따라하기

① 분개구분은 [6.매출부가세]선택하고 내용 입력 [적용]버튼 클릭하고, 40101국내상품매출액을 40401국내제품매출액으로 계정과목을 수정한다.

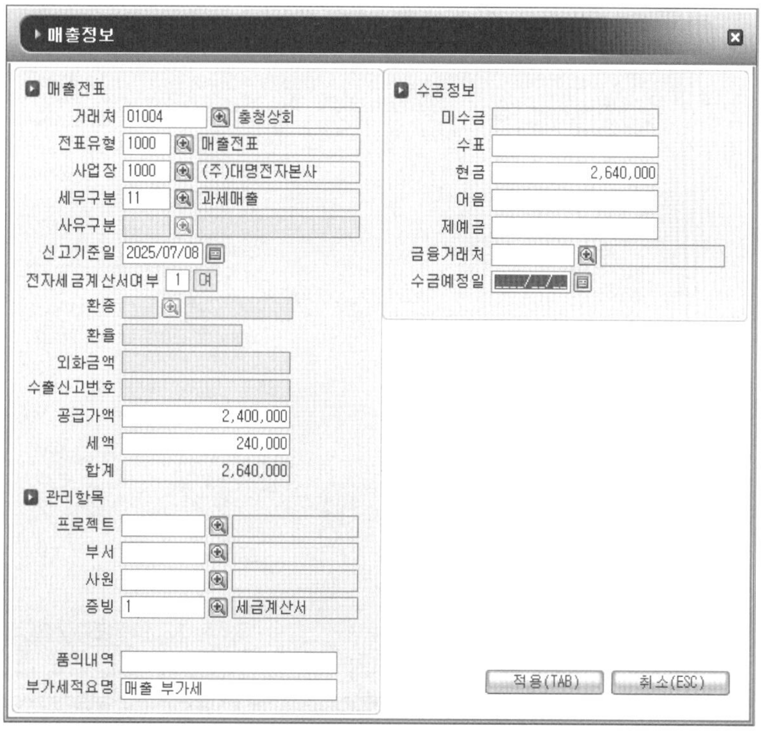

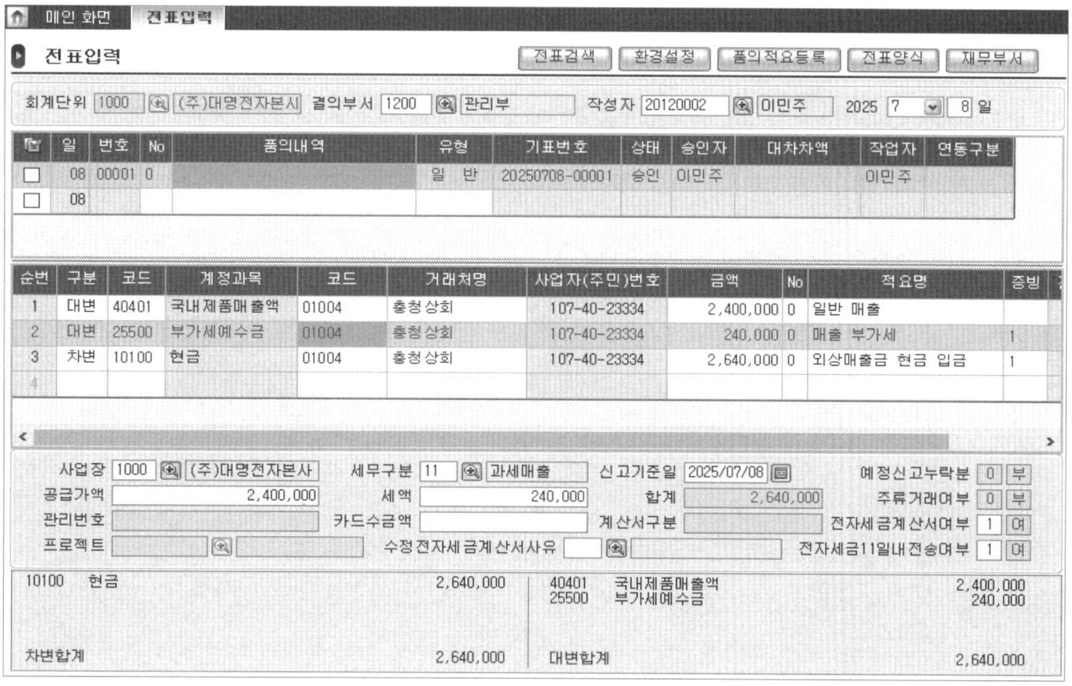

실습예제 02

07월 12일 영업1부 김스란은 백두전자에 제품(컴퓨터 10대, @300,000원, VAT별도)을 판매하고, 대금은 전액 외상으로 하여 본사를 공급자로 전자세금계산서를 발행하였다.

따라하기

① 분개구분은 [6.매출부가세]선택하고 내용 입력 [적용]버튼 클릭하고, 40101국내매출액(상품매출)을 40401국내매출액(제품매출)로 계정과목을 수정한다.

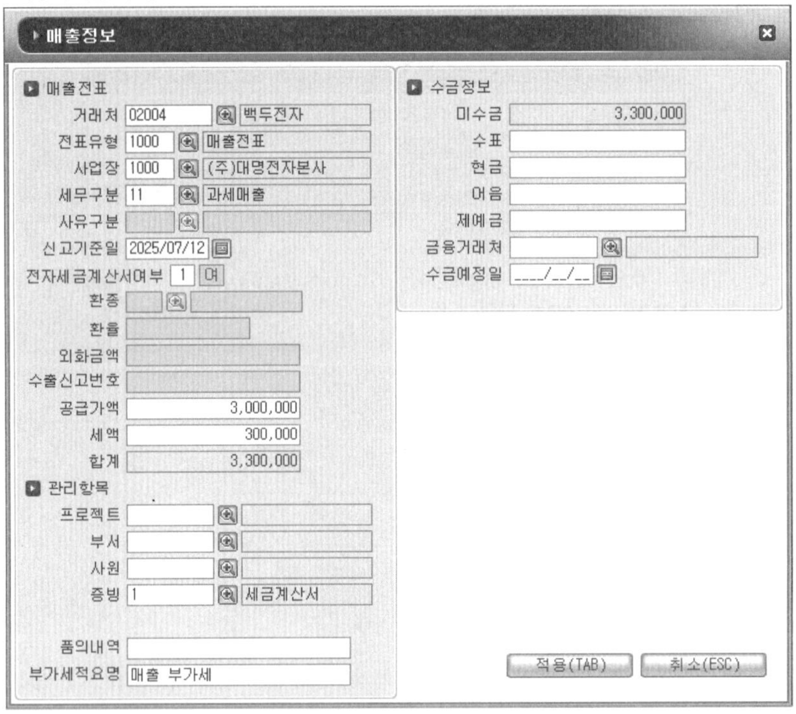

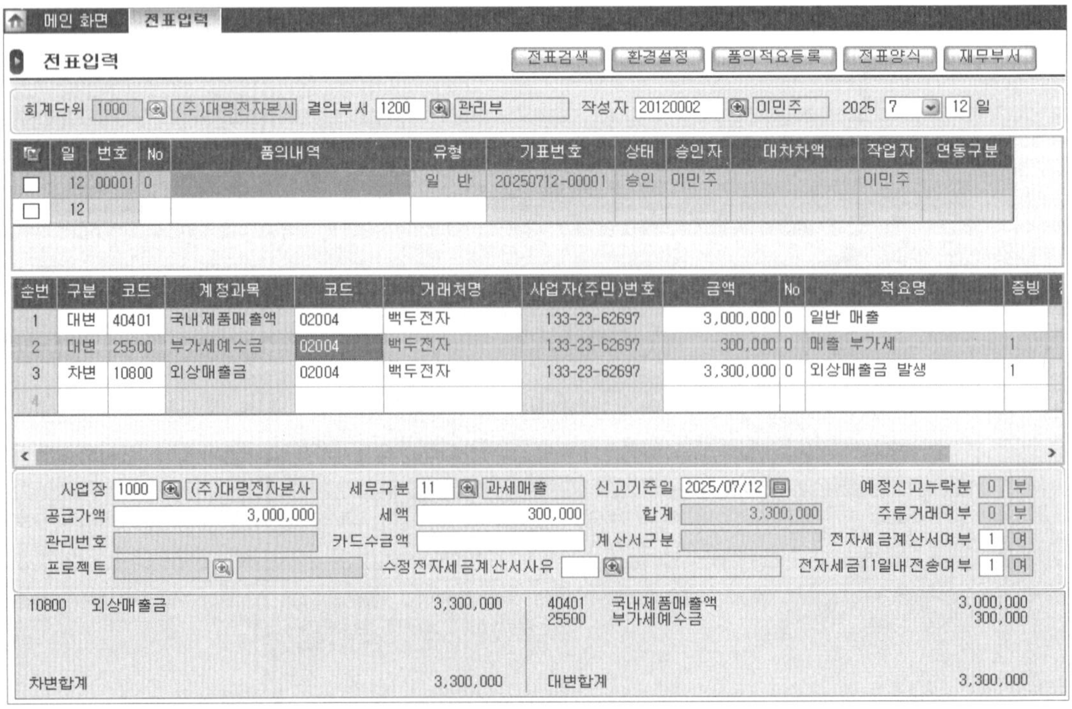

실습예제 03

07월 18일 영업1부 김스란은 (주)천광에 제품(컴퓨터 5대, @240,000원 VAT별도)을 판매하고, 본사를 공급자로 하여 전자세금계산서를 발행하였다. 대금은 동점발행의 약속어음(어음번호 : 아자87654321, 만기일 : 2025. 9. 30, 지급처 : KEB하나)으로 전액 결제 받았다.

따라하기

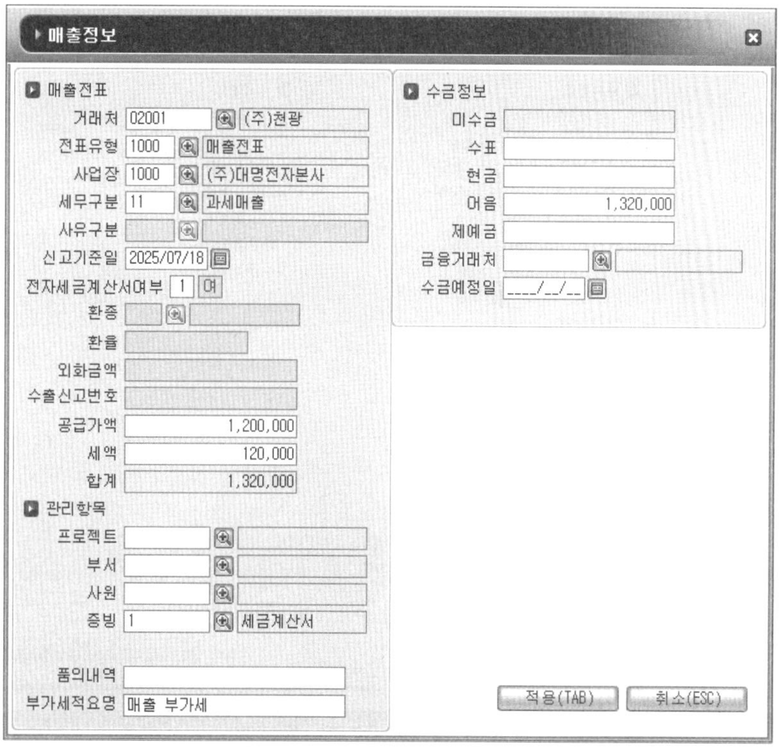

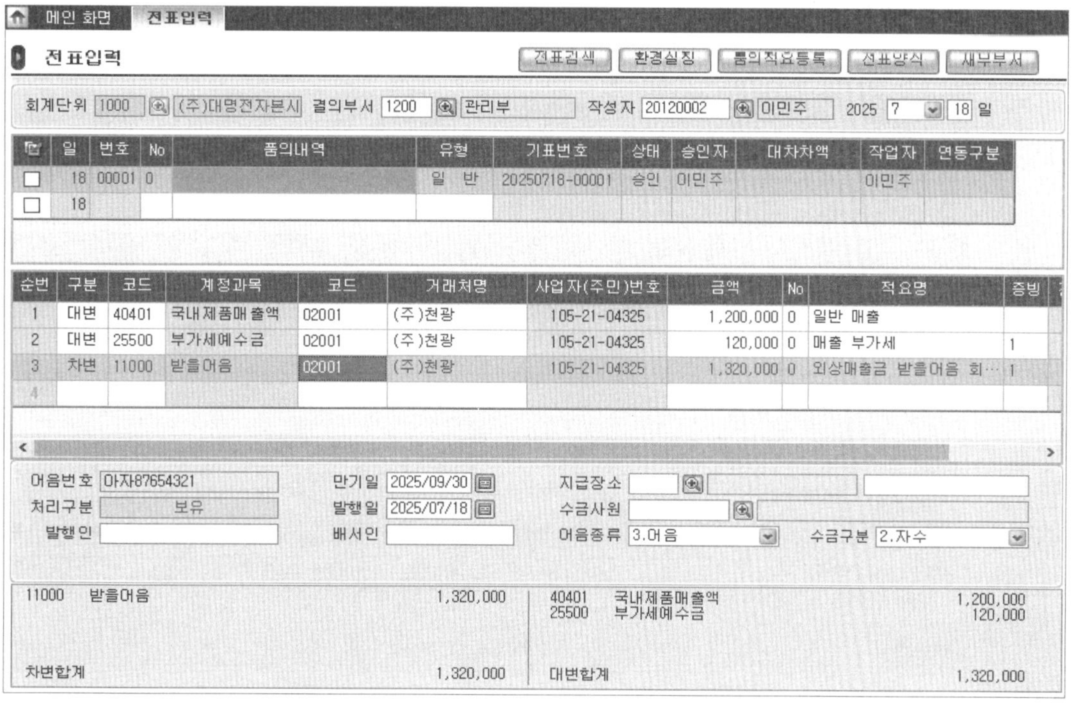

실습예제 04

07월 24일 영업1부 김스란은 수출대행업체인 (주)제일에 Local L/C에 의하여 제품(컴퓨터 10대, @200,000원, 영세율 적용)을 납품하고 전자세금계산서를 발행하였다. 대금은 전액 외상으로 하였다.

따라 하기

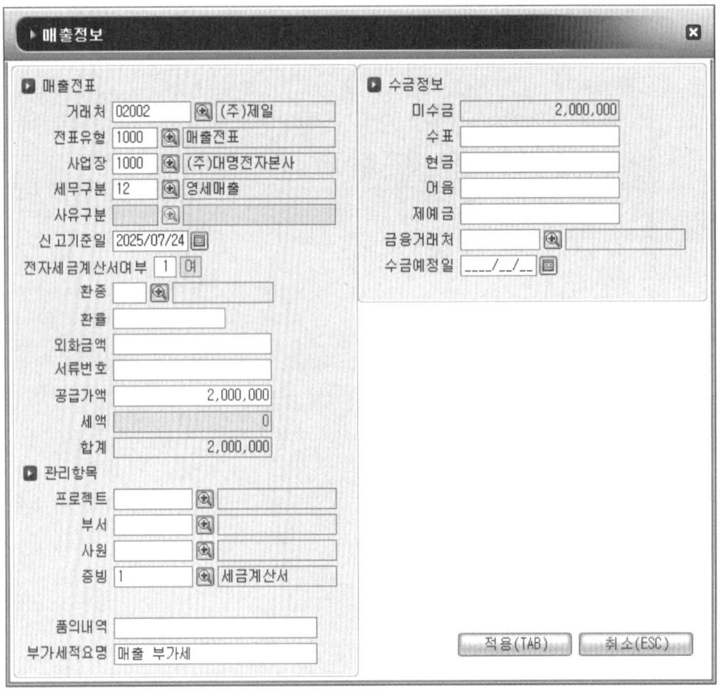

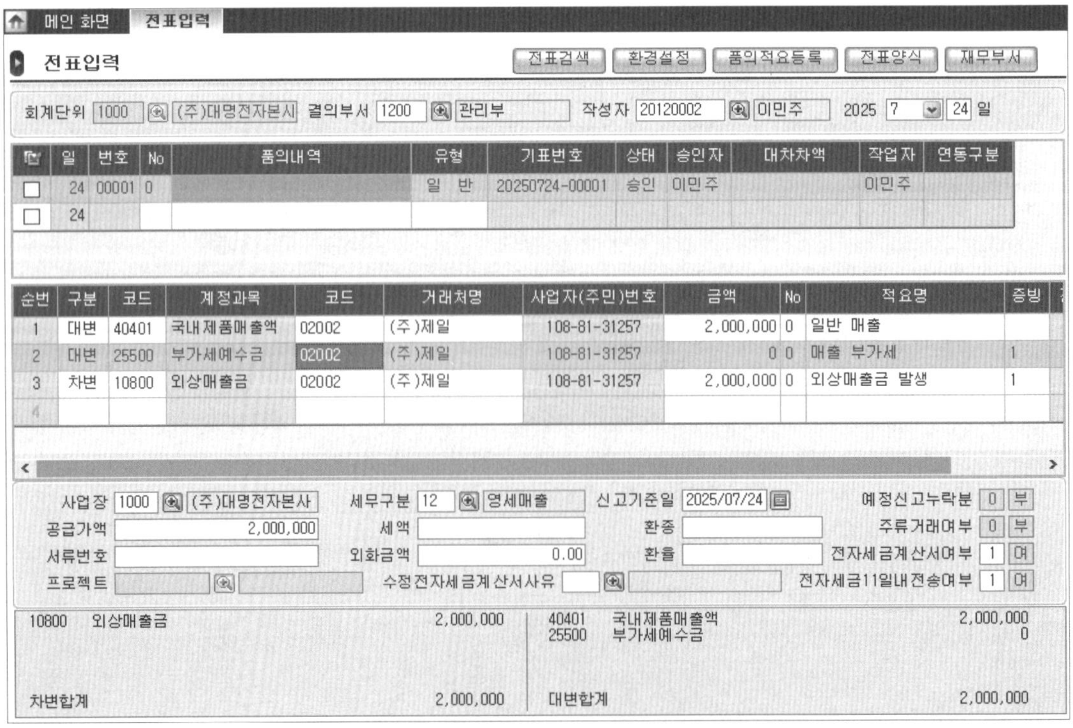

실습예제 05

07월 26일 영업1부 김스란은 제품으로 판매하고 있는 전자제품관련 도서 10권(@4,000원)을 충청상회에 판매하고 전자계산서를 발행하였다. 대금은 전액 현금으로 받았다. (처리자 : 관리부 이민주)

따라 하기

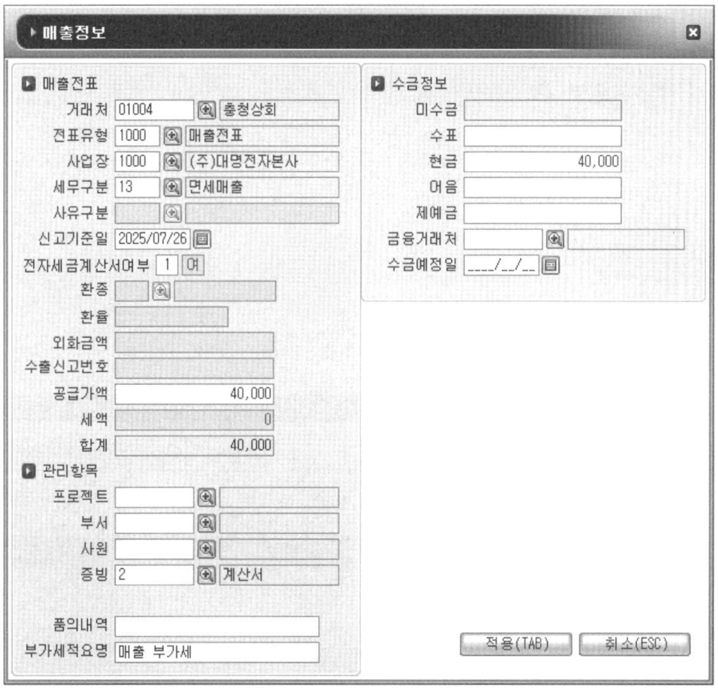

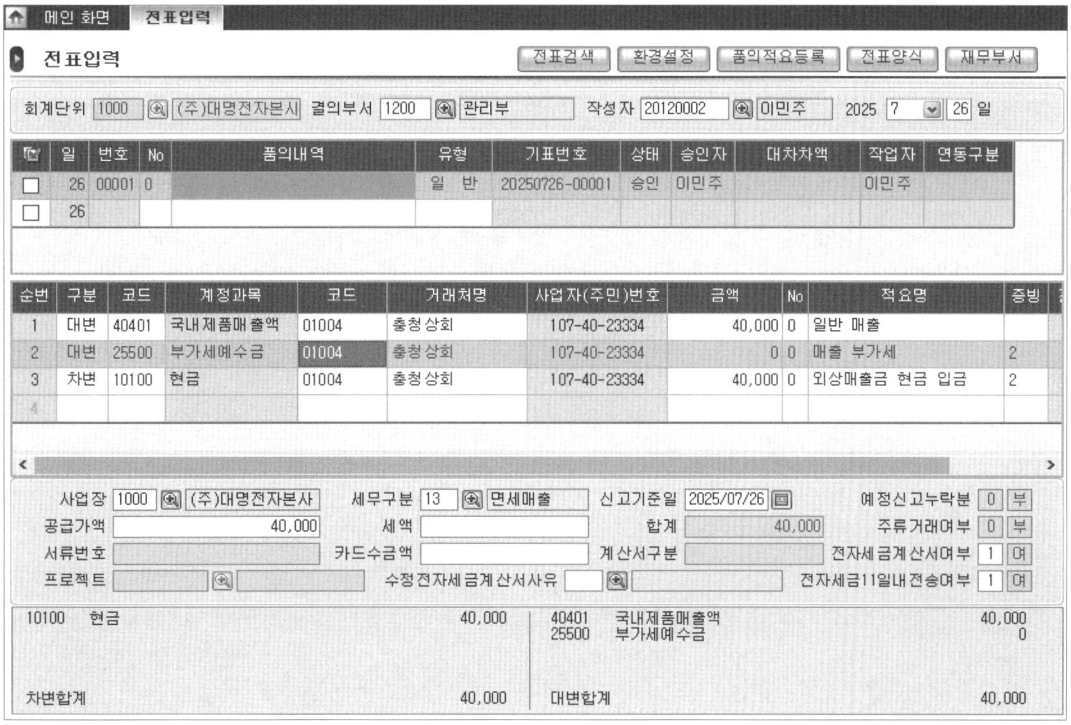

7. 매출부가세(부동산임대)

실습예제 01

09월 01일 본사는 사무실 일부를 (주)종로산업에 1년간 임대하기로 하고 부동산임대차계약서를 작성하였다. 보증금은 국민은행의 보통예금으로 입금 받았다.(증빙 : 입금표)

[부동산임대차계약 내용]

- 임차인 : (주)종로산업(107-31-77895)
- 소재지 : 서울시 강남구 강남대로 302(역삼동, 동희빌딩)
- 구조용도 : 사무실
- 면적 : 50㎡
- 층, 호수 : 2층 201호
- 임대기간 : 2025.09.01.~2026.08.31.
- 임대료(월) : 1,000,000원(매월 5일)
- 보증금 : 30,000,000원

따라 하기

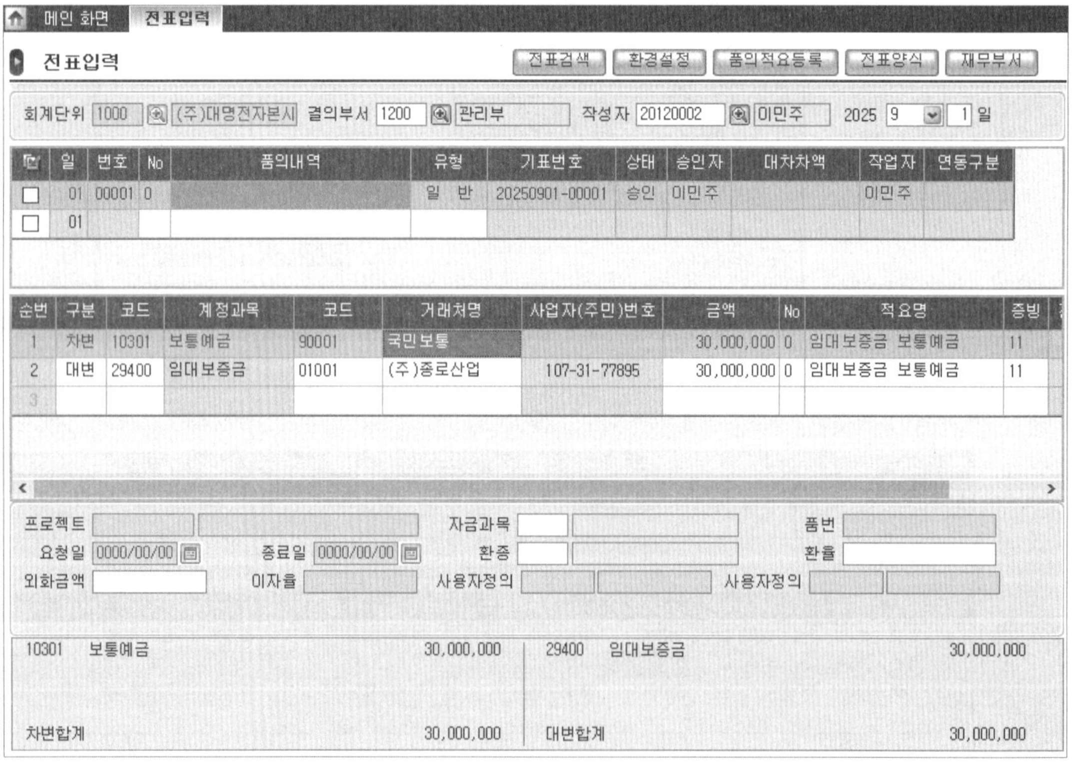

실습예제 02

09월 05일 본사는 사무실 일부를 (주)종로산업에서 9월분 임대료 1,000,000원(부가세별도)을 국민은행 보통예금으로 받고 본사를 공급자로 하여 전자세금계산서를 발급하였다. 회계처리 후 부동산임대공급가액명세서 작성하시오.(부동산임대업 가정, 간주임대료 이자율 : 3.5%)

따라하기

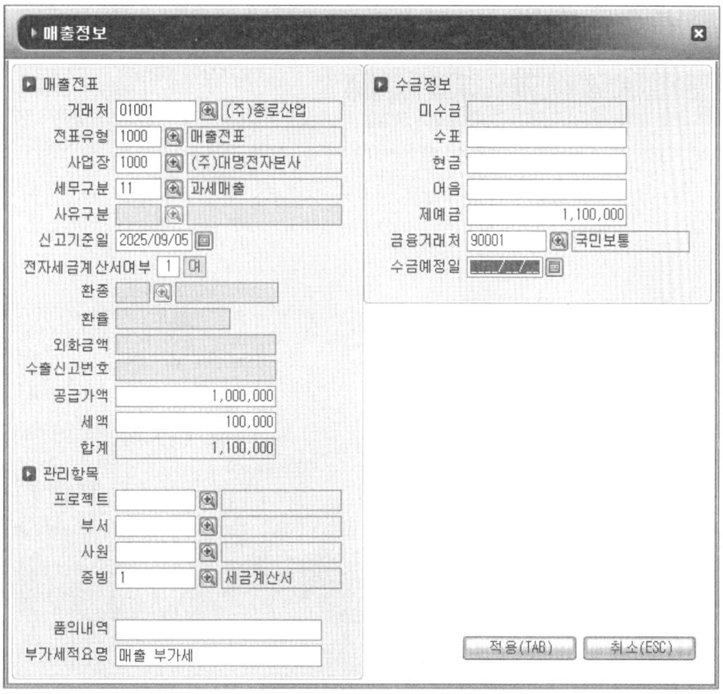

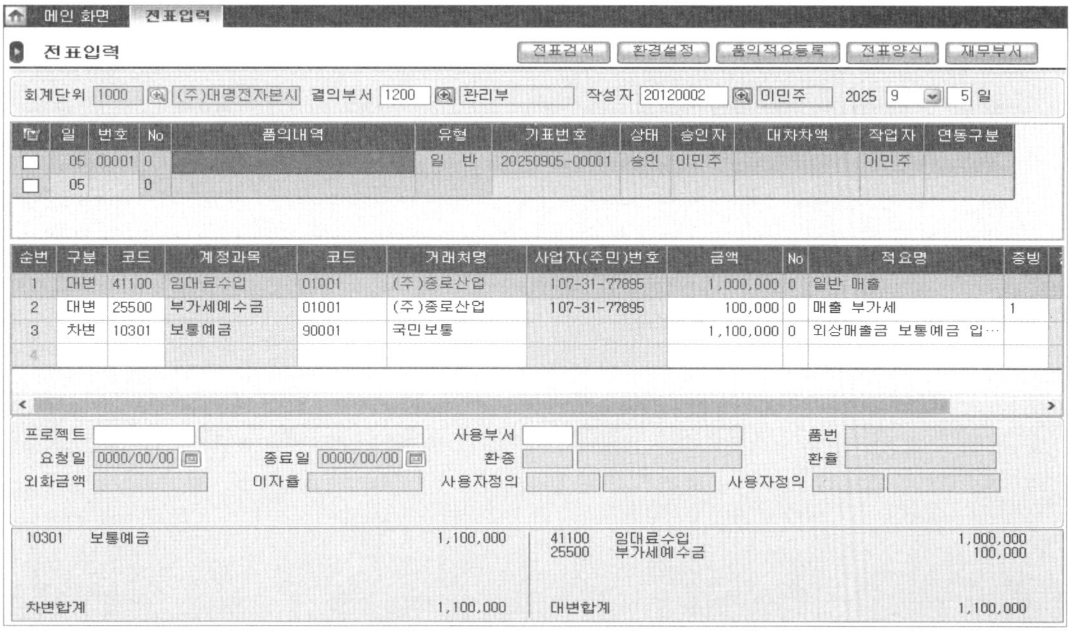

계정코드 선택

41100.임대료수입은 임대업으로 건물 등을 임대하고 받은 매출액이며 90400.수입임대료는 영업외수익으로 임대업을 하지 않는 자가 건물 등을 임대하고 받을 때 쓰는 계정이다.

① [회계관리] → [부가가치세관리] → [부동산임대공급가액명세서]더블클릭하고, 신고구분[0.사업장별], 사업장[(주)대명전자본사], 과세기간[2025.07~2025.09] 조회

② [데이터가 존재하지 않습니다. 이전 데이터를 복사하겠습니까?]메시지창에서 [아니오]클릭한다.

③ 동[빈칸], 층[1.지상, 2], 호수[201], 상호(성명)[(주)종로산업], 사업(주민)등록[107-31-77895], 면적[50], 용도[사무실], 임대기간[2025.09.01.~2026.08.31.], 보증금[30,000,000], 월세[1,000,000] 입력 후 [Enter↲]

④ 보증금이자(간주임대료)를 확인한다.

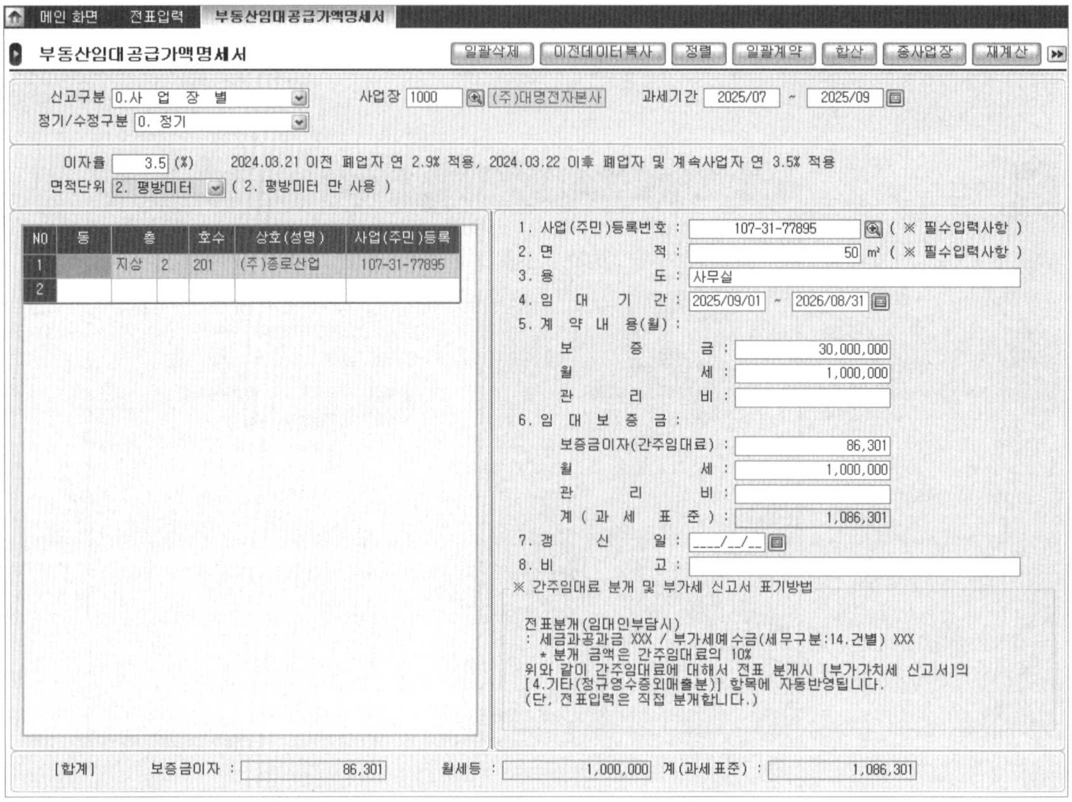

실습예제 03

09월 30일 (주)종로산업에 임대하고 받은 보증금에 대한 간주임대료를 회계처리하시오.
(임대인이 부담)

따라하기

① [부동산임대공급가액명세서]에서 보증금이자(간주임대료) 금액 86,301원을 확인 후 [전표입력]에 입력한다.

② 임대인이 간주임대료 부담시 (차) 세금과공과 ××× / (대)부가세예수금 ×××으로 회계처리하며 금액은 보증금이자(간주임대료) × 10%를 한다. 즉, 분개시 금액은 보증금이자(86,301) × 10% = 8,630이 된다.

③ 세무구분은 증빙이 없으므로 14.건별로 처리하며 [부가세신고서]의 4.기타(정규영수증외매출분)에 반영된다.

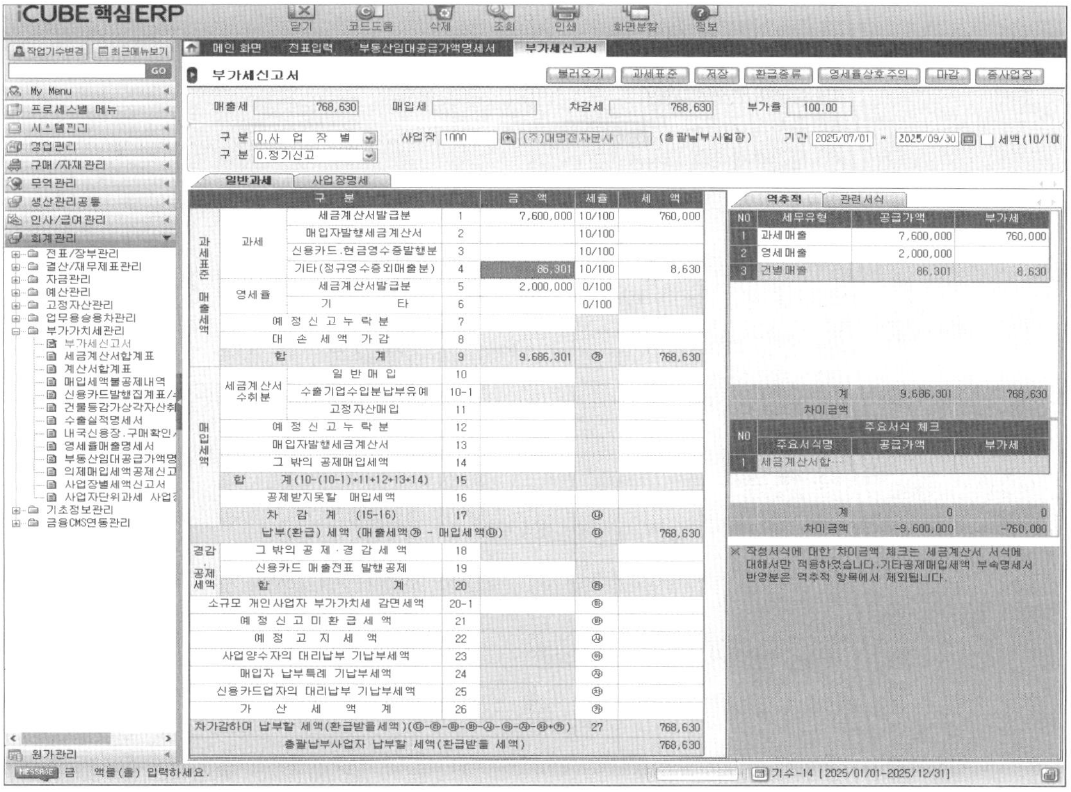

8. 매입부가세

부가가치세관련 자료 중 매입과 관련된 자료를 구분하여 "매입부가세"로 관리한다.

코드	유형	입력내용	반영되는 서식
21	과세매입	· 일반 매입세금계산서(10%부가세)	· 매입처별세금계산서합계표 · 매입매출장 · 부가가치세신고서 일반매입란(고정자산매입분개시-신고서 고정자산매입란)
22	영세매입	· 영세율의 매입세금계산서	· 매입매출장 · 부가가치세신고서 일반매입란 · 매입처별세금계산서 합계표
23	면세매입	· 부가가치세면세사업자가 발행한 계산서 · 사유구분코드선택 30.일반면세 31.의제매입(3/103) 32.의제매입(5/105) 33.의제매입(2/102) 34.재활용폐자원등 매입(8/108) 35.재활동폐자원등 매입(10/110) 36.의제매입(6/106) 37.재활용폐자원등 매입(6/106) 38.의제매입(8/108)	· 매입매출장 · 매입처별계산서합계표, · 부가가치세신고서 과세표준명세의 계산서 수취금액란
24	매입불공제	· 매입세액불공제분 세금계산서 · 불공제사유선택 : 41.필요적기제사항누락 42.사업과 관련없는 지출 43.비영업용 소형승용차 구입 및 유지 44.면세사업과 관련된 분 45.공통매입세액 안분계산분 46.등록전 매입세액 47.대손처분받은 세액 48.납부(환급)세액 재계산분 49.접대비관련매입세액 4A.토지의 자본적 지출 관련 4B.금거래계좌의 미사용관련	· 매입매출장 · 매입처별세금계산서합계표 · 부가가치세신고서 매입세액불공제란 · 공제받지못할매입세액명세서
25	수입	· 세관장이 발행한 수입계산서 - 세금계선서상의 공급가액은 단순히 세관장이 부가가치세를 징수하기 위한 부가가치세 과세표준일 뿐이므로 회계처리대상이 아님	· 부가가치세신고서의 일반매입란 · 매입매출장 · 매입처별 세금계산서 합계표
26	의제매입세액등	· 사유구분코드선택 60.의제영수증(3/103) 61.재활용폐자원등 매입(8/108) 62.재고매입 63.대손변제	· 매입매출장 · 부가가치세 신고서의 기타공제매입세액란 · 의제매입세액 공제신청서 · 재활용 폐자원 등 매입세액 공제 신청서
27	카드매입	· 매입세액공제가 가능한 신용카드매출발행전표	· 매입매출장 · 신용카드 수취명세서 · 부가가치세신고서의 기타공제매입세액란
28	현금영수증매입	· 매입세액공제가 가능한 현금영수증	· 매입매출장 · 현금영수증수취명세서 · 부가가치세신고서의 기타공제매입세액란
29	과세매입 매입자발행 세금계산서	· 과세매입 매입자발행세금계산서	· 매입매출장 · 부가가치세신고서의 매입자발행세금계산서란

실습예제 01

08월 02일 천안공장 자재부, 김은찬은 공장에서 사용할 원재료 1,200,000원(부가세 별도)를 (주)대성산업으로부터 구입하고, 대금은 전액 현금으로 지급하였다. 전자세금계산서는 천안공장을 공급받는자로 발행하여 교부받았다.

따라 하기

① 분개구분은 [5.매입부가세]선택하고 매입정보에서 전표유형[매입전표], [사업장[(주)대명전자천안공장], 세무구분[21 매입과세], 거래처[02005(주)대성산업], 공급가액[1,200,000], 현금[1,320,000]을 Enter로 이동하면서 내용 입력 후 [적용]버튼 클릭한다.

② 분개부분에서 [14600상품]을 [14900원재료]로 계정과목을 수정한다.

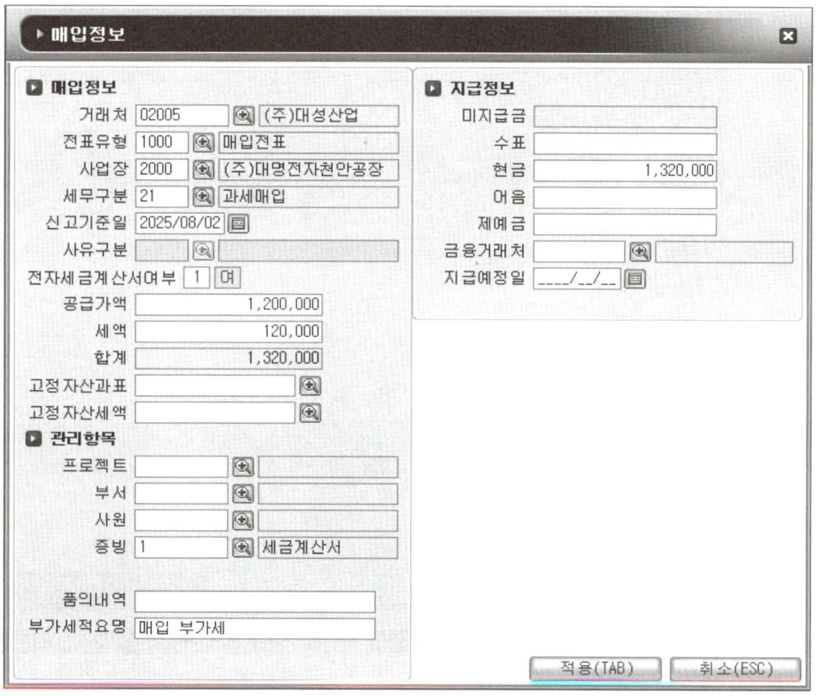

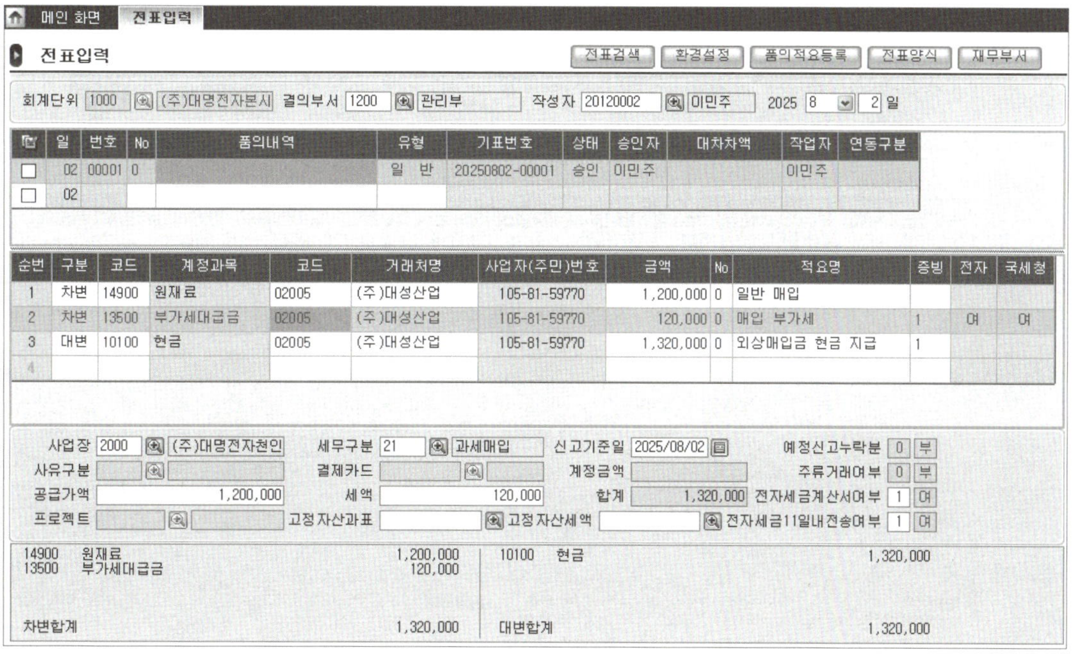

메인 화면 | 전표입력

전표입력 (전표검색 / 환경설정 / 품의적요등록 / 전표양식 / 재무부서)

회계단위 1000 (주)대명전자본사 결의부서 1200 관리부 작성자 20120002 이민주 2025 8 2 일

	일	번호	No	품의내역	유형	기표번호	상태	승인자	대차차액	작업자	연동구분
□	02	00001	0		일 반	20250802-00001	승인	이민주		이민주	
□	02										

순번	구분	코드	계정과목	코드	거래처명	사업자(주민)번호	금액	No	적요명	증빙	전자	국세청
1	차변	14900	원재료	02005	(주)대성산업	105-81-59770	1,200,000	0	일반 매입			
2	차변	13500	부가세대급금	02005	(주)대성산업	105-81-59770	120,000	0	매입 부가세	1	여	여
3	대변	10100	현금	02005	(주)대성산업	105-81-59770	1,320,000	0	외상매입금 현금 지급	1		
4												

사업장 2000 (주)대명전자천인 세무구분 21 과세매입 신고기준일 2025/08/02 예정신고누락분 0 부
사유구분 결제카드 계정금액 주류거래여부 0 부
공급가액 1,200,000 세액 120,000 합계 1,320,000 전자세금계산서여부 1 여
프로젝트 고정자산과표 고정자산세액 전자세금11일내전송여부 1 여

14900	원재료	1,200,000	10100	현금	1,320,000
13500	부가세대급금	120,000			
차변합계		1,320,000	대변합계		1,320,000

실습예제 02

08월 04일 천안공장 자재부 김은찬은 천안공장 생산부에서 사용할 원재료 3,000개 @600원, 1,800,000원(부가세 별도)을 백두전자로부터 구입하고 대금은 전액 외상으로 하였다. 전자세금계산서는 천안공장을 공급받는 자로 발행하여 교부받았다.

따라하기

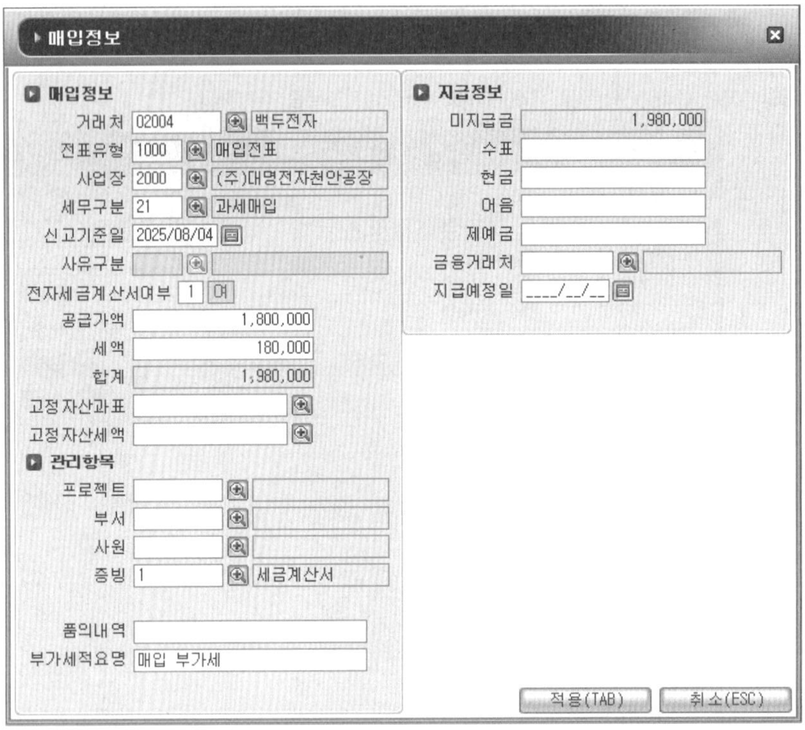

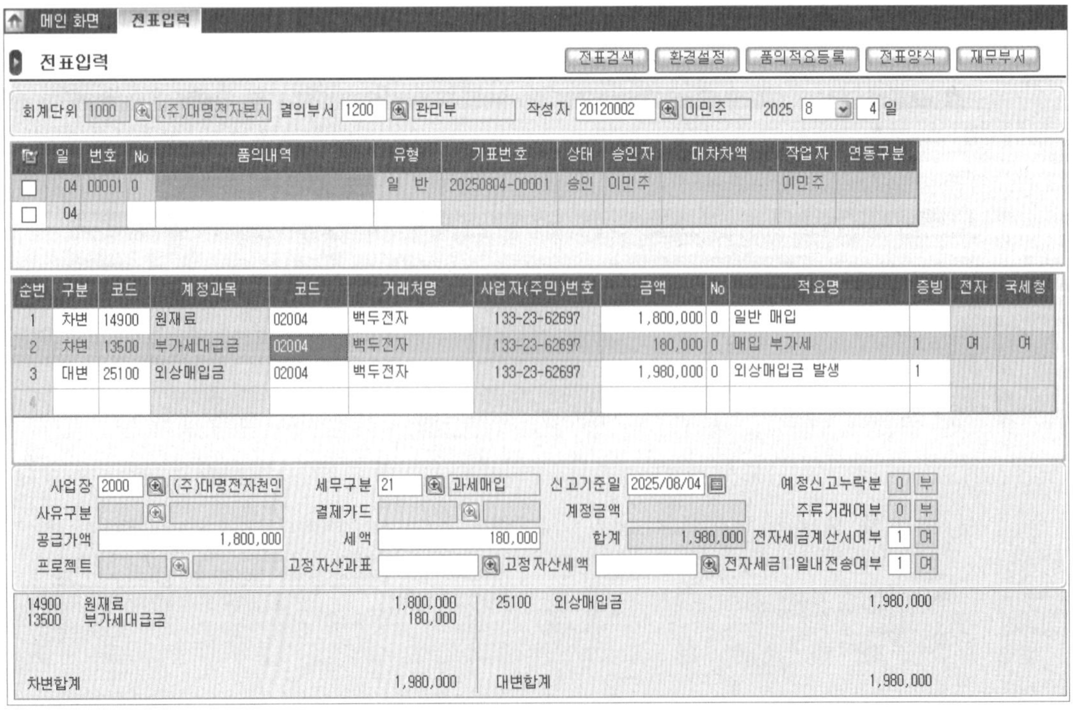

08월 06일 관리부 이민주은 천안공장 자재부에서 요청한 원재료 600,000원(부가세별도)을 (주)대성산업으로부터 구입하였다. 전자세금계산서는 천안공장를 공급받는자로 기재하여 발급받으며, 대금은 전액 당사 약속어음을 발행하여 지급하였다.(어음 NO.나가43211002. 만기일 : 2025. 11. 06, 지급처 : 국민은행)

따라하기

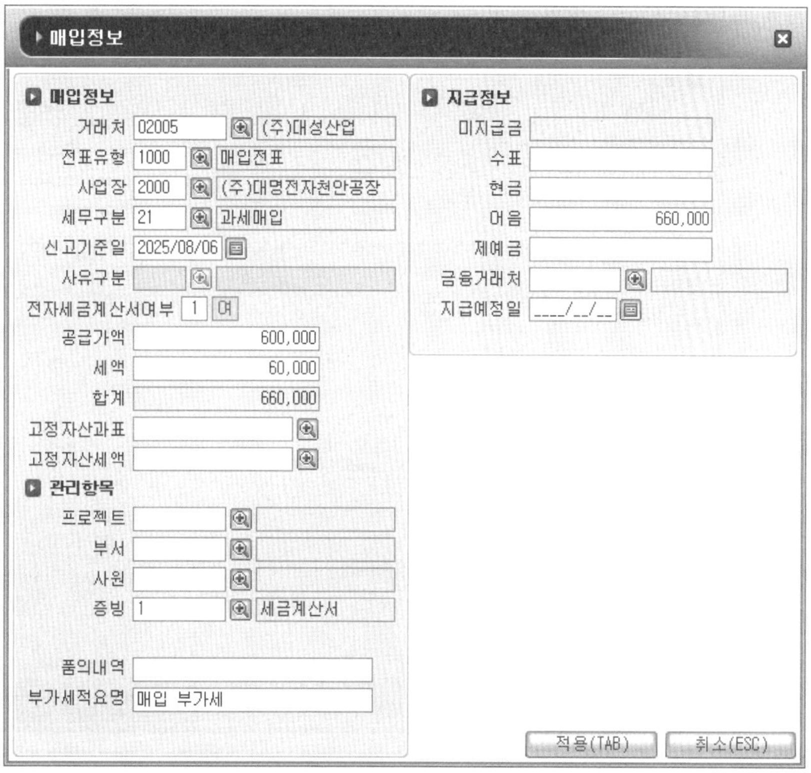

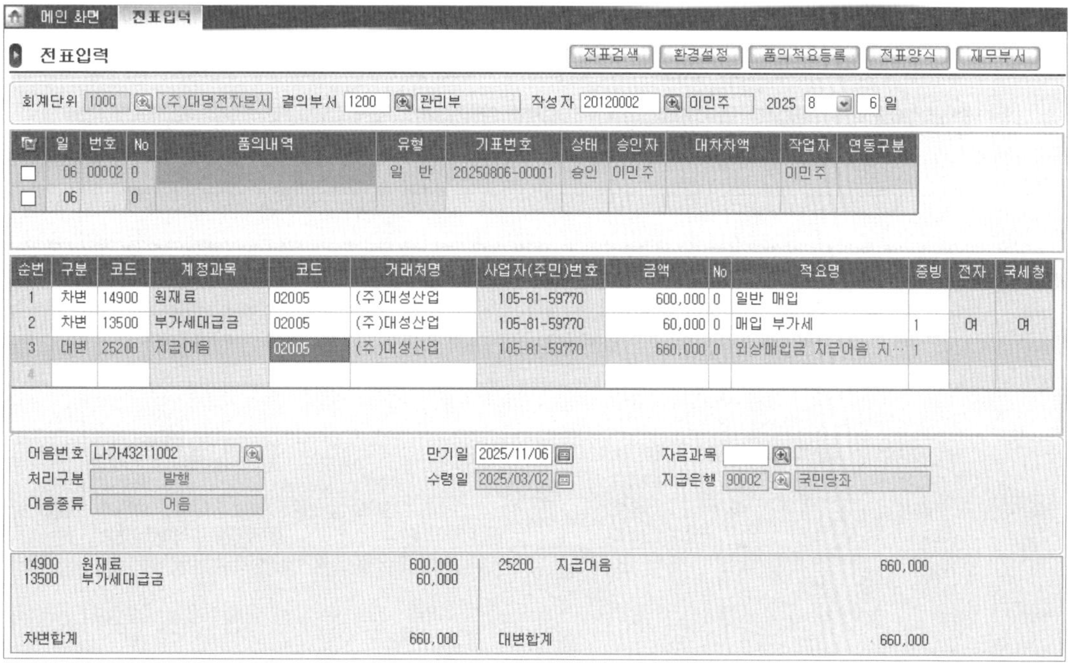

실습예제 04

08월 20일 천안공장 자재부 김은찬은 구매요구서에 의해서 수출품의 제작에 필요한 원재료 400,000원, 영세율적용)를 (주)대성산업으로 부터 외상으로 매입하고 공급받는자를 천안공장으로 기재하여 영세율전자세금계산서를 교부받았다. (사용부서 : 생산부)

따라하기

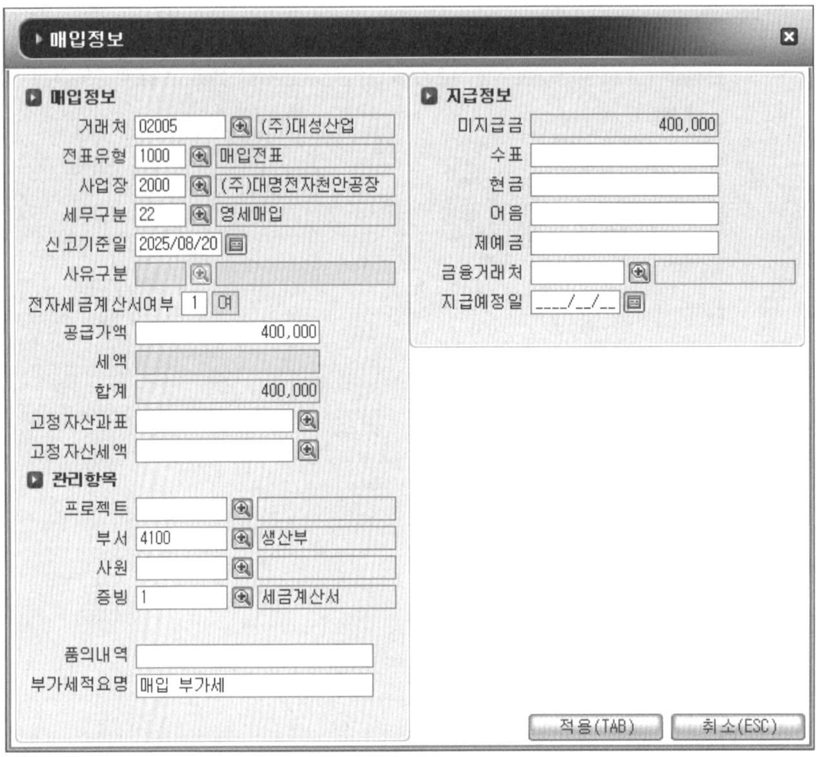

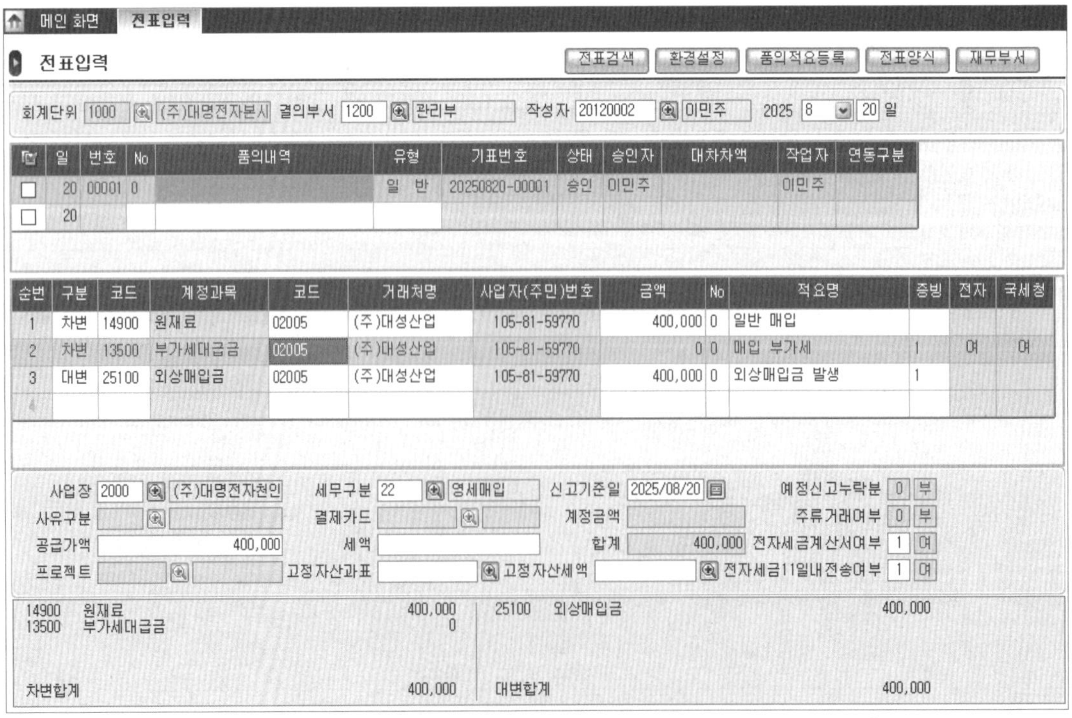

실습예제 05

08월 22일 관리부 이민주는 K-IFRS(한국채택국제회계기준)해설 도서 5권 16,000원을 보스턴INC에서 현금으로 구입하고 본사사업장을 공급받는자로 하여 전자계산서를 교부받았다.

따라하기

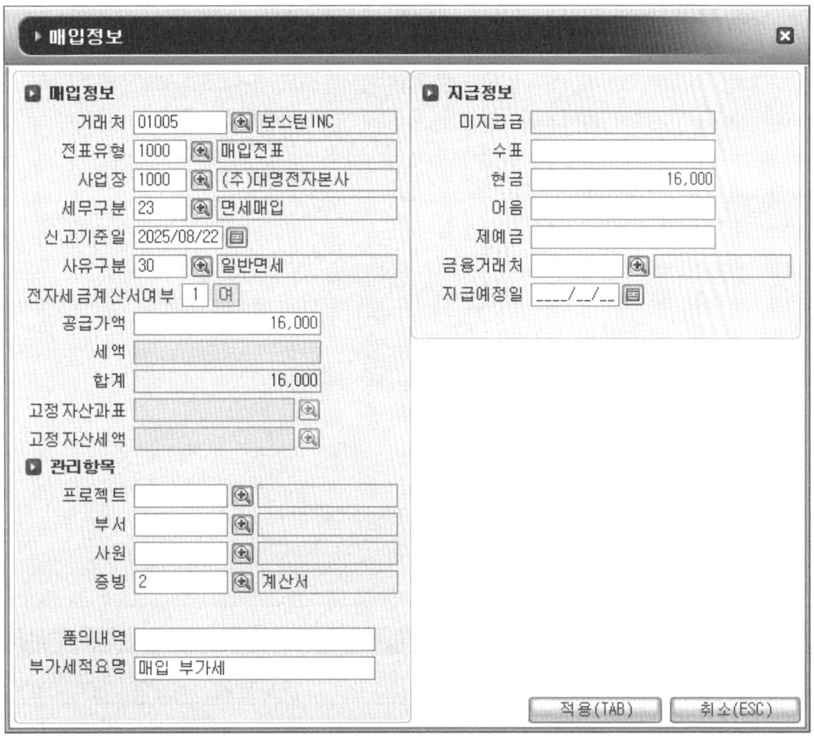

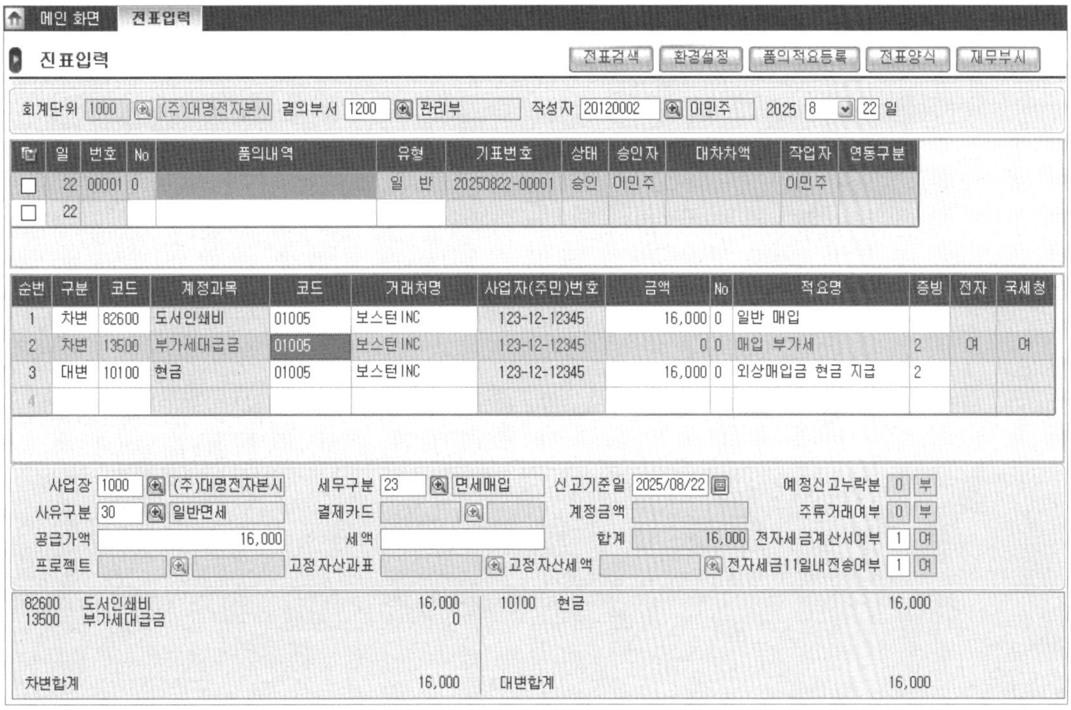

제4장 회계관리 실무 PROCESS

실습예제 06

08월 24일 관리부 이민주은 매출처에 선물용으로 지급할 선물세트(50세트, @3,000원, 부가세별도)를 강북마트에서 외상으로 구입하고 본사사업장을 공급받는자로 하여 전자세금계산서를 교부받았다.

따라하기

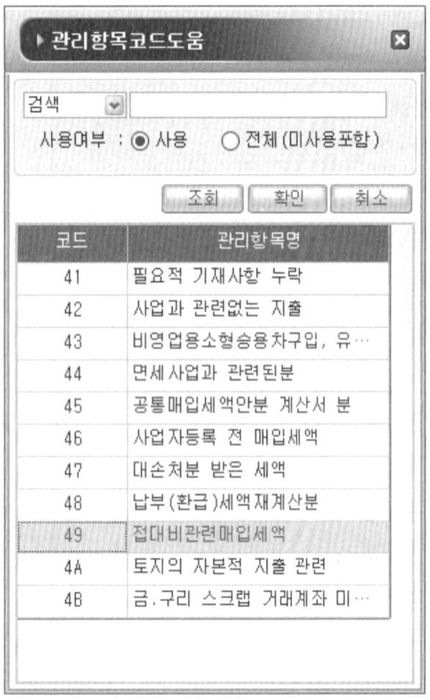

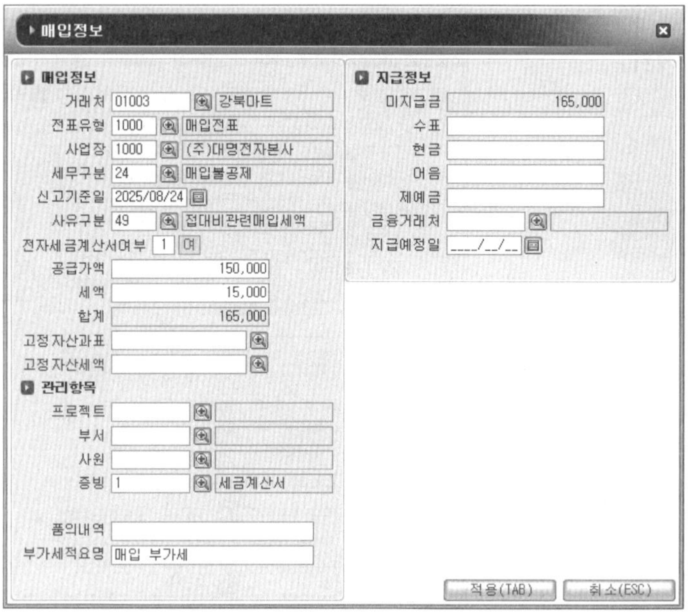

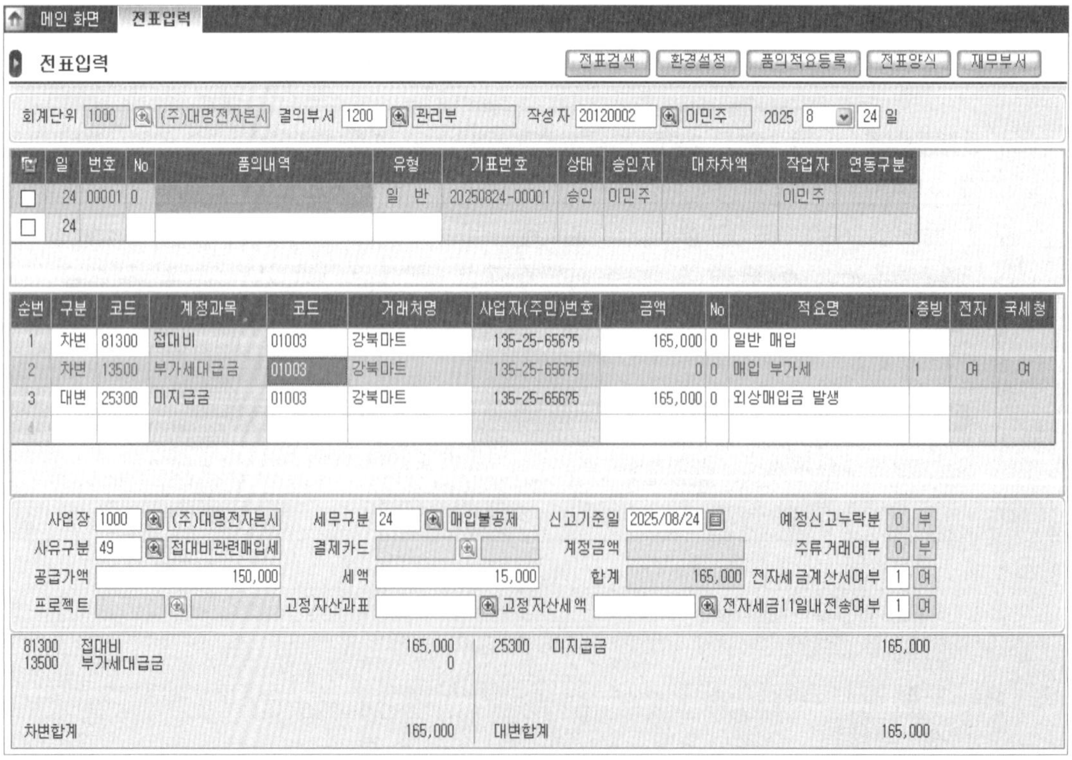

9. 매입부가세(의제매입세액)

실습예제 01

08월 26일 회사는 신규 사업으로 농산물을 가공하여 판매하기로 하였다. 이와 관련하여 농산물(포도 30박스, @10,000)를 강남유통으로부터 현금으로 구입하였으며 공급받는자를 천안공장으로 기재하여 전자계산서를 교부받았다. 농산물구입에 대한 회계처리 후 의제매입세액공제신고서를 작성하시오(사용부서 : 자재부, 공제율 2/102)

따라하기

① [회계관리] → [부가세관리] → [의제매입세액공제신청서] 더블클릭 후 구분[사업장별], 사업장[(주)대명전자천안공장], 기간[2025.07~2025.09], 정기/수정구분[정기]입력 후 [불러오기]를 클릭한다.
② 부가세신고서에 반영하기 위해 [공제신고서]탭에서 조회 후 [불러오기]를 클릭한다.
③ [회계관리] → [부가세관리] → [부가세신고서] 더블클릭 후 구분[사업장별], 사업장[(주)대명전자천안공장], 기간[2025.07.01. ~2025.09.30], 구분[0.정기신고] 조회 후 [불러오기]를 클릭한다.
④ 14번행의 그 밖의 공제매입세액의 세액칸에 더블클릭하면 14.그 밖의 공제 매입세액 명세 창에서 [부속명세서반영]을 클릭한다.
⑤ 43행의 의제매입세액의 세액을 확인 후 [확인]클릭한다.

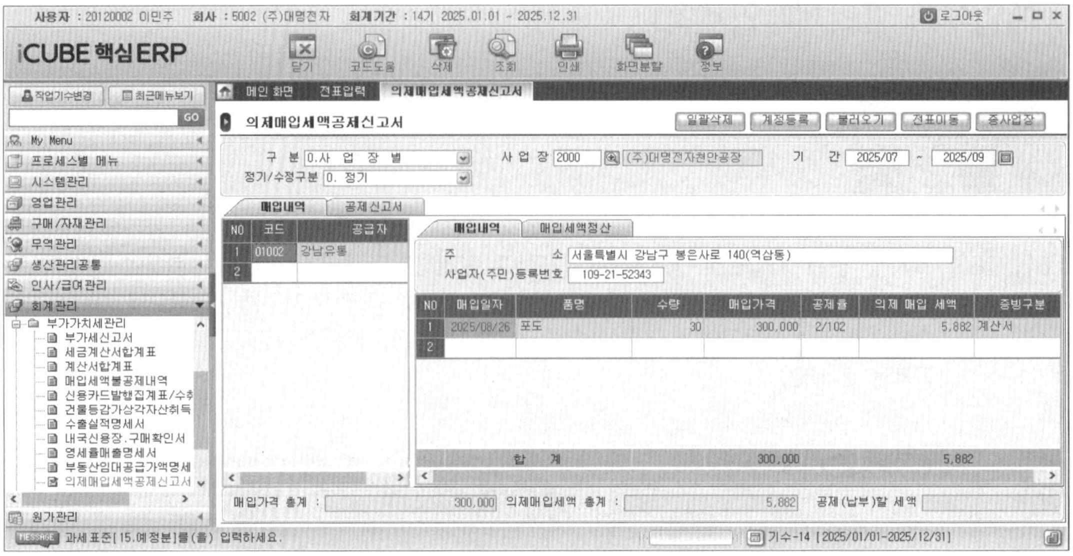
사용자 : 20120002 이민주 회사 : 5002 (주)대명전자 회계기간 : 14기 2025.01.01 ~ 2025.12.31
로그아웃
iCUBE 핵심ERP
닫기 코드도움 삭제 조회 인쇄 화면분할 정보
작업기수변경 최근메뉴보기
메인 화면 전표입력 의제매입세액공제신고서
의제매입세액공제신고서
일괄삭제 계정등록 불러오기 전표이동 종사업장
구 분 0.사 업 장 별
사 업 장 2000 (주)대명전자천안공장
기 간 2025/07 ~ 2025/09
정기/수정구분 0. 정기
My Menu
프로세스별 메뉴
시스템관리
영업관리
구매/자재관리
무역관리
생산관리공통
인사/급여관리
회계관리
부가가치세관리
부가세신고서
세금계산서합계표
계산서합계표
매입세액불공제내역
신용카드발행집계표/수취
건물등감가상각자산취득
수출실적명세서
내국신용장.구매확인서
영세율매출명세서
부동산임대공급가액명세
의제매입세액공제신고서
원가관리
매입내역 공제신고서
NO 코드 공급자
1 01002 강남유통
2
매입내역 매입세액정산
주 소 서울특별시 강남구 봉은사로 140(역삼동)
사업자(주민)등록번호 109-21-52343
NO 매입일자 품명 수량 매입가격 공제율 의제 매입 세액 증빙구분
1 2025/08/26 포도 30 300,000 2/102 5,882 계산서
2
합 계 300,000 5,882
매입가격 총계 : 300,000 의제매입세액 총계 : 5,882 공제(납부)할 세액
MESSAGE 과세표준[15.예정분]를(을) 입력하세요.
기수-14 [2025/01/01-2025/12/31]

14. 그 밖의 공제 매입세액 명세 (ESC 복귀)
구 분 금 액 세율 세 액
신용카드매출전표등 수취명세서 제출분 일반매입 41
고정자산매입 42
의 제 매 입 세 액 43 300,000 5,882
재 활 용 폐 자 원 등 매 입 세 액 44
과 세 사 업 전 환 매 입 세 액 45
재 고 매 입 세 액 46
변 제 대 손 세 액 47
외 국 인 관 광 객 에 대 한 환 급 세 액 48
합 계 49 300,000 5,882
부속명세서 반영 확인

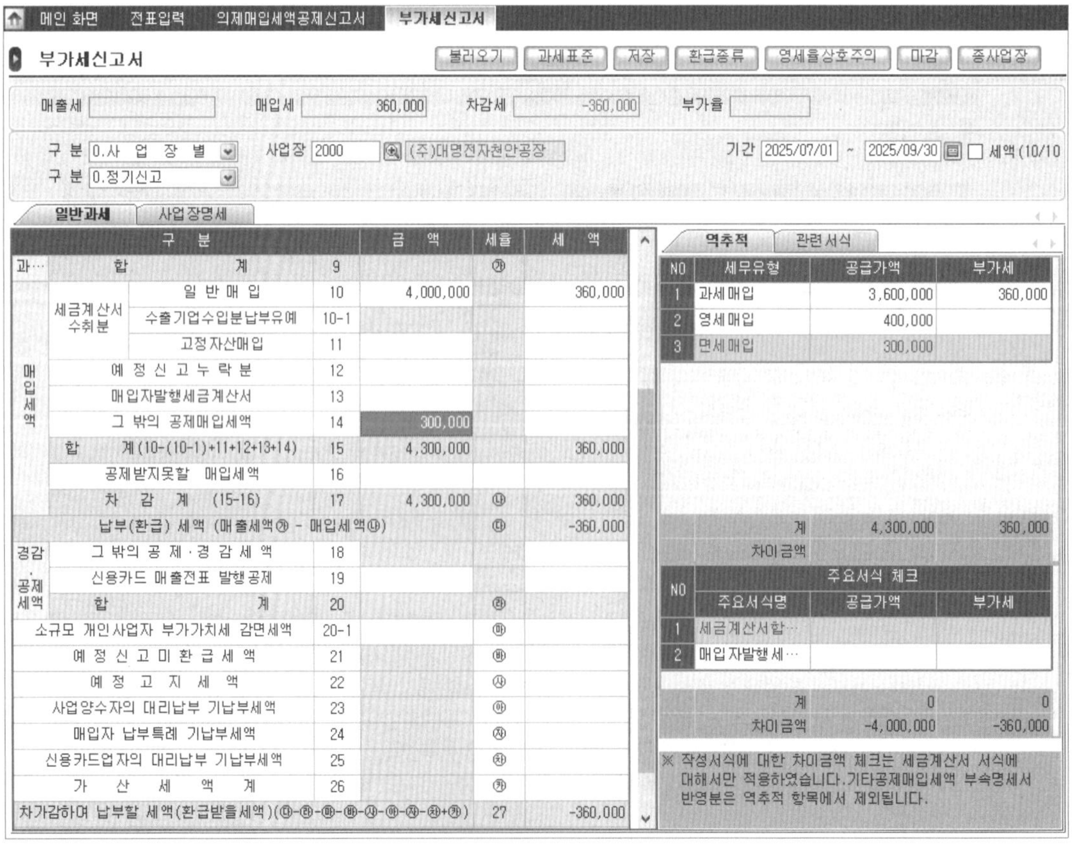
메인 화면 전표입력 의제매입세액공제신고서 부가세신고서
부가세신고서
불러오기 과세표준 저장 환급종류 영세율상호주의 마감 종사업장
매출세 매입세 360,000 차감세 -360,000 부가율
구 분 0.사 업 장 별 사업장 2000 (주)대명전자천안공장 기간 2025/07/01 ~ 2025/09/30 세액(10/10
구 분 0.정기신고
일반과세 사업장명세
구 분 금 액 세율 세 액
과… 합 계 9 ㉮
매입세액 세금계산서 수취분 일 반 매 입 10 4,000,000 360,000
수출기업수입분납부유예 10-1
고정자산매입 11
예 정 신 고 누 락 분 12
매입자발행세금계산서 13
그 밖의 공제매입세액 14 300,000
합 계(10-(10-1)+11+12+13+14) 15 4,300,000 360,000
공제받지못할 매입세액 16
차 감 계 (15-16) 17 4,300,000 ㉯ 360,000
납부(환급) 세액 (매출세액㉮ - 매입세액㉯) ㉰ -360,000
경감·공제세액 그 밖의 공 제·경 감 세 액 18
신용카드 매출전표 발행공제 19
합 계 20 ㉱
소규모 개인사업자 부가가치세 감면세액 20-1 ㉲
예 정 신 고 미 환 급 세 액 21 ㉳
예 정 고 지 세 액 22 ㉴
사업양수자의 대리납부 기납부세액 23 ㉵
매입자 납부특례 기납부세액 24 ㉶
신용카드업자의 대리납부 기납부세액 25 ㉷
가 산 세 액 계 26 ㉸
차가감하여 납부할 세액(환급받을세액)(㉰-㉱-㉲-㉳-㉴-㉵-㉶-㉷+㉸) 27 -360,000
역추적 관련서식
NO 세무유형 공급가액 부가세
1 과세매입 3,600,000 360,000
2 영세매입 400,000
3 면세매입 300,000
계 4,300,000 360,000
차이금액
NO 주요서식 체크
주요서식명 공급가액 부가세
1 세금계산서합…
2 매입자발행세…
계 0 0
차이금액 -4,000,000 -360,000
※ 작성서식에 대한 차이금액 체크는 세금계산서 서식에 대해서만 적용하였습니다. 기타공제매입세액 부속명세서 반영분은 역추적 항목에서 제외됩니다.

의제매입세액

의제매입세액이란 면세되는 재화를 구입시 매입세액을 공제를 못 받지만 일정한 요건에 해당이 되면 매입세액으로 간주하여 공제받는 세액이다. 의제매입세액을 공제받기 위해서는 면세되는 농산물 등을 제조·가공하여 과세되는 재화용역 공급시 일정한 율을 곱하여 공제받는다.

$$\text{면세농산물 등의 가액} \times \frac{2}{102} = \text{의제매입세액}$$

【의제매입세액 공제율】

<table>
<tr><td colspan="2">일반업종</td><td>2/102</td><td rowspan="5">※ 농어민 매입은 제조업자만 가능
※ 음식점(개인) : 과세표준 2억 원 이하인 경우 9/109
※ 개인사업자(제조업) 중 과자점업, 도정업, 제분업 등은 6/106
※ 2021년 7월 이후 공급분에 대해서 간이과세자는 적용불가</td></tr>
<tr><td colspan="2">중소기업 및 개인사업자</td><td>4/104</td></tr>
<tr><td rowspan="3">음식점업</td><td>과세유흥장소</td><td>2/102</td></tr>
<tr><td>법인</td><td>6/106</td></tr>
<tr><td>개인사업자</td><td>8/108</td></tr>
</table>

10. 매입부가세(고정자산매입)

실습예제 01

08월 28일 관리부 이민주사원은 천안공장 생산부에서 사용할 기계장치(품명 : 절단기, 1대, 공급가액 1,600,000원, VAT별도, 전액 외상)를 강남유통으로부터 구입하고 전자세금계산서를 교부받았다. 전자세금계산서는 본사 사업장으로 기재하여 교부받았다.

따라하기

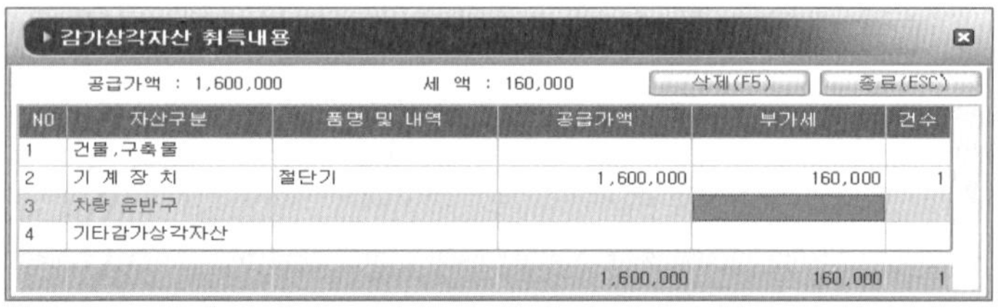

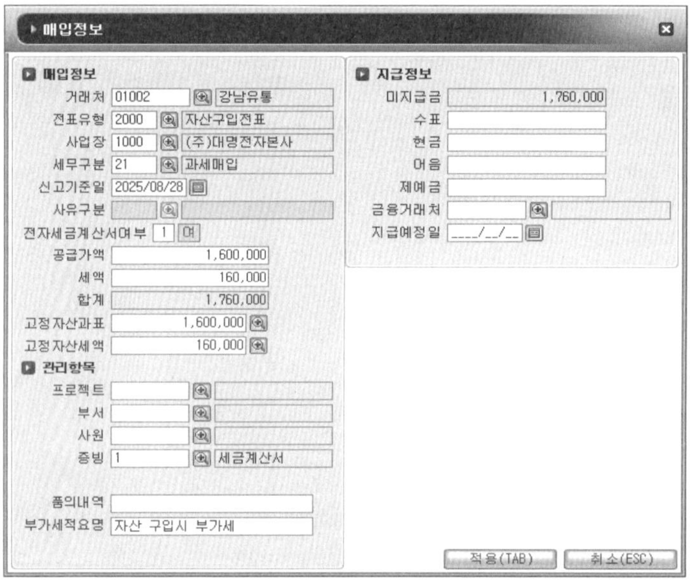

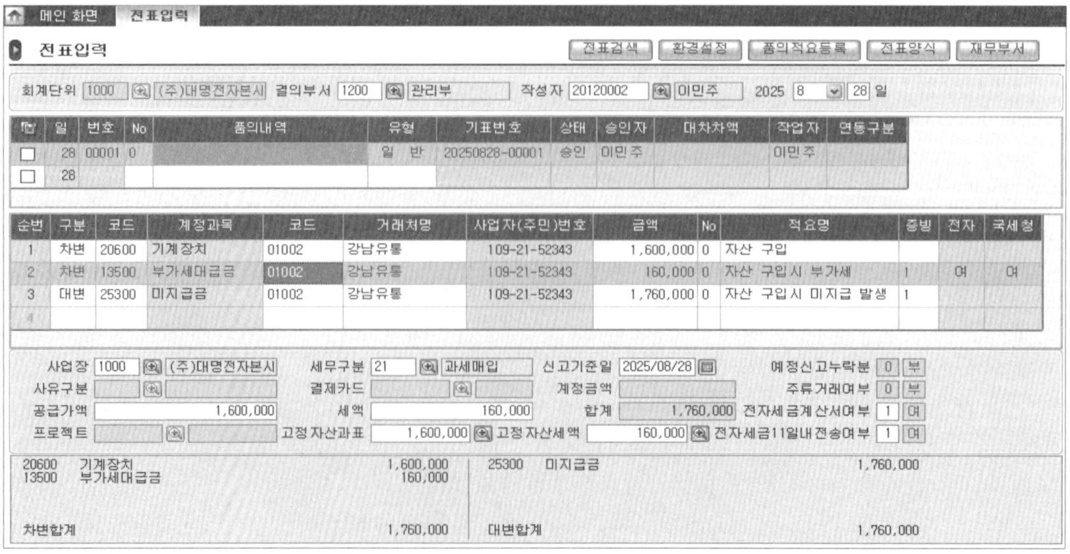

11. 고정자산관리

실습예제 01

(1) (주)대명전자의 2025년도 현재 유형자산내역은 다음과 같다. 고정자산등록메뉴에 입력하여 당기 상각액을 계산하시오. 자산관리는 본사에서 처리하고 있다.

자산유형	기계장치		차량운반구	
자산코드	A10001	A10002	B20001	B20002
자산명	제어기	절단기	승용차1234호	화물차4321호
취득일	2023.06.30	2025.08.13	2023.02.20	2024.12.12
취득원가	4,000,000	1,600,000	3,000,000	2,800,000
감가상각누계액	1,000,000	0	600,000	100,000
상각방법	정률법	정률법	정률법	정률법
내용연수	10	8	5	5
취득수량	1	1	1	1
경비구분	1.500번대	1.500번대	0.800번대	1.500번대
관리부서	생산부	생산부	관리부	자재부
업종코드	33	33	01	01

따라 하기

① [회계관리] → [고정자산관리] → [고정자산등록]메뉴를 더블클릭하여 주어진 내용을 Enter로 이동하면서 아래의 화면과 같이 입력하고 일반상각비 777,000원을 확인한다.

【제어기 입력화면】 감가상각비(777,000원)

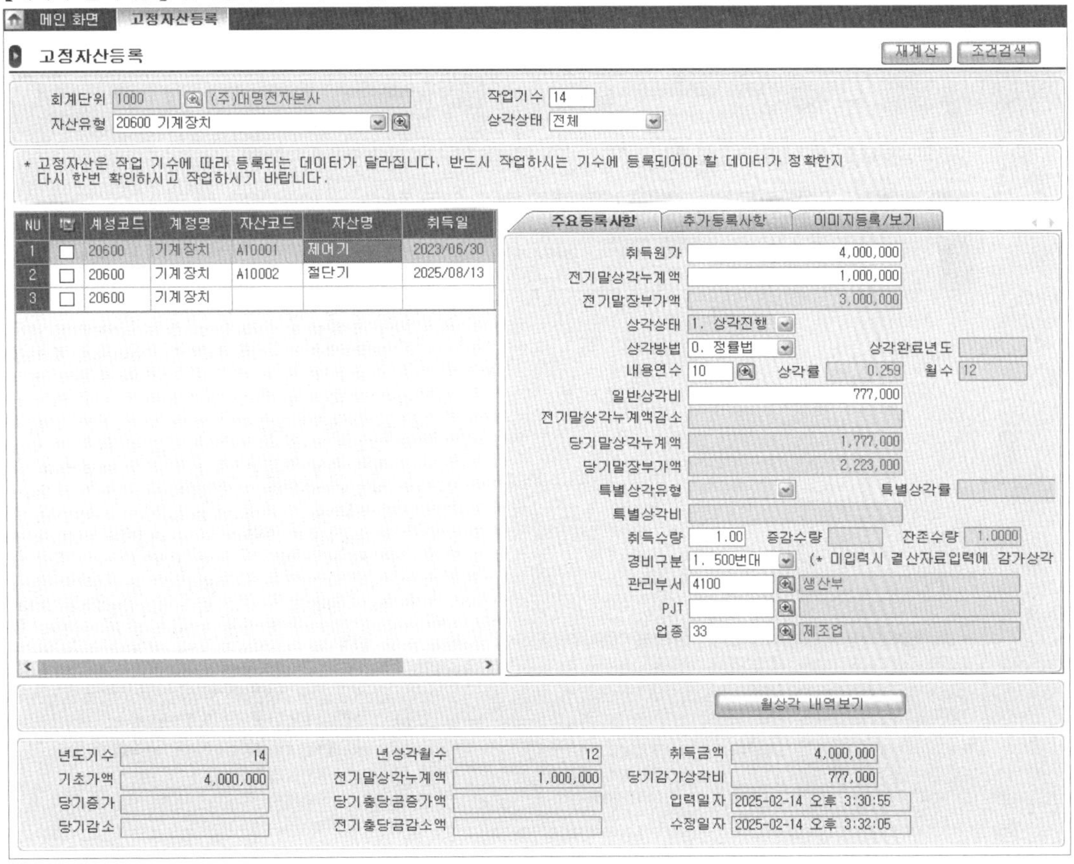

【절단기 입력화면】 감가상각비(208,666원)

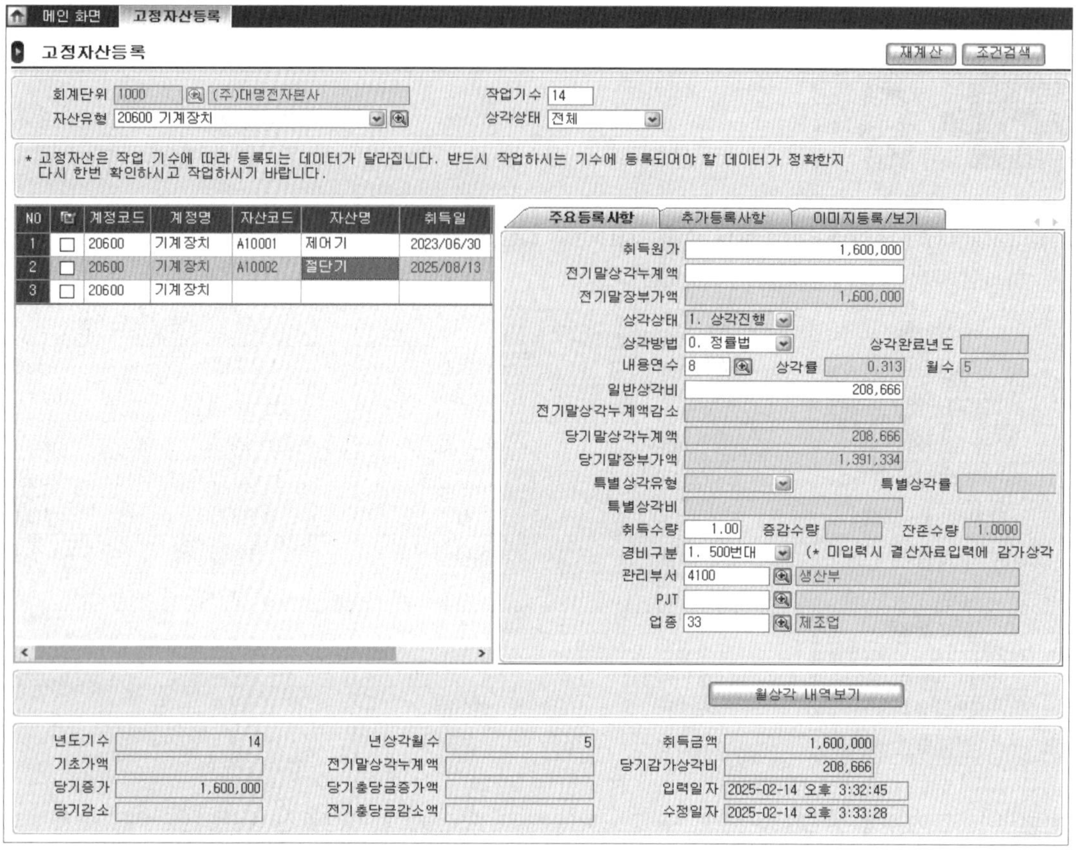

【승용차1234호 입력화면】 감가상각비(1,082,400원)

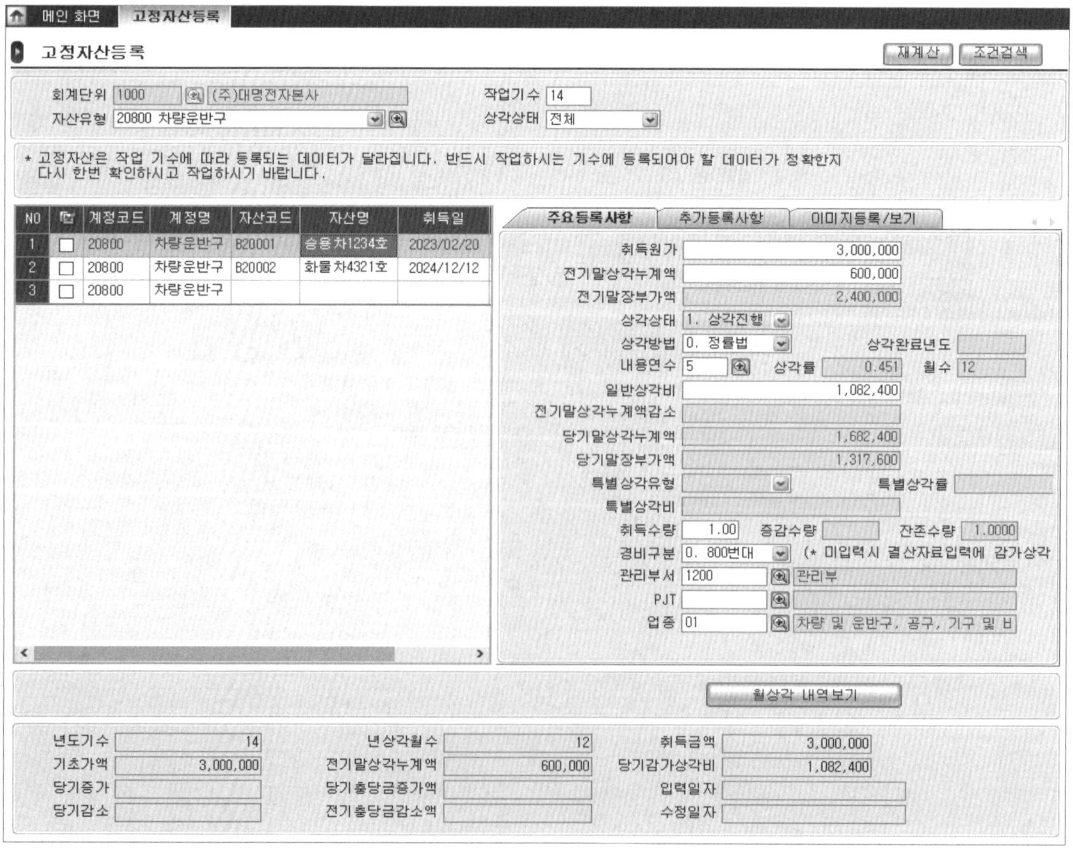

【화물차4321호 입력화면】 감가상각비(1,217,700원)

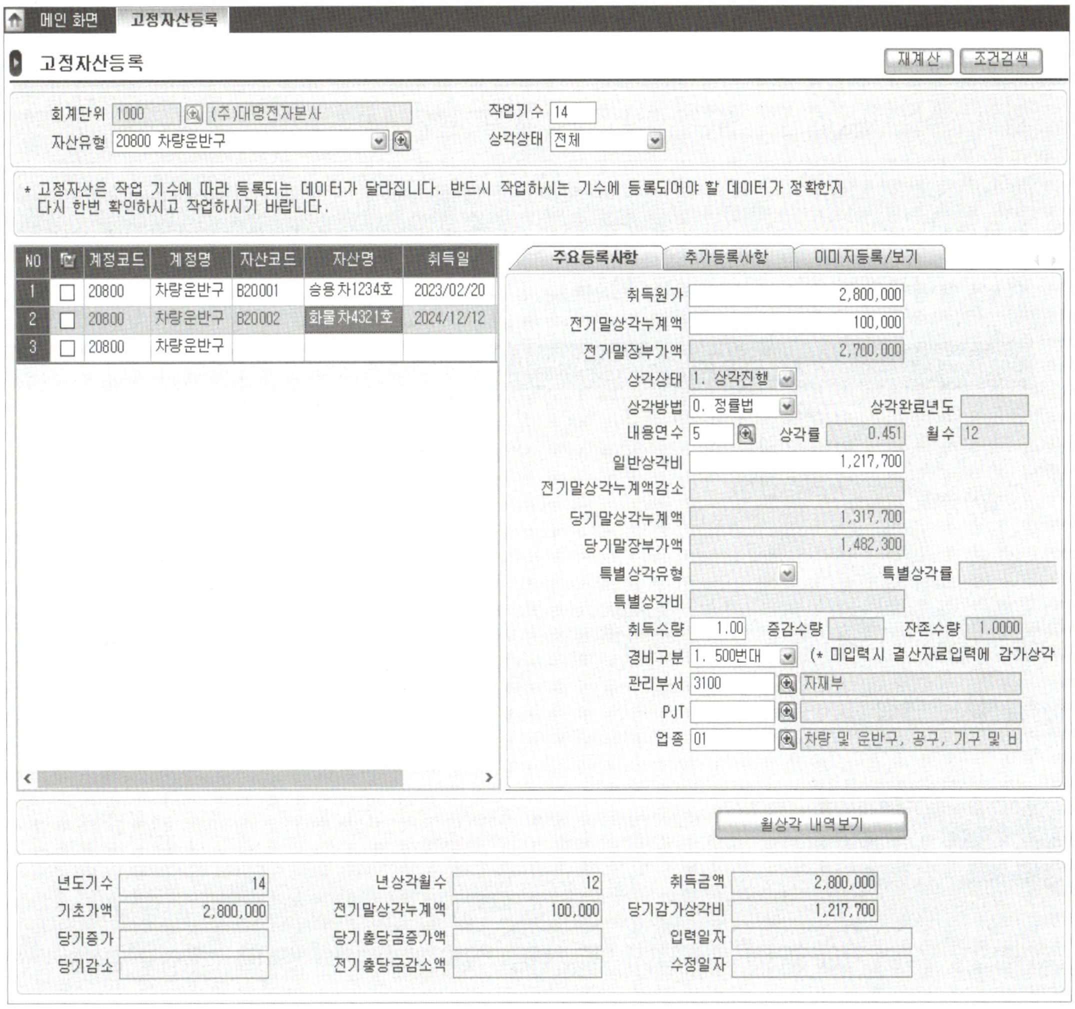

① 감가상각비 현황 : 고정자산등록에 입력된 고정자산의 감가상각현황을 총괄, 부서별, PJT별로 조회하는 메뉴이다.
② 고정자산 관리대장 : 고정자산에 등록된 모든 사항을 조회할 수 있는 메뉴이다.
③ 고정자산 명세서 : 고정자산의 감가상각현황을 취득기간별로 조회할 수 있는 메뉴이다.
④ 고정자산변동현황 : 고정자산등록의 추가등록사항에서 각각의 자산별로 자산변동관리를 했던 사항을 전체적으로 조회할 수 있는 화면이다.

12. 결산/재무제표관리

(1) **수동결산** : 결산정리사항에 대한 결산대체분개 전표를 [전표입력]메뉴에서 입력하여 결산하는 방법. 주로 자동결산을 할 수 없는 사항에 대하여 처리

(2) **자동결산** : 프로그램에서 회계자료를 근거로 결산정리사항을 입력하고 [결산자료입력]메뉴에서 결산 정리분개를 처리하는 것을 말한다.

구분	자동결산이 가능한 사항	자동결산을 할 수 없는 사항
결산항목	· 재고자산의 매출원가 대체 · 감가상각비 계상 · 대손충당금계상 · 퇴직급여 충당부채 계상 · 법인세 계상	· 자산, 부채의 평가 · 수익비용의 이연, 예상 (선급비용, 선수수익, 미수수익, 미지급비용) · 소모품비 계상 · 가지급금, 가수금등 임시계정 정리 등 · 비유동부채의 유동성대체

(3) 결산자료입력

실습예제 01

(주)대명전자 본사에 대한 결산을 진행하고자 한다. 다음과 같이 매출원가와 경비를 선택하고 결산분개 계정을 생성하시오.

· 계정과목 : [45500 제품매출원가]　　· 원가구분 : [1.제조]　　· 원가경비 : [1.500번 제조]
· 표준원가명세서선택 : [1:제조원가]

따라하기

① [회계관리] → [결산/재무제표관리] → [결산자료입력]메뉴를 더블클릭하고, [계정설정]탭을 클릭한다.
② 화면 우측상단 [계정생성]버튼을 클릭하고 [결산계정을 생성합니다] 에서 [예]를 클릭한다.
③ [편집(TAB)]버튼을 클릭하여 매출원가코드 및 계정과목에 [45500]입력Enter하고, 원가구분에서 [1]Enter하고, 원가경비에서 [1]Enter하고, 표준원가명세서선택에서 [1]Enter하여 레코드가 반드시[45500]아래에 위치하게 해야 한다.
④ 마우스로 [45500]을 선택하고, [확인[ENTER]]버튼을 클릭한다.

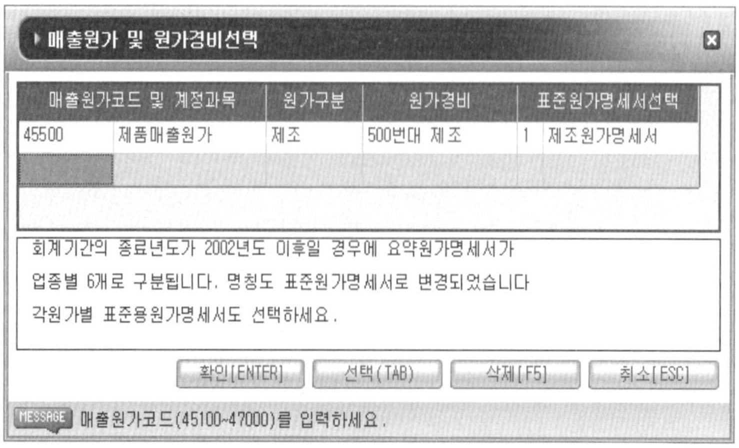

【계정설정이 완료된 화면】

코드	구분	결 산 계 정			상 대 계 정			비고
		코드	적요	계정명	코드	적요	계정명	
10100	상 품 매 출 원 가	45100	1	상품매출원가	00000	0		
11000	제 품 매 출 원 가	45500	1	제품매출원가	00000	0		
11100	재 료 비(…	50100	1	원재료비	00000	0		
11200	부 재 료 비(…	50200	1	부재료비	00000	0		
11310	퇴직급여 충당금 전 입(…	50800	1	퇴직급여충당금전입	29500	4	퇴직급여충당금	
11320	단체퇴직급여충당금전입(…	50900	1	단퇴급여충당금전입	29600	4	단체퇴직급여충당금	
11710	감 가 상 각 비(…	51800	1	감가상각비	20300	4	감가상각누계액	건물
11710	감 가 상 각 비(…	51800	1	감가상각비	20500	4	감가상각누계액	구축물
11710	감 가 상 각 비(…	51800	1	감가상각비	20700	4	감가상각누계액	기계장치
11710	감 가 상 각 비(…	51800	1	감가상각비	20900	4	감가상각누계액	차량운반구
11710	감 가 상 각 비(…	51800	1	감가상각비	21100	4	감가상각누계액	공구와기구
11710	감 가 상 각 비(…	51800	1	감가상각비	21300	4	감가상각누계액	비품
34310	퇴직급여 충당금 전 입(…	80600	1	퇴직급여충당금전입	29500	4	퇴직급여충당금	
34320	단체퇴직급여충당금전입(…	80700	1	단퇴급여충당금전입	29600	4	단체퇴직급여충당금	

실습예제 02

(주)대명전자의 결산내용은 다음과 같다. 지시사항을 참고하여 결산을 진행하시오. (매출원가계산, 퇴직급여충당부채, 대손충당금의 분개대상금액은 총액으로 처리한다.)

따라하기

지시사항 5/1 납부한 보험료 중 당기비용 해당액을 계산하시오.

① [회계관리] → [전표/장부관리] → [기간비용현황]을 더블클릭한다.
② [입력]탭에서 기표일자[2025.01 01~2025.12.31], 구분[1.선급비용]을 신택하고, 화면 상단 조회를 클릭한다.
③ 화면 상단의 [전표발행] 버튼을 클릭하고 [전표발행]창에서 처리기간[2025.01~2025.12]를 입력하고, [전표발행(ENTER)] 버튼을 클릭하면 '전표발행을 하시겠습니까?'에서 [예]를 클릭하고, '전표발행이 성공적으로 완료 되었습니다.'에서 [확인] 버튼을 클릭하고, [종료(ESC)] 버튼을 클릭한다.

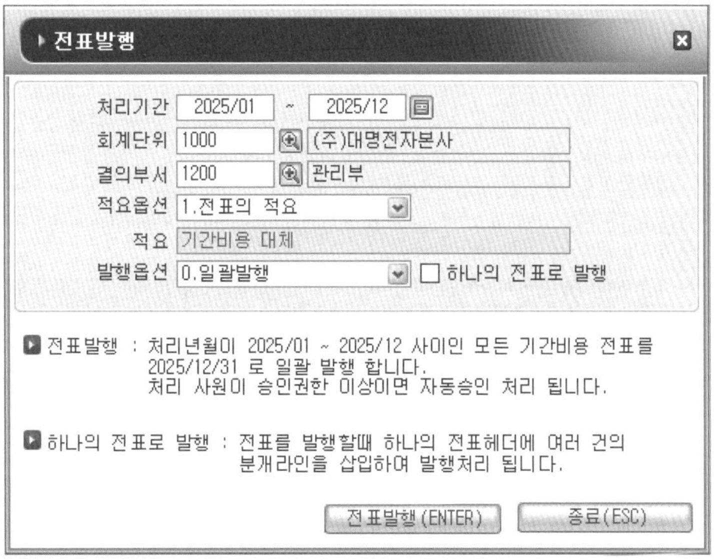

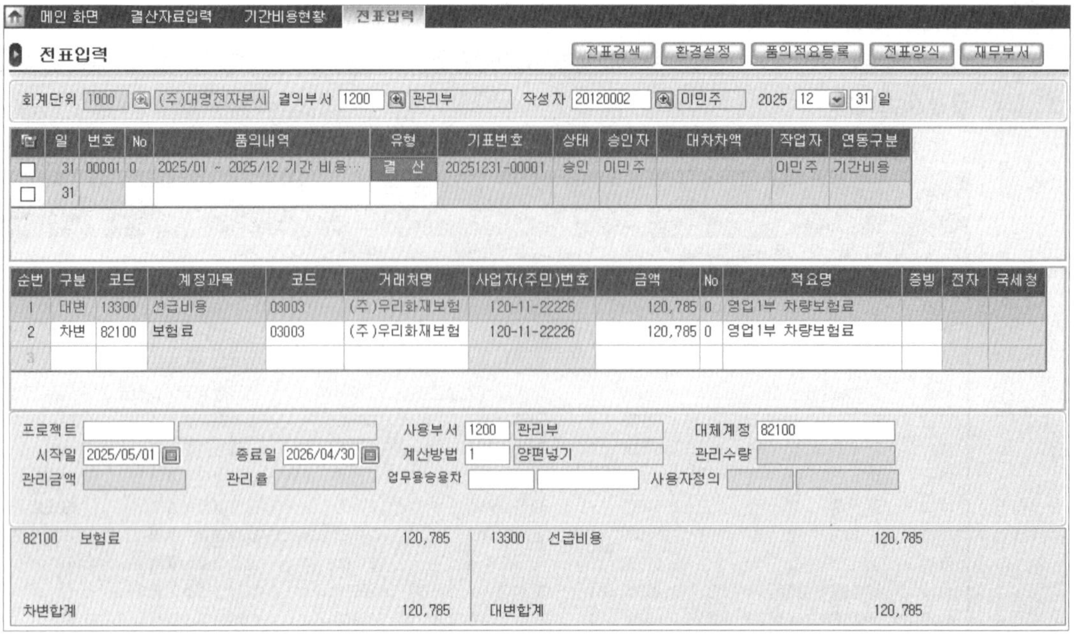

지시사항 재고자산의 기말실사 결과 기말원재료재고액은 2,000,000이고, 기말제품재고액은 600,000원이다.

① [회계관리] → [결산/재무제표관리] → [결산자료입력]메뉴를 더블클릭한다.
② [결산자료]탭에서 기간[2025/01 ~ 2025/12]을 Enter로 이동한다.
③ NO[22]라인의 (5) 기말원재료재고액 분개대상금액란에 [2,000,000]을 입력한다.
④ NO[58]라인 (5) 기말제품재고액 분개대상금액란에 [600,000]을 입력한다.

지시사항 고정자산등록메뉴에서 자동 계산된 감가상각비를 입력한다.

① 화면 우측상단 [감가상각]버튼을 클릭하여 '감가상각데이터를 다시 불러 옵니다'에서 [예]를 클릭한다.

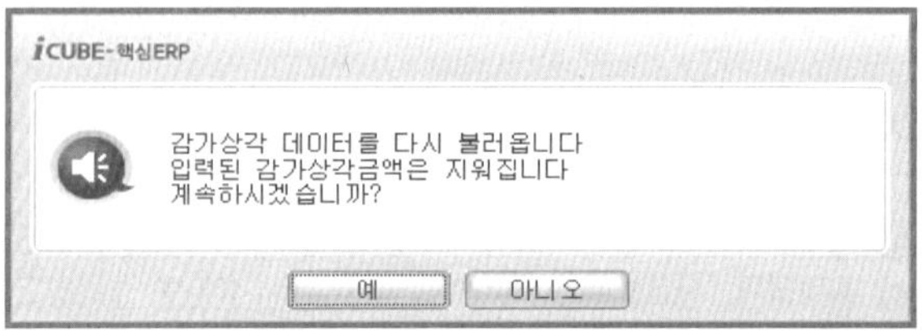

지시사항 사무직 직원의 퇴직급여충당부채 400,000원을 설정한다.

① [회계관리] → [결산/재무제표관리] → [합계잔액시산표]에서 퇴직급여충당부채 잔액[없음, 0원]을 확인한다.
② 퇴직급여충당부채 설정액(400,000원) - 퇴직급여충당부채(0원) = 퇴직급여충당부채 추가설정액(400,000)을 NO[63]라인 퇴직급여충당금전입 분개대상금액을 더블클릭하여 [프로젝트 및 부서별 금액조정]창의 금액란에 [400,000]원을 입력하고 [종료]버튼을 클릭한다. (생산직의 퇴직급여설정액은 노무비에 해당하고, 사무직의 퇴직급여설정액은 판매비와 관리비에 해당한다.)

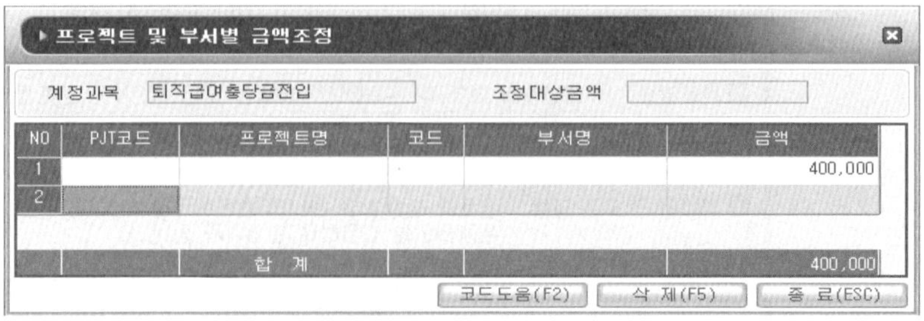

지시 사항 **대손충당금은 외상매출금과, 받을어음 잔액에 대하여 2%를 설정한다.**

① [회계관리] → [결산/재무제표관리] → [합계잔액시산표], 기간[2025.12.31]로 조회하여 외상매출금, 받을어음, 대손충당금잔액을 확인한다.
② ㉠ 외상매출금잔액(15,300,000) × 대손율(0.02) - 대손충당금잔액(60,000) = 246,000
㉡ 받을어음잔액(1,320,000) × 대손율(0.02) - 대손충당금잔액(0) = 26,400
③ NO[85, 86]라인 분개대상금액란을 더블클릭하여 금액을 입력한다.
④ 화면 우측 상단의 [분개]버튼을 클릭하여 [전표발생]버튼을 클릭한다.
⑤ [분개대상 금액을 맞추시겠습니까?]메시지 창에서 [예]클릭 한다. 이후 [결산분개]창에서 [전표발행]클릭한다.

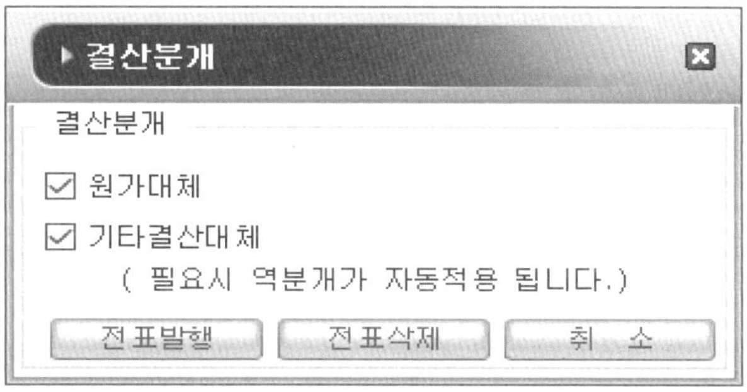

⑥ [결산분개 내역보기]에서 [전표발행]버튼을 클릭하고, '전표발행이 완료 되었습니다'에서 [확인] 버튼을 클릭한다.

결의일	계정코드	계정명	대차	차변	대변		적요명
2025/12/31	50100	원재료비	차변	2,900,000		1	원재료사용분 재료비대체
2025/12/31	14900	원재료	대변		2,900,000	0	결산정리
2025/12/31	51800	감가상각비	차변	985,666		1	당기말 감가상각비 계상
2025/12/31	20700	감가상각누계액	대변		985,666	4	당기감가충당금 설정
2025/12/31	51800	감가상각비	차변	1,217,700		1	당기말 감가상각비 계상
2025/12/31	20900	감가상각누계액	대변		1,217,700	4	당기감가충당금 설정
2025/12/31	50100	원재료비	대변		2,900,000	0	결산정리
2025/12/31	51800	감가상각비	대변		2,203,366	0	결산정리
2025/12/31	53000	소모품비	대변		16,000	0	결산정리
2025/12/31	15700	재공품	차변	5,119,366		0	결산정리
2025/12/31	15700	재공품	대변		5,119,366	0	결산정리
2025/12/31	14700	제품	차변	5,119,366		0	결산정리
2025/12/31	14700	제품	대변		5,519,366	0	결산정리
2025/12/31	45500	제품매출원가	차변	5,519,366		0	결산정리
2025/12/31	80600	퇴직급여충당금전입	차변	400,000		1	퇴직충당금 당기분전입액

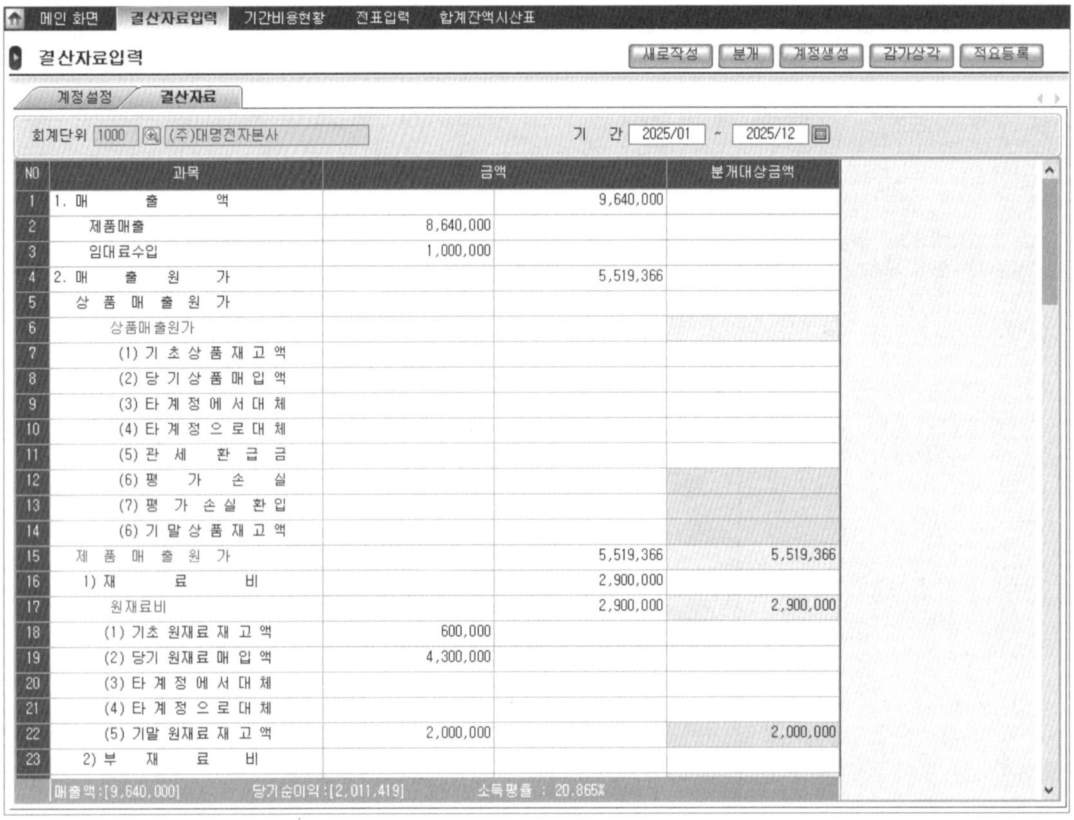

지시사항 결산자료입력을 통하여 발생시킨 전표를 [승인] 처리하시오.

① [회계관리] → [전표/장부관리] → [전표승인해제]메뉴를 더블클릭하고, 조회버튼을 클릭한다.
② 체크박스에 체크하고 화면 우측 상단 [승인/해제]버튼을 클릭하여 미결전표를 승인해 준다.

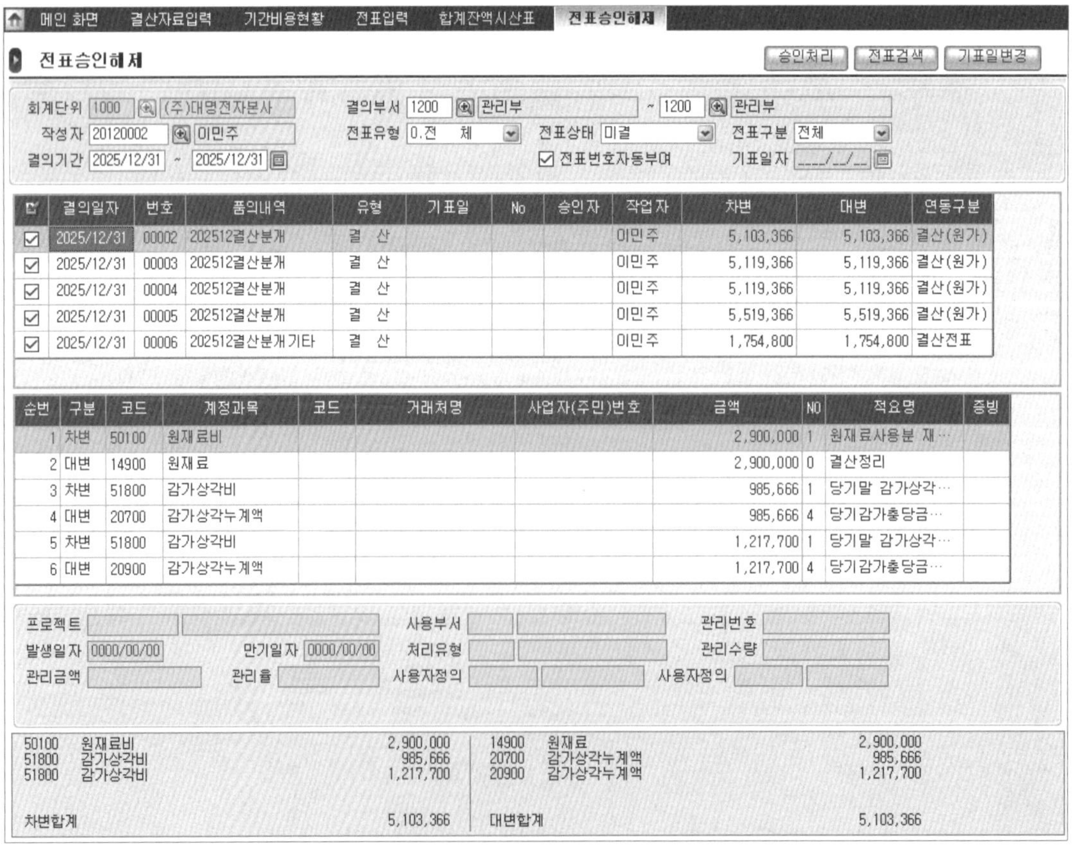

전표승인해제

전표승인해제란 전표입력메뉴에 미결상태로 있는 전표를 [승인]권한을 가진자가 승인함으로써 장부 및 재무제표에 반영하는 메뉴이다.

(1) 미결전표가 생기는 원인

① 사원등록메뉴에서 입력방식이 "미결"로 등록된 사원이 전표를 입력한 경우
② 회계관리가 아닌 영업관리, 구매/자재관리, 생산관리공통, 인사/급여관리 등에서 입력한 전표
③ 차변과 대변의 합계금액이 틀리게 입력된 경우의 전표
④ 결산자료입력메뉴에서 '전표발행'에 의하여 자동분개가 생성된 경우
⑤ 이익잉여금처분계산서에서 '전표생성'에 의하여 손익대체 분개가 생성된 경우

(2) 미결전표를 승인/해제하는 방법

① 전표상태 [미결]로 조회하여 승인하고자 하는 전표의 화면 좌측 체크박스를 선택하고 화면 우측 상단 [승인/해제] 버튼을 클릭한 후 '[승인] 처리 하시겠습니까?'라는 메시지에서 [예]를 클릭하면 된다.
② 전표상태 [승인]으로 조회하여 해제하고자 하는 전표의 화면 좌측 체크박스를 선택하고 화면 우측 상단 [승인/해제]버튼을 클릭한 후 '[승인해제] 처리 하시겠습니까?'라는 메시지에서 [예]를 클릭하면 된다.

기초데이터 사용 방법(시스템관리를 결석으로 인해 입력하지 못했거나 잘못 입력한 분)

① 【DB TOOL】→【DB 복원】→【ERP회계2급 기초데이터(2025)】→【확인】 버튼을 클릭하여 기초데이터를 【복원】 한다.
② 회사코드 : 5002((주)대명전자), 사원코드 : 20120002(이민주), 사원암호 : [ ] 공란으로 로그인한다.

13. 장부조회

(1) 합계잔액시산표, 재무상태표, 손익계산서, 원가보고서를 조회하시오.

① [회계관리] → [결산/재무제표관리] → [합계잔액시산표]메뉴를 더블클릭하고, 화면상단 [조회]메뉴를 클릭한다.

차변 잔액	차변 합계	계정과목	대변 합계	대변 잔액
94,177,215	120,606,732	<< 자 산 >>	44,107,683	17,678,166
69,577,215	96,006,732	[유 동 자 산]	26,761,917	332,400
66,977,215	79,868,000	< 당 좌 자 산 >	13,223,185	332,400
5,110,000	7,680,000	현 금	2,570,000	
12,848,000	13,848,000	당 좌 예 금	1,000,000	
31,100,000	31,100,000	제 예 금		
720,000	720,000	단 기 매 매 증 권		
15,300,000	17,300,000	외 상 매 출 금	2,000,000	
		대 손 충 당 금	306,000	306,000
1,320,000	8,520,000	받 을 어 음	7,200,000	
		대 손 충 당 금	26,400	26,400
59,215	180,000	선 급 비 용	120,785	
520,000	520,000	부 가 세 대 급 금		
2,600,000	16,138,732	< 재 고 자 산 >	13,538,732	
600,000	6,119,366	제 품	5,519,366	
2,000,000	4,900,000	원 재 료	2,900,000	
	5,119,366	재 공 품	5,119,366	
24,600,000	24,600,000	[비 유 동 자 산]	17,345,766	17,345,766
24,600,000	24,600,000	< 유 형 자 산 >	17,345,766	17,345,766
8,600,000	8,600,000	기 계 장 치		
		감가 상각 누 계 액	4,985,666	4,985,666
12,000,000	12,000,000	차 량 운 반 구		
101,805,796	135,954,679	합 계	135,954,679	101,805,796

② [회계관리] → [결산/재무제표관리] → [재무상태표] 메뉴를 더블클릭하고, 화면상단 [조회] 메뉴를 클릭한다.

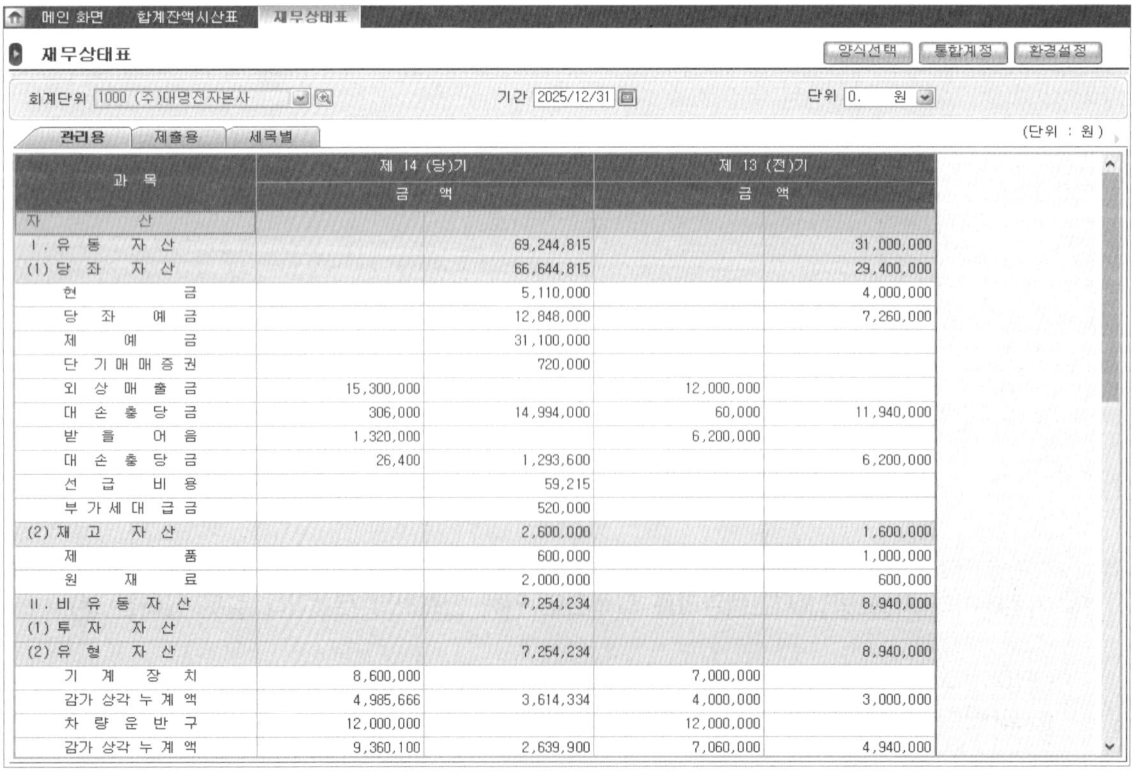

과 목	제 14 (당)기 금 액		제 13 (전)기 금 액	
자 산				
Ⅰ. 유 동 자 산		69,244,815		31,000,000
(1) 당 좌 자 산		66,644,815		29,400,000
현 금		5,110,000		4,000,000
당 좌 예 금		12,848,000		7,260,000
제 예 금		31,100,000		
단 기 매 매 증 권		720,000		
외 상 매 출 금	15,300,000		12,000,000	
대 손 충 당 금	306,000	14,994,000	60,000	11,940,000
받 을 어 음	1,320,000		6,200,000	
대 손 충 당 금	26,400	1,293,600		6,200,000
선 급 비 용		59,215		
부 가 세 대 급 금		520,000		
(2) 재 고 자 산		2,600,000		1,600,000
제 품		600,000		1,000,000
원 재 료		2,000,000		600,000
Ⅱ. 비 유 동 자 산		7,254,234		8,940,000
(1) 투 자 자 산				
(2) 유 형 자 산		7,254,234		8,940,000
기 계 장 치	8,600,000		7,000,000	
감가 상각 누 계 액	4,985,666	3,614,334	4,000,000	3,000,000
차 량 운 반 구	12,000,000		12,000,000	
감가 상각 누 계 액	9,360,100	2,639,900	7,060,000	4,940,000

③ [회계관리] → [결산/재무제표관리] → [손익계산서]메뉴를 더블클릭하고, 화면상단 [조회]메뉴를 클릭한다.

메인 화면 | 합계잔액시산표 | 재무상태표 | 손익계산서

손익계산서 [주식입력] [양식선택] [통합계정] [환경설정]

회계단위 1000 (주)대명전자본사 기간 2025/12/31 단위 0. 원

관리용 | 제출용 | 세목별 (단위 : 원)

과목	제 14 (당)기 금액		제 13 (전)기 금액	
Ⅰ. 매출액		9,640,000		20,000,000
제품매출	8,640,000		20,000,000	
임대료수입	1,000,000			
Ⅱ. 매출원가		5,519,366		12,000,000
제품매출원가		5,519,366		12,000,000
기초 제품 재고액	1,000,000		1,000,000	
당기 제품 제조원가	5,119,366		12,000,000	
기말 제품 재고액	600,000		1,000,000	
Ⅲ. 매출총이익		4,120,634		8,000,000
Ⅳ. 판매관리비		2,087,215		5,500,000
직원급여			3,600,000	
퇴직급여충당금전입	400,000			
복리후생비	8,000		300,000	
여비교통비			200,000	
접대비	165,000		600,000	
통신비			120,000	
세금과공과금	8,630		80,000	
감가상각비	1,082,400			
보험료	120,785			
차량유지비	14,000			
도서인쇄비	16,000			
소모품비			540,000	
대손상각비	272,400		60,000	
Ⅴ. 영업이익		2,033,419		2,500,000
Ⅵ. 영업외수익				
Ⅶ. 영업외비용		22,000		200,000
기부금			200,000	
매출채권처분손실	12,000			
지급수수료	10,000			
Ⅷ. 법인세비용차감전순이익		2,011,419		2,300,000
Ⅸ. 법인세비용				300,000
법인세등			300,000	
Ⅹ. 당기순이익		2,011,419		2,000,000

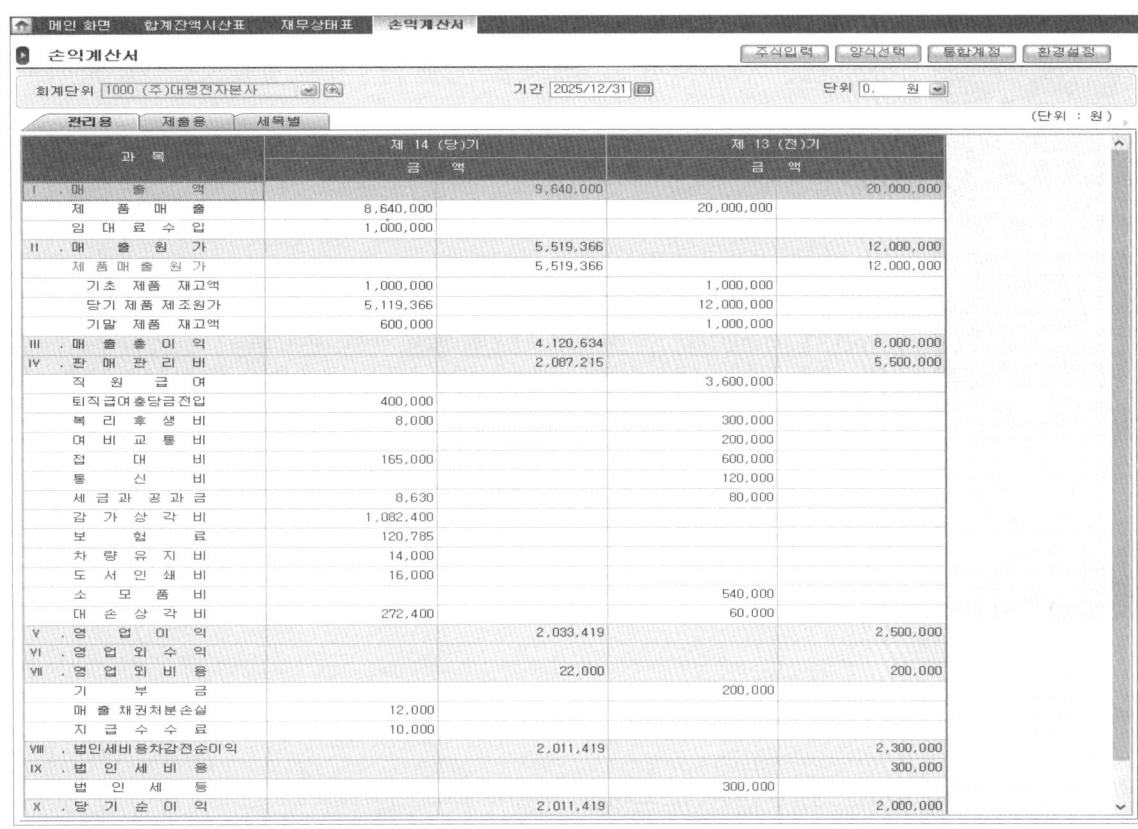

④ [회계관리] → [결산/재무제표관리] → [원가보고서] 메뉴를 더블클릭하고, 화면상단 [조회] 메뉴를 클릭하고, [매출원가 및 원가경비선택]창에서 [확인(ENTER)] 버튼을 클릭한다.

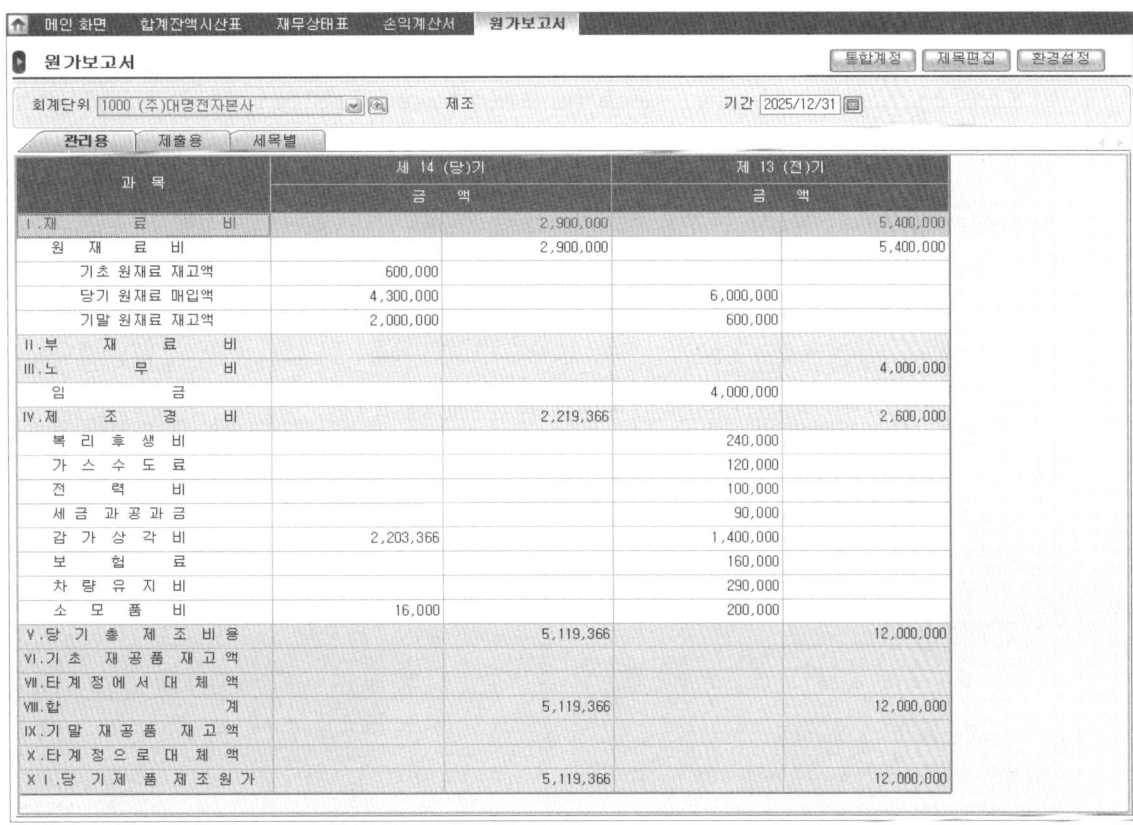

메인 화면 | 합계잔액시산표 | 재무상태표 | 손익계산서 | 원가보고서

원가보고서 [통합계정] [제목편집] [환경설정]

회계단위 1000 (주)대명전자본사 제조 기간 2025/12/31

관리용 | 제출용 | 세목별

과목	제 14 (당)기 금액		제 13 (전)기 금액	
Ⅰ. 재료비		2,900,000		5,400,000
원재료비		2,900,000		5,400,000
기초 원재료 재고액	600,000			
당기 원재료 매입액	4,300,000		6,000,000	
기말 원재료 재고액	2,000,000		600,000	
Ⅱ. 부재료비				
Ⅲ. 노무비				4,000,000
임금			4,000,000	
Ⅳ. 제조경비		2,219,366		2,600,000
복리후생비			240,000	
가스수도료			120,000	
전력비			100,000	
세금과공과금			90,000	
감가상각비	2,203,366		1,400,000	
보험료			160,000	
차량유지비			290,000	
소모품비	16,000		200,000	
Ⅴ. 당기총제조비용		5,119,366		12,000,000
Ⅵ. 기초재공품재고액				
Ⅶ. 타계정에서대체액				
Ⅷ. 합계		5,119,366		12,000,000
Ⅸ. 기말재공품재고액				
Ⅹ. 타계정으로대체액				
ⅩⅠ. 당기제품제조원가		5,119,366		12,000,000

■ 장부

① 전 표 출 력	거래자료의 입력에서 입력된 내용을 전표로 발행해주는 작업(3전표제 : 입금전표, 출금전표, 대체전표로 발행)
② 분 개 장	거래를 발생순서대로 분개하여 기록하는 장부에서 총계정원장과 더불어 장부의 주요부를 구성.
③ 일 월 계 표	일계표란 매일의 거래내역의 분개를 계정과목별로 집계한 분개 집계표 월계표란 일계표를 월단위로 집계한 집계표
④ 총 계 정 원 장	결산의 기초가 되는 주요부 그 기업에서 사용하는 모든 계정과목의 일일대.차 합계, 잔액현황이 집계되어 기록되는 집계장부
⑤ 현 금 출 납 장	현금의 수입과 지출의 내용을 상세히 기록, 계산하는 보조장부로써 입/출금거래내역이 날짜순, 입/출금순으로 기록되어 조회 또는 출력된다.
⑥ 계 정 별 원 장	각계정의 거래내역을 상세히 기록한 장부
⑦ 거 래 처 원 장	각 계정과목별 일정기간의 거래처별 잔액이나 거래내용을 기록한 보조기입장
⑧ 매 입 매 출 장	현금의 수입과 지출의 내용을 상세히 기록, 계산하는 보조장부로써 입/출금거래내역이 날짜순, 입/출금순으로 기록되어 조회 또는 출력된다.
⑨ 기 간 비 용 현 황	기중에 발생한 기간비용을 조회
⑩ 채 권 년 령 분 석	거래처별로 채권과 채무를 기준일 기준으로 월별 미회수액과 미지급잔액을 조회하는 메뉴
⑪ 지출증빙서류 검토표(관리용)	직전사업연도의 수입금액이 20억원 이상으로 지출증명서류를 보관한 법인은 지출증명서류 합계표를 작성하여 보관해야 한다. 이 메뉴는 전표입력시 등록한 증빙에 대한 금액 및 누락된 증빙 등을 상세내역을 조회할 수 있다.

14. 부가가치세 관리

(1) 제2기 예정신고기간 부가가치세 신고서를 조회하시오.

① [회계관리] → [부가가치세관리] → [부가세신고서]메뉴를 더블클릭한다.

② 제2기 예정신고기간을 기간[2025/07/01 ~ 2025/09/30]입력하고, 화면 상단 [불러오기]버튼을 클릭한다.

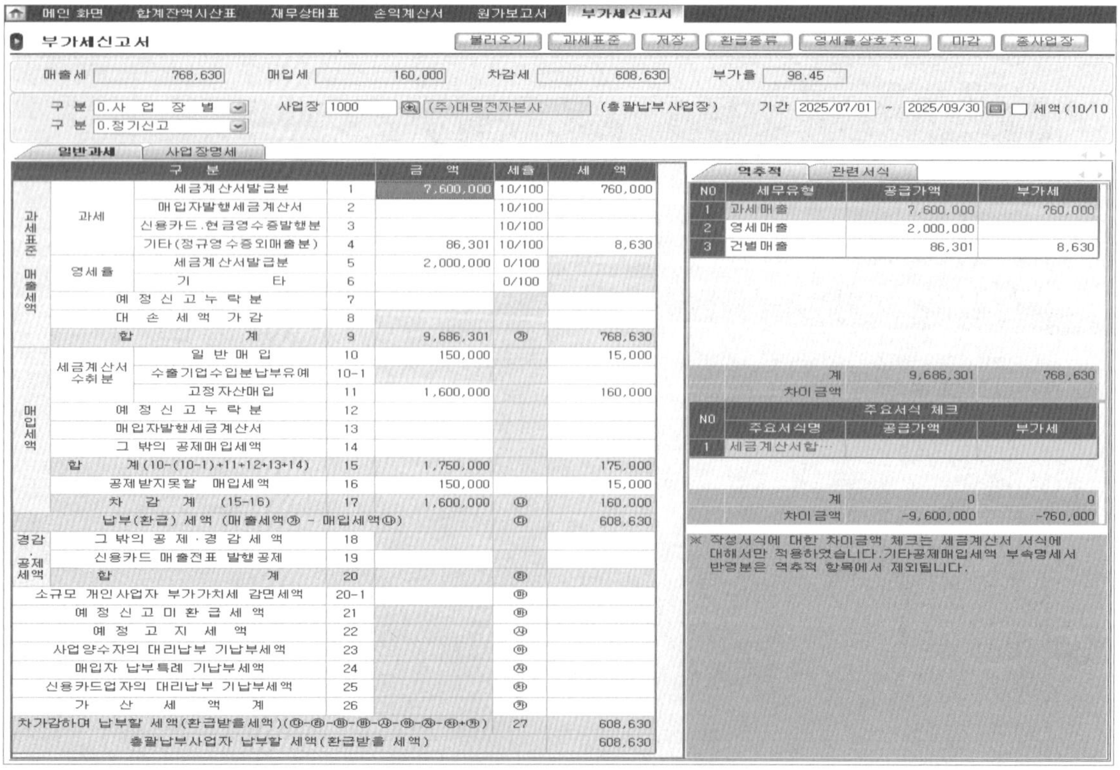

구 분				금 액	세율	세 액
과세표준 매출세액	과세	세금계산서발급분	1	7,600,000	10/100	760,000
		매입자발행세금계산서	2		10/100	
		신용카드.현금영수증발행분	3		10/100	
		기타(정규영수증외매출분)	4	86,301	10/100	8,630
	영세율	세금계산서발급분	5	2,000,000	0/100	
		기 타	6		0/100	
	예 정 신 고 누 락 분		7			
	대 손 세 액 가 감		8			
	합 계		9	9,686,301	㉮	768,630
매입세액	세금계산서 수취분	일 반 매 입	10	150,000		15,000
		수출기업수입분납부유예	10-1			
		고정자산매입	11	1,600,000		160,000
	예 정 신 고 누 락 분		12			
	매입자발행세금계산서		13			
	그 밖의 공제매입세액		14			
	합 계(10-(10-1)+11+12+13+14)		15	1,750,000		175,000
	공제받지못할 매입세액		16	150,000		15,000
	차 감 계 (15-16)		17	1,600,000	㉯	160,000
납부(환급) 세액 (매출세액㉮ - 매입세액㉯)					㉰	608,630
경감·공제세액	그 밖의 공 제 · 경 감 세 액		18			
	신용카드 매출전표 발행공제		19			
	합 계		20		㉱	
소규모 개인사업자 부가가치세 감면세액			20-1		㉲	
예 정 신 고 미 환 급 세 액			21		㉳	
예 정 고 지 세 액			22		㉴	
사업양수자의 대리납부 기납부세액			23		㉵	
매입자 납부특례 기납부세액			24		㉶	
신용카드업자의 대리납부 기납부세액			25		㉷	
가 산 세 액 계			26		㉸	
차가감하여 납부할 세액(환급받을세액)(㉰-㉱-㉲-㉳-㉴-㉵-㉶-㉷+㉸)					27	608,630
총괄납부사업자 납부할 세액(환급받을 세액)						608,630

NO	세무유형	공급가액	부가세
1	과세매출	7,600,000	760,000
2	영세매출	2,000,000	
3	건별매출	86,301	8,630
	계	9,686,301	768,630
	차이금액		

NO	주요서식 체크: 주요서식명	공급가액	부가세
1	세금계산서합…		
	계	0	0
	차이금액	-9,600,000	-760,000

※ 작성서식에 대한 차이금액 체크는 세금계산서 서식에 대해서만 적용하였습니다.기타공제매입세액 부속명세서 반영분은 역추적 항목에서 제외됩니다.

(2) 제2기 예정신고기간 세금계산서 합계표를 조회하시오.

① [회계관리] → [부가가치세관리] → [세금계산서합계표]메뉴를 더블클릭한다.

② 제2기 예정신고기간을 기간[2025/07 ~ 2025/09]입력하고, 화면 상단 [불러오기]버튼을 클릭하여 '데이타를 전표에서 다시 불러옵니다. 다시 조회하시겠습니까?'에서 [예(Y)]를 클릭한다. 전자세금계산서분(11일이내 전송분)을 클릭한다.

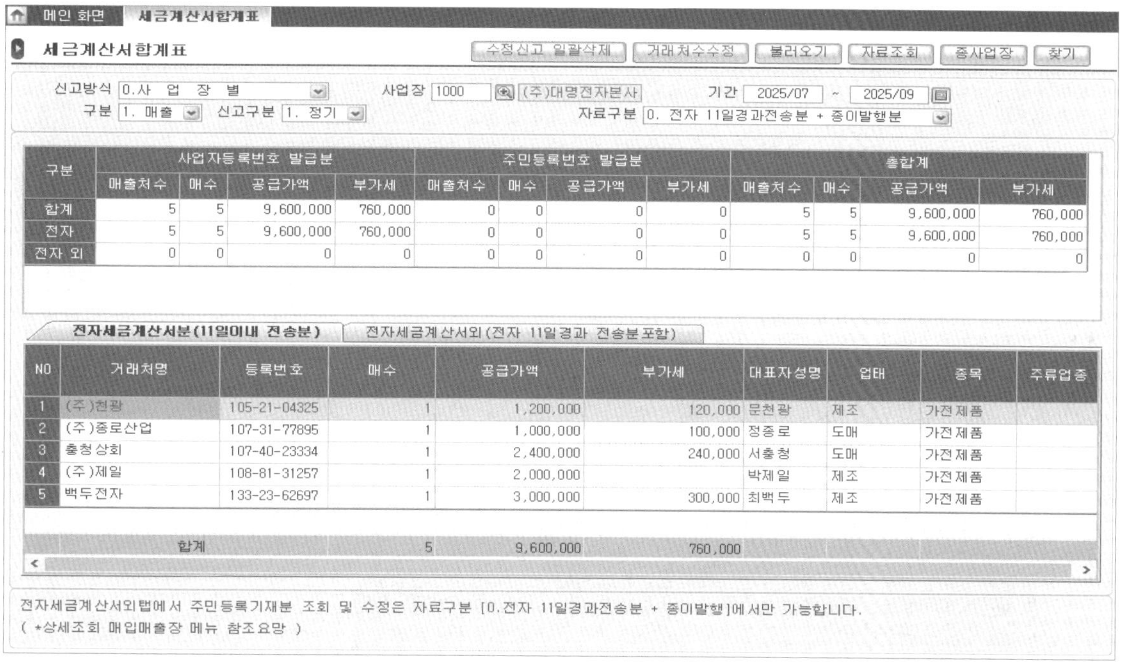

구분	사업자등록번호 발급분				주민등록번호 발급분				총합계			
	매출처수	매수	공급가액	부가세	매출처수	매수	공급가액	부가세	매출처수	매수	공급가액	부가세
합계	5	5	9,600,000	760,000	0	0	0	0	5	5	9,600,000	760,000
전자	5	5	9,600,000	760,000	0	0	0	0	5	5	9,600,000	760,000
전자 외	0	0	0	0	0	0	0	0	0	0	0	0

전자세금계산서분(11일이내 전송분) / 전자세금계산서외(전자 11일경과 전송분포함)

NO	거래처명	등록번호	매수	공급가액	부가세	대표자성명	업태	종목	주류업종
1	(주)천광	105-21-04325	1	1,200,000	120,000	문천광	제조	가전제품	
2	(주)종로산업	107-31-77895	1	1,000,000	100,000	정종로	도매	가전제품	
3	충청상회	107-40-23334	1	2,400,000	240,000	서충청	도매	가전제품	
4	(주)제일	108-81-31257	1	2,000,000		박제일	제조	가전제품	
5	백두전자	133-23-62697	1	3,000,000	300,000	최백두	제조	가전제품	
	합계		5	9,600,000	760,000				

전자세금계산서외탭에서 주민등록기재분 조회 및 수정은 자료구분 [0.전자 11일경과전송분 + 종이발행]에서만 가능합니다.
(*상세조회 매입매출장 메뉴 참조요망)

(3) 제2기 예정신고기간 계산서 합계표를 조회하시오.

① [회계관리] → [부가가치세관리] → [계산서합계표]메뉴를 더블클릭한다.

② 제2기 예정신고기간을 기간[2025/07 ~ 2025/09]입력하고, 화면 상단 [불러오기]버튼을 클릭한다.

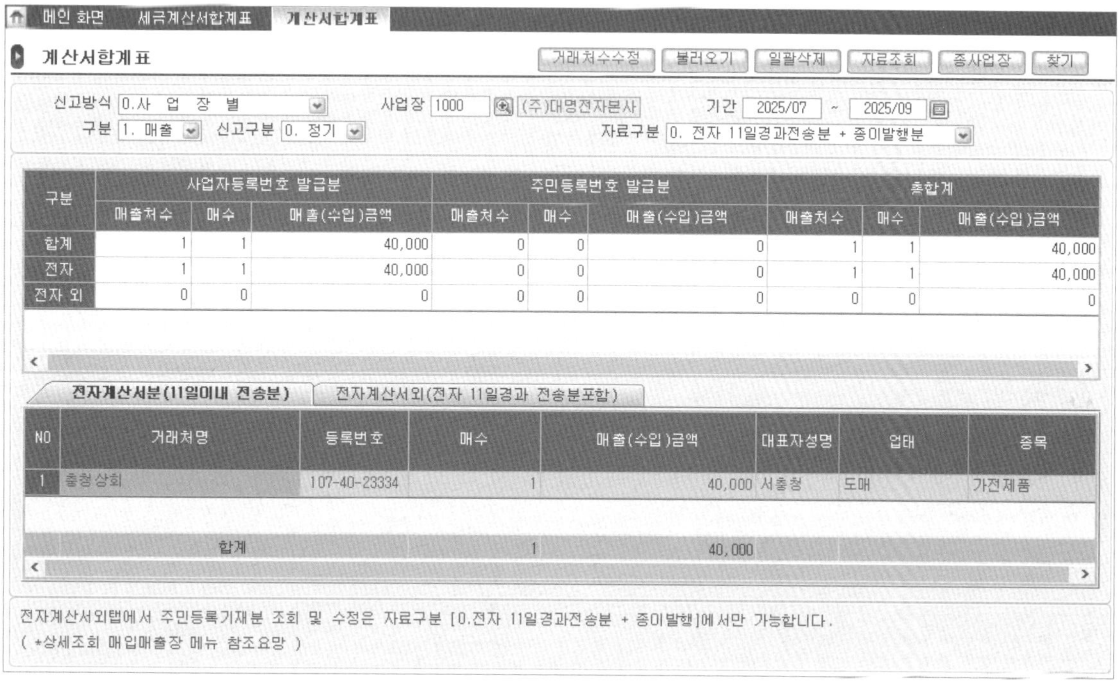

구분	사업자등록번호 발급분			주민등록번호 발급분			총합계		
	매출처수	매수	매출(수입)금액	매출처수	매수	매출(수입)금액	매출처수	매수	매출(수입)금액
합계	1	1	40,000	0	0	0	1	1	40,000
전자	1	1	40,000	0	0	0	1	1	40,000
전자 외	0	0	0	0	0	0	0	0	0

전자계산서분(11일이내 전송분) / 전자계산서외(전자 11일경과 전송분포함)

NO	거래처명	등록번호	매수	매출(수입)금액	대표자성명	업태	종목
1	충청상회	107-40-23334	1	40,000	서충청	도매	가전제품
	합계		1	40,000			

전자계산서외탭에서 주민등록기재분 조회 및 수정은 자료구분 [0.전자 11일경과전송분 + 종이발행]에서만 가능합니다.
(*상세조회 매입매출장 메뉴 참조요망)

(4) 제2기 매입세액불공제내역을 조회하시오.

① [회계관리] → [부가가치세관리] → [매입세액불공제내역]메뉴를 더블클릭한다.

② 제2기 예정신고기간을 기간[2025/07 ~ 2025/09]입력하고, 화면 상단 [불러오기]버튼을 클릭한다.

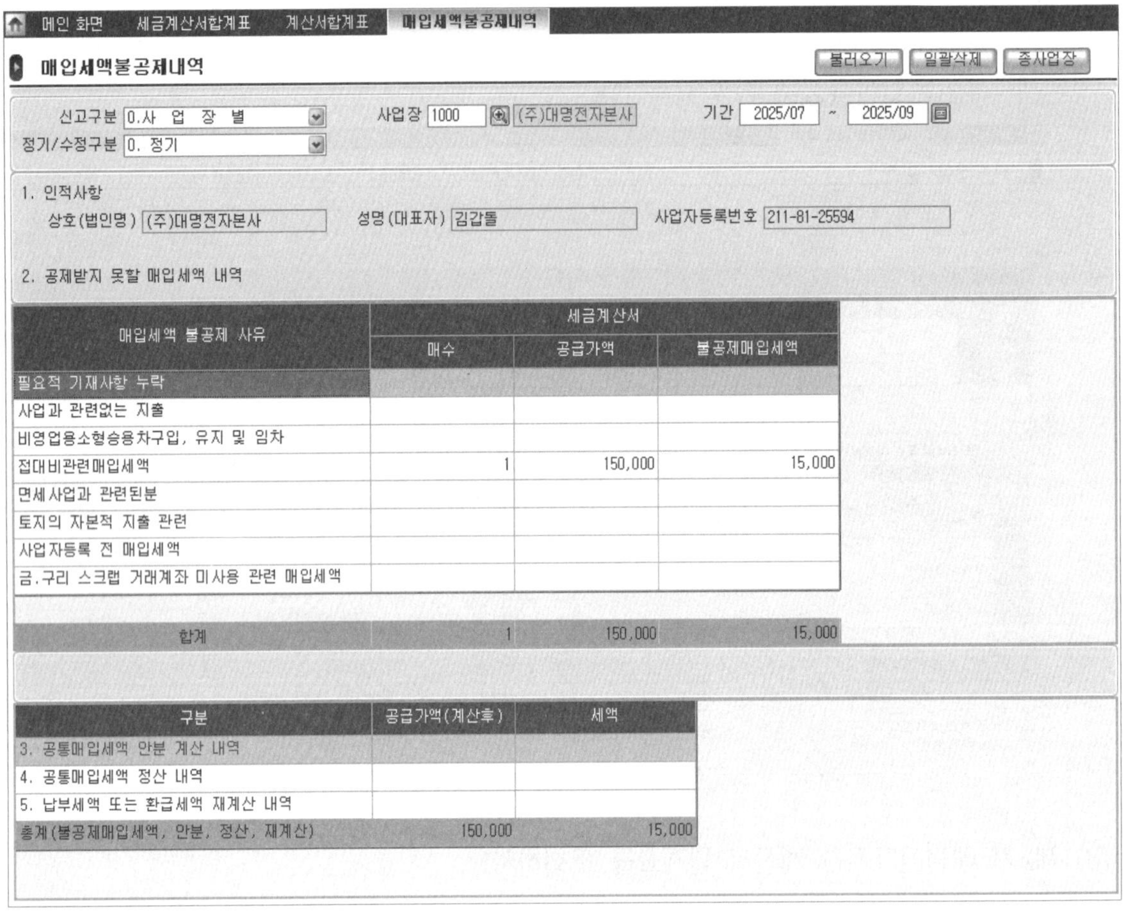

메인 화면 | 세금계산서합계표 | 계산서합계표 | 매입세액불공제내역

매입세액불공제내역 [불러오기] [일괄삭제] [종사업장]

신고구분 0.사 업 장 별 | 사업장 1000 (주)대명전자본사 | 기간 2025/07 ~ 2025/09

정기/수정구분 0. 정기

1. 인적사항

상호(법인명) (주)대명전자본사 | 성명(대표자) 김갑돌 | 사업자등록번호 211-81-25594

2. 공제받지 못할 매입세액 내역

매입세액 불공제 사유	세금계산서		
	매수	공급가액	불공제매입세액
필요적 기재사항 누락			
사업과 관련없는 지출			
비영업용소형승용차구입, 유지 및 임차			
접대비관련매입세액	1	150,000	15,000
면세사업과 관련된분			
토지의 자본적 지출 관련			
사업자등록 전 매입세액			
금.구리 스크랩 거래계좌 미사용 관련 매입세액			
합계	1	150,000	15,000

구분	공급가액(계산후)	세액
3. 공통매입세액 안분 계산 내역		
4. 공통매입세액 정산 내역		
5. 납부세액 또는 환급세액 재계산 내역		
총계(불공제매입세액, 안분, 정산, 재계산)	150,000	15,000

15. 업무용 승용차 관리

업무용승용차의 과도한 비용처리 방지 및 사적 사용을 제한하고 과세요건에 대해 강화되었다.

(1) 업무용승용차 비용특례는 모든 차량에 대해서 적용되지 않고 사업에 직접 사용하기 위해 취득하거나 임차한 차량 중 [개별소비세법]에 따른 승용자동차만 적용 된다.

(2) 업무용승용차 관련 비용

감가상각비, 임차료, 리스료, 유류비, 보험료, 수리비, 자동차세, 통행료, 승용차 금융리스에 대한 이자비용 등 업무용 승용차의 취득 및 유지를 위해 지출한 모든 비용을 말한다. 이와 관련된 비용에 대해 1대당 연간 1,500만원을 한도로 비용 인정이 가능합니다. (단, 운전기사의 급여 및 용역기사의 급여는 인건비에 해당하므로 제외)

(3) 업무용승용차 비용처리 한도(감가상각, 임차료)

정액법에 의해 5년 동안 매월 동일한 금액으로 균등하게 상각 처리를 하게 된다. 이때 감가상각비와 임차료는 연간 800만원 한도로 손금산입이 가능하며 한도 초과분에 대해서는 이월된다.

(4) 업무용승용차 비용인정 조건

① 업무전용 자동차 보험 가입 : 해당사업자의 임직원, 계약직원 등이 운전하는 경우에만 보상되는 업무전용 자동차보험에 가입해야한다.

㉠ 법인사업자 : 임직원 업무전용자동차 보험 가입이 필수이며, 미가입 시 승용차 관련 비용 전액을 비용으로 인정받지 못한다.

㉡ 개인사업자 : 승용차가 1대인 경우에는 가입대상에서 제외된다. 2024년부터는 모든 복식부기의무자가 1대를 초과한 승용차에 대해 비용을 인정받기 위해서는 업무전용자동차 보험을 가입해야 한다.

② 운행기록부 작성 : 회사는 업무용승용차별로 운행기록 등을 작성하여 비치해야 한다.

㉠ 차량관련 지출이 1,500만원 이하인 경우 : 운행기록부를 작성하지 않아도 전액 경비처리 가능

㉡ 차량관련 지출이 1,500만원 초과인 경우 : 운행기록부를 작성하고 업무와 관련된 비용만 경비 처리 가능

③ 법인업무용 전용번호판 부착 : 2024년 1월1일 이후부터는 취득가액 8,000만원 이상의 법인차량에는 반드시 법인 전용번호판(연두색번호판)을 부착해야 운행경비 및 감가상각비를 비용으로 인정받을 수 있다.

(5) 업무용승용차 관련비용 명세서(가산세)

업무용승용차와 관련한 비용을 지출한 경우에는 법인세 혹은 종합소득세를 신고 시 반드시 업무용승용차 비용명세서를 제출해야 한다. 명세서를 제출하지 않거나 사실과 다르게 제출한 경우에는 비용의 1%에 해당하는 가산세가 부과된다.

실습예제 01

(주)대명전자는 업무용승용차를 등록하고자 기존에 등록된 고정자산을 자료를 이용하여 [업무용승용차 차량등록]을 한다.

코드	차량번호	차종	부서	사원	고정자산코드
B20001	승용차1234호	소나타	영업2부	김용채	B20001

보험가입	보험회사	보험기간	임차구분	사용구분
여	(주)우리화재보험	2025.03.01.~2026.02.28	0.자가	0.일반 업무용

따라하기

① [회계관리] → [업무용승용차관리] → [업무용승용차 차량등록]을 더블클릭하여 조회 후 상단의 [고정자산불러오기]클릭한다.
② [고정자산 불러오기]창에서 계정과목[20800.차량운반구]입력 후 자산코드 [B20001]를 선택하여 하단의 [차량등록][TAB]]클릭 하여 고정자산변환을 완료한다.
③ 등록된 데이터에 차종(소나타), 사원(김용채)를 추가 등록한다.
④ 화면 오른쪽에 보험여부(1.여), 보험회사((주)우리화재보험), 보험기간(2025.03.01.~2026.02.28.), 임차구분(0.자가), 사용구분(0.일반 업무용)을 입력한다.

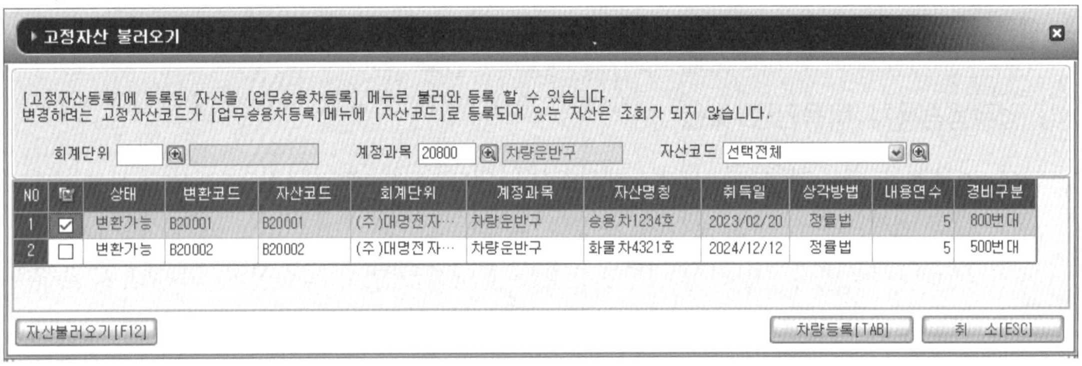

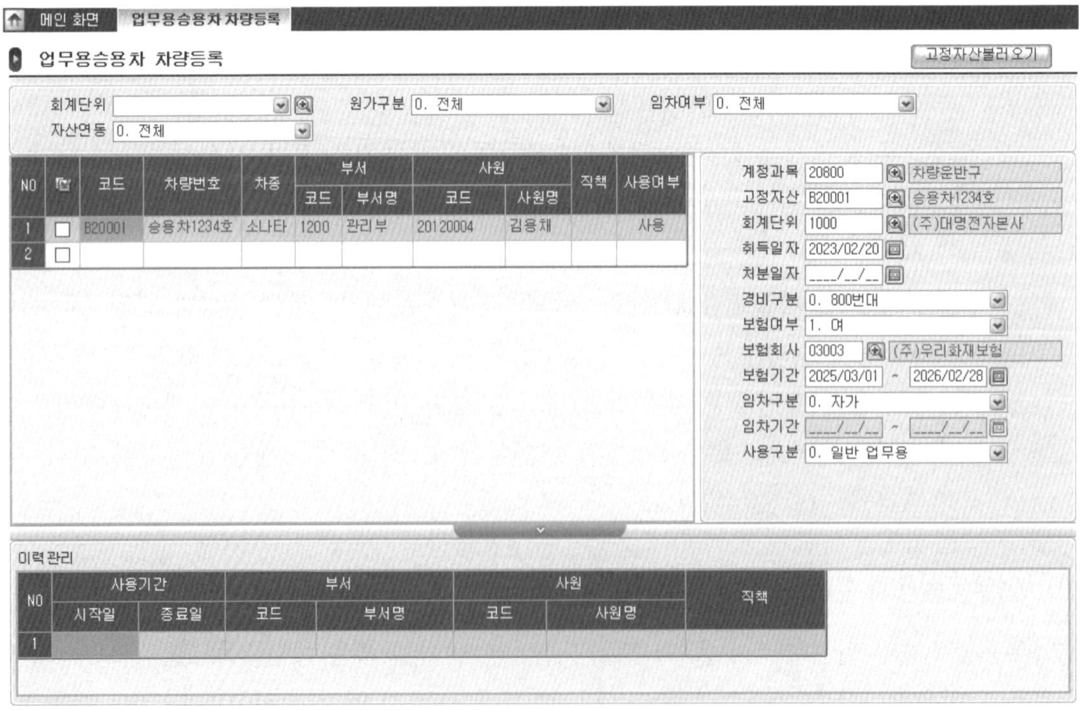

실습예제 02

4월 10일 영업2부 김용채 사원은 하나주유소에서 업무용 승용차1234호에 주유하고 주유비 150,000원을 현금으로 결제하였다.(증빙 : 영수증)

따라하기

분개	대체전표	(차)	차량유지비(판)	150,000	(대)	현금	150,000

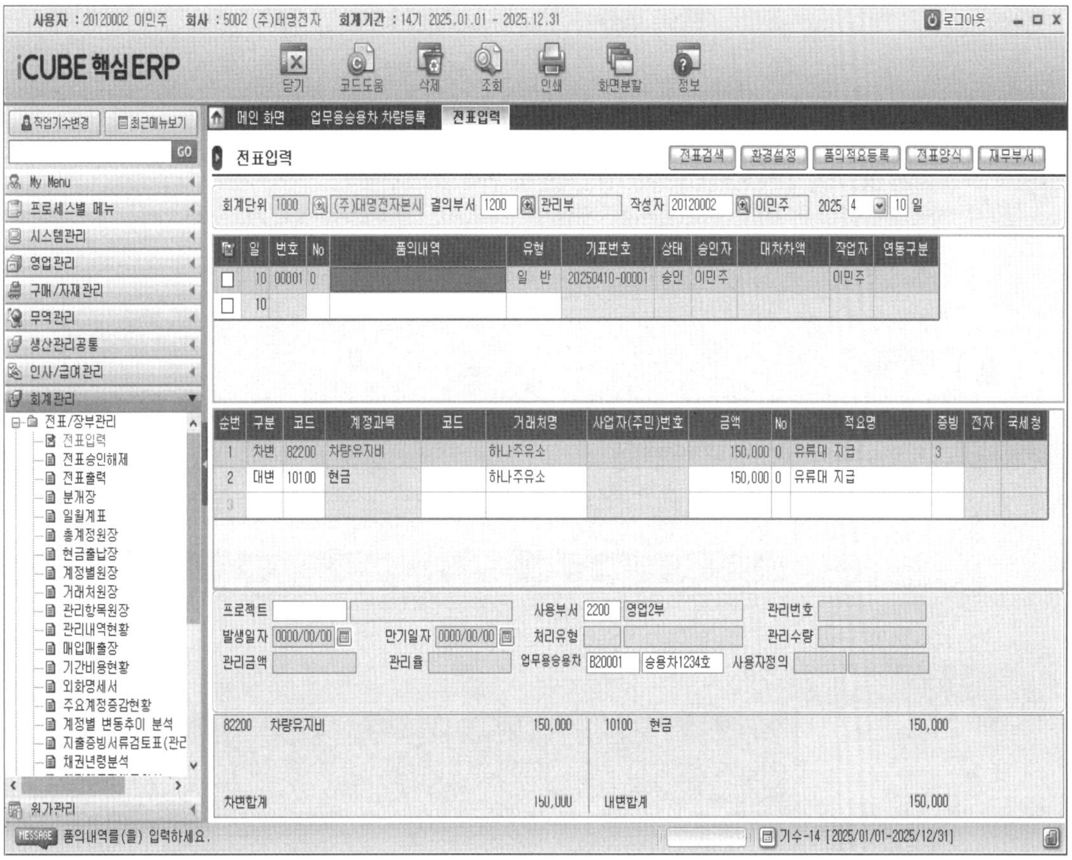

◎ **계정과목의 업무용승용차 관리항목 설정**

차량유지비(판) 이외의 다른 비용계정과목에 업무용승용차를 관리하고자 할 때는 [회계관리]→[기초정보관리]→[계정과목등록]에서 설정하고자 하는 해당 계정과목의 관리항목을 추가한다.

실습예제 03

(주)대명전자의 업무용승용차에 대한 2025년 4월의 업무용승용차 운행기록부를 작성하시오.

차량번호	승용차1234호	운행사원	김용채	주행전(km)	300
사용일자(요일)	**시작시간(시분)**	**주행거리(km)**	**출발→도착**	**운행사유**	**비고**
2025.04.02	-	20	자택→본사	출퇴근용	비업무용 사용거리 8km
2025.04.07	-	30	본사→(주)천광	일반 업무용	
2025.04.10	10:00	50	본사→(주)제일	일반 업무용	
2025.04.15	13:00	40	본사→(주)대성산업	일반 업무용	

따라하기

① [회계관리] → [업무용승용차관리] → [업무용승용차 운행기록부]을 더블클릭하여 사용기간(2025.04.01.~ 2025.04.30.), 차량(B20001 승용차1234호)를 입력 후 조회한다.

② 사용일자(2025.04.02.), 사원(김용채), 주행거리(km)(20), 출.퇴근용(km)(12), 주행전 계기판의 거리(km)(300)을 입력한다.

③ 나머지 주어진 주행거리를 입력한다.

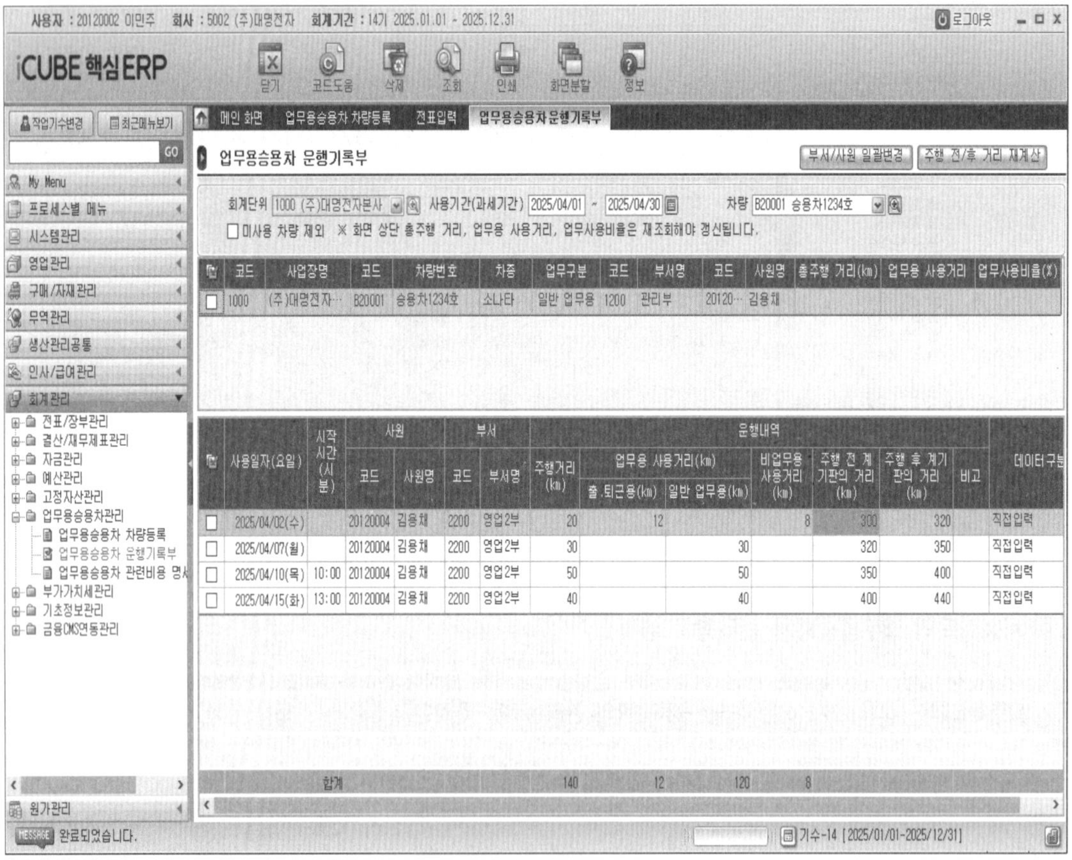

◎ **비업무용 사용거리(km)입력시**

주행거리(km) - 비업무용 사용거리(km) = 업무용사용거리(km)
즉, 비업무용 사용거리(km)를 차감하고 입력해야 한다.

실습예제 04

(주)대명전자의 업무용승용차에 대한 2025년 4월의 업무용승용차 관련 비용 명세서(관리용)를 작성·조회한다.

따라하기

① [회계관리] → [업무용승용차관리] → [업무용승용차 관련비용 명세서(관리용)]을 더블클릭하여 [명세서]탭에서 기표기간(2025.04.01.~ 2025.04.30.), 조회 후 상단의 [불러오기]클릭한다.
② [전표내역]탭에서 차량번호(B20001)의 전표를 확인한다.
③ [손금불산입 계산]탭에서 업무 사용금액과 업무 외사용금액을 확인하여 손금불산입 합계를 확인한다.

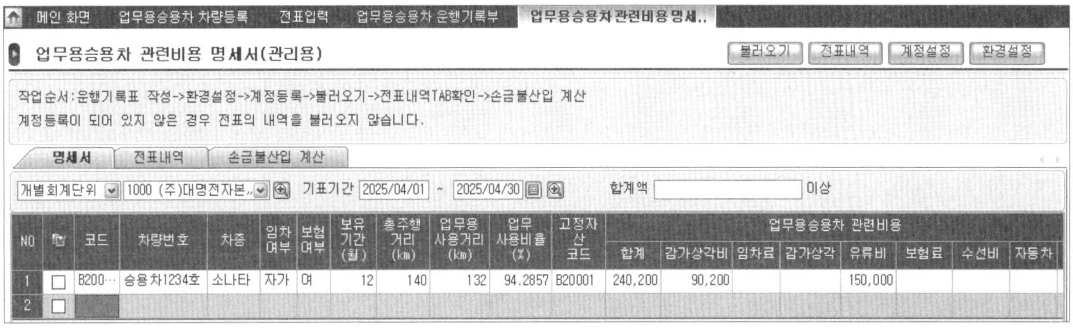

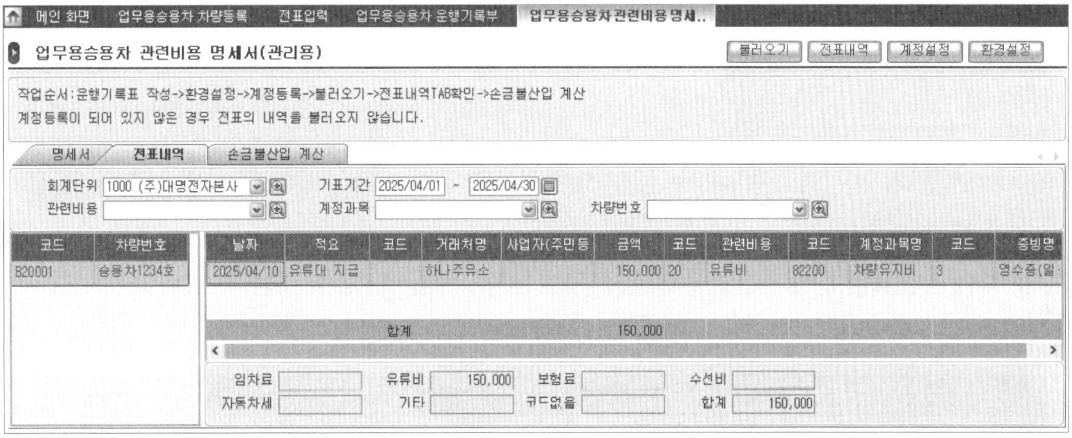

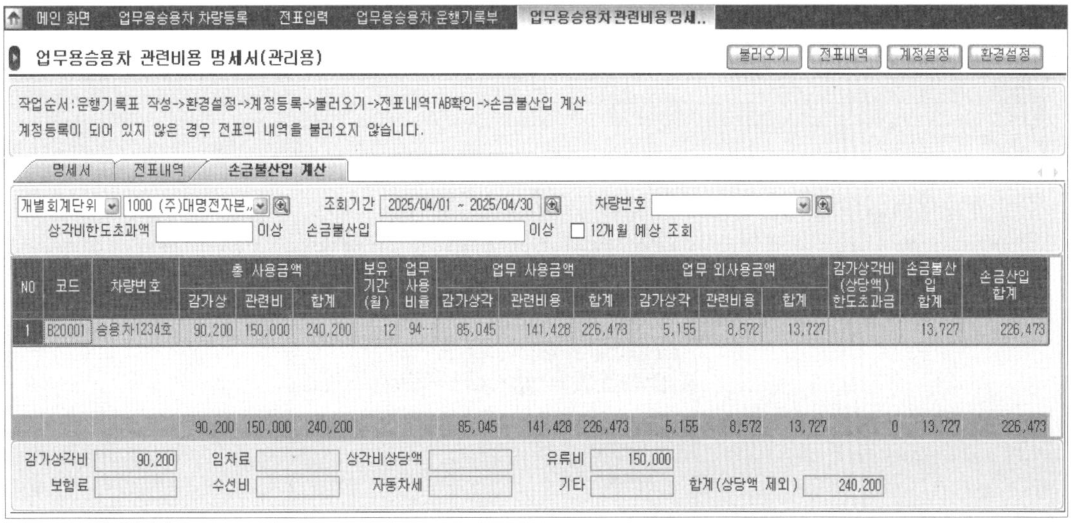

16. 자금관리 Process

(1) (주)대명전자 본사의 고정지출내역은 다음과 같다. 고정자금등록에 등록을 하고 10월의 자금계획에 반영하시오.(본 예제는 자금관리부분에만 적용함)

지출일자	내역	자금과목	금액	기간
15일	임차료	2990 기타경상지출	700,000	2025.01.01 ~ 2027.12.31
20일	통신비	2990 기타경상지출	300,000	2025.01.01 ~ 2025.12.31
26일	신문 구독료	2990 기타경상지출	100,000	2025.01.01 ~ 2025.12.31
비고	※ 신문구독료는 매월 국민은행 보통예금에서 자동이체하고 있음			

① [시스템관리] → [기초정보관리] → [금융거래처등록]더블클릭하고 [국민보통]을 선택한다.

② [고정자금등록]탭을 클릭하고 일[26], 적요[신문 구독료], 코드 F2 [2990(기타경상지출)], 금액 [100,000], 기간[2025/01/01 ~ 2025/12/31]을 입력한다.

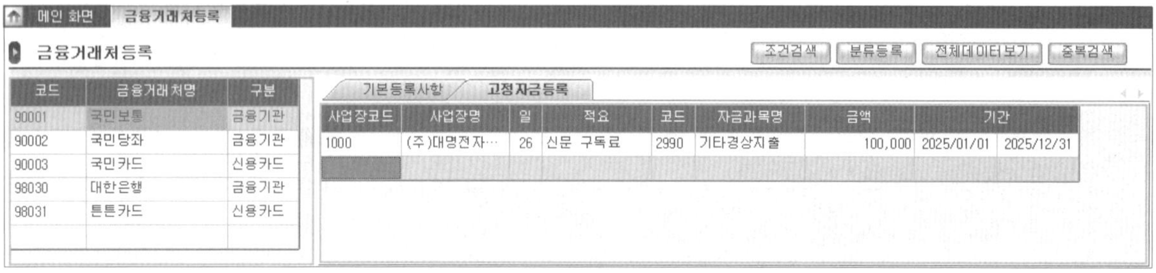

③ [회계관리] → [자금관리] → [일자별자금계획입력]더블클릭하고 화면우측 상단 [고정자금]버튼을 클릭한다.

④ 자금계획입력-고정자금등록창에서 지출일자 15일, 20일의 내용을 입력한 후 [종료(ESC)]버튼을 누른다.

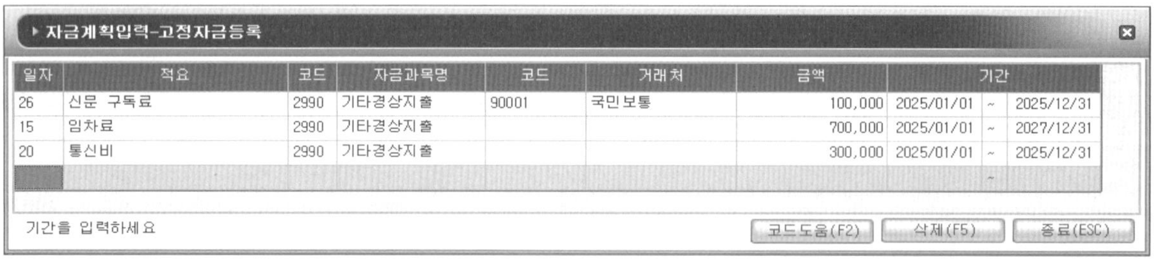

⑤ [자금계획입력]탭의 계획년월[2025/10]을 입력한다.

⑥ 화면우측 상단 [자금반영]버튼을 클릭하고 고정자금반영창이 나오면 적용년월 [2025/10/01 ~ 2025/10/31]을 확인 후 [적용(ENTER)]버튼을 클릭한다.

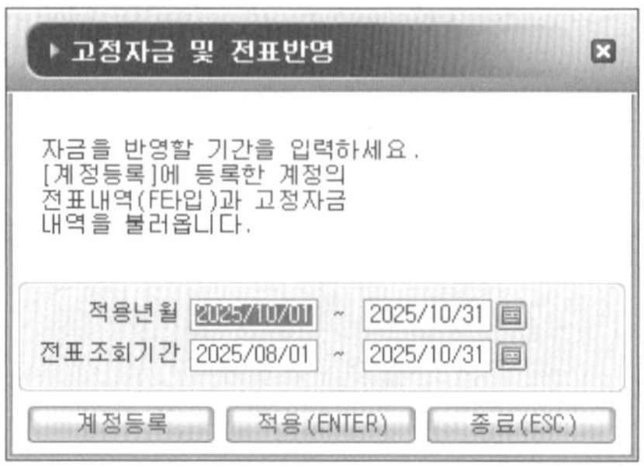

자금계획 반영 순서

과목등록 → 고정자금 → 자금반영

⑦ '입력하신 기간으로 고정자금을 반영하시겠습니까?' 메시지에서 [예]버튼을 클릭한다.

⑧ '고정자금 반영이 성공적으로 완료 되었습니다' 메시지에서 [확인]버튼을 클릭한다.

(2) (주)대명전자의 자금계획카렌다를 조회하고 고정지출일이 휴일일 경우 다음날에 지출되도록 하시오.

① [회계관리] → [자금관리] → [자금계획카렌다]를 클릭한후 계획년월[2025/10]입력후 조회한다.

② 화면우측 상단에 [휴일사용여부]클릭후 [휴일 사용], [후]를 선택한 후 [적용(ENTER)]을 클릭한다.

③ 10월 26일에 지급되는 통신비가 그다음 날인 10월 27일에 지급되는 것으로 바뀌는 것을 확인한다.

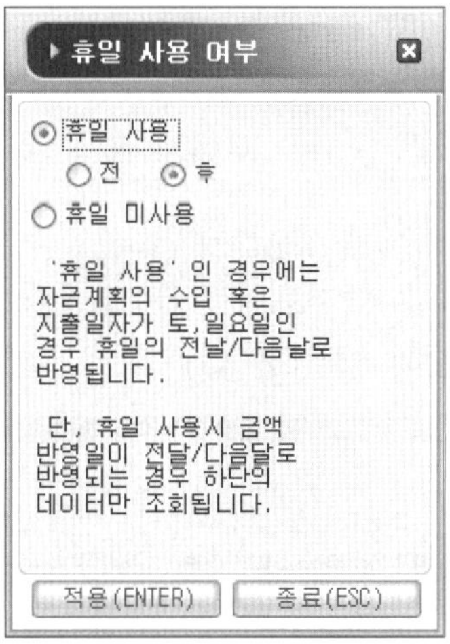

제4장 회계관리 실무 PROCESS

[휴일 사용 – 후 적용된 자금계획카렌다 화면]

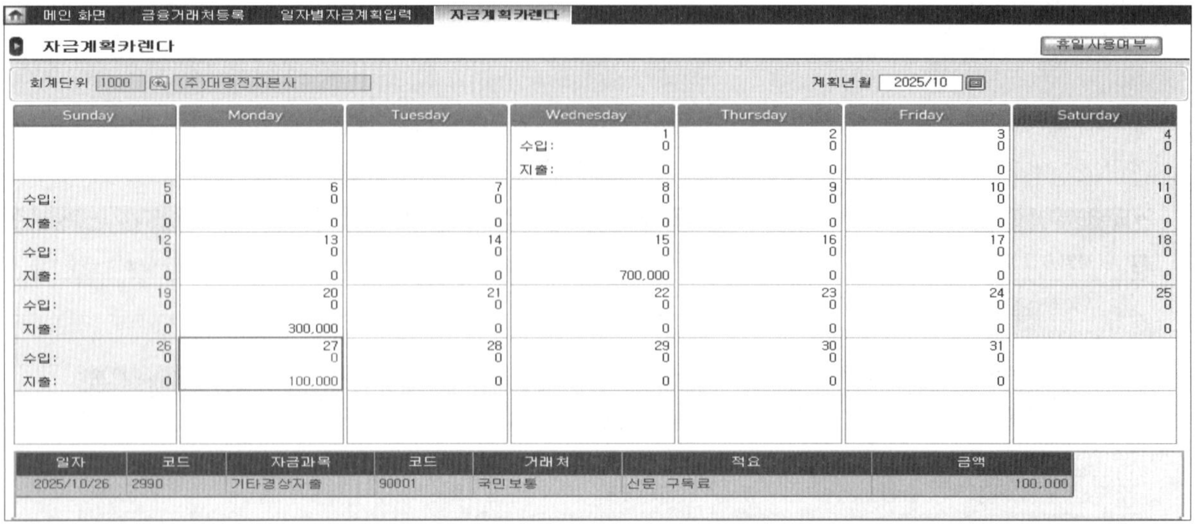

(3) (주)대명전자는 10월 중에 다음과 같이 지출하였다. 10월의 자금일월보를 작성하시오.

지출일자	내역	금액	비고
15일	임차료	700,000	현금지출
20일	통신비	230,000	
27일	신문 구독료	100,000	국민은행 보통예금에서 이체

분개	출금전표	(차)	지급임차료(판)	700,000	(대)	현금	700,000

분개	출금전표	(차)	통 신 비(판)	230,000	(대)	현금	230,000

분개	대체전표	(차)	도서인쇄비(판)	100,000	(대)	보통예금(국민)	100,000

① [회계관리] → [전표/장부관리] → [전표입력]를 클릭한 후 날짜별로 위의 전표를 입력한다. (10월 25일 보통예금입력시 자금과목 F2 2990.기타경상지출입력 해야 한다.)

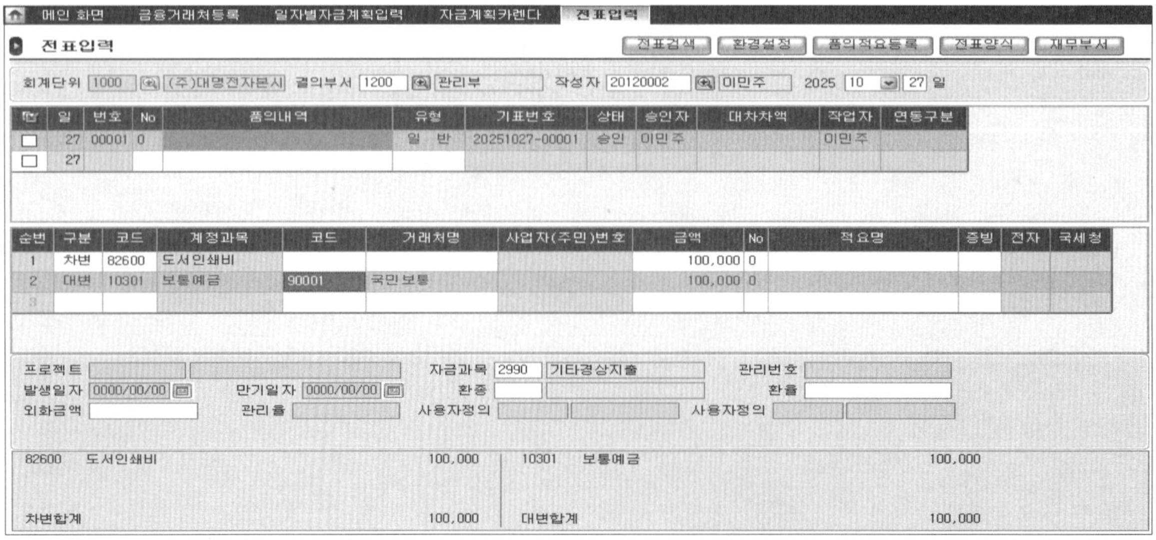

② [회계관리] → [자금관리] → [자금계획대비실적현황]를 클릭한 후 구분[1.일별], 조회기간 [2025/10/01 ~ 2025/10/31]입력 후 [계획]탭을 조회한다

메인 화면 | 금융거래처등록 | 일자별자금계획입력 | 자금계획카렌다 | 전표입력 | 자금계획대비실적현황

자금계획대비실적현황 (입금/출금 계정등록)

회계단위 1000 (주)대명전자본사 · 구분 1. 일별 · 조회기간 2025/10/01 ~ 2025/10/31

계 획 | 실 적 | 계획대비

자금과목	10월14일	10월15일	10월19일	10월20일	10월25일	10월26일	10월27일	10월28일
1.전일말자금	48,908,000	48,908,000	48,208,000	48,208,000	47,908,000	47,908,000	47,808,000	47,808,000
2.자금조달계획								
3.자금지출계획		700,000		300,000		100,000		
경상지출		700,000		300,000		100,000		
기타경상지출		700,000		300,000		100,000		
4. 당일말 자금	48,908,000	48,208,000	48,208,000	47,908,000	47,908,000	47,808,000	47,808,000	47,808,00
5. 대 체 거	0	0	0	0	0	0	0	0

③ [회계관리] → [자금관리] → [자금계획대비실적현황]를 클릭한 후 구분[1.일별], 조회기간 [2025/10/01 ~ 2025/10/31]입력 후 [실적탭]을 조회한다.

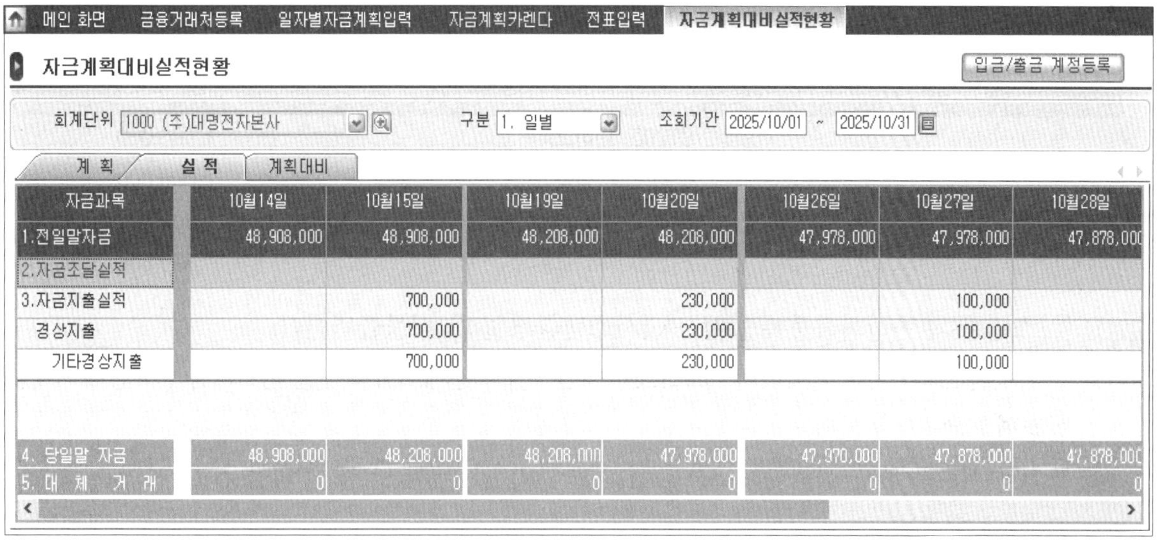

메인 화면 | 금융거래처등록 | 일자별자금계획입력 | 자금계획카렌다 | 전표입력 | 자금계획대비실적현황

자금계획대비실적현황 (입금/출금 계정등록)

회계단위 1000 (주)대명전자본사 · 구분 1. 일별 · 조회기간 2025/10/01 ~ 2025/10/31

계 획 | 실 적 | 계획대비

자금과목	10월14일	10월15일	10월19일	10월20일	10월26일	10월27일	10월28일
1.전일말자금	48,908,000	48,908,000	48,208,000	48,208,000	47,978,000	47,978,000	47,878,00
2.자금조달실적							
3.자금지출실적		700,000		230,000		100,000	
경상지출		700,000		230,000		100,000	
기타경상지출		700,000		230,000		100,000	
4. 당일말 자금	48,908,000	48,208,000	48,208,000	47,978,000	47,970,000	47,878,000	47,878,00
5. 대 체 거 래	0	0	0	0	0	0	0

④ [회계관리] → [자금관리] → [자금계획대비실적현황]를 클릭한 후 구분[1.일별], 조회기간 [2025/10/01 ~ 2025/10/31]입력 후 [계획대비탭]을 조회한다.

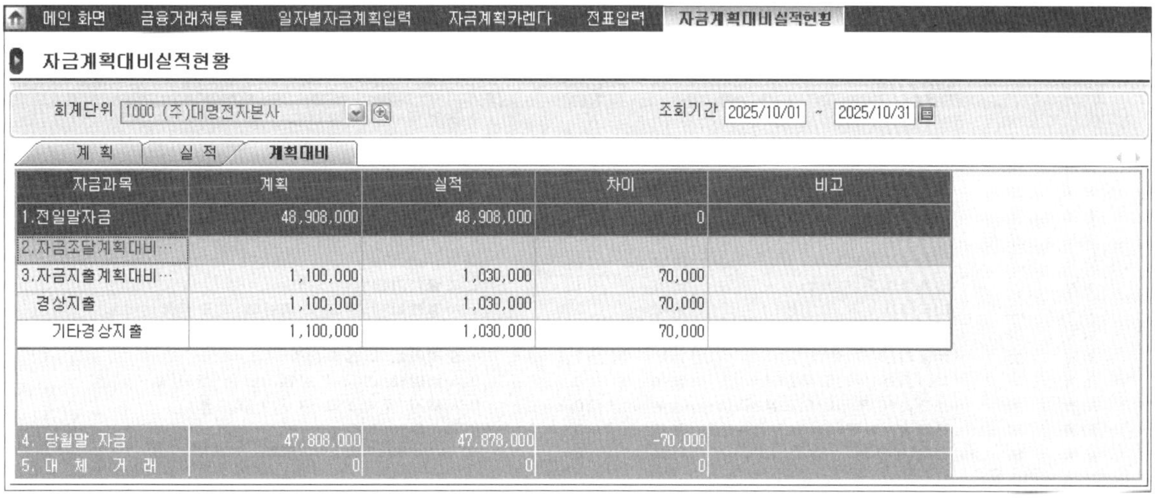

메인 화면 | 금융거래처등록 | 일자별자금계획입력 | 자금계획카렌다 | 전표입력 | 자금계획대비실적현황

자금계획대비실적현황

회계단위 1000 (주)대명전자본사 · 조회기간 2025/10/01 ~ 2025/10/31

계 획 | 실 적 | 계획대비

자금과목	계획	실적	차이	비고
1.전일말자금	48,908,000	48,908,000	0	
2.자금조달계획대비···				
3.자금지출계획대비···	1,100,000	1,030,000	70,000	
경상지출	1,100,000	1,030,000	70,000	
기타경상지출	1,100,000	1,030,000	70,000	
4. 당월말 자금	47,808,000	47,878,000	-70,000	
5. 대 체 거 래	0	0	0	

17. 예산관리 Process

핵심 ERP	내 용
신청예산(예산신청)	현업부서에서 요청한 예산
편성예산(예산편성)	신청한 예산을 토대로 예산결정부서에서 결정한 예산
조정예산(예산조정)	편성한 예산을 토대로 가감한 예산
실행예산(예산실행)	편성예산 ± 조정예산(추경예산 또는 예산전용)
집행실적	① 결의집행 : '승인 전표 + 미결 전표'의 실적금액 합계 ② 승인집행 : 승신 전표의 실적금액
집행예산	현재까지 사용된(승인집행 금액) 예산
잔여예산	집행예산 - 집행실적
예실대비(차이)	실행예산 - 집행실적
집행율	(집행실적/집행예산), (집행실적/실행예산)
달성율	(실적/목표)

(1) (주)대명전자에서는 2025년 1월부터 예산통제를 하고자 한다. 사용부서별로 통제하고, 각 부서별 신청금액은 다음과 같다. 예산신청입력메뉴에 적절하게 등록하시오.

부서	과목	월별통제금액
영업1부	81200. 여비교통비	1,500,000
	81300. 접대비	1,000,000
생산부	51100. 복리후생비	1,200,000
	51200. 여비교통비	800,000

① [시스템관리] → [회사등록정보] → [시스템환경설정] 더블클릭한다.

② 조회구분[2.회계]를 선택하여 코드[20] 예산통제구분에서 [유형설정]을 [1](1.사용부서)번으로 변경하고 Enter를 누른다.

③ 조회구분[2.회계]를 선택하여 코드[21] 예산관리여부에서 [유형설정]을 [1](1.여)번으로 변경하고 Enter를 누른다.

④ 시스템환경설정을 변경한 후에는 반드시 재 로그인해야만 시스템변경사항이 반영된다.

구분	코드	환경요소명	유형구분	유형설정	선택범위	비고
회계	20	예산통제구분	유형	1	0.결의부서 1.사용부서 2.프로젝트	
회계	21	예산관리여부	여부	1	여:1 부:0	
회계	22	입출금전표사용여부	여부	1	여:1 부:0	
회계	23	예산관리개시월	유형	01	예산개시월:01~12	
회계	24	거래처등록보조화면사용	여부	1	여:1 부:0	
회계	25	거래처코드자동부여	여부	0	0-사용않함, 3~10-자동부여자리수	
회계	26	자산코드자동부여	여부	0	여:1 부:0	
회계	27	전표출력기본양식	유형	1	전표출력기본양식 1~15	
회계	28	다국어재무제표 사용	유형	0	0.사용안함 1.영어 2.일본어 3.중국어	
회계	29	등록자산상각방법	유형	2	1.상각안함 2.월할상각 3.반년법상각	
회계	30	처분자산상각방법	유형	1	1.상각안함 2.월할상각	
회계	31	부가가치세 신고유형	유형	0	0.사업장별 신고 1.사업자단위 신고(폐…	
회계	32	전표입력 품의내역검색 조회…	여부	0	0-사용자 조회권한 적용,1-미적용	
회계	34	전표복사사용여부	여부	0	0.미사용1.사용	
회계	35	금융CMS연동	유형	88	00.일반,03.기업,05.KEB하나(CMS플러스)…	

⑤ [회계관리] → [예산관리] → [예산신청입력] 더블클릭하고, 관리항목[0.부서별], 코드[2100(영업1부)]. 신청연도 [2025], 계정과목은 🔍아이콘을 클릭하여 [81200.여비교통비]와 [81300.접대비]를 선택하고 [확인]버튼을 클릭한 다음 조회한다.

⑥ 왼쪽화면 예산과목명 [81200.여비교통비]를 선택하고 당기신청란 1월 칸에 [1,500,000]을 입력 후 Enter치면서 12월까지 입력한다. 입력 후 다음 [81300. 접대비]도 같은 방법으로 입력한다.

⑦ 생산부의 예산신청입력도 위와 같은 방법으로 금액을 입력한다.

◎ **결의부서** : 각 부서별로 예산통제하면서 전표를 입력하는 경우

◎ **사용부서** : 회계부서에서 예산통제하면서 일괄적으로 전표를 입력하는 경우

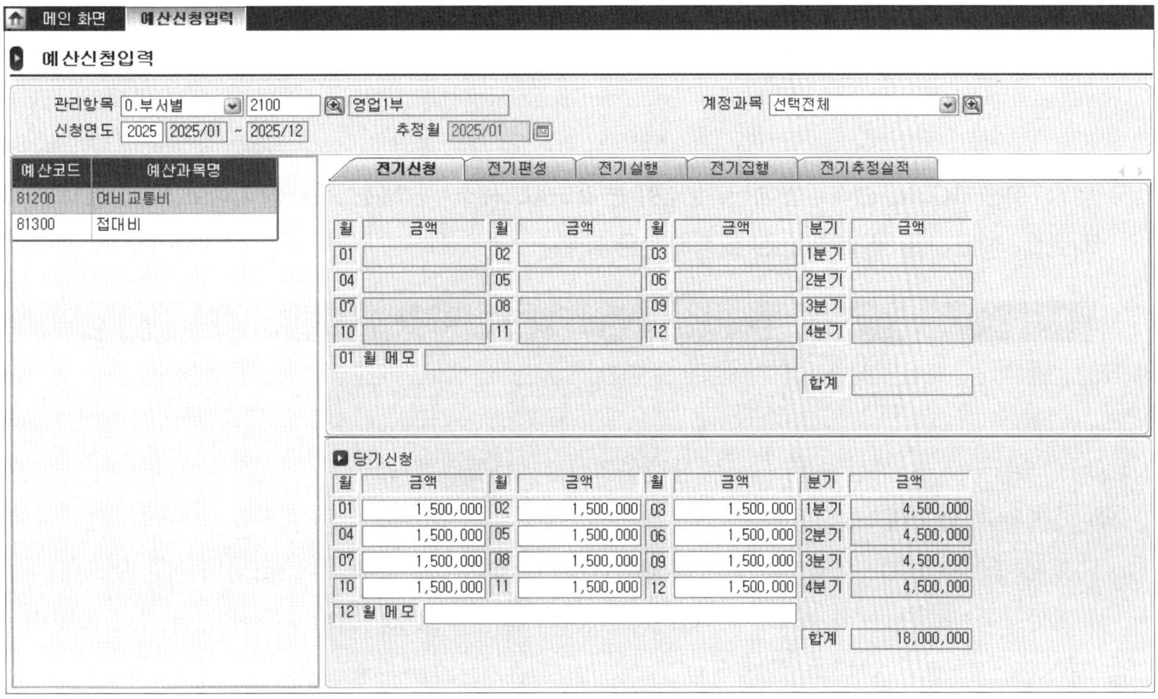

(2) 2025년 1월에 신청한 계정들을 당기신청금액 전액 당기편성으로 반영하시오.

① [회계관리] → [예산관리] → [예산편성입력] 더블클릭하고, 관리항목[0.부서별], 코드F2[2100(영업1부)]. 신청연도 [2025], 계정과목은 🔍아이콘을 클릭하여 [81200.여비교통비]와 [81300.접대비]를 선택하고 [확인]버튼을 클릭한 다음 조회한다.

② 왼쪽화면 예산과목명 [81200.여비교통비]를 선택하고 당기편성 1월 빈칸을 클릭하면 화면우측 상단 활성화된 [자료복사]버튼을 클릭한다.

③ '당기 신청의 자료를 편성입력에 복사합니다. 복사하시겠습니까?' [예]버튼을 누른다.

④ 왼쪽화면 예산과목명 [81300.접대비]를 선택하고 [자료복사]버튼을 클릭한다.

⑤ 생산부의 예산편성입력도 위와 같은 방법으로 입력한다.

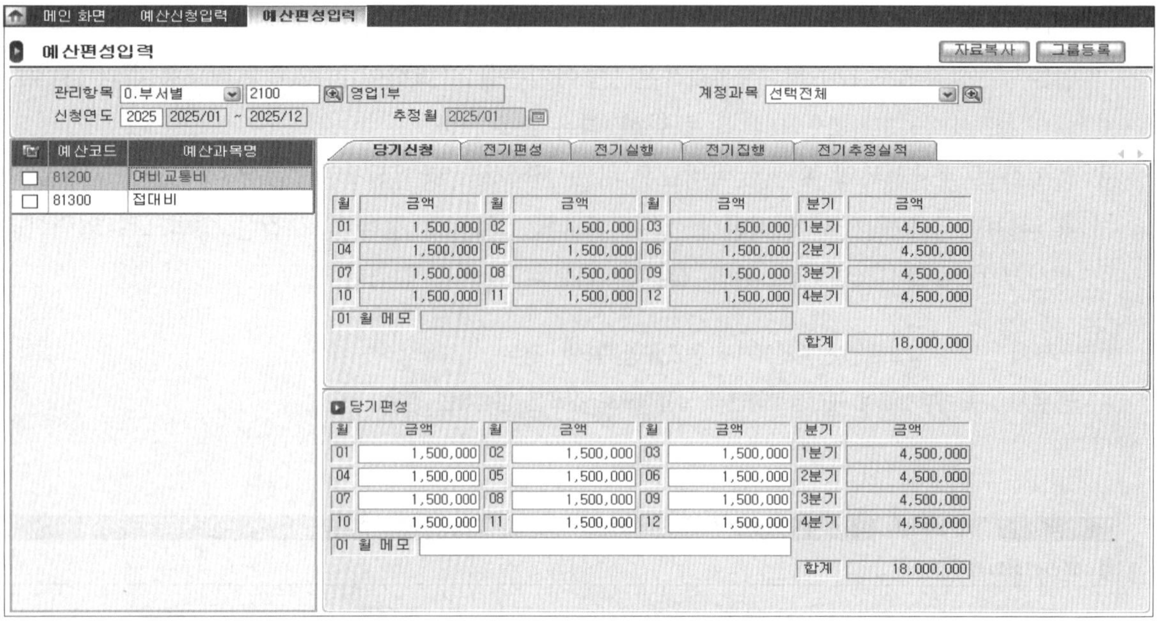

(3) 영업1부는 1000. 관리부문예산, 생산부는 2000. 제조부문예산으로 등록하고, 예산통제는 아래 자료를 참고하여 월별통제로 설정하시오.

예산그룹	과목
1000. 관리부문예산	81200. 여비교통비
2000. 제조부문예산	51100. 복리후생비

① [회계관리] → [예산관리] → [예산편성입력] 더블클릭한다.

② 화면우측 상단에 [그룹등록]을 클릭하면, 그룹등록 도움창에서 화면우측 상단에 예산그룹등록을 클릭후 [1000. 관리부문예산, 2000. 제조부문예산]을 입력 후 [설정]버튼을 누른다.

③ 그룹등록 도움창에서 계정과목 [81200.여비교통비 ~ 81200.여비교통비]입력 후 [조회]버튼을 누른다.

④ 예산그룹[1000. 관리부문예산], 예산통제방법[1.월별통제]을 선택하여 입력 후 [저장]버튼을 누르면 '수정한 자료를 저장하시겠습니까?' [예]를 누른다.

⑤ 복리후생비도 위와 같은 방법으로 입력한다.

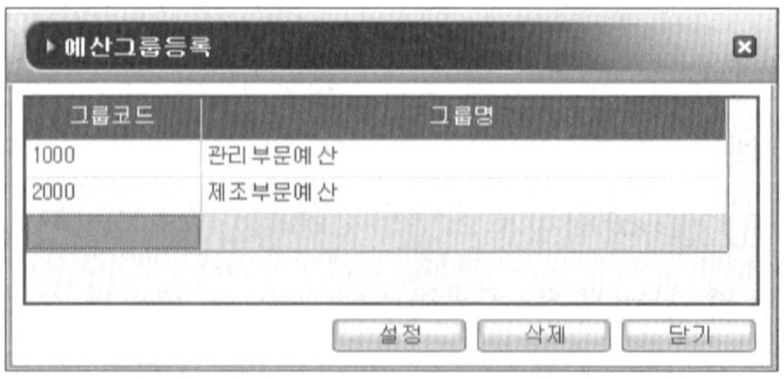

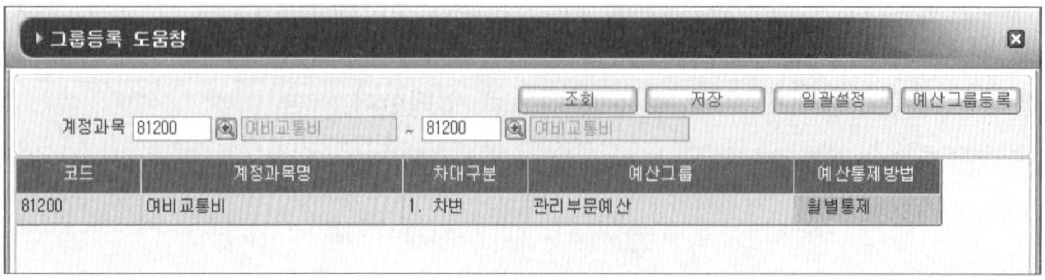

(4) 2025년 8월에 편성된 영업1부의 '81200. 여비교통비' 중 500,000원을 임원실예산으로 전용하여 사용하기로 하였다. 또한 8월에 편성된 생산부의 '51100. 복리후생비'를 800,000원을 추가 편성하기로 하였다. 조정일자는 2025년 8월 1일자로 한다.

① [회계관리] → [예산관리] → [예산조정입력] 더블클릭하고, 관리항목[0.부서별], 코드F2[2100 (영업1부)]. 신청연도 [2025], 계정과목은 아이콘을 클릭하여 [81200.여비교통비]를 검색 선택하고 [확인]버튼을 클릭한 다음 조회한다.

② [81200. 여비교통비]를 선택하고 오른쪽 화면에 일자[2025/08/01], 조정월[2025/08], 구분[예산전용]을 입력한다.

③ 예산전용창에 조정과목[81200. 여비교통비], 조정부서[1100. 임원실], 금액[500,000]입력 후 [확인]을 누른다. 그다음 행까지 Enter를 누른다.

④ [당기실행]탭에서 8월달 예산이 \1,500,000에서 \1,000,000으로 변경된 것을 확인할 수 있다.

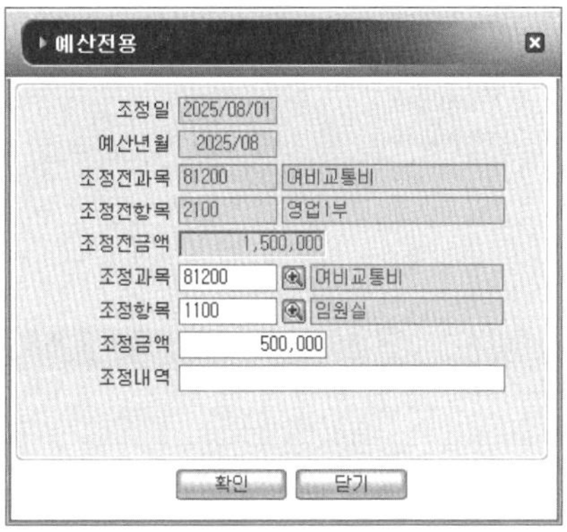

◎ **추경예산** : 금액만 조정하는 경우

◎ **예산전용** : 계정과목, 부서, 금액 등 여러 가지 항목을 수정하는 경우

[**영업1부 여비교통비 예산전용 화면**]

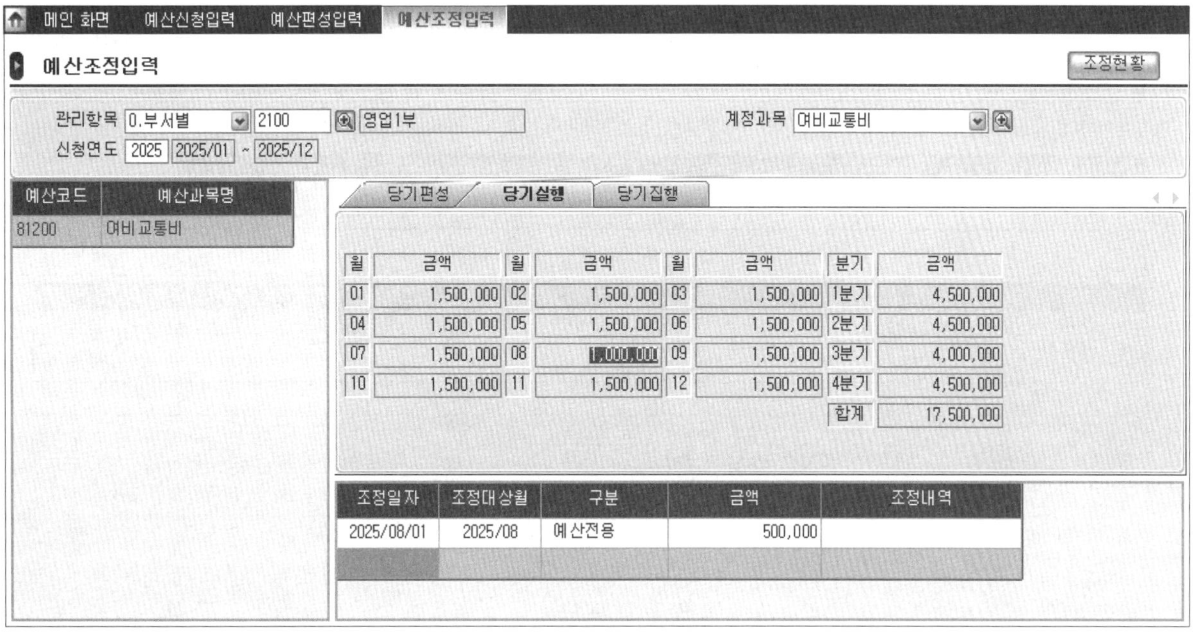

⑤ [회계관리] → [예산관리] → [예산조정입력] 더블클릭하고, 관리항목[0.부서별], 코드F2 [4100(생산부)]. 신청연도 [2025], 계정과목은 아이콘을 클릭하여 [51100.복리후생비]를 검색 선택하고 [확인]버튼을 클릭한 다음 조회한다.

⑥ [51100.복리후생비]를 선택하고 오른쪽 화면에 일자[2025/08/01], 조정월[2025/08], 구분[추경예산], 금액 [800,000]을 입력 후 그다음 행까지 Enter를 누른다.

⑦ [당기실행]탭에서 8월달 예산이 \1,200,000원에서 \2,000,000으로 변경된 것을 확인할 수 있다.

[생산부 여비교통비 추경예산 화면]

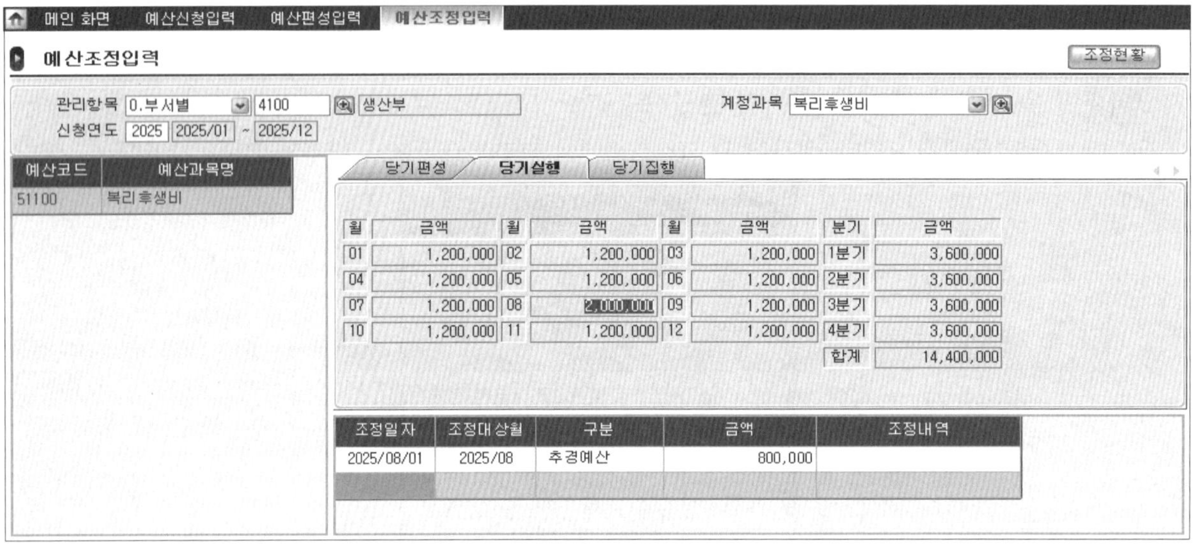

(5) 2025년 9월 10일 영업1부에서 거래처선물을 700,000원에 국민은행 보통예금으로 구입하였다. 회계처리 하시오.

분개	대체전표	(차)	접대비	(판)	700,000	(대)	보통예금(국민)	700,000

① 접대비를 입력시 사용부서 F2 [2100(영업1부)]을 입력해야 [부서별 예산 통제] 창이 뜬다.

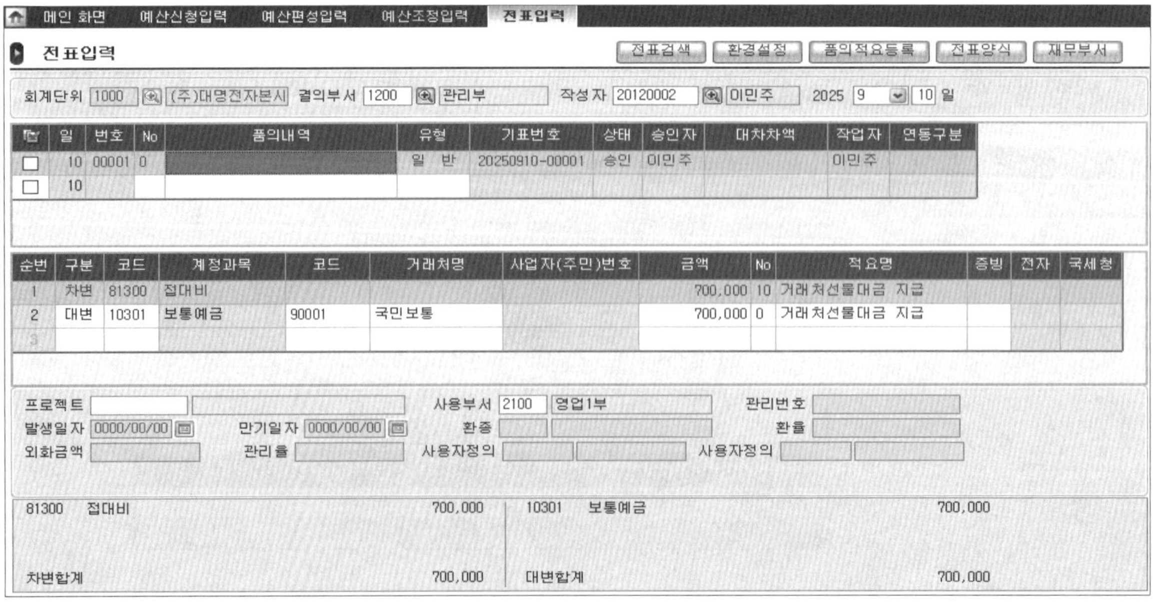

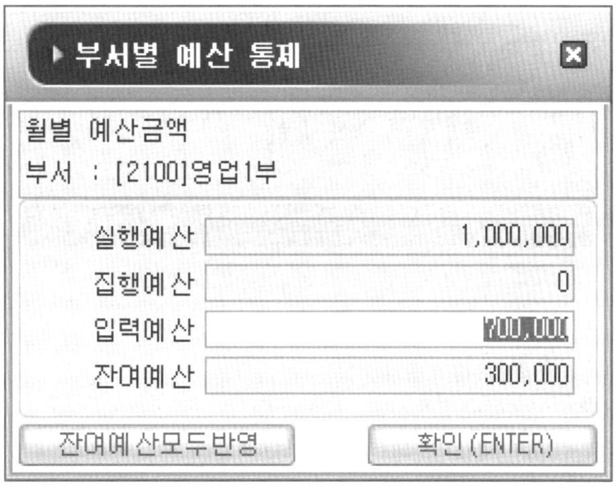

제4장
회계관리 실무 PROCESS

단원 기본문제

회계 시뮬레이션

【기초데이터 다운로드】

① LG U+ 웹하드 사이트(www.webhard.co.kr) 접속한다.
② 나눔클래스 ID : class1234, PW : 1234를 입력하여 로그인한다.
③ [GUEST 폴더] ➡ [2025년 데이터 및 자료] ➡ [ERP 정보관리사 2급]에서 '2025년 ERP 정보관리사 회계2급 기초데이터'를 바탕화면에 다운로드 받아 프로그램에 복원한다.
④ 프로그램에서 회사코드: 5050.㈜대명자전거_단원문제, 사원코드: 유재곤, 사원암호: [ ] 공란으로 로그인하여 시뮬레이션 문제를 해결한다.

01 당사의 부가가치세 신고유형에 대한 설명으로 옳은 것은??

① 각 사업장별로 신고 및 납부한다.
② 사업자 단위과세 사업자로 신고 및 납부를 모두 주사업장에서 한다.
③ 총괄납부 사업자로 주사업장에서 모두 총괄하여 신고 및 납부한다.
④ 총괄납부 종사업자로 신고는 각 사업장별하고 납부는 주사업장에서 총괄하여 납부한다.

정답 ①

해설 ㉠ [시스템관리] → [회사등록정보] → [시스템환경설정]
㉡ 조회구분(회계), 코드 31번을 확인한다.

02 당사가 ERP에서 사용하고 있는 다국어 재무제표 언어는?

① 영어 ② 일본어
③ 중국어 ④ 독일어

정답 ②

해설 ㉠ [시스템관리] → [회사등록정보] → [시스템환경설정]
㉡ 조회구분(회계), 코드 28번을 확인한다.

03 당사의 사원등록에 대한 설명으로 옳지 않은 것은?

① 전윤호 사원은 ERP 운용이 불가하다.
② 입사일과 달리 퇴사일 입력은 시스템관리자만 입력할 수 있다.
③ 암호는 시스템관리자만 입력 할 수 있으며, ERP로그인시 사용된다.
④ 전윤호 사원은 회계전표 입력 시 전표상태가 '미결'로 반영된다.

정답 ①

해설 ㉠ [시스템관리] → [회사등록정보] → [사원등록]
㉡ 부서(공란) 조회, 전윤호 사원의 사용자여부는 '여'이다.

04 2025년 5월 15일 본사의 화재 보험료를 지급 후 회계처리 하였다. 해당 보험료를 핵심 ERP의 기간비용현황 메뉴를 이용하여 보험료에 대해 기간 비용을 산출하고자 할 경우 계정과목 및 연동항목을 바르게 연결한 것은?

① 보험료 - 기간비용　　② 선급비용 - 기간비용
③ 선급비용 - 선급비용　　④ 선수수익 - 기간비용

정답 ①　**해설**
㉠ [회계관리] → [전표/장부관리] → [전표입력] → 5월 15일의 전표에서 차변 보험료(82100)을 확인한다.
㉡ [회계관리] → [기초정보관리] → [계정과목등록] → 판매관리비에서 82100.보험료의 연동항목(기간비용)을 확인한다.

05 2025년 5월 한달 간 본사에서 입금 및 출금된 현금은 얼마인가?

① 입금 - 5,000,000원,　출금 - 4,000,000원
② 입금 - 6,500,000원,　출금 - 5,000,000원
③ 입금 - 7,000,000원,　출금 - 5,500,000원
④ 입금 - 5,250,000원,　출금 - 9,650,000원

정답 ④　**해설**
㉠ [회계관리] → [전표/장부관리] → [현금출납장] 전체 탭
㉡ 기표기간(2025/05/01~2025/05/31) 월계를 확인한다.

06 2025년 상반기(1월~6월) 본사에서 매출액(상품매출)이 가장 높은 달은 몇 월인가?

① 1월　　② 3월
③ 5월　　④ 6월

정답 ③　**해설**
㉠ [회계관리] → [결산/재무제표관리] → [기간별손익계산서] 월별 탭
㉡ 기간(2025/01~2025/06) 출력구분(계정별) 상품매출금액을 확인한다.

07 당사는 앞으로 핵심ERP를 이용하여 차량별로 차량유지비 등 지출내역을 월별로 집계히여 관리하고자 한다. 이러한 정보를 활용하기에 가장 적합한 장부는 다음 중 무엇인가?

① 계정별원장　　② 거래처원장
③ 매입매출장　　④ 관리내역현황

정답 ④　**해설** 차량유지비를 차량별로 관리하는 것은 관리내역현황 메뉴이다.

08 본사에서 [보기]의 고정자산 취득내역을 등록하고 감가상각비를 계산하면 얼마인가?

- 자산유형 : 비품
- 자산코드 : 21200005
- 자 산 명 : 수납장
- 취 득 일 : 2025. 01. 10.
- 취득금액 : 5,000,000
- 상각방법 : 정액법
- 내용연수 : 5년
- 경비구분 : 800번대

① 500,000원　　② 1,000,000원
③ 1,500,000원　　④ 2,000,000원

정답 ②　**해설**
㉠ [회계관리] → [고정자산관리] → [고정자산등록]
㉡ 자산유형(비품), 자산코드(21200005), 자산명(수납장), 취득일(2025/01/10), 취득원가(5,000,000), 상각방법(정액법), 내용연수(5), 경비구분(800번대) 일반상각비 또는 당기감가상각비를 확인한다.

09 본사는 2025년 3월 31일 결산시 매출채권에 대해 1%의 대손충당금을 설정하려고 한다. 다음 중 회계처리가 옳은 것은?

①	(차)	대손충당금	1,810,000	(대)	매출채권	1,810,000
②	(차)	대손상각비	1,916,500	(대)	대손충당금	1,916,500
③	(차)	대손상각비	1,310,000	(대)	대손충당금	1,310,000
④	(차)	대손충당금	1,810,000	(대)	대손충당금환입	1,810,000

정답 ②

해설
㉠ [회계관리] → [결산/재무제표관리] → [합계잔액시산표] 기간(2025/03/31) [제출용] 탭 조회
㉡ 매출채권(491,650,000) × 대손률(1%) - 대손충당금 잔액(3,000,000) = 대손설정액(1,916,500)
㉢ (차) 대손상각비 1,916,500 (대) 대손충당금 1,916,500

10 본사는 보유하고 있던 노트북을 전체 양도하였다. 다음 [보기]의 자산을 양도처리 한 후 감가상각비 금액은 얼마인가?

• 코 드 : 21200003 • 자 산 명 : 노트북 • 양 도 일 : 2025.05.31.

① 416,669원 ② 500,000원
③ 800,000원 ④ 1,000,000원

정답 ①

해설
㉠ [회계관리] → [고정자산관리] → [고정자산등록]
㉡ 자산유형(비품), 자산코드(21200003), 자산명(노트북) 선택
㉢ [추가등록사항] 탭, 자산변동처리 _ 일자(2025/05/31), 구분(2.양도), 금액(5,000,000) 하단 당기 감가상각비 확인

11 본사는 거래처로 부터 받은 약속어음이 2025년 4월 30일 만기가 도래하여 은행에 가서 어음추심을 의뢰 하려고 한다. 추심할 어음 금액은 얼마인가?

① 10,000,000원 ② 30,000,000원
③ 40,000,000원 ④ 50,000,000원

정답 ④

해설
㉠ [회계관리] → [자금관리] → [받을어음명세서] 만기일별 탭
㉡ 만기일(2025/04/30~2025/04/30) 조회하여 만기금액을 확인한다.

12 본사는 ERP를 이용하여 자금수지계획을 세우고 있다. 2025년 5월 당사의 수입과 지출 예정금액은 얼마인가? 당사는 매월 발생되는 고정자금이 있으므로 고정자금을 포함한다.

① 수입예정: 33,000,000원, 지출예정: 70,000,000원
② 수입예정: 99,000,000원, 지출예정: 102,200,000원
③ 수입예정: 50,000,000원, 지출예정: 102,200,000원
④ 수입예정: 132,000,000원, 지출예정: 135,300,000원

정답 ③

해설
㉠ [회계관리] → [자금관리] → [일자별자금계획입력] 자금계획입력 탭
㉡ 계획년월(2025/05), [자금반영]버튼 클릭하여 적용하여 하단의 수입예정금액과 지출예정금액을 확인한다.

13 당사는 핵심 ERP에서 예산통제 및 관리를 하고 있다. 당사가 사용하고 있는 예산통제 부서와 [82200] 차량유지비 계정의 예산통제방식은 무엇인가?

① 예산통제부서 : 결의부서, 예산통제방식 : 월별통제
② 예산통제부서 : 결의부서, 예산통제방식 : 누적통제
③ 예산통제부서 : 사용부서, 예산통제방식 : 월별통제
④ 예산통제부서 : 사용부서, 예산통제방식 : 누적통제

정답	②	해설	㉠ [시스템관리] → [회사등록정보] → [시스템환경설정]에서 조회구분(회계), 코드(20), 예산통제구분(0.결의부서) ㉡ [회계관리] → [기초정보관리] → [계정과목등록], 판매관리비 82200.차량유지비에서 예산통제(6.누적통제)를 확인한다.

14 (주)대명자전거 본점은 상반기 결산을 하려고 한다. 다음 중 [보기]의 기말정리사항을 입력 후 2025년 6월말 결산시 매출총이익은 얼마인가?

1. 기말재고 : 상 품: 8,000,000원
2. 그 외 기말정리사항은 없다.

① 200,797,000원 ② 277,300,000원
③ 325,800,000원 ④ 416,500,000원

정답	④	해설	㉠ [회계관리] → [결산/재무제표관리] → [결산자료입력], 기간(2025/01~2025/06) ㉡ 기말상품재고액(8,000,000)입력하고, 매출총이익을 확인한다.

15 본사는 2025년 5월 31일에 (주)상상컴퓨터에서 노트북을 구입 후 신안은행 보통예금계좌로 이체하였다. [보기]를 보고 전표입력을 실행 후 2025년 1기 확정신고 기간에 취득한 자산의 총 매입금액은 얼마인가?

2025년 5월 31일 노트북 구입 후 전자세금계산서 수취
• 구 입 처 : (주)상상컴퓨터 • 공급가액 : 5,000,000(VAT별도)

① 15,000,000원 ② 20,000,000원
③ 35,000,000원 ④ 40,000,000원

정답	③	해설	㉠ [회계관리] → [전표/장부관리] → [전표입력] → 5월 31일 [5.매입부가세], [매입정보]창에서 거래처((주)상상컴퓨터), 전표유형(2000), 사업장(1000), 세무구분(21.과세매입), 전자세금계산서여부(1.여), 공급가액(5,000,000), 세액(500,000) 적용, 고정자산과표(기타감가상각자산 공급가액(5,000,000), 부가세(500,000) (차) 비 품 5,000,000 (대) 보통예금(신안) 5,500,000 부가세대급금 500,000 ㉡ [회계관리] → [부가가치세관리] → [건물등감가상각자산취득명세서], 기간(2025/04~2025/06), [불러오기] 공급가액 확인

16 본사는 2/4분기 전표입력을 확인하여 2025년 1기 확정 부가가치세 신고시 [매입]세금계산서합계표에 반영될 세무구분이 아닌 것은?

① 21.과세매입　② 22.영세매입
③ 24.매입불공제　④ 25.수입

정답 ④

해설
㉠ [회계관리] → [부가가치세관리] → [부가세신고서]
㉡ 기간(2025.04.01.~2025.06.30) 조회, [불러오기]하여 10번 란을 클릭하여 화면 우측의 세무구분을 확인한다.
※ 매입처별 세금계산서합계표에 반영되는 세무구분 : 21.과세매입, 22.영세매입, 24.매입불공제, 25.수입

17 본사는 2025년 1기 확정 부가가치세 신고 시 신용카드매출전표 등 수령명세서를 작성하여 신용카드 등 매입세액 공제를 받으려고 한다. 다음 중 신용카드 등 매입세액 공제액은 얼마인가?

① 10,000원　② 30,000원
③ 60,000원　④ 80,000원

정답 ③

해설
㉠ [회계관리] → [부가가치세관리] → [신용카드발행집계표/수취명세서] 신용카드/현금영수증수취명세서 탭
㉡ 기간(2025/04~2025/06), [불러오기] 세액 확인

18 본사는 2025년 1기 예정신고 누락분을 확정 신고에 포함하여 신고하려고 한다. 1기 예정신고에 누락한 세금계산서 금액 얼마인가?

① 매출 6,000,000원　② 매출 9,000,000원
③ 매입 6,000,000원　④ 매입 9,000,000원

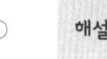

정답 ④

해설
㉠ [회계관리] → [부가가치세관리] → [부가세신고서]
㉡ 기간(2025.04.01.~2025.06.30.) 조회, [불러오기]하여 7번 란과 12번 란의 금액을 확인한다.

19 본사는 2025년 1기 확정 부가가치세 신고서를 작성하여 신고하려고 한다. 다음 중 작성 대상이 아닌 부속명세서는?

① 수출실적명세서　② 신용카드수취명세서
③ 매입세액불공제내역　④ 세금계산서합계표(매출/매입)

정답 ①

해설
㉠ [회계관리] → [부가가치세관리] → [부가세신고서], 기간(2025.04.01.~2025.06.30.) 조회, [불러오기]
㉡ 수출실적명세서(6번 란), 신용카드수취명세서(14번 란), 매입세액불공제내역(16번 란), 세금계산서합계표(매출 1번과 5번 란/ 매입 10번과 11번 란)의 금액란을 확인한다.

20 본사에서 [보기]의 영세율 매출 전자세금계산서를 발급하였다. 부가가치세법상 발급한 전자세금계산서를 국세청에 전송해야 하는 전송 기한은?

- 결의일자 / 결의번호 : 2025년 4월 25일 / 2번 전표
- 거 래 처 : (주)성호기업
- 공급가액 : 30,000,000

※ 영세율 전자세금계산서 발급일 : 세금계산서 작성일

① 2025년 4월 25일 ② 2025년 4월 26일
③ 2025년 4월 30일 ④ 2025년 5월 10일

정답 ②

해설
㉠ [회계관리] → [전표/장부관리] → [전표입력] → 4월 25일
㉡ 전자세금계산서는 공급시기에 발급하여야 하며, 발급일 다음날까지 국세청에 전송하여야 한다. 당월 거래내역을 일괄발급하는 경우 해당월의 다음달 10일까지 발행하고 발행일의 다음날까지 국세청에 전송하여야 한다.

국가공인 ERP 정보관리사 회계2급

05

기출문제

MEMO

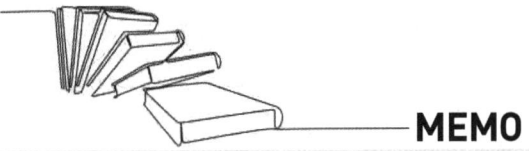

제92회

ERP정보관리사 회계 2급 기출문제

2022년 09월 24일

경영혁신과 ERP

01 차세대 ERP의 비즈니스 애널리틱스(Business Analytics)에 관한 설명으로 가장 적절하지 않은 것은?

① 비즈니스 애널리틱스는 구조화된 데이터(structured data)만을 활용한다.
② ERP시스템 내의 방대한 데이터 분석을 위한 비즈니스 애널리틱스가 ERP의 핵심요소가 되었다.
③ 비즈니스 애널리틱스는 질의 및 보고와 같은 기본적 분석기술과 예측 모델링과 같은 수학적으로 정교한 수준의 분석을 지원한다.
④ 비즈니스 애널리틱스는 리포트, 쿼리, 대시보드, 스코어카드뿐만 아니라 예측모델링과 같은 진보된 형태의 분석기능도 제공한다.

02 BPR(Business Process Re-Engineering)이 필요한 이유로 가장 적절하지 않은 것은?

① 복잡한 조직 및 경영 기능의 효율화
② 지속적인 경영환경 변화에 대한 대응
③ 정보 IT 기술을 통한 새로운 기회 창출
④ 정보보호를 위한 닫혀있는 업무환경 확보

03 ERP 도입전략으로 ERP자체개발 방법에 비해 ERP패키지를 선택하는 방법의 장점으로 가장 적절하지 않은 것은?

① 검증된 방법론 적용으로 구현기간의 최소화가 가능하다.
② 검증된 기술과 기능으로 위험 부담을 최소화할 수 있다.
③ 시스템의 수정과 유지보수가 지속적으로 이루어질 수 있다.
④ 향상된 기능과 최신의 정보기술이 적용된 버전(version)으로 업그레이드(upgrade)가 가능하다.

04 빅데이터의 주요 특성(5V)으로 옳지 않은 것은?

① 속도(Velocity) ② 규모(Volume)
③ 필수성(Vital) ④ 다양성(Variety)

재무회계 이론

05 [보기]에서 설명하는 계정과목으로 가장 적절한 것은?

> 거래처로부터 상품을 주문받고 상품 대금의 일부를 계약금으로 미리받은 경우 그 금액이다.

① 기부금
② 선급금
③ 선수금
④ 유동성장기부채

06 [보기]에 제시된 자료로 총비용을 계산하면 얼마인가? (단, 회계기간 중 자본거래는 없음)

> • 자산(기초 5,000,000원, 기말 15,000,000원)
> • 부채(기초 4,000,000원, 기말 6,200,000원)
> • 총수익 8,100,000원

① 300,000원
② 1,000,000원
③ 7,800,000원
④ 8,800,000원

07 일반적인 재무제표의 계정과목 분류로 옳지 않은 것은?

① 제품 : 무형자산
② 건설중인자산 : 유형자산
③ 퇴직급여충당부채 : 비유동부채
④ 단기매매증권평가손익 : 영업외손익

08 (주)생산성에서 사용하는 기계기구의 감가상각비를 판매비와 관리비로 회계처리할 경우 발생되는 상황으로 옳은 것은?

① 영업이익이 증가한다.
② 매출원가가 증가한다.
③ 매출총이익이 증가한다.
④ 판매비와 관리비가 감소한다.

09 결산절차를 바르게 나열한 것은?

> ㄱ. 시산표의 작성
> ㄴ. 정산표의 작성
> ㄷ. 총계정원장의 마감
> ㄹ. 분개장과 기타 보조부의 마감
> ㅁ. 결산정리사항의 수정
> ㅂ. 손익계산서와 재무상태표의 작성

① ㄱ → ㄴ → ㄷ → ㄹ → ㅁ → ㅂ
② ㄱ → ㅁ → ㄴ → ㄷ → ㄹ → ㅂ
③ ㄴ → ㄱ → ㅁ → ㄷ → ㄹ → ㅂ
④ ㄴ → ㄷ → ㅂ → ㄱ → ㅁ → ㄹ

10 판매비와 관리비로만 구성된 것은 무엇인가?

① 유형자산처분손실, 재해손실, 여비교통비, 대손상각비
② 단기매매증권처분손실, 급여, 복리후생비, 이자비용
③ 이자, 기부금, 단기매매증권처분손실, 기타의대손상각비
④ 급여, 수도광열비, 차량유지비, 세금과공과, 광고선전비

11 [보기]의 회계처리로 옳은 것은?

컴퓨터 판매업을 하는 A기업에서 판매용 컴퓨터(3대, @1,000,000원) 3,000,000원과 영업부 직원사무용 컴퓨터(1대, 1,500,000원) 1,500,000원을 구입하고 현금으로 지급하였다.

①	(차) 상품	4,500,000원	(대) 현금	4,500,000원
②	(차) 상품	3,000,000원	(대) 현금	4,500,000원
	비품	1,500,000원		
③	(차) 상품	3,000,000원	(대) 현금	5,000,000
	비품	1,500,000원		
④	(차) 비품	3,000,000원	(대) 현금	4,500,000원
	상품	1,500,000원		

12 [보기]는 (주)생산성의 결산일 현재 자산 내역이다. 기말 재무상태표에 표시되는 현금및현금성자산 금액으로 옳은 것은?

• 당좌예금	150,000원	• 수입인지	10,000원
• 타인발행수표	100,000원	• 차용증서	20,000원
• 타인발행 약속어음	50,000원		

① 160,000원
② 210,000원
③ 250,000원
④ 270,000원

13 대손충당금을 설정할 수 없는 계정은 무엇인가?

① 받을어음
② 단기대여금
③ 외상매출금
④ 장기차입금

14 일반기업회계기준에 의한 유가증권 관련 계정 중, 당기손익에 영향을 미치지 않는 계정 과목은?

① 단기매매증권평가손실
② 단기매매증권처분이익
③ 매도가능증권평가손실
④ 매도가능증권처분이익

15 당기초에 취득한 취득원가 1,000,000원, 잔존가액은 취득원가의 10%, 내용연수 10년인 비품을 정액법으로 감가상각한다면, 취득 5년 후 결산 재무상태표에 기입되는 비품의 장부가액은 얼마인가?

① 450,000원 ② 500,000원
③ 550,000원 ④ 900,000원

16 [보기]에서 제시된 비유동자산인 기계장치의 취득원가는 얼마인가?

기계장치 구입대금	300,000원	택배회사에 지급한 운반비	20,000원
매장에 설치한 기계장치 설치비	20,000원	구입 이후 수선비	15,000원

① 320,000원 ② 340,000원
③ 350,000원 ④ 360,000원

17 [보기]의 상품 매매와 관련된 자료를 통하여 계산한 매입채무 잔액은 얼마인가? (단, 기초 매입채무는 잔액이 없었다.)

현금매입액	80,000원	외상매입액	300,000원
외상대금 현금상환액	150,000원	외상대금 조기상환에 따른 할인액	5,000원

① 145,000원 ② 155,000원
③ 235,000원 ④ 385,000원

18 [보기]는 (주)생산성의 이익잉여금 처분과 관련된 자료이다. 이를 실행하여 회계처리할 때, 처분이익잉여금의 감소액은 얼마인가?

1. 자본금: 1,000,000원
2. 이익준비금: 상법상 최소 한도액만 적립함
3. 주주배당금: 10%(현금 배당 7%, 주식 배당 3%)

① 100,000원 ② 103,000원
③ 107,000원 ④ 110,000원

19 기부금을 영업외비용이 아닌 판매비와관리비로 회계처리한 경우 나타나는 현상으로 가장 옳지 않은 것은?

① 매출원가는 불변이다. ② 영업이익은 불변이다.
③ 매출총이익은 불변이다. ④ 법인세차감전순이익은 불변이다.

20 주식회사인 (주)생산성은 이익잉여금 중 80,000,000원의 현금배당을 실시하려고 한다. 해당 경우에 적립해야 하는 적립금의 명칭은 무엇인가?

① 임의적립금
② 감채적립금
③ 확장적립금
④ 이익준비금

제92회

실무 기출문제

【기초데이터 다운로드】

① LG U+ 웹하드 사이트(www.webhard.co.kr) 접속한다.
② 나눔클래스 ID : class1234, PW : 1234를 입력하여 로그인한다.
③ [GUEST 폴더] ➡ [2025년 데이터 및 자료] ➡ [ERP정보관리사 2급]에서 '2025_ERP정보관리사 회계2급 기초데이터'를 바탕화면에 다운로드 받아 프로그램에 복원한다.
④ 프로그램에서 7092 (주)대한자전거 박효서로 로그인하여 실무문제를 해결한다.

01 다음 회계관리 메뉴 중 김종민 사원이 사용할 수 없는 메뉴는?

① 전표입력 ② 전표출력
③ 거래처원장 ④ 전표승인해제

02 당사의 사원등록에 대한 설명으로 옳지 않은 것은?

① 박혜수 사원은 2001.영업부 소속이다.
② 입사일과 달리 퇴사일 입력은 시스템관리자만 입력할 수 있다.
③ 사용자권한설정 메뉴에서 메뉴사용권한을 부여 받을 수 있는 사원은 총 3명이다.
④ 김종민 사원은 회계전표 입력 시 대차차익이 발생하지 않으면 전표상태가 '승인'으로 반영된다.

03 당사에 등록된 계정과목 중 11100.대손충당금은 어떤 계정의 차감계정인가?

① 10200.당좌예금 ② 10400.기타제예금
③ 10800.외상매출금 ④ 11000.받을어음

04 (주)대한자전거 본점의 2025년 하반기 매출액은 상반기에 비해 얼마나 증가하였는가?

① 355,500,000원 ② 897,500,000원
③ 1,142,500,000원 ④ 2,040,000,000원

05 (주)대한자전거 본점의 2025년 1월 한 달 동안 발생한 현금 출금액은 얼마인가?

① 2,495,000원 ② 4,610,000원
③ 5,000,000원 ④ 7,105,000원

06 2024년에서 2025년으로 이월된 (주)대한자전거 본점의 외상매출금 금액이 가장 큰 거래처는?

① ㈜중원
② ㈜주안실업
③ ㈜한동테크
④ ㈜형광공업

07 (주)대한자전거 본점 2025년 6월 30일 결산 시 받을어음에 대해 1%의 대손충당금을 설정하려고 한다. 다음 중 회계처리가 옳은 것은?

①	(차) 대손상각비	4,423,000원	(대) 대손충당금	4,423,000원
②	(차) 대손상각비	6,743,000원	(대) 대손충당금	6,743,000원
③	(차) 대손충당금	4,423,000원	(대) 대손충당금환입	4,423,000원
④	(차) 대손충당금	6,743,000원	(대) 대손충당금환입	6,743,000원

08 (주)대한자전거 본점의 2025년 3월 31일 기준 현금및현금성자산 잔액은 얼마인가?

① 2,272,957,000원
② 2,380,172,100원
③ 2,414,672,100원
④ 3,133,137,000원

09 (주)대한자전거 본점의 2025년 1분기 손익계산서에 대한 설명 중 옳지 않은 것은?

① 상품매출액은 394,500,000원이다.
② 당기상품매입액은 194,000,000원이다.
③ 이자비용이 영업외비용으로 200,000원 발생하였다.
④ 판매관리비 중 직원급여는 135,000,000원 발생하였다.

10 다음 [보기]의 신규 취득한 고정자산을 등록하고 해당 자산의 2025년 감가상각비를 조회하면 얼마인가?

• 회계단위 : (주)대한자전거 본점	• 자산유형 : 비품	• 자산코드 : 21200008
• 자 산 명 : 에어컨	• 취 득 일 : 2024.10.01	• 취득금액 : 4,000,000
• 상각방법 : 정액법	• 내용연수 : 5년	• 경비구분 : 800번

① 200,000원
② 250,000원
③ 450,000원
④ 600,000원

11 (주)대한자전거 본점은 2025년 1년간의 지출증빙서류검토표를 작성하려고 한다. 각 증빙별 합계금액으로 옳지 않은 것은?

① 계산서: 456,000원
② 세금계산서: 434,100,000원
③ 신용카드(개인): 1,670,000원
④ 신용카드(법인): 2,630,000원

제5장 기출문제

12 (주)대한자전거 본점은 업무용승용차를 사원별로 관리하고 있다. 다음 중 'ERP13A06.박혜수' 사원이 관리하고 있는 업무용승용차의 차량번호는?

① 12가 0102
② 14가 0717
③ 15가 2664
④ 17가 8087

13 2025년 6월 10일부터 2025년 6월 30일까지 (주)대한자전거 본점에서 판매관리비로 지출된 금액 중 현금으로 지출한 금액이 가장 큰 계정과목은 무엇인가?

① 81100.복리후생비
② 81200.여비교통비
③ 81400.통신비
④ 82200.차량유지비

14 (주)대한자전거 본점은 2025년 9월 27일 원재료를 매입 후 지급어음(자가20200201)으로 결제하였다. 해당 어음의 만기일은 언제인가?

① 2025년 12월 02일
② 2025년 12월 27일
③ 2025년 12월 30일
④ 2026년 01월 02일

15 (주)대한자전거 본점의 2025년 2기 부가가치세 확정 신고시 매출에 대한 예정신고 누락분이 발생한 거래처는?

① ㈜성호기업
② ㈜신흥전자
③ ㈜주안실업
④ ㈜현진자동차

16 (주)대한자전거 본점의 2025년 1기 부가가치세 예정 신고기간에 발생한 신용카드매출액 중 세금계산서가 발급된 금액은 얼마인가?

① 2,500,000원
② 5,000,000원
③ 5,500,000원
④ 8,000,000원

17 (주)대한자전거 본점의 2025년 1기 부가가치세 확정 신고시 신고할 고정자산매입세액은 얼마인가?

① 1,200,000원
② 2,000,000원
③ 2,300,000원
④ 3,000,000원

18 (주)대한자전거 본점의 2025년 1기 부가가치세 확정 신고시 '매입처별 세금계산서합계표'에 반영될 세무구분은 몇 개인가?

① 1개
② 2개
③ 3개
④ 4개

19 (주)대한자전거 본점의 부가세 신고시 해당하는 주업종코드는 무엇인가?

① 142101. 광업
② 322001. 제조업
③ 513320. 도매 및 소매업
④ 722000. 정보통신업

20 (주)대한자전거 본점은 부동산임대업도 하고 있어 부가가치세 신고시 간주임대료를 포함하여 신고하려고 한다. 2025년 1기 부가가치세 확정 신고 시 다음 [부동산임대내역]의 자료를 입력한 후 보증금이자(간주임대료)를 계산하면 얼마인가? 단, 보증금이자(간주임대료) 계산시 이자율은 3.5%로 계산하며 소수점 이하는 절사한다.

[부동산임대내역]
- 동 : 3017064000.대전광역시 서구 둔산2동
- 상호(성명) : 우리소프트(주)
- 임대기간 : 2025/05/01~2026/04/30
- 월세 : 2,000,000원
- 층 / 호수 : 지상 2층 / 201호
- 면적 / 용도 : 140㎡ / 사무실
- 보증금 : 100,000,000원
- 관리비 : 100,000원

① 483,333원
② 584,931원
③ 683,333원
④ 783,333원

제93회

ERP정보관리사 회계 2급 기출문제

2022년 11월 26일

경영혁신과 ERP

01 시간의 흐름에 따라 비즈니스 프로세스를 단계적으로 개선해가는 점증적 방법론은 무엇인가?

① ERD(Entity Relationship Diagram)
② BPI(Business Process Improvement)
③ MRP(Material Requirement Program)
④ BPR(Business Process Re-Engineering)

02 [보기]는 무엇에 대한 설명인가?

- 인터넷을 통해서 모든 사물을 서로 연결하여 정보를 상호 소통하는 지능형 정보기술 및 서비스
- 해당 기기들이 내장 센서를 통해 데이터를 수집하고 인터넷을 통해 서로 연결·통신하며, 수집된 정보 기반으로 자동화된 프로세스나 제어기능을 수행함
- 스마트 가전, 스마트 홈, 의료, 원격검침, 교통 등 다양한 산업 분야에 적용됨

① 사물인터넷(Internet of Things)
② 클라우드 컴퓨팅(Cloud Computing)
③ 인공신경망(Artificial Neural Network)
④ 사이버물리시스템(Cyber Physical System)

03 ERP 도입전략 중 ERP자체개발 방법에 비해 ERP패키지를 선택하는 방법의 장점으로 가장 적절하지 않은 것은?

① 검증된 방법론 적용으로 구현기간의 최소화가 가능하다.
② 검증된 기술과 기능으로 위험 부담을 최소화할 수 있다.
③ 시스템의 수정과 유지보수가 지속적으로 이루어질 수 있다.
④ 향상된 기능과 최신의 정보기술이 적용된 버전(version)으로 업그레이드(upgrade)가 가능하다.

04 상용화 패키지에 의한 ERP시스템 구축 시, 성공과 실패를 좌우하는 요인으로 가장 적절하지 않은 것은?

① 시스템 공급자와 기업 양쪽에서 참여하는 인력의 자질
② 기업환경을 최대한 고려하여 개발할 수 있는 자체개발인력 보유 여부
③ 제품이 보유한 기능을 기업의 업무환경에 얼마만큼 잘 적용하는지에 대한 요인
④ 사용자 입장에서 ERP시스템을 충분히 이해하고 사용할 수 있는 반복적인 교육훈련

재무회계 이론

05 다음 중 재무제표 상 자본에 해당하지 않는 것은?

① 자본조정
② 자본잉여금
③ 장기성예금
④ 기타포괄손익누계액

06 [보기]는 일반 기업회계기준 관련 내용이다. [보기] (   )에 들어갈 내용은 무엇은가?

- 매출액 - 매출원가 = 매출총이익
- 매출총이익 - (   ) =영업이익
- 영업이익 + 영업외수익 - 영업외비용 = 법인세비용차감전순이익
- 법인세비용차감전순이익 - 법인세비용 = 당기순이익

① 영업이익
② 매출원가
③ 영업외수익
④ 판매비 및 일반관리비

07 [보기]는 현금흐름표에 대한 설명이다. [보기]의 (   )에 포함되지 않은 것은?

현금흐름표는 "일정기간 현금흐름의 변동 내용을 표시하는 재무보고서로, 현금흐름에 영향을 미치는 (   )활동, (   )활동, (   )활동으로 구분 표시된다"

① 영업
② 손익
③ 재무
④ 투자

08 (주)생산성은 2023년 1월 1일 취득원가 20,000,000원, 잔존가치 0원, 내용연수 5년인 기계장치를 취득하였다. 정액법을 적용하여 감가상각하던 중 2025년 6월 30일 15,000,000원에 처분하였다. (주)생산성이 2025년 손익계산서에 계상해야 할 유형자산처분손익은 얼마인가?

① 이익 3,000,000원
② 이익 5,000,000원
③ 손실 3,000,000원
④ 손실 5,000,000원

09 [보기]의 거래에 대한 분개처리로 옳은 것은?

실제 현금잔액이 장부상의 현금잔액보다 1,200,000원이 부족하여 현금과부족 계정으로 처리하였으며 기말 결산시까지 그 원인을 발견하지 못하였다.

①	(차) 잡손실	1,200,000원	(대) 현금과부족	1,200,000원
②	(차) 잡손실	1,200,000원	(대) 현금	1,200,000원
③	(차) 현금	1,200,000원	(대) 잡이익	1,200,000원
④	(차) 현금과부족	1,200,000원	(대) 잡이익	1,200,000원

10 다음 회계연도로 이월되는(차기이월로 마감) 계정으로 옳지 않은 것은?

① 예수금 ② 미수금
③ 기부금 ④ 미지급금

11 [보기] 자료 중 현금및현금성자산을 계산하면 얼마인가?

• 현금	1,800,000원	• 우표	35,000원
• 보통예금	2,000,000원	• 당좌예금	3,000,000원
• 부도수표	500,000원	• 외상매출금	1,200,000원
• 수입인지	200,000원		

① 5,000,000원 ② 6,500,000원
③ 6,800,000원 ④ 6,900,000원

12 [보기]의 내용을 결산시, 회계처리로 옳은 것은?

결산시 현재 보유중인 단기매매증권은 2022년 9월 1일 주식 50주이다. 취득 금액이 주당 7,000원이고 결산일 현재 공정가치가 주당 7,500원이다.

①	(차) 단기매매증권	25,000원	(대) 단기매매증권평가이익	25,000원
②	(차) 단기매매증권평가손실	25,000원	(대) 단기매매증권	25,000원
③	(차) 단기매매증권	350,000원	(대) 단기매매증권평가이익	350,000원
④	(차) 단기매매증권	375,000원	(대) 단기매매증권평가이익	375,000원

13 [보기]의 거래 자료를 기반으로 한 분개로 옳은 것은?

5월 1일 외상매출금 200,000원이 거래처 파산으로 회수불능 채권으로 확정되었다.
(대손충당금 잔액은 50,000원 있음)

①	(차) 대손충당금	200,000원	(대) 외상매출금	200,000원
②	(차) 대손상각비	250,000원	(대) 외상매출금	250,000원
③	(차) 대손충당금	250,000원	(대) 외상매출금	250,000원
④	(차) 대손충당금 대손상각비	50,000원 150,000원	(대) 외상매출금	200,000원

14 재고자산의 포함내용으로 옳지 않은 것은?

① 판매목적으로 보유하고 있는 상품
② 새로 발명한 발명품에 대한 특허권
③ 생산이 완료되어 창고에 보관 중인 제품
④ 판매목적으로 보유하고 있는 상품제품생산에 투입되기 위하여 보관중인 원재료

15 업종별 경영활동 관련 내역이다. 각 회사의 입장에서 수익으로 인식되는 거래로 옳지 않은 것은?

① 호텔은 고객으로부처 객실료를 현금으로 받다.
② 상사는 거래처로부터 외상매입금 전액을 면제받다.
③ 부동산임대을 하는 부동산은 기일이 도래한 건물 임대료를 현금으로 받다.
④ 거래처와 상품 판매계약을 체결하는 회사는 계약금액의 20%를 현금으로 먼저 받다.

16 [보기] 사채 발행가액에 따른 변동 내역에 대한 내용이다. [보기]의 ㉠, ㉡, ㉢, ㉣ 에 들어갈 내용을 바르게 짝지은 것은?

• 사채발행구분 : (㉠) 발행	• 상각액 : 매년 (㉡)
• 이자비용 : 매년 (㉢)	• 장부가액 : 매년 (㉣)

① ㉠ 할인, ㉡ 증가, ㉢ 감소, ㉣ 감소
② ㉠ 할인, ㉡ 감소, ㉢ 증가, ㉣ 증가
③ ㉠ 할증, ㉡ 증가, ㉢ 감소, ㉣ 감소
④ ㉠ 할증, ㉡ 감소, ㉢ 증가, ㉣ 증가

17 (주)생산성의 자산과 부채가 [보기]와 같을 경우, 순자산(자본)은 얼마인가?

• 외상매출금	700,000원	• 미수금	100,000원
• 단기차입금	300,000원	• 외상매입금	150,000원
• 현금	150,000원	• 단기대여금	120,000원

① 380,000원
② 620,000원
③ 780,000원
④ 980,000원

18 [보기]의 자료를 회계처리 할 경우, 감자차익은 얼마인가?

• 감자주식 수 : 600주	• 주당 액면가액 : 5,000원
• 주식구입 현금지급액 : 800,000원	

① 800,000원
② 1,500,000원
③ 2,200,000원
④ 3,000,000원

19 ㈜생산성의 회계담당자가 12월 1일 외상으로 상품을 판매하고 장부상에 회계처리를 누락하였다. 이 때, 자산, 부채, 자본, 수익, 비용에 미치는 영향에 대한 설명으로 가장 적절한 것은?

① 자산 과대, 부채 과소, 자본 과소, 당기순이익 과소
② 자산 과대, 부채 과대, 자본 과소, 당기순이익 과대
③ 자산 과소, 부채 과소, 자본 과대, 당기순이익 변화없음
④ 자산 과소, 부채 변화없음, 자본 과소, 당기순이익 과소

20 재무상태표에 나타나는 계정과목으로 가장 옳지 않은 것은?

① 사채
② 토지
③ 당좌예금
④ 광고선전비

제93회 실무 기출문제

【기초데이터 다운로드】

① LG U+ 웹하드 사이트(www.webhard.co.kr) 접속한다.
② 나눔클래스 ID : class1234, PW : 1234를 입력하여 로그인한다.
③ [GUEST 폴더] ➡ [2025년 데이터 및 자료] ➡ [ERP정보관리사 2급]에서 '2025_ERP정보관리사 회계2급 기초데이터'를 바탕화면에 다운로드 받아 프로그램에 복원한다.
④ 프로그램에서 7093 (주)민국자전거 윤도현으로 로그인하여 실무문제를 해결한다.

01 당사는 거래처에 여신한도액을 설정하여 관리하려고 한다. [00020.정우실업(유)] 거래처에 현재 설정된 여신한도액은 얼마인가?

① 100,000,000원　② 129,270,000원
③ 300,000,000원　④ 500,000,000원

02 다음 사원 중 [1001.재경부]에 소속 되지 않은 사원은 누구인가?

① ERP13A03.김종민　② ERP13A04.신서율
③ ERP13A05.박혜수　④ ERP13A06.김지중

03 당사의 계정과목에 대한 설명 중 옳지 않은 것은 무엇인가?

① [11100.대손충당금]은 [11000.받을어음]의 차감계정이다.
② [10300.제예금] 계정에 대해 세목으로 세분화하여 관리하고 있다.
③ [10800.외상매출금] 계정은 프로젝트별로 이월하도록 설정하였다.
④ [10400.기타제예금] 계정은 전표입력 시 금융거래처를 필수로 등록하도록 설정하였다.

04 (주)민국자전거은 선급비용에 대해서 기간비용을 관리하고 있다.
(주)민국자전거의 2025년 12월말 결산 시 당기 비용으로 인식해야 할 금액은 얼마인가?

① 609,880원　② 5,976,968원
③ 6,588,484원　④ 7,200,000원

05 (주)민국자전거의 2025년 하반기에 발생한 전표 중 전표상태가 '미결'인 전표는 몇 건인가?

① 1건　② 2건
③ 3건　④ 4건

06 (주)민국자전거의 고정자산 중 [202004.복지2동]에 2025년 10월 1일 12,000,000원 자본적지출이 발생하였다. 해당 자본적지출을 입력 후 (주)민국자전거의 2025년 결산 시 손익계산서에 계상할 건물의 감가상각비를 조회하면 얼마인가? (당사는 상각비를 프로그램 계산에 따른다.)

① 15,500,000원　② 68,100,000원
③ 68,700,000원　④ 91,656,000원

07 당사는 사용부서를 'C1.사용부서' 관리항목으로 사용하여 관리하고 있다.
(주)민국자전거의 2025년 상반기 중 82200.차량유지비 계정의 지출금액이 가장 큰 부서는 어디인가?

① 1001.재경부　② 2001.영업부
③ 3001.생산부　④ 4001.총무부

08 (주)민국자전거의 2025년 2분기 판매관리비 중 직원급여 지출액은 1분기에 비해 얼마나 증가하였는가?

① 1,500,000원　② 2,500,000원
③ 3,000,000원　④ 6,000,000원

09 (주)민국자전거의 2025년 6월 30일 결산 시 받을어음에 대해 2%의 대손충당금을 설정하려고 한다. 다음 중 회계처리가 옳은 것은 무엇인가?

① 대손상각비 3,060,000원 / 대손충당금 3,060,000원
② 대손상각비 3,126,000원 / 대손충당금 3,126,000원
③ 대손상각비 4,560,000원 / 대손충당금 4,560,000원
④ 대손상각비 5,293,860원 / 대손충당금 5,293,860원

10 (주)민국자전거의 2025년 9월 한 달 동안 발생한 현금 출금액은 얼마인가?

① 12,745,000원　② 15,000,000원
③ 60,000,000원　④ 72,745,000원

11 2025년 상반기 동안 [00001.(주)성호기업] 거래처와의 거래에서 발생한 외상매출금과 받을어음의 합계액은 얼마인가?

① 168,800,000원　② 316,000,000원
③ 350,377,300원　④ 552,500,000원

12 (주)민국자전거의 2025년 10월 2일 우리소프트(주) 거래처에 상품매출 후 받을어음(자가 202502200003)을 받았다. 해당 어음의 만기일은 언제인가?

① 2025년 10월 02일
② 2025년 11월 11일
③ 2025년 12월 02일
④ 2025년 12월 16일

13 (주)민국자전거은 채권회수가 되지 않은 기간이 3개월을 초과한 거래처를 파악하고자 한다. 선입선출법에 따라 거래처별 외상매출금 잔액을 확인할 경우 2025년 3월 31일 현재 3개월을 초과하여 회수되지 않은 금액이 존재하는 거래처는 몇 곳 인가?

① 1개
② 2개
③ 3개
④ 6개

14 (주)민국자전거의 업무용승용차 [12A 8087.쏘렌토] 차량에 대하여 운행기록부를 작성하였다. 2025년 1월 한 달 동안 해당 차량의 업무사용비율은 얼마인가?

① 70%
② 80%
③ 85%
④ 90%

15 (주)민국자전거본점의 2025년 2기 부가가치세 확정 신고에 대한 설명으로 옳지 않은 것은 무엇인가?

① 고정자산 매입세액이 존재하지 않는다.
② 관할세무서인 송파세무서에 부가가치세 신고 및 납부한다.
③ 매출세액보다 매입세액이 더 많아 부가가치세 환급대상이다.
④ (주)성호기업 거래처에게 세금계산서가 발급되는 매출을 하였다.

16 (주)민국자전거본점의 2025년 1기 부가가치세 예정 신고기간에 매입한 자산 중 기계장치의 세액은 얼마인가?

① 2,500,000원
② 3,000,000원
③ 3,500,000원
④ 3,600,000원

17 (주)민국자전거본점의 2025년 1기 부가가치세 확정 신고기간에 발생한 신용카드매출액 중 세금계산서가 발급된 금액은 얼마인가?

① 25,000,000원
② 30,000,000원
③ 50,250,000원
④ 66,410,000원

18 (주)민국자전거본점의 2025년 1기 부가가치세 예정 신고기간에 발생한 매입거래 중 '비영업용소형승용차구입 및 유지' 사유로 불공제되는 매입세액은 얼마인가?

① 1,500,000원
② 2,000,000원
③ 2,500,000원
④ 3,000,000원

19 (주)민국자전거본점의 2025년 1기 부가가치세 확정 신고기간에 발생한 매출거래 중 대금을 현금으로 받아 현금영수증을 발행해준 거래처는 어디인가?

① ㈜나라상사
② ㈜성호기업
③ ㈜주안실업
④ ㈜한동테크

20 (주)민국자전거의 부가가치세 신고유형에 대한 설명으로 옳은 것은 무엇인가?

① 각 사업장별로 신고 및 납부한다.
② 사업자 단위과세자로 신고 및 납부를 주사업장에서 모두 한다.
③ 총괄납부 사업자로 주사업장에서 모두 총괄하여 신고 및 납부한다.
④ 총괄납부 사업자로 신고는 각 사업장별로 하고 납부는 주사업장에서 총괄하여 납부한다.

제94회 ERP정보관리사 회계 2급 기출문제

2023년 01월 28일

경영혁신과 ERP

01 클라우드 서비스의 비즈니스 모델에 관한 설명으로 옳지 않은 것은?

① 공개형 클라우드는 전용 인프라로 인해 데이터 보안과 프라이버시가 강화된다.
② 폐쇄형 클라우드는 특정한 기업 내부 구성원에게만 제공되는 서비스(internal cloud)를 말한다.
③ 공개형 클라우드는 사용량에 따라 사용료를 지불하며 규모의 경제를 통해 경쟁력 있는 서비스 단가를 제공한다는 장점이 있다.
④ 혼합형 클라우드는 특정 업무는 폐쇄형 클라우드 방식을 이용하고 기타 업무는 공개형 클라우드 방식을 이용하는 것을 말한다.

02 ERP에 대한 설명 중 가장 적절하지 않은 것은?

① 신속한 의사결정을 지원하는 경영정보시스템이다.
② 기능 최적화에서 전체 최적화를 목표로 한 시스템이다.
③ 인사, 영업, 구매, 생산, 회계 등 기업의 업무가 통합된 시스템이다.
④ 모든 사용자들은 사용권한 없이도 쉽게 기업의 정보에 접근할 수 있다.

03 클라우드 서비스 기반 ERP와 관련된 설명으로 가장 적절하지 않은 것은?

① PaaS에는 데이터베이스 클라우드 서비스와 스토리지 클라우드 서비스가 있다.
② ERP 소프트웨어 개발을 위한 플랫폼을 클라우드 서비스로 제공받는 것을 PaaS라고 한다.
③ ERP 구축에 필요한 IT인프라 자원을 클라우드 서비스로 빌려 쓰는 형태를 IaaS라고 한다.
④ 기업의 핵심 애플리케이션인 ERP, CRM 솔루션 등의 소프트웨어를 클라우드 서비스를 통해 제공받는 것을 SaaS라고 한다.

04 효과적인 ERP교육을 위한 고려사항으로 가장 적절하지 않은 것은?

① 다양한 교육도구를 이용하라.
② 교육에 충분한 시간을 배정하라.
③ 비즈니스 프로세스가 아닌 트랜잭션에 초점을 맞춰라.
④ 조직차원의 변화관리활동을 잘 이해하도록 교육을 강화하라.

재무회계 이론

05 재무상태표에 대한 설명으로 가장 적절하지 않은 것은?

① 유동성 배열법에 의해 작성한다.
② 채권자 및 소유주 청구권을 표시한다.
③ '자산 = 부채 + 자본'을 재무상태표 등식이라고 한다.
④ 회사장부상의 잔액과 은행장부상 액의 차이를 조정하는 표이다.

06 [보기]는 무엇에 대한 설명인가?

> 일정 기간 동안의 기업의 경영성과를 한눈에 나타내기 위한 재무제표이다. 즉, 기업이 어떤 활동을 통하여 발생된 이익과 그 이익을 발생하게 한 수익과 비용을 알기 쉽게 기록한 재무제표를 말한다.

① 현금흐름표
② 손익계산서
③ 자본변동표
④ 제조원가명세서

07 기업의 손익계산서에 영업외비용으로 가장 적절하지 않은 것은?

① 사채상환손실
② 외화환산손실
③ 단기투자자산처분손실
④ 원가성 있는 재고자산감모손실

08 회계의 순환과정으로 가장 적절한 것은?

① 거래식별 → 전기 → 분개 → 수정전합계잔액시산표 작성 → 집합손익계정의 마감 → 기말 수정분개 → 자산부채자본계정의 마감 → 재무제표 작성
② 수정후합계잔액시산표 작성 → 기말 수정분개 → 자산부채자본계정의 마감 → 집합손익계정의 마감 → 수익비용계정의 마감 → 재무제표 작성
③ 수정전합계잔액시산표 작성 → 수익비용계정의 마감 → 수정후합계잔액시산표 작성 → 기말 수정분개 → 집합손익계정의 마감 → 자산부채자본계정의 마감 → 재무제표 작성
④ 거래식별 → 분개 → 전기 → 수정전합계잔액시산표 작성 → 기말 수정분개 → 수정후합계잔액시산표 작성 → 수익비용계정의 마감 → 집합손익계정의 마감 → 자산부채자본계정의 마감 → 재무제표 작성

09 [보기]의 자료에서 기타의 대손상각비를 1% 계상하면 얼마인가?

외상매출금	4,000,000원	미수금	450,000원
받을어음	6,000,000원	선급금	1,500,000원
선수금	5,000,000원		

① 19,500원
② 100.000원
③ 120,000원
④ 189,500원

10 미결산계정으로 결산확정시에는 재무제표에 존재하면 안되는 계정으로 올바로 묶인 것은?

① 선급금, 선수금　　② 가수금, 가지급금
③ 미수금, 미지급금　　④ 외상매출금, 외상매입금

11 ㈜생산은 임차료 1년분을 5월 1일에 240,000원을 현금으로 지급하고 비용처리하였다. 12월 31일 기말결산시의 선급임차료는 얼마인가? (단, 월할계산으로 구하시오.)

① 50,000원　　② 60,000원
③ 80,000원　　④ 120,000원

12 ㈜생산은 매출채권 잔액의 1%를 대손충당금으로 설정한다. [보기]에 제시된 자료에 의할 경우 2025년말 대손충당금 추가설정액은?

- 2025년 1월 1일 대손충당금 잔액: 1,000,000원
- 2025년 7월 1일 대손발생액: 800,000원
- 2025년 12월 31일 매출채권 잔액 : 100,000,000원

① 700,000원　　② 800,000원
③ 900,000원　　④1,000,000원

13 일반기업회계기준에 의한 유가증권 관련 계정 중 당기손익에 영향을 주는 계정으로 가장 적절하지 않은 것은?

① 단기매매증권평가손실　　② 단기매매증권처분이익
③ 매도가능증권평가손실　　④ 매도가능증권처분이익

14 ㈜생산은 기말에 퇴직금추계액 전액을 퇴직급여충당부채로 설정하고 있다. [보기] 자료를 참고하면, 당기 생산팀의 퇴직급여충당부채는 얼마인가?

구분	전기말 퇴직금 추계액	당기 퇴직급 지급액 (퇴직급여충당부채와 상계)	당기말 퇴직금 추계액
생산팀	30,000,000원	18,000,000원	45,000,000원
관리팀	45,000,000원	22,000,000원	55,000,000원

① 32,000,000원　　② 33,000,000원
③ 65,000,000원　　④ 100,000,000원

15 사채발행에 대한 설명으로 가장 옳지 않은 것은?

① 만기일 전에 사채를 상환하는 것을 조기상환이라 한다.
② 사채를 할인발행한 경우에는 만기에는 액면금액이 아닌 발행금액을상환해야 한다.
③ 액면이자율이 시장이자율보다 큰 경우에는 액면금액보다 많은 금액으로 할증발행을 하게 된다.
④ 액면이자율이 시장이자율보다 작은 경우에는 액면금액보다 작은 금액으로 할인발행을 하게 된다.

16 제조기업 (주)생산의 손익계산서에서 영업외비용으로 분류되는 계정과목은 무엇인가?

① 보험료
② 도서인쇄비
③ 기타의 대손상각비
④ 매입시 발생한 부대비용

17 [보기]를 자료를 참고하여, 2025년 12월 31일 결산 이후 손익계산서에 표기될 보험료를 구하시오.

- 회사는 9월 1일 보유중인 자동차에 대한 보험료로 1,500,000원을 현금으로 지불했다. (회계처리는 선급비용으로 처리하였다)
- 보험기간 : 2025년 9월 1일 ~ 2026년 8월 31일 (월할계산)

① 375,000원
② 500,000원
③ 1,000,000원
④ 1,125,000원

18 다음 회계연도로 이월되는(차기이월로 마감) 계정과목은?

① 개발비
② 기부금
③ 대손상각비
④ 기타의 감가상각비

19 [보기]에서 도소매업을 영위하는 기업의 판매비와관리비로 분류할 수 있는 것은 몇 개인가?

교육훈련비, 기타의 대손상각비, 선급비용, 수도광열비, 이자비용, 기부금, 접대비, 미지급비용, 복리후생비, 재해손실

① 1개
② 3개
③ 4개
④ 6개

20 [보기]의 제시된 자료를 이용하여, 결산 시 인식하여야 하는 외화환산이익(손실)을 계산하면 얼마인가?

- 2025. 9. 10 : $20,000(만기 2년) 외화예금 가입
- 환율정보
  2025. 9. 10 : ₩1,100/$
  2025. 12. 31 : ₩1,200/$

① 외화환산이익 1,000,000원
② 외화환산손실 1,000,000원
③ 외화환산이익 2,000,000원
④ 외화환산손실 2,000,000원

제94회

실무 기출문제

【기초데이터 다운로드】

① LG U+ 웹하드 사이트(www.webhard.co.kr) 접속한다.
② 나눔클래스 ID : class1234, PW : 1234를 입력하여 로그인한다.
③ [GUEST 폴더] ➡ [2025년 데이터 및 자료] ➡ [ERP정보관리사 2급]에서 '2025_ERP정보관리사 회계2급 기초데이터'를 바탕화면에 다운로드 받아 프로그램에 복원한다.
④ 프로그램에서 7094 ㈜우경자전거 정우경으로 로그인하여 실무문제를 해결한다.

01 당사의 회계 관련 시스템환경설정으로 옳지 않은 설명을 고르시오.

① 고정자산등록시 자산코드가 자동채번 된다.
② 외화소숫점자리수는 2자리까지 입력할 수 있다.
③ 예산통제는 사용부서를 구분으로 통제하고 있다.
④ 전표입력 메뉴에서 전표복사 기능을 사용할 수 있다.

02 당사의 계정과목등록을 조회하여 보기의 계정과목 중 거래처별로 이월되는 계정과목을 고르시오.

① 10700.단기매매증권　　② 10800.외상매출금
③ 11400.단기대여금　　④ 11600.미수수익

03 김종민 사원의 [A.회계관리] 모듈 총계정원장 메뉴의 조회 권한으로 옳은 것을 고르시오.

① 회사　　② 사업장
③ 부서　　④ 사원

04 (주)우경자전거 본점의 2025년 3월 31일 기준 현금 및 현금성자산 잔액은 얼마인가?

① 101,835,000원　　② 1,100,000,000원
③ 1,709,177,000원　　④ 3,555,600,600원

05 당사는 예산을 사용부서별로 관리하고 있다. 2025년 1분기동안 재경부에서 사용한 예산 중 집행율이 가장 큰 계정과목은 무엇인가? (단, 집행방식은 승인집행으로 조회)

① 81400.통신비　　② 81500.수도광열비
③ 82100.보험료　　④ 82200.차량유지비

06 (주)우경자전거 본점의 2025년 3월 말 결산 시 소모품의 기말 재고액은 7,500,000원이다. 장부의 금액을 확인 후 이와 관련된 2025년 3월말 결산 수정분개로 가장 옳은 것을 고르시오. (단, 소모품은 취득 시 자산처리 하였다.)

① (차)	소모품	2,500,000	(대)	소모품비	2,500,000
② (차)	소모품비	2,500,000	(대)	소모품	2,500,000
③ (차)	소모품	3,000,000	(대)	소모품비	3,000,000
④ (차)	소모품비	3,000,000	(대)	소모품	3,000,000

07 (주)우경자전거 본점은 2025년 1월 31일 (주)한동테크 거래처에 상품매출 후 받을어음(자가2025013101)을 받았다. 해당 어음의 만기일을 고르시오.

① 2025년 03월 30일
② 2025년 04월 30일
③ 2025년 05월 31일
④ 2025년 09월 27일

08 (주)우경자전거 본점의 손익계산서에서 2025년 한 해 동안 [81300.접대비]가 가장 많이 발생한 분기를 고르시오.

① 1/4분기
② 2/4분기
③ 3/4분기
④ 4/4분기

09 2025년 4월 한 달 간 (주)우경자전거 본점에서 현금 지출이 가장 많았던 판매관리비 계정과목은 무엇인가?

① 81100.복리후생비
② 81200.여비교통비
③ 82100.보험료
④ 82200.차량유지비

10 (주)우경자전거 본점의 2025년 6월 한 달 동안 발생한 전표 중 전표상태가 '미결' 인 전표는 몇 건인지 고르시오.

① 4건
② 5건
③ 6건
④ 7건

11 (주)우경자전거 본점은 채권 발생 후 회수까지의 기간을 통상 3개월로 가정하여 채권관리를 하고 있다. 선입선출법에 따라 외상매출금 잔액을 확인할 경우 아래 보기 중 2025년 7월 31일 기준 3개월 전개월수 안에 채권이 전액 회수된 거래처를 고르시오.

① 00001.(주)성호기업
② 00002.(주)주안실업
③ 00003.(주)한동테크
④ 00004.(주)형광공업

12 (주)우경자전거 본점은 업무용승용차를 사원별로 관리하고 있다. 다음 중 'ERP13A03.전윤호' 사원이 관리하고 있는 업무용승용차의 차량번호는 무엇인가?

① 12가 0102
② 14가 0717
③ 15가 2664
④ 17가 8087

13 (주)우경자전거 본점은 고정자산을 사용부서별로 관리하고 있다. [21200.비품] 자산유형에 대해서 다음 보기 중 재경부에서 관리하지 않는 자산은 무엇인가?

① 21200001.컴퓨터
② 21200002.책상
③ 21200003.노트북A
④ 21200004.책장

14 2025년 (주)우경자전거 본점의 [82200.차량유지비]계정의 상반기 지출액 대비 하반기 지출액의 증감율은 얼마인가? (단, 증감율 계산 시 소수점 첫째자리에서 반올림 한다.)

① 21%
② 24%
③ 27%
④ 31%

15 (주)우경자전거 본점의 부가가치세 신고유형에 대한 설명으로 옳은 것을 고르시오.

① 각 사업장별로 신고 및 납부한다.
② 사업자 단위과세자로 신고 및 납부를 주사업장에서 모두 한다.
③ 총괄납부 사업자로 주사업장에서 모두 총괄하여 신고 및 납부한다.
④ 총괄납부 사업자로 신고는 각 사업장별로 하고 납부는 주사업장에서 총괄하여 납부한다.

16 (주)우경자전거 본점의 2025년 1기 부가가치세 예정 신고기간에 현금영수증을 수취하여 매입한 매입세액은 얼마인가?

① 10,000원
② 30,000원
③ 50,000원
④ 100,000원

17 (주)우경자전거 본점의 2025년 1기 부가가치세 예정 신고기간에 발생한 매입거래 중 '비영업용소형승용차구입 및 유지' 사유로 불공제 되는 매입세액은 얼마인가?

① 1,200,000원
② 2,000,000원
③ 2,300,000원
④ 3,000,000원

18 (주)우경자전거 본점의 2025년 1기 부가가치세 확정 신고 시 매입에 대한 예정신고 누락분이 있음을 확인하였다. 위 예정신고누락분의 총 부가세액 합계금액은 얼마인가?

① 200,000원
② 400,000원
③ 600,000원
④ 800,000원

19 (주)우경자전거 본점의 2025년 1기 부가가치세 예정 신고 시 신고할 고정자산매입세액은 얼마인가?

① 1,200,000원
② 2,000,000원
③ 2,300,000원
④ 3,000,000원

20 (주)우경자전거 본점은 부동산임대업도 하고 있어 부가가치세 신고 시 간주임대료를 포함하여 신고하려고 한다. 2025년 1기 부가가치세 확정 신고 시 다음 [부동산임대내역]의 자료를 입력한 후 보증금이자(간주임대료)를 계산하면 얼마인가?
단, 보증금이자(간주임대료) 계산 시 이자율은 3.5%로 계산하며 소수점 이하는 절사한다.

[부동산임대내역]
- 동 : 1174060000.서울특별시 강동구 천호제1동
- 상호(성명) : (주)우리보험
- 임대기간 : 2025/04/02~2026/04/01
- 월세 : 2,000,000원
- 층 / 호수 : 지상 4층 / 402호
- 면적 / 용도 : 150㎡ / 사무실
- 보증금 : 200,000,000원
- 관리비 : 300,000원

① 159,506원
② 211,547원
③ 324,383원
④ 1,726,027원

제95회

ERP정보관리사 회계 2급 기출문제

2023년 03월 25일

경영혁신과 ERP

01 4차 산업혁명 시대의 스마트 ERP에 대한 설명으로 적절하지 않은 것은?

① 정교한 수준의 예측 모델을 제시할 수 있다.
② ERP와 연계하여 생산계획의 선제적 예측과 실시간 의사결정이 가능해진다.
③ 스마트 ERP는 인공지능 등의 기술을 활용하여 지능화된 기업경영을 가능하게 하는 통합 정보시스템이다.
④ 모든 비즈니스 간의 융합을 지원하지 않으나, 전략경영분석 도구를 통해 특정 산업에서 상위계층의 의사결정을 돕는데 적용된다.

02 다음 중 ERP의 기능적 특징으로 적절하지 않은 것은?

① 객체지향기술 사용
② 경영정보제공 및 경영조기경보체계를 구축
③ 중복업무의 배제 및 실시간 정보처리 체계 구축
④ 표준을 지향하는 선진화된 최고의 실용성을 수용

03 ERP의 특징에 관한 설명 중 가장 적절하지 않은 것은?

① 세계적인 표준 업무절차를 반영하여 기업 조직구성원의 업무수준이 상향평준화된다.
② ERP시스템의 안정적인 운영을 위하여 특정 H/W와 S/W업체를 중심으로 개발되고 있다.
③ 정확한 회계데이터 관리로 인하여 분식결산 등을 사전에 방지하는 수단으로 활용이 가능하다.
④ Parameter 설정에 의해 기업의 고유한 업무환경을 반영하게 되어 단기간에 ERP 도입이 가능하다.

04 ERP도입 기업의 사원들을 위한 ERP교육을 계획할 때, 고려사항으로 가장 적절하지 않은 것은?

① 전사적인 참여가 필요함을 강조한다.
② 지속적인 교육이 필요함을 강조한다.
③ 최대한 ERP커스터마이징이 필요함을 강조한다.
④ 자료의 정확성을 위한 철저한 관리가 필요함을 강조한다.

재무회계 이론

05 현금흐름표에 관한 설명으로 가장 적절하지 않은 것은?

① 현금 흐름은 영업활동, 재무활동, 투자활동으로 구분하여 보고한다.
② 현금흐름표는 일정기간 동안 기업의 현금흐름과 일정시점의 현금보유액을 나타내는 재무제표이다.
③ 재무활동이란, 현금의 차입 및 상환활동, 신주발행이나 배당금의 지급활동과 같이 부채 및 자본계정에 영향을 미치는 거래이다.
④ 영업활동이란, 현금의 대여와 회수활동, 유가증권, 투자자산, 유형자산 및 무형자산의 취득과 처분과 같이 영업을 준비하는 활동이다.

06 재무상태표의 기본구조에 관한 설명으로 가장 적절하지 않은 것은?

① 유동자산은 당좌자산과 재고자산으로 구분한다.
② 비유동자산은 투자자산, 유형자산, 무형자산으로만 구분한다.
③ 자산과 부채는 유동성이 큰 항목부터 배열하는 것을 원칙으로 한다.
④ 자본은 자본금, 자본잉여금, 자본조정, 기타포괄손익누계액, 이익잉여금(또는 결손금)으로 구분한다.

07 [보기]는 ㈜생산의 손익계산서 자료이다. ㈜생산의 영업이익은 얼마인가? ([보기]는 이미지를 참고하시오. [보기]에서 제시한 자료만 가지고 정답을 구하시오.)

손 익 계 산 서

비용	금액(원)	수익	금액(원)
매출원가	200,000	제품매출	500,000
급여	150,000		
복리후생비	20,000		
기부금	40,000		
당기순이익	90,000		
합계	500,000	합계	500,000

① 90,000원
② 130,000원
③ 150,000원
④ 300,000원

08 차변과 대변에 기록될 계정과목으로 가장 적절하지 않은 것은?

① (차변) 선급금 (대변) 선수금
② (차변) 미수금 (대변) 미지급금
③ (차변) 대여금 (대변) 차입금
④ (차변) 임대보증금 (대변) 임차보증금

09 [보기]의 거래내용을 나타내는 계정과목으로 가장 적절한 것은?

> A : 사무실에서 사용하는 사무용품 등의 구매 금액
> B : 사무용으로 활용하는 컴퓨터, 프린터, 책상등의 구매 금액

① A : 소모품비 B : 비품
② A : 접대비 B : 비품
③ A : 미수금 B : 광고선전비
④ A : 복리후생비 B : 단기차입금

10 회계 용어에 대한 설명 중 가장 적절하지 않은 것은?

① 회계 기말에 모든 장부를 마감하여 일정 시점의 재무상태와 일정 기간 동안의 경영성과를 정확하게 파악하는 것을 결산이라 한다.
② 자산, 부채, 자본의 증감 변화와 수익, 비용의 발생을 구체적인 항목을 세워 기록, 계산, 정리하기 위하여 설정된 단위를 계정이라 한다.
③ 거래가 발생하여 어느 계정에 기입하고, 그 계정의 어느 (차,대)변에 기입할 것인가, 얼마의 금액을 기입할 것인가를 미리 결정하는 절차를 전기라 한다.
④ 모든 거래는 어떤 계정의 차변과 다른 계정의 대변에 같은 금액을 기입하므로, 많은 거래가 기입되더라도 차변합계액과 대변합계액이 항상 일치하는 것을 대차평균의 원리라 한다.

11 자산 항목 중 유동성이 높은 순서대로 나열한 것을 고르시오.

① 상품 〉 토지 〉 미수금
② 상품 〉 미수금 〉 토지
③ 외상매출금 〉 토지 〉 제품
④ 외상매출금 〉 제품 〉 기계장치

12 [보기]의 내용을 결산 시, 회계처리로 가장 적절한 것은?

> • 결산시 현재 보유중인 단기매매증권은 2025년 3월 1일 주식 50주이다.
> • 취득 금액이 주당 5,000원이고 결산일 현재 공정가치가 주당 4,500원이다.

①	(차) 단기매매증권	25,000원	(대) 단기매매증권평가이익	25,000원
②	(차) 단기매매증권평가손실	225,000원	(대) 단기매매증권	225,000원
③	(차) 단기매매증권	225,000원	(대) 단기매매증권평가이익	225,000원
④	(차) 단기매매증권평가손실	25,000원	(대) 단기매매증권	25,000원

13 [보기]는 ㈜생산의 대손충당금 자료이다. ㈜생산의 결산시점 대손충당금 잔액은 얼마인가?

> • 기초 대손충당금 잔액은 50,000원
> • 당기 중 매출채권 20,000원 대손처리
> • 기말 결산시 대손상각비 15,000원 추가계상

① 10,000원
② 15,000원
③ 30,000원
④ 45,000원

14 [보기]는 ㈜생산의 5월 중 상품매매 관련 자료이다. 선입선출법에 의해 계산한 ㈜생산의 5월말 재고 금액은 얼마인가? 단, 계속기록법에 의함. [보기]는 이미지를 참고하시오.

일자	내역	수량	단가
05월 01일	전월이월	200개	2,000원
05월 02일	매입	300개	3,000원
05월 15일	매출	400개	4,000원

① 200,000원 ② 300,000원
③ 400,000원 ④ 500,000원

15 ㈜생산성은 회사사옥 건립을 목적으로 기존건물이 있는 토지를 400,000원에 취득하였다. 해당 토지의 취득과정에서 [보기]와 같이 추가지출과 수입이 발생을 때, 토지의 취득원가는 얼마인가?

- 기존건물 철거비용 : 15,000원
- 철거건물 부산물 매각액 : 5,000원
- 취득세와 등록세 : 9,000원
- 토지의 구획정리비용 : 4,000원

① 403,000원 ② 423,000원
③ 443,000원 ④ 473,000원

16 [보기]에서 제시된 상품 매매와 관련된 자료를 활용하여 계산한 매입채무 잔액은 얼마인가? 단, 기초 매입채무는 잔액이 없었다.

- 현금매입액 80,000원
- 외상매입액 500,000원
- 외상대금 현금상환액 200,000원
- 외상대금 조기상환에 따른 할인액 10,000원

① 210,000원 ② 280,000원
③ 290,000원 ④ 500,000원

17 자본의 구성요소에 관한 설명으로 가장 적절하지 않은 것은?

① 자본금은 발행주식 액면금액의 합계액이다.
② 자본조정에는 주식할인발행차금, 자기주식 등이 있다.
③ 자본잉여금은 자본거래로 인한 자본의 증가분으로서 주식발행초과금, 감자차손 등이 있다.
④ 이익잉여금은 손익거래에서 벌어들인 이익 중 배당 등으로 유출되지 않고 사내에 남아 있는 것이다.

18 수익과 비용에 대한 설명으로 가장 옳지 않은 것은?

① 수익은 실현주의에 따라 인식한다.

② 비용은 수익비용 대응의 원칙에 따라 인식한다.

③ 수익은 기업의 통상적인 경영활동에서 발생하는 경제적 효익의 총유출을 의미한다.

④ 비용은 기업의 주된 영업활동에서 발생한 비용과 일시적 또는 우연적인 거래로부터 발생하는 손실로 분류된다.

19 [보기]에 제시된 자료 중 영업외 비용은 총 얼마인가?

• 급여	1,000,000원	• 배당금수익	200,000원
• 감가상각비	180,000원	• 이자비용	150,000원
• 외화환산손실	240,000원	• 단기매매증권평가손실	300,000원
• 접대비	200,000원	• 기부금	250,000원

① 450,000원 ② 540,000원

③ 690,000원 ④ 940,000원

20 [보기]의 자료를 근거로 회계처리 할 경우, 감자차익은 얼마인가?

• 감자주식 수 : 100주 • 주당 액면가액 : 7,000원
• 주식구입 현금지급액 : 500,000원

① 200,000원 ② 500,000원

③ 700,000원 ④ 1,200,000원

제95회

실무 기출문제

【기초데이터 다운로드】
① LG U+ 웹하드 사이트(www.webhard.co.kr) 접속한다.
② 나눔클래스 ID : class1234, PW : 1234를 입력하여 로그인한다.
③ [GUEST 폴더] ➡ [2025년 데이터 및 자료] ➡ [ERP정보관리사 2급]에서 '2025_ERP정보관리사 회계2급 기초데이터'를 바탕화면에 다운로드 받아 프로그램에 복원한다.
④ 프로그램에서 7095 ㈜소망자전거 정소망으로 로그인하여 실무문제를 해결한다.

01 당사의 회계 관련 시스템환경설정으로 옳지 않은 것을 고르시오.

① 중국어로된 재무제표를 조회 할 수 있다.
② 고정자산 처분 시 월할상각 방식으로 상각한다.
③ 전표입력 메뉴에서 전표복사 기능을 사용할 수 있다.
④ 자산등록시 코드는 자동부여 하지 않고 사용자가 직접 입력한다.

02 다음 사원 중 [1001.재경부]에 소속 되지 않은 사원을 고르시오.

① ERP13A03.김종민　② ERP13A04.신서율
③ ERP13A05.박혜수　④ ERP13A06.김지중

03 당사의 계정과목에 대한 설명 중 옳지 않은 것을 고르시오

① [11100.대손충당금]은 [11000.받을어음]의 차감계정이다.
② [81300.접대비] 계정은 세목으로 세분화하여 관리하고 있다.
③ [10800.외상매출금] 계정은 거래처별로 이월하도록 설정하였다.
④ [96100.자산수증이익] 계정은 전표입력 시 금융거래처를 필수로 등록하도록 설정하였다.

04 다음 [보기]의 내용을 참고하여 고정자산등록 메뉴에 입력 한 후 해당 입력 자산의 당기 일반상각비 금액을 조회하면 얼마인가?

- 회계단위 : (주)소망자전거
- 자 산 명 : 복합기
- 상각방법 : 정액법
- 관리부서 : 재경부
- 자산유형 : 비품
- 취 득 일 : 2025.01.01
- 내용연수 : 5년
- 자산코드 : 21203
- 취득금액 : 5,000,000원
- 경비구분 : 800번

① 416,000원　② 1,000,000원
③ 4,000,000원　④ 5,000,000원

05 당사는 여비교통비(판매관리비) 입력시 관리항목으로 프로젝트와 사용부서를 입력하였다. (주)소망자전거의 2025년 1분기 사용된 여비교통비(판매관리비) 중 프로젝트가 '1000.그룹웨어'이며 사용부서가 '1001.재경부'로 관리항목이 입력된 금액은 얼마인가?

① 830,000원 ② 1,700,000원
③ 2,740,000원 ④ 4,750,000원

06 (주)소망자전거는 선급비용에 대해서 기간비용을 관리하고 있다. (주)소망의 2025년 12월말 결산 시 당기 비용으로 인식해야 할 금액은 얼마인가?

① 611,506원 ② 5,976,968원
③ 6,588,494원 ④ 7,200,000원

07 (주)소망자전거의 2025년 1분기 손익계산서에 대한 설명 중 옳지 않은 것은 무엇인가?

① 제품매출액은 651,500,000원이다.
② 2025년 1분기에 발생한 영업외수익은 없다.
③ 2024년에서 이월된 상품이 509,650,000원 존재한다.
④ 판매관리비 중 복리후생비는 9,735,000원 발생하였다.

08 (주)소망자전거의 2025년 상반기 중 외상매출금 회수금액이 발생하지 않은 월은 언제인가?

① 1월 ② 2월
③ 3월 ④ 4월

09 (주)소망자전거의 2025년 3월 31일 기준 외상매출금의 대손충당금 잔액은 얼마인가?

① 1,500,000원 ② 1,965,817원
③ 2,280,000원 ④ 6,965,817원

10 (주)소망자전거는 2025년 1년간의 지출증빙서류검토표를 작성하려고 한다. 각 증빙별 합계금액으로 옳지 않은 것을 고르시오.

① 계산서: 250,000원 ② 현금영수증: 500,000원
③ 세금계산서: 531,480,000원 ④ 신용카드(법인): 3,500,000원

11 (주)소망자전거는 업무용승용차를 사원별로 관리하고 있다. 다음 중 'ERP13A04.신서율' 사원이 관리하고 있는 업무용승용차의 차량번호를 고르시오.

① 12A 8087 ② 12B 0927
③ 12B 0316 ④ 13B 0717

12 (주)소망자전거는 2025년 10월 2일 우리소프트(주) 거래처에 상품매출 후 받을어음(자가 202502200003)을 받았다. 해당 어음의 만기일은 언제인가?

① 2025년 10월 02일
② 2025년 11월 11일
③ 2025년 12월 16일
④ 2025년 12월 25일

13 (주)소망자전거는 매월 수입 및 지출에 대해 일자별자금계획을 수립하고 있다. 2025년 5월 고정적으로 지출되는 금액은 2025년 4월과 비교하여 얼마나 감소하였는가?

① 200,000원
② 300,000원
③ 500,000원
④ 2,200,000원

14 당사는 예산을 사용부서별로 관리하고 있다. '재경부'에 예산편성된 계정과목 중 2025년 1월의 편성예산이 신청예산보다 큰 계정과목을 고르시오.

① 81100.복리후생비
② 81200.여비교통비
③ 81400.통신비
④ 83000.소모품비

15 (주)소망자전거의 2025년 2기 부가가치세 확정 신고시 매입에 대한 예정신고 누락분이 발생한 거래처는 어디인가?

① ㈜성호기업
② ㈜신흥전자
③ ㈜주안실업
④ ㈜형광공업

16 (주)소망자전거의 2025년 1기 부가가치세 확정 신고기간에 발생한 매출거래 중 대금을 현금으로 받아 현금영수증을 발행해준 거래처는 어디인가?

① ㈜성호기업
② ㈜신흥전자
③ ㈜주안실업
④ ㈜형광공업

17 (주)소망자전거의 2025년 2기 부가가치세 예정 신고에 대한 설명으로 옳지 않은 것은 무엇인가?

① 고정자산 매입세액이 존재한다.
② 영세매출 후 세금계산서를 발행한 내역이 존재한다.
③ 관할세무서인 송파세무서에 부가가치세 신고 및 납부한다.
④ 매입세액보다 매출세액이 더 많아 부가가치세 납부대상이다.

18 (주)소망자전거의 2025년 1기 부가가치세 예정 신고 시 수출실적명세서에 작성될 수출재화의 외화금액은 얼마인가?

① 10,000달러
② 12,000달러
③ 20,000달러
④ 41,000달러

19 (주)소망자전거의 2025년 2기 부가가치세 예정 신고시 '매입처별 세금계산서합계표'에 반영될 세무구분은 몇 개인가?

① 1개
② 2개
③ 3개
④ 4개

20 다음 중 (주)소망자전거의 2025년 2기 부가가치세 확정 신고기간에 '사업용신용카드'로 분류된 카드를 사용하여 매입한 매입세액은 얼마인가?

① 10,000원
② 12,000원
③ 22,000원
④ 40,000원

제96회

ERP정보관리사 회계 2급 기출문제

2023년 05월 27일

경영혁신과 ERP

01 ERP 구축의 성공요인으로 가장 적절하지 않은 것은?

① 지속적인 ERP 교육 실시
② IT 중심의 프로젝트만 추진
③ 경험과 지식을 겸비한 인력으로 구성
④ 경영자와 전체 임직원의 높은 관심 및 참여

02 [보기]는 무엇에 대한 설명인가?

> 제품, 공정, 생산설비와 공장에 대한 실제 세계와 가상 세계의 통합시스템이며 제조 빅데이터를 기반으로 사이버모델을 구축하고 이를 활용하여 최적의 설계 및 운영을 수행하는 것

① 비즈니스 애널리틱스(Business Analytics)
② 사이버물리시스템(Cyber Physical System, CPS)
③ 공급사슬관리(Supply Chain Management, SCM)
④ 전사적 자원관리(Enterprise Resource Planning, ERP)

03 기계학습의 종류에 해당하지 않는 것은?

① 지도학습(Supervised Learning)
② 강화학습(Reinforcement Learning)
③ 비지도학습(Unsupervised Learning)
④ 시뮬레이션학습(Simulation Learning)

04 [보기]에서 설명하는 전략기법은 무엇인가?

> 조직의 효율성을 제고하기 위해 업무흐름 뿐만 아니라 전체 조직을 재구축하려는 혁신전략기법 중 주로 정보기술을 통해 기업경영의 핵심과 과정을 전면 개편함으로 경영성과를 향상시키려는 전략이다. 신속하고 극단적인 성격이 있으며, 전면적인 혁신을 강조한다.

① 지식경영
② 벤치마킹
③ 리엔지니어링
④ 리스트럭처링

재무회계 이론

05 일반기업회계기준에서 규정하고 있는 재무제표의 종류로 옳지 않은 것은?

① 계정별원장 ② 재무상태표
③ 현금흐름표 ④ 자본변동표

06 [보기]의 오류가 당기 손익계산서에 미치는 영향으로 가장 적절한 것은?

> 정확한 기말재고금액은 120,000원이지만, 기말 재고자산을 150,000원으로 잘못 계상하였다.

① 매출원가 : 과대 / 당기순이익 : 과대
② 매출원가 : 과대 / 당기순이익 : 과소
③ 매출원가 : 과소 / 당기순이익 : 과소
④ 매출원가 : 과소 / 당기순이익 : 과대

07 회계순환과정의 내용 중 결산 전에 발생하는 절차로 가장 적절한 것은?

① 장부마감 ② 수정후시산표 작성
③ 회계기간 중 분개 ④ 재무제표 작성

08 거래 중 계정의 차변에 기입해야 할 거래의 유형으로 옳지 않은 것은?

① 비품을 외상으로 매입하는 경우 비품계정
② 차입금을 현금으로 상환하는 경우 차입금계정
③ 상품을 외상으로 매출한 경우의 매출채권계정
④ 빌려준 돈에 대한 이자를 받는 경우 이자수익계정

09 [보기]의 회계처리로 가장 적절한 것은?

> 컴퓨터 판매업을 하는 회사 '생산컴퓨터'에서 판매용 컴퓨터(10대, 1,000,000원) 10,000,000원은 외상으로 구입하고, 영업부 직원사무용 컴퓨터(1대, 2,500,000원) 2,500,000원은 수표 발행하여 지급하였다.

①	(차) 상품	12,500,000	(대) 외상매입금	12,500,000
②	(차) 상품	10,000,000	(대) 당좌예금	12,500,000
	비품	2,500,000		
③	(차) 비품	12,500,000	(대) 외상매입금	10,000,000
			당좌예금	2,500,000
④	(차) 상품	10,000,000	(대) 외상매입금	10,000,000
	비품	2,500,000	당좌계금	2,500,000

10 결산정리사항으로 가장 적절하지 않은 것은?

① 차입금의 상환
② 미수이자의 계상
③ 감가상각비의 계상
④ 대손충당금의 계상

11 재고자산의 취득원가에서 차감하는 것은?

① 매입운임
② 매입할인
③ 매출운반비
④ 매입관련 보험료

12 [보기]의 거래 자료를 기반으로 한 분개로 옳은 것은?

> 6월 1일 미수금 150,000원이 회수불능 미수금으로 확정되었다. (대손충당금 잔액은 50,000원 있음)

①	(차) 대손충당금	150,000	(대) 미수금	150,000
②	(차) 대손상각비	100,000	(대) 미수금	100,000
③	(차) 대손충당금	100,000	(대) 미수금	100,000
④	(차) 대손충당금	50,000	(대) 미수금	150,000
	기타의대손상각비	100,000		

13 재고자산의 단가결정방법으로 가장 적절하지 않은 것은?

① 총평균법
② 계속기록법
③ 후입선출법
④ 선입선출법

14 [보기]에서 유형자산 자본적 지출로 처리해야 할 금액의 합계액은 얼마인가?

> • 본사 건물의 엘리베이터 설치 6,000,000원
> • 건물의 파손된 유리 교체 5,000,000원
> • 건물 또는 벽의 도장 12,000,000원
> • 건물 내 피난시설 설치 50,000,000원

① 6,000,000원
② 17,000,000원
③ 50,000,000원
④ 56,000,000원

15 [보기]을 참고하여, ㈜생산성이 주식발행으로 인해 발생한 주식발행초과금을 구하시오.

> ㈜생산성은 액면가액 5,000원인 보통주 100주를 주당 11,000원에 발행하였다. 발행대금은 전액 당좌예금에 입금하였고, 주식인쇄 등 주식발행과 직접 관련된 비용 20,000원을 현금으로 지급하였다.

① 480,000원
② 500,000원
③ 580,000원
④ 600,000원

16 자본잉여금에 해당하지 않는 것은?

① 감자차익 ② 주식발행초과금
③ 자기주식처분이익 ④ 자기주식처분손실

17 직원들에게 제공할 명절선물세트를 카드로 구입하였다. 차변 어느 계정에 기입하는가?

① 접대비 ② 소모품비
③ 복리후생비 ④ 판매촉진비

18 [보기] 사채 할증발행가액에 따른 변동 내역에 대한 내용이다. [보기]의 ㉠, ㉡, ㉢ 에 들어갈 내용을 바르게 짝지은 것은?

- 상각액 : 매년 (㉠)
- 이자비용 : 매년 (㉡)
- 장부가액 : 매년 (㉢)

① ㉠ 증가 ㉡ 감소 ㉢ 감소 ② ㉠ 증가 ㉡ 증가 ㉢ 증가
③ ㉠ 감소 ㉡ 감소 ㉢ 감소 ④ ㉠ 감소 ㉡ 증가 ㉢ 증가

19 (주)생산성의 자산과 부채가 [보기]와 같을 경우, 순자산(자본)은 얼마인가?

외상매출금	800,000원	미수금	90,000원
단기차입금	290,000원	외상매입금	140,000원
현금	160,000원	단기대여금	110,000원

① 450,000원 ② 730,000원
③ 850,000원 ④ 1,200,000원

20 [보기]는 ㈜생산의 재고관련 자료들이다. 매출원가는 얼마인가?

기초재고액	200,000원	당기총매입액	1,500,000원
기말재고액	100,000원	매출환입	80,000원
매입환출	50,000원	매출에누리	30,000원

① 1,450,000원 ② 1,500,000원
③ 1,550,000원 ④ 1,700,000원

제96회

실무 기출문제

【기초데이터 다운로드】

① LG U+ 웹하드 사이트(www.webhard.co.kr) 접속한다.
② 나눔클래스 ID : class1234, PW : 1234를 입력하여 로그인한다.
③ [GUEST 폴더] ➡ [2025년 데이터 및 자료] ➡ [ERP정보관리사 2급]에서 '2025_ERP정보관리사 회계2급 기초데이터'를 바탕화면에 다운로드 받아 프로그램에 복원한다.
④ 프로그램에서 7096 ㈜서울자전거 강서울로 로그인하여 실무문제를 해결한다.

01 다음 중 'ERP13A05.김종민' 사원의 총계정원장 메뉴 조회권한으로 알맞은 것을 고르시오.

① 회사　　② 사업장
③ 부서　　④ 사원

02 당사의 회계 관련 시스템환경설정에 대한 설명으로 옳지 않은 것을 고르시오.

① 고정자산 등록시 자산코드가 자동부여 된다.
② 영어 재무상태표를 조회 및 출력할 수 있다.
③ 전표의 관리항목인 사용부서별로 예산을 통제한다.
④ 전표를 출력할 때 4번 양식을 기본양식으로 사용한다.

03 다음 중 [25200.지급어음] 계정과목에 대한 설명으로 옳지 않은 것을 고르시오.

① 연동항목으로 지급어음 연동이 설정되어 있다.
② 전표에 해당 계정과목코드로 전표입력이 가능하다.
③ 예산통제 통제안함 이므로 예산에 관계없이 입력가능하다.
④ 전표입력시 증빙 입력은 필수로 입력하도록 설정되어 있다.

04 (주)서울자전거 본점은 ERP를 통해 사용부서별로 사무용품비(판관비)를 관리하고 있다. 당기 한 해 동안 사무용품비(판관비)가 가장 많이 지출한 부서로 옳은 것을 고르시오.

① 1001.재경부　　② 2001.영업부
③ 3001.생산부　　④ 4001.구매자재부

05 (주)서울자전거 본점의 2025년 5월 25일 현재 현금 계정의 가용자금 금액으로 옳은 것을 고르시오.

① 99,440,000원　② 110,605,000원
③ 129,770,000원　④ 132,486,000원

06 당사는 예산을 사용부서별로 관리하고 있다. 2025년 한 해 동안 [1001.재경부] 부서에서 사용한 예산 중 [81200.여비교통비] 계정의 집행율을 고르시오. (단, 집행방식은 승인집행으로 조회한다.)

① 33%　② 39%
③ 53%　④ 77%

07 (주)서울자전거 본점은 공장을 프로젝트로 관리하여 손익계산서를 산출한다.
2025년 1분기(1월~3월) 중 차량유지비(판매관리비)가 가장 많이 발생한 공장을 고르시오.

① 광주공장　② 대전공장
③ 부산공장　④ 울산공장

08 (주)서울자전거 본점의 2025년 상반기 중 외상매출금 발생금액이 가장 큰 달은 언제인지 고르시오.

① 3월　② 4월
③ 5월　④ 6월

09 보기의 거래처는 거래처분류가 모두 [2000.서울]로 등록되어 있다. 거래처분류가 [2000.서울]인 거래처 중 당사의 2025년 5월 31일 기준 외상매출금의 잔액보다 받을어음의 잔액이 큰 거래처를 고르시오.

① ㈜싱호기입　② (주)주안실업
③ ㈜한동테크　④ ㈜형광공업

10 (주)서울자전거 본점은 2025년 1년간의 지출증빙서류검토표를 작성하려고 한다. 각 증빙별 합계금액으로 옳지 않은 것을 고르시오.

① 계산서: 456,000원　② 세금계산서: 1,082,450,000원
③ 신용카드(개인): 1,670,000원　④ 신용카드(법인): 1,630,000원

11 (주)서울자전거 본점은 2025년 1월 20일 (주)신흥전자의 외상대금을 지급어음(자가20250102001)으로 결제하였다. 해당 어음의 만기일로 옳은 것을 고르시오.

① 2025년 03월 31일　② 2025년 05월 20일
③ 2025년 07월 30일　④ 2025년 09월 30일

12 (주)서울자전거 본점은 업무용승용차를 사원별로 관리하고 있다. 다음 중 [ERP13A03.전윤호] 사원이 관리하고 있는 업무용승용차의 차량번호를 고르시오.

① 12가 0102　　② 14가 0717
③ 15가 2664　　④ 17가 8087

13 당사는 반기 결산을 하는데 2025년 6월 말 결산 시 소모품 기말 재고액은 2,500,000원 이다. 장부의 금액을 확인한 후 결산분개를 입력한다고 할 때, 6월 말 결산 수정 분개로 옳은 분개를 고르시오.
(단, 소모품 취득은 자산으로 처리하고 사용은 판관비로 처리했다.)

① (차) 소모품비	8,000,000	(대) 소모품	8,000,000
② (차) 소모품비	10,500,000	(대) 소모품	10,500,000
③ (차) 소모품	8,000,000	(대) 소모품비	8,000,000
④ (차) 소모품	10,500,000	(대) 소모품비	10,500,000

14 2025년 1월 1일부터 2025년 1월 31일까지 31일 동안 (주)서울자전거 본점에서 판매관리비로 지출된 금액 중 현금으로 지출한 금액이 가장 큰 계정과목은 무엇인지 고르시오.

① 81100.복리후생비　　② 81200.여비교통비
③ 81400.통신비　　④ 82200.차량유지비

15 (주)서울자전거 본점의 부가가치세 신고유형에 대한 설명으로 옳은 것을 고르시오.

① 각 사업장별로 신고 및 납부한다.
② 사업자 단위과세자로 신고 및 납부를 주사업장에서 모두 한다.
③ 총괄납부 사업자로 주사업장에서 모두 총괄하여 신고 및 납부한다.
④ 총괄납부 사업자로 신고는 각 사업장별로 하고 납부는 주사업장에서 총괄하여 납부한다.

16 (주)서울자전거 본점의 2025년 1기 부가가치세 확정 신고 시 매입에 대한 예정신고 누락분 2건이 발생하였다.
해당 거래의 세액 합계 금액을 고르시오.

① 200,000　　② 400,000
③ 600,000　　④ 800,000

17 다음 중 (주)서울자전거 본점의 2025년 1기 부가가치세 예정 신고기간에 면세매출이 발생한 거래처를 고르시오.

① ㈜중원　　② ㈜성호기업
③ ㈜주안실업　　④ ㈜한동테크

18 (주)서울자전거 본점은 2025년 1기 부가가치세 예정 신고 시 신용카드매출전표 등 수령명세서를 작성하여 신용카드 등 매입세액 금액을 공제를 받으려고 한다.
신용카드 사용내역 중 사업용신용카드를 사용하여 공제받을 수 있는 총 매입세액 합계는 얼마인지 고르시오.

① 380,000원
② 400,000원
③ 420,000원
④ 520,000원

19 (주)서울자전거 본점의 2025년 1기 부가가치세 확정 신고기간에 발생한 매입거래 중 매입세액 불공제 사유 거래가 발생하였다. 다음 중 매입세액 불공제 사유에 해당하지 않는 것을 고르시오.

① 접대비관련매입세액
② 사업과 관련없는 지출
③ 필요적 기재사항 누락
④ 비영업용소형승용차구입 및 유지

20 (주)서울자전거 본점의 2025년 1기 부가가치세 확정 신고시 '매입처별 세금계산서합계표'에 반영될 세무구분은 몇 개인지 고르시오.

① 2개
② 3개
③ 4개
④ 5개

제97회

ERP정보관리사 회계 2급 기출문제

2023년 07월 22일

경영혁신과 ERP

01 기계학습에 대한 설명으로 옳지 않은 것은?

① 비지도학습 방법에는 분류모형과 회귀모형이 있다.
② 비지도학습은 입력값에 대한 목표치가 주어지지 않는다.
③ 지도학습은 학습 데이터로부터 하나의 함수를 유추해내기 위한 방법이다.
④ 강화학습은 선택 가능한 행동들 중 보상을 최대화하는 행동 혹은 순서를 선택하는 방법이다.

02 ERP 구축 순서로 가장 적절한 것은?

① 설계 - 분석 - 구현 - 구축
② 설계 - 분석 - 구축 - 구현
③ 분석 - 설계 - 구축 - 구현
④ 분석 - 설계 - 구현 - 구축

03 BPR(Business Process Re-Engineering)의 필요성으로 가장 적절하지 않은 것은?

① 경영 환경 변화에의 대응방안 모색
② 정보기술을 통한 새로운 기회의 모색
③ 기존 업무 방식 고수를 위한 방안 모색
④ 조직의 복잡성 증대와 효율성 저하에 대한 대처방안 모색

04 인공지능 기반의 빅데이터 분석기법에 대한 설명으로 적절하지 않은 것은?

① 텍스트마이닝 분석을 실시하기 위해서는 불필요한 정보를 제거하는 데이터 전처리(data preprocessing) 과정이 필수적이다.
② 텍스트마이닝은 자연어(natural language) 형태로 구성된 정형데이터에서 패턴 또는 관계를 추출하여 의미 있는 정보를 찾아내는 기법이다.
③ 데이터마이닝은 대규모로 저장된 데이터 안에서 다양한 분석기법을 활용하여 전통적인 통계학 이론으로는 설명이 힘든 패턴과 규칙을 발견한다.
④ 데이터마이닝은 분류(classification), 추정(estimation), 예측(prediction), 유사집단화(affinity grouping), 군집화(clustering)의 5가지 업무영역으로 구분할 수 있다.

재무회계 이론

05 부채에 대한 설명으로 가장 적절하지 않은 것은?

① 예수금은 유동부채에 속한다.
② 퇴직급여충당부채는 비유동부채에 속한다.
③ 장기차입금은 보고기간종료일로부터 1년 이내에 상환될 부채이다.
④ 유동성장기부채는 보고기간종료일로부터 1년 이내에 상환될 부채이다.

06 재무상태표에 표시되는 계정과목으로 가장 적절하지 않은 것은?

① 급여 ② 예수금
③ 대여금 ④ 미지급금

07 결산수정분개에 대한 설명으로 가장 적절하지 않은 것은?

① 무형자산에 대한 상각비는 직접법 또는 간접법으로 회계처리할 수 있다.
② 올해분 전기료를 아직 납부하지 않은 것이 있다면 미지급비용으로 대변에 계상되어야 한다.
③ 결산시점에 현금 시재액을 조사하여 장부금액과 차이가 발견되면 이를 현금과부족계정으로 처리한다.
④ 소모품을 취득했을 때 모두 비용으로 계상하였다면, 기말시점에 남은 소모품을 자산계정인 소모품계정으로 처리해야 한다.

08 거래 중 계정의 차변에 기입해야 할 거래의 유형으로 옳지 않은 것은?

① 비품을 외상으로 매입하는 경우 비품계정
② 차입금을 현금으로 상환하는 경우 차입금계정
③ 상품을 외상으로 매출한 경우의 매출채권계정
④ 빌려준 돈에 대한 이자를 받는 경우 이자수익계정

09 거래의 요소로서 결합될 수 없는 것을 고르시오.

① 부채의 감소와 자산의 감소 ② 자산의 증가와 자본의 증가
③ 부채의 감소와 수익의 발생 ④ 부채의 증가와 수익의 발생

10 차기 회계연도로 이월되는(차기이월 마감) 계정과목은 무엇인가?

① 영업권 ② 소모품비
③ 감가상각비 ④ 경상연구개발비

11 [보기]에서 현금 및 현금성자산을 계산하면 총 얼마인가?

현 금	9,000,000원	우 표	60,000원
송 금 환	100,000원	미 수 금	850,000원
수 입 인 지	150,000원	받 을 어 음	4,000,000원

① 9,000,000원 ② 9,100,000원
③ 13,100,000원 ④ 13,310,000원

12 [보기] 자료를 참고하여 영업외비용인 "기타의대손상각비"를 1%로 계산하면 얼마인가?

선 급 금	3,000,000원	단 기 대 여 금	2,000,000원
단 기 차 입 금	3,500,000원	장 기 차 입 금	2,750,000원

① 20,000원 ② 30,000원
③ 50,000원 ④ 100,000원

13 판매자의 재고자산으로 가장 적절하지 않은 것은?

① 담보로 제공된 재고자산
② 수탁자가 판매하지 못한 위탁상품
③ 매입자의 매입의사가 표시된 시송품
④ 선적이 완료되지 않은 선적지인도기준으로 판매된 재고자산

14 [보기]는 기계장치 처분과 관련된 자료이다. 해당 기계장치의 감가상각누계액은 얼마인가?

• 취득가액 : 750,000원 • 처분가액 : 850,000원 • 유형자산처분이익 : 450,000원

① 300,000원 ② 350,000원
③ 450,000원 ④ 550,000원

15 유형자산과 관련된 수선비 지출 항목 중 자본적 지출로 처리 항목으로 가장 적절하지 않은 것은?

① 성능유지를 위한 수선비 ② 자산가치의 증가를 위한 지출
③ 자산의 능률향상를 위한 지출 ④ 자산의 내용연수를 연장시키는 지출

16 유형자산에 대한 차감적 평가계정의 계정과목으로 가장 적절한 것은?

① 건물 ② 대손충당금
③ 감가상각누계액 ④ 유형자산처분이익

17 사채할인발행차금에 대한 설명으로 가장 적절한 것은?

① 사채의 할인발행차금은 매년 정액법에 의해 상각한다.
② 사채할인발행차금상각액은 사채계정에 가산하여 표시한다.
③ 사채의 유효이자율이 액면이자율보다 높은 경우에 발생한다.
④ 유효이자율법을 적용하는 경우 사채할인발행차금상각액은 초기에만 많은 금액이 상각된다.

18 ㈜생산성은 액면가 1,000원인 보통주 1,000주를 주당 1,200원에 발행하면서 신주발행비 50,000원을 지급하였다. ㈜생산성이 인식하여야 할 주식발행초과금은 얼마인가?

① 110,000원
② 130,000원
③ 150,000원
④ 170,000원

19 자본조정항목은 자본에서 가산되거나 차감하는 형식으로 표시된다. 성격이 다른 하나를 고르시오.

① 감자차손
② 자기주식
③ 자기주식처분손실
④ 미교부주식배당금

20 [보기]의 지급 내역 중 복리후생비는 총 얼마인가?

- 종업원 회식비 : 500,000원
- 거래처 선물대금 : 300,000원
- 회사의 인터넷통신 요금 : 200,000원
- 출장사원 고속도로 통행료 : 100,000원

① 400,000원
② 500,000원
③ 600,000원
④ 800,000원

제97회

실무 기출문제

【기초데이터 다운로드】

① LG U+ 웹하드 사이트(www.webhard.co.kr) 접속한다.
② 나눔클래스 ID : class1234, PW : 1234를 입력하여 로그인한다.
③ [GUEST 폴더] ➡ [2025년 데이터 및 자료] ➡ [ERP정보관리사 2급]에서 '2025_ERP정보관리사 회계2급 기초데이터'를 바탕화면에 다운로드 받아 프로그램에 복원한다.
④ 프로그램에서 7097 ㈜미인자전거 장미인으로 로그인하여 실무문제를 해결한다.

01 거래처 구분이 '일반'으로 등록된 거래처 중 거래처분류가 '1000.강남구'로 설정된 거래처는 몇 개인가?

① 1개 ② 2개
③ 3개 ④ 4개

02 당사의 사원등록에 대한 설명으로 옳지 않은 것을 고르시오.

① 'ERP13A05.박혜수' 사원은 '2001.영업부' 소속이다.
② 'ERP13A05.박혜수' 사원의 입사일은 2022년 9월 14일이다.
③ 'ERP13A06.박선우' 사원은 전표입력 메뉴 사용이 불가하다.
④ 'ERP13A03.김종민' 사원은 회계전표 입력 시 대차차익이 발생하지 않으면 전표상태가 '승인'으로 반영된다.

03 다음 회계관리 메뉴 중 'ERP13A3.김종민' 사원이 사용할 수 없는 메뉴를 고르시오.

① 전표입력 ② 전표출력
③ 거래처원장 ④ 전표승인해제

04 (주)미인자전거는 선급비용에 대해서 기간비용을 관리하고 있다.
(주)미인자전거의 2025년 12월말 결산 시 당기 비용으로 인식해야 할 금액은 얼마인가?

① 611,506원 ② 5,976,968원
③ 6,588,494원 ④ 7,200,000원

05 (주)미인자전거는 부문별로 판매비와관리비 사용내역을 관리하고 있는 도중 '4001.총무부' 부서의 부문이 잘못 등록된 것을 확인하였다.
'4001.총무부' 부서의 부문을 '1001.관리부문'으로 변경작업을 진행하고 (주)미인자전거의 2025년 4월 한 달 동안 '1001.관리부문'에서 판매비와관리비로 사용한 차량유지비 금액을 조회하면 얼마인가?

① 160,000원 ② 500,000원
③ 660,000원 ④ 6,070,000원

06 (주)미인자전거는 지출증빙서류검토표를 작성하던 중 핵심ERP의 증빙을 연결하는 작업에서 '20.현금영수증'과 '40.계산서' 증빙연결이 누락된 것을 확인하였다.
아래 [적격증빙별 전표증빙]과 같이 누락된 증빙 연결 후 2025년 한 해 동안 지출된 각 증빙별 합계금액으로 옳지 않은 것은 무엇인가?

[적격증빙별 전표증빙]
- 20.현금영수증 - 9A.현금영수증
- 40.계산서 - 2.계산서

① 계산서: 250,000원 ② 현금영수증: 250,000원
③ 세금계산서: 643,730,000원 ④ 신용카드(법인): 3,500,000원

07 (주)미인자전거의 고정자산 중 [202003.복지1동]에 2025년 11월 8일 24,000,000원 자본적지출이 발생하였다. 해당 자본적지출을 입력 후 (주)미인자전거의 2025년 결산 시 손익계산서에 계상할 건물의 감가상각비를 조회하면 얼마인가? (당사는 상각비를 프로그램 계산에 따른다.)

① 28,000,000원 ② 29,200,000원
③ 71,200,000원 ④ 72,400,000원

08 당사는 예산을 사용부서별로 관리하고 있다.
'1001.재경부'에 예산편성된 계정과목 중 '81400.통신비'의 2025년 1월의 신청예산은 얼마인가?

① 295,000원 ② 405,000원
③ 500,000원 ④ 700,000원

09 (주)미인자전거의 2025년 3월 말 결산 시 소모품의 기말 재고액은 1,500,000원이다. 장부의 금액을 확인 후 이와 관련된 2025년 3월말 결산 수정분개로 가장 옳은 것을 고르시오. (단, 소모품은 취득 시 자산처리 하였다.)

①	(차) 소모품	1,500,000	(대) 소모품비	1,500,000
②	(차) 소모품비	1,500,000	(대) 소모품	1,500,000
③	(차) 소모품	5,500,000	(대) 소모품비	5,500,000
④	(차) 소모품비	5,500,000	(대) 소모품	5,500,000

10 (주)미인자전거의 2025년 11월 30일 발생한 미결 전표를 승인 처리 후 (주)미인자전거의 2025년 11월 30일 현금 계정의 잔액을 조회하면 얼마인가?

① 310,225,000원
② 311,420,000원
③ 312,515,000원
④ 313,315,000원

11 (주)미인자전거는 2025년 10월 2일 우리소프트(주) 거래처에 상품매출 후 받을어음(자가 202502200003)을 받았다. 해당 어음의 만기일은 언제인가?

① 2025년 10월 16일
② 2025년 11월 08일
③ 2025년 11월 11일
④ 2025년 12월 16일

12 당사는 여비교통비(판매관리비) 입력시 관리항목으로 프로젝트와 사용부서를 입력하였다. (주)미인자전거의 2025년 1분기 사용된 여비교통비(판매관리비) 중 프로젝트가 '1000.그룹웨어'이며 사용부서가 '1001.재경부'로 관리항목이 입력된 금액은 얼마인가?

① 830,000원
② 1,700,000원
③ 2,740,000원
④ 4,750,000원

13 (주)미인자전거의 2025년 6월 30일 기준 재무상태표에 대한 설명으로 옳은 것은 무엇인가?

① 현금계정의 잔액은 314,220,000원이다.
② 외상매출금의 대손충당금이 6,965,817원 설정되어 있다.
③ 제출용 탭에서는 현금, 당좌예금 계정의 금액을 합산하여 '현금 및 현금성자산'으로 표시한다.
④ 당좌예금 계정은 세목으로 관리하고 있고 당좌예금의 세목인 외화예금의 잔액은 33,000,000원이다.

14 (주)미인자전거에서 2025년 1월 한 달 동안 발생한 사무용품비(판매비와관리비) 중 거래처가 등록되지 않은 전표의 합계액은 얼마인가?

① 100,000원
② 200,000원
③ 350,000원
④ 400,000원

15 (주)미인자전거의 2025년 1기 부가가치세 확정 신고기간에 발생한 신용카드매출액 중 세금계산서가 발급된 금액은 얼마인가?

① 25,000,000원
② 30,000,000원
③ 50,250,000원
④ 66,410,000원

16 (주)미인자전거의 2025년 1기 부가가치세 예정 신고기간에 매입한 자산 중 부가세신고시 신고서식에 작성되어야 하는 차량운반구의 세액은 얼마인가?

① 2,500,000원　　② 3,000,000원
③ 3,500,000원　　④ 3,600,000원

17 (주)미인자전거의 2025년 2기 부가가치세 확정 신고에 대한 설명으로 옳지 않은 것은 무엇인가?

① 고정자산 매입세액이 존재한다.
② 매출세금계산서 예정신고누락분이 존재한다.
③ 관할세무서인 송파세무서에 부가가치세 신고 및 납부한다.
④ (주)성호기업 거래처에게 세금계산서가 발급되는 매출을 하였다.

18 (주)미인자전거의 2025년 1기 부가가치세 확정 신고에 발행한 매출세금계산서는 2025년 1기 예정 신고에 발행한 매출세금계산서에 비해 몇 매 감소하였는가?

① 1매　　② 2매
③ 5매　　④ 6매

19 (주)미인자전거의 2025년 1기 부가가치세 확정 신고기간에 발생하지 않은 세무구분은 무엇인가?

① 12.영세매출　　② 21.과세매입
③ 24.매입불공제　　④ 25.수입

20 (주)미인자전거의 2025년 2기 부가가치세 확정 신고기간에 발행한 매출세금계산서의 공급가액의 합계액이 가장 큰 거래처는 어디인가?

① 00001.(주)성호기업　　② 00002.(주)주안실업
③ 00003.(주)한동테크　　④ 00004.(주)형광공업

제98회 ERP정보관리사 회계 2급 기출문제

2023년 09월 23일

경영혁신과 ERP

01 ERP와 기존의 정보시스템(MIS) 특성 간의 차이점에 대한 설명으로 가장 적절하지 않은 것은?

① 기존 정보시스템의 업무범위는 단위업무이고, ERP는 통합업무를 담당한다.
② 기존 정보시스템의 전산화 형태는 중앙집중식이고, ERP는 분산처리구조이다.
③ 기존 정보시스템은 수평적으로 업무를 처리하고, ERP는 수직적으로 업무를 처리한다.
④ 기존 정보시스템은 파일시스템을 이용하고, ERP는 관계형 데이터베이스시스템(RDBMS)을 이용한다.

02 머신러닝 워크플로우 프로세스의 순서를 고르시오.

① 데이터 수집 → 점검 및 탐색 → 전처리 및 정제 → 모델링 및 훈련 → 평가 → 배포
② 점검 및 탐색 → 데이터 수집 → 전처리 및 정제 → 모델링 및 훈련 → 평가 → 배포
③ 데이터 수집 → 전처리 및 정제 → 모델링 및 훈련 → 평가 → 배포 → 점검 및 탐색
④ 데이터 수집 → 전처리 및 정제 → 점검 및 탐색 → 모델링 및 훈련 → 평가 → 배포

03 기업이 클라우드 ERP 도입을 통해 얻을 수 있는 장점으로 가장 적절하지 않은 것은?

① 기업의 데이터베이스 관리 효율성 증가
② 시간과 장소에 구애받지 않고 ERP 사용이 가능
③ 장비관리 및 서버관리에 필요한 IT 투입자원 감소
④ 필요한 어플리케이션을 자율적으로 설치 및 활용이 가능

04 ERP 아웃소싱(Outsourcing)에 대한 설명으로 적절하지 않은 것은?

① ERP 자체개발에서 발생할 수 있는 기술력 부족을 해결할 수 있다.
② ERP 아웃소싱을 통해 기업이 가지고 있지 못한 지식을 획득할 수 있다.
③ ERP 개발과 구축, 운영, 유지보수에 필요한 인적 자원을 절약할 수 있다.
④ ERP 시스템 구축 후에는 IT아웃소싱 업체로부터 독립적으로 운영할 수 있다.

재무회계 이론

05 기업의 이해관계자의 관련된 내용이다. 다음 중 성격이 다른 하나는?

① 고객　　② 경영자
③ 금융기관　　④ 정부기관

06 [보기]에서 설명하는 회계정보의 특성으로 가장 적절한 것은?

> 의사결정에 영향을 미칠 수 있도록 의사결정자가 정보를 제 때에 이용가능하게 하는 것을 의미한다.

① 일관성　　② 통일성
③ 적시성　　④ 이해가능성

07 [보기]의 재무상태표에 대한 설명으로 가장 적절하지 않은 것은?

2025년 12월 31일 현재

현금및현금성자산	50,000	매입채무	300,000
매출채권	700,000	장기차입금	1,000,000
상품	400,000	퇴직급여충당부채	200,000
투자부동산	100,000	자본금	1,200,000
건물	1,500,000	이익잉여금	50,000
합　계	2,750,000	합　계	2,750,000

① 자본은 1,250,000원이다.　　② 투자자산은 100,000원이다.
③ 유동자산은 750,000원이다.　　④ 비유동부채는 1,200,000원이다.

08 [보기]의 오류가 당기 손익계산서에 미치는 영향으로 가장 적절한 것은?

> 정확한 기말재고금액은 150,000원이지만, 기말 재고자산을 120,000원으로 잘못 계상하였다.

① 매출원가 : 과대　/　당기순이익 : 과대　　② 매출원가 : 과대　/　당기순이익 : 과소
③ 매출원가 : 과소　/　당기순이익 : 과소　　④ 매출원가 : 과소　/　당기순이익 : 과대

09 [보기]는 무엇에 대한 설명인가?

> 일정 시점에서 기업의 자본의 크기와 일정기간 동안 자본 변동에 관한 정보를 나타내는 재무제표이다.

① 현금흐름표　　② 손익계산서
③ 자본변동표　　④ 제조원가명세서

10 [보기]에서 설명하는 계정과목은 무엇인가?

> 물품의 판매에 있어서 판매한 상품 또는 제품에 대한 부분적인 감량 · 변질 · 파손 등에 의하여 매출가액에서 직접 공제하는 금액

① 매출할인
② 매출환입
③ 매출에누리
④ 매출채권처분손실

11 [보기]의 거래요소 결합관계를 나타내는 거래로 가장 적절한 것은?

> (차변) 자산의 증가 (대변) 부채의 증가

① 은행에서 현금을 차입하다.
② 미지급한 퇴직금을 지급하다.
③ 외상매입금을 현금으로 지급하다.
④ 외상매출금을 어음으로 회수하다.

12 [보기]에 제시된 판매용 상품매입과 관련한 분개에서 ( ) 안에 들어갈 수 없는 계정과목은 무엇인가?

> (차) 상품 100,000원 (대) ( ) 100,000원

① 현금
② 보통예금
③ 미지급금
④ 외상매입금

13 당좌예금 계정에 기입되는 거래가 아닌 것은?

① 외상매출금 300,000원을 당좌예금으로 입금 받다.
② 상품 200,000원을 매입하고 당좌수표를 발행하여 지급하다.
③ 대한은행과 당좌거래를 체결하고 현금 500,000원을 당좌예입하다.
④ ㈜생산상사에 상품 200,000원을 매출하고 동점이 발행한 당좌수표로 받다.

14 [보기]의 내용을 회계 처리 할 경우 차변 계정과목 금액으로 적절한 것을 고르시오.

> 유가증권시장에 상장되어 있는 주식 1,000주를 1주당 6,000원(액면금액 5,000원)에 취득하고, 거래수수료 100,000원을 지급하였다.(회사는 주식을 장기보유목적으로 취득하였다.)

① (계정과목) 단기매매증권 (금액) 5,000,000원
② (계정과목) 단기매매증권 (금액) 6,000,000원
③ (계정과목) 매도가능증권 (금액) 5,100,000원
④ (계정과목) 매도가능증권 (금액) 6,100,000원

15 [보기]의 거래에서 매출채권은 얼마인가?

> 상품 500개를 개당 1,000원에 판매하고, 300,000원은 약속어음으로 받고, 잔액은 2개월 후에 받기로 하다. 운반비 50,000원은 현금으로 지급하다.

① 200,000원
② 300,000원
③ 500,000원
④ 550,000원

16 [보기]의 특징을 지니는 재고자산의 단가 결정방법을 고르시오.

> • 실제 물량 흐름과 유사하다.
> • 현행수익에 과거원가가 대응된다.
> • 기말재고가 가장 최근에 매입한 상품의 단가로 계상된다.

① 개별법
② 총평균법
③ 후입선출법
④ 선입선출법

17 사채발행에 대한 설명으로 가장 적절하지 않은 것은?

① 사채상환손익은 조기상환 시에만 발생한다.
② 만기일 전에 사채를 상환하는 것을 조기상환이라 한다.
③ 사채의 할증발행과 할인발행 여부와 관계없이 상각액은 매년 감소한다.
④ 액면이자율이 시장이자율보다 큰 경우에는 액면금액보다 많은 금액으로 할증발행을 하게 된다.

18 [보기]는 무엇에 대한 설명인가?

> • 기업이 이미 발행하여 유통되고 있는 주식을 발행회사가 매입소각 또는 재발행 목적으로 재취득한 주식을 말한다.
> • 기업은 감자절차를 진행하는 과정에서 주식을 매입소각하기 위하여, 주가관리 등 소각 이외의 목적을 위해 일시적으로 이것을 취득하게 된다.

① 감자차익
② 자기주식
③ 배당건설이자
④ 주식할인발행차금

19 [보기]의 자료를 근거로 회계처리를 할 경우 감자차익은 얼마인가?

> • 감자주식 수: 150주
> • 주당 액면가액: 5,000원
> • 주식구입 현금지급액: 500,000원

① 50,000원
② 200,000원
③ 250,000원
④ 750,000원

20 거래 중 계정의 대변에 기입해야 할 거래유형으로 가장 적절한 것은?

① 비품을 외상으로 매입하는 경우 비품계정
② 임대 계약한 경우 발생한 임대료 수익 계정
③ 상품을 외상으로 매출한 경우의 매출채권계정
④ 차입금을 현금으로 상환하는 경우 차입금계정

제98회 실무 기출문제

【기초데이터 다운로드】

① LG U+ 웹하드 사이트(www.webhard.co.kr) 접속한다.
② 나눔클래스 ID : class1234, PW : 1234를 입력하여 로그인한다.
③ [GUEST 폴더] ➡ [2025년 데이터 및 자료] ➡ [ERP정보관리사 2급]에서 '2025_ERP정보관리사 회계2급 기초데이터'를 바탕화면에 다운로드 받아 프로그램에 복원한다.
④ 프로그램에서 7098 ㈜동방자전거 동영배로 로그인하여 실무문제를 해결한다.

01 당사의 계정과목에 대한 설명 중 옳지 않은 것을 고르시오.

① [20100.토지] 계정은 비상각 계정과목이다.
② [81400.통신비] 계정은 사용부서별로 이월하도록 설정하였다.
③ [81100.복리후생비] 계정은 세목으로 세분화하여 관리하고 있다.
④ [10800.외상매출금] 계정은 전표입력 시 거래처를 필수로 등록하도록 설정하였다.

02 당사의 회계 관련 시스템환경설정으로 옳지 않은 것을 고르시오.

① 재무제표를 영어로 조회할 수 있다.
② 예산을 사용부서별로 통제하고 있다.
③ 거래처 코드는 시스템 설정에 의해 자동 부여된다.
④ 전표입력 메뉴에서 전표 복사 기능을 사용할 수 있다.

03 당사의 일반거래처 조회 도중 전산오류로 사업자번호가 동일하게 등록되어 있는 거래처를 확인하였다.
중복된 사업자번호가 존재하는 거래처 수는 총 몇 개인지 고르시오.

① 4개 ② 6개
③ 8개 ④ 11개

04 당사의 3월 31일 기준 거래처별 채권/채무계를 조회하려고 한다. 여신한도가 존재하는 거래처 중 여신초과액이 가장 큰 거래처를 고르시오.

① ㈜한동테크 ② ㈜성호기업
③ ㈜주안실업 ④ ㈜형광공업

제5장
기출문제

05 당사는 예산을 사용부서별로 관리하고 있다. 2025년 상반기 동안 [1001.재경부]부서에서 사용한 예산 중 집행실적금액이 가장 큰 계정과목은 무엇인가?(단, 집행방식은 승인집행으로 조회)

① 80200.직원급여
② 81100.복리후생비
③ 81500.수도광열비
④ 82200.차량유지비

06 2025년 1월 한 달 동안 (주)동방자전거 본점에서 판매관리비로 지출된 금액 중 현금으로 지출한 금액이 가장 큰 순서대로 계정과목을 나열한 것을 고르시오.

① 사무용품비 〉 차량유지비 〉 여비교통비 〉 복리후생비
② 복리후생비 〉 여비교통비 〉 사무용품비 〉 차량유지비
③ 차량유지비 〉 사무용품비 〉 여비교통비 〉 복리후생비
④ 여비교통비 〉 복리후생비 〉 사무용품비 〉 차량유지비

07 (주)동방자전거 본점에서 지출증빙서류검토표를 작성하던 중 핵심ERP의 증빙을 연결하는 작업에서 '30.세금계산서'와 '40.계산서' 증빙연결이 누락된 것을 확인하였다. 아래 [적격증빙별 전표증빙]과 같이 누락된 증빙 연결 후 2025년 한 해 동안 지출될 각 증빙별 합계금액으로 옳지 않은 것은 무엇인가?

[적격증빙별 전표증빙]
- 30.세금계산서 – 1.세금계산서
- 40.계산서 – 2.계산서

① 계산서 : 320,000원
② 신용카드(법인) : 2,630,000원
③ 신용카드(개인) : 1,670,000원
④ 세금계산서 : 1,049,450,000원

08 (주)동방자전거 본점은 2025년 7월 31일 정우실업(유)의 외상대금을 지급어음(자가20250002)으로 결제하였다.
해당 어음의 만기일로 옳은 것을 고르시오.

① 2025년 07월 31일
② 2025년 08월 15일
③ 2025년 08월 31일
④ 2025년 09월 30일

09 (주)동방자전거 본점은 공장을 프로젝트로 관리하여 손익계산서를 산출한다.
2025년 2분기(4월~6월) 중 여비교통비(판매관리비)가 가장 많이 발생한 공장을 고르시오.

① 서울공장
② 대전공장
③ 광주공장
④ 부산공장

10 (주)동방자전거 본점은 사용부서와 프로젝트로 사무용품비(판매관리비)를 관리하고 있다. 2025년 상반기 동안 [2001.영업부]부서에서 사무용품비(판매관리비)가 가장 많이 증가한 프로젝트를 고르시오.

① 1000.서울공장 ② 1001.광주공장
③ 1002.부산공장 ④ 1004.대전공장

11 (주)동방자전거 본점은 고정자산을 사용부서별로 관리하고 있다.
[21200.비품] 자산유형에 대해서 다음 보기 중 영업부에서 관리하지 않는 자산은 무엇인가?

① 21200004.책장 ② 21200005.복사기
③ 21200006.프린터기 ④ 21200007.노트북B

12 (주)동방자전거 본점의 2025년 하반기 중 외상매출금 발생 금액이 가장 큰 달은 언제인지 고르시오.

① 9월 ② 10월
③ 11월 ④ 12월

13 (주)동방자전거 본점의 업무용승용차 [12가 0102.티볼리] 차량에 대하여 운행기록부를 작성하였다. 2025년 1월 한 달 동안 해당 차량의 업무사용비율을 고르시오.

① 64% ② 70%
③ 74% ④ 78%

14 (주)동방자전거 본점의 2025년 1분기 손익계산서에 대한 설명 중 옳지 않은 것은?

① 상품매출액은 394,500,000원이다.
② 당기상품매입액은 194,000,000원이다.
③ 판매관리비가 증가하면 당기순이익은 증가한다.
④ 이자비용이 영업외비용으로 200,000원 발생하였다.

15 (주)동방자전거 본점의 부가가치세 신고유형에 대한 설명으로 옳은 것을 고르시오.

① 각 사업장별로 신고 및 납부한다.
② 사업자 단위과세자로 신고 및 납부를 모두 주사업장에서 한다.
③ 총괄납부 사업자로 주사업장에서 모두 총괄하여 신고 및 납부한다.
④ 총괄납부 사업자로 각 사업장별로 부가세 신고 후 납부는 주사업장에서 총괄하여 납부한다.

16 (주)동방자전거 본점의 2025년 1기 부가가치세 예정 신고시 '매입처별 세금계산서합계표'에 반영될 세무구분은 몇 개인지 고르시오.

① 1개 ② 2개
③ 3개 ④ 4개

17 (주)동방자전거 본점의 2025년 1기 부가가치세 예정 신고기간에 발생한 신용카드 매출전표 중 세금계산서가 발급된 금액은 얼마인가?

① 1,500,000원 ② 2,000,000원
③ 2,500,000원 ④ 3,000,000원

18 (주)동방자전거 본점의 2025년 1기 부가가치세 확정 신고시 '매출처별 세금계산서합계표'에 반영될 거래처 중 세액이 가장 큰 거래처를 고르시오.

① ㈜중원 ② ㈜한동테크
③ ㈜주안실업 ④ ㈜성호기업

19 (주)동방자전거 본점의 2025년 2기 부가가치세 예정 신고기간에 매입한 자산 중 부가세신고시 신고서식에 작성되어야 하는 차량운반구의 세액은 얼마인가?

① 3,000,000원 ② 3,500,000원
③ 4,000,000원 ④ 4,500,000원

20 (주)동방자전거 본점의 2025년 2기 부가가치세 확정 신고에 대한 설명으로 옳지 않은 것은 무엇인가?

① 면세수입금액이 존재한다.
② 매출세금계산서 예정신고누락분이 존재한다.
③ 관할세무서인 서초세무서에 부가가치세 신고한다.
④ 총괄납부사업자 납부할 세액이 음수이므로, 부가세가치세 신고 후 세액을 환급을 받을 수 있다.

제99회 ERP정보관리사 회계 2급 기출문제

2023년 11월 25일

경영혁신과 ERP

01 ERP시스템 투자비용에 관한 개념 중 '시스템의 전체 라이프사이클(life-cycle)을 통해 발생하는 전체 비용을 계량화한 비용'에 해당하는 것은?

① 유지보수 비용(Maintenance Cost)
② 시스템 구축비용(Construction Cost)
③ 총소유비용(Total Cost of Ownership)
④ 소프트웨어 라이선스비용(Software License Cost)

02 챗봇(ChatBot)에 대한 설명으로 적절하지 않은 것은?

① 단순한 고객상담 등의 업무를 일부 대체할 수 있다.
② 대부분 대화형 인터페이스를 통해 서비스를 제공한다.
③ 법률자문, 헬스케어 등 다양한 분야에서 시장이 성장하고 있다.
④ 분산형 데이터베이스의 형태로 데이터를 저장하는 연결구조체를 의미한다.

03 'Best Practice' 도입을 목적으로 ERP 패키지를 도입하여 시스템을 구축하고자 할 경우 가장 적절하지 않은 방법은?

① BPR과 ERP 시스템 구축을 병행하는 방법
② ERP 패키지에 맞추어 BPR을 추진하는 방법
③ 기존 업무처리에 따라 ERP 패키지를 수정하는 방법
④ BPR을 실시한 후에 이에 맞도록 ERP 시스템을 구축하는 방법

04 클라우드 ERP의 특징 혹은 효과에 대한 설명 중 가장 옳지 않은 것은?

① 안정적이고 효율적인 데이터관리
② IT자원관리의 효율화와 관리비용의 절감
③ 필요한 어플리케이션을 자유롭게 설치 가능
④ 원격근무 환경 구현을 통한 스마트워크 환경 정착

재무회계 이론

05 재무제표의 기본가정으로 적절하지 않은 것은?

① 기업실체의 가정
② 계속기업의 가정
③ 현금순환의 가정
④ 기간별보고의 가정

06 [보기]의 자료를 참고하여 기초자본이 얼마인지 구하시오.

> • 총수익 8,000,000원 • 총비용 5,000,000원 • 기말자본 4,000,000원

① 1,000,000원
② 2,000,000원
③ 3,000,000원
④ 4,000,000원

07 손익계산서에 반영 항목으로 가장 적절한 것은?

① 자기주식처분이익
② 매도가능증권의 평가손익
③ 유형자산에 대한 감가상각비
④ 특허권을 취득하기 위해 지급한 금액

08 [보기]는 무엇에 대한 설명인가?

> 회계상의 거래는 거래에 내재된 원인과 결과를 차변(왼쪽)요소와 대변(오른쪽)요소로 나누어 이중으로 기록하게 된다.

① 계정
② 분개장
③ 역사적원가
④ 거래의 이중성

09 회계상의 거래에 해당하는 내용으로 가장 적절한 것은?

① 회사 영업장에서 사용할 공기청정기 구입계약을 하다.
② 회사 업무용 차량이 필요하여 45,000,000원에 주문하다.
③ 신입 사원을 채용하고 매월 3,000,000원을 지급하기로 근로계약을 하다.
④ 장마 폭우로 인한 홍수피해로 회사 창고에 보관중인 상품의 손실이 6,000,000원 발생하였다.

10 [보기]의 거래 차변 계정과목으로 올바르게 짝지어진 것은?

> ㉠ 영업용 화물자동차에 대한 자동차세를 납부하다.
> ㉡ 개인사업자 사장 개인의 생명 보험료를 지급하다.

① ㉠ 자동차세 / ㉡ 보험료
② ㉠ 세금과공과 / ㉡ 인출금
③ ㉠ 차량유지비 / ㉡ 보험료
④ ㉠ 세금과공과 / ㉡ 보험료

11 신안은행으로부터 차입한 장기차입금 10,000,000원에 대한 만기일이 [보기]와 같이 도래한다. [보기]의 설명을 보고 기말(2025년 12월 31일) 대변의 회계처리를 고르시오.

> • 대한민국 은행으로부터의 차입일 : 2017. 08. 01.　　• 만기일 : 2026. 07. 31.
> • 장기차입금 금액 : 10,000,000원

① 계정과목(대변) 미지급금 / 금액(대변) 10,000,000원
② 계정과목(대변) 단기차입금 / 금액(대변) 10,000,000원
③ 계정과목(대변) 장기차입금 / 금액(대변) 10,000,000원
④ 계정과목(대변) 유동성장기부채 / 금액(대변) 10,000,000원

12 [보기]의 ㉠과 ㉡의 회계 계정과목으로 적절한 것을 고르시오.

> • 김부장: 회사에서 지난달 7월의 외상매출금 1,000,000원은 어떠한 방법으로 회수했습니까?
> • 박대리: 네! 부장님, ㉠700,000원은 어음으로, ㉡300,000원은 타인발행수표로 받았습니다.

① ㉠ 현금 / ㉡ 받을어음
② ㉠ 받을어음 / ㉡ 현금
③ ㉠ 지급어음 / ㉡ 당좌예금
④ ㉠ 당좌예금 / ㉡ 지급어음

13 단기시세차익을 목적으로 구입한 타회사발행의 주식을 결산 시 재무상태표 표시 항목은 무엇인가?

① 매입채무
② 단기매매증권
③ 유동성장기부채
④ 현금 및 현금성자산

14 [보기]는 (주)생산성의 2025년 12월 31일 수정전 합계잔액시산표 일부 내용이다. [보기]를 참고하여 12월 31일 결산수정분개로 매출채권 잔액의 2%를 대손 추정할 경우 차변 계정과목과 금액으로 옳은 것은?

> 가. 받을어음 잔액 4,000,000원　　나. 받을어음의 대손충당금 잔액 70,000원
> 다. 외상매출금 잔액 3,500,000원　　라. 외상매출금의 대손충당금 잔액 50,000원

① 대손상각비 10,000원
② 대손충당금 30,000원
③ 대손상각비 30,000원
④ 대손충당금환입 30,000원

15 일반기업회계기준에 따라 [보기]의 유가증권 취득원가를 구하시오.

> 단기매매증권으로 분류되는 주식 2,000주를 주당 5,000원에 취득하면서 수수료 500,000원과 증권거래세 300,000원을 지급하였다.

① 10,000,000원
② 10,300,000원
③ 10,500,000원
④ 10,800,000원

16 건물취득가액 50,000,000원, 내용연수 20년, 잔존가액 10%를 정액법에 의해 상각하면 해당 건물의 감가상각비는 얼마인가?

① 2,250,000원
② 2,500,000원
③ 5,000,000원
④ 45,000,000원

17 [보기]는 (주)생산성의 자산과 부채 관련 자료이다. (주)생산성의 순자산(자본)은 얼마인가?

외 상 매 출 금	800,000원	당 좌 예 금	50,000원
미 수 금	90,000원	단 기 차 입 금	290,000원
예 수 금	140,000원	지 급 어 음	60,000원
현 금	160,000원	단 기 대 여 금	110,000원

① 470,000원
② 500,000원
③ 720,000원
④ 840,000원

18 [보기]의 상황에서, 당기의 재무보고에 미치는 영향으로 가장 적절한 것은?

> 결산 시까지 수수료 미수분 500,000원이 미계상 되어 있다.

① (자산) 영향없음 / (수익) 과소계상 / (자본) 과대계상
② (자산) 과소계상 / (수익) 과대계상 / (자본) 과대계상
③ (자산) 과대계상 / (수익) 과소계상 / (자본) 과대계상
④ (자산) 과소계상 / (수익) 과소계상 / (자본) 과소계상

19 기말 결산 시에 임대료 선수분을 계상하지 않은 상태에서 당기순이익 100,000원이었다. [보기] 자료와 같이 임대료 선수분을 계상할 경우 당기순이익 변동은 어떻게 되는가?

> • 5월 1일 : 임대료 1년분 15,000원을 현금으로 받다.
> • 12월 31일 : 결산 기말에 임대료 선수분 5,000원을 계상하지 않았다.

① 당기순이익이 5,000원 증가한다.
② 당기순이익이 5,000원 감소한다.
③ 당기순이익이 10,000원 증가한다.
④ 당기순이익이 10,000원 감소한다.

20 자본조정항목은 자본에서 가산되거나 차감하는 형식으로 표시된다. 선택지 중 성격이 다른 하나를 고르시오

① 감자차손
② 자기주식
③ 주식매수선택권
④ 주식할인발행차금

제99회

실무 기출문제

【기초데이터 다운로드】

① LG U+ 웹하드 사이트(www.webhard.co.kr) 접속한다.
② 나눔클래스 ID : class1234, PW : 1234를 입력하여 로그인한다.
③ [GUEST 폴더] ➡ [2025년 데이터 및 자료] ➡ [ERP정보관리사 2급]에서 '2025_ERP정보관리사 회계2급 기초데이터'를 바탕화면에 다운로드 받아 프로그램에 복원한다.
④ 프로그램에서 7099 ㈜알톤자전거 박성온으로 로그인하여 실무문제를 해결한다.

01 당사가 사용하고 있는 전표출력 기본양식은 무엇인지 고르시오.

① 3번양식 ② 5번양식
③ 6번양식 ④ 9번양식

02 당사 사원등록에 대한 설명으로 옳지 않은 것을 고르시오.

① ERP를 운용할 수 있는 사원은 총 4 명이다.
② 입사일과 달리 퇴사일 입력은 시스템관리자만 입력할 수 있다.
③ 신서율 사원은 대차차액 없는 회계전표 입력 시 전표상태가 '미결'로 반영된다.
④ 김종민 사원은 대차차액 없는 회계전표 입력 시 자동 승인되며 승인해제 없이 변경도 가능하다.

03 다음 중 [11000.받을어음] 계정과목에 대한 설명으로 옳지 않은 것을 고르시오.

① 연동항목으로 받을어음 연동이 설정되어 있다.
② 전표에 해당 계정과목코드로 전표입력이 가능하다.
③ 예산통제 통제안함 이므로 예산에 관계없이 입력가능하다.
④ 전표입력시 증빙 입력은 필수로 입력하도록 설정되어 있다.

04 (주)알톤자전거의 2025년 초기이월등록에서 외상매출금 금액이 가장 큰 거래처는 어디인지 고르시오.

① 00001.(주)성호기업 ② 00002.(주)주안실업
③ 00003.(주)한동테크 ④ 00004.(주)형광공업

05 (주)알톤자전거는 거래처를 분류하여 지역별 매출액을 관리하고 있다. 2025년 한 해 동안 지역별로 매출액을 관리하는 거래처 중 상품매출액이 가장 적은 거래처의 거래처 분류를 고르시오.

① 1000.강남구 ② 2000.성북구
③ 4000.송파구 ④ 5000.강동구

06 당사의 예산통제구분과 81100.복리후생비 계정의 예산통제방식으로 알맞은 것을 고르시오.

① 예산통제구분 : 사용부서, 예산통제방식 : 월별통제
② 예산통제구분 : 사용부서, 예산통제방식 : 통제안함
③ 예산통제구분 : 결의부서, 예산통제방식 : 월별통제
④ 예산통제구분 : 결의부서, 예산통제방식 : 년간통제

07 당사는 매월 고정적으로 지출되는 자금을 관리하고 있다.
다음 보기 중 2025년 5월에 종료되는 고정자금 자금과목은 무엇인지 고르시오.

① 인건비
② 일반경비
③ 이자상환
④ 사무실임차료

08 2025년 6월 1일부터 2025년 6월 30일까지 (주)알톤자전거에서 판매관리비로 지출된 금액 중 현금으로 지출한 금액이 가장 큰 계정과목을 고르시오.

① 81200.여비교통비
② 81300.접대비
③ 82200.차량유지비
④ 83000.소모품비

09 (주)알톤자전거는 당사의 고정자산을 부서별로 관리하고 있다. [20800.차량운반구] 자산유형에 대해서 다음 보기 중 [2001.영업부]에서 관리하지 않는 자산은 무엇인지 고르시오.

① 20800001.쏘렌토(12A8087)
② 20800002.투싼(12B0927)
③ 20800003.QM6(12B0316)
④ 20800004.티볼리(13B0717)

10 (주)알톤자전거의 2025년 매출액이 가장 높은 분기는 언제인지 고르시오.

① 1/4분기
② 2/4분기
③ 3/4분기
④ 4/4분기

11 당사는 1년에 한 번 ERP 프로그램으로 자동결산을 진행하고 있다.
다음 [보기]의 기말정리사항 입력 후 2025년 12월 말 결산 시 당기순이익은 얼마인지 고르시오.

- 기말재고 : 상품 200,000,000원
- 고정자산등록의 자료를 반영하고, 그 외 기말정리사항은 없다.

① 당기순손실 200,796,976원
② 당기순손실 213,925,000원
③ 당기순이익 213,925,000원
④ 당기순이익 285,125,000원

12 당사는 [40100.상품매출] 계정과목 전표입력 시 관리항목으로 프로젝트를 등록하여 관리하고 있다. 다음 중 프로젝트별 상품매출 실적을 비교하려고 할 때 가장 적합한 장부는 무엇인지 고르시오.

① 일월계표 ② 총계정원장
③ 계정별원장 ④ 관리항목원장

13 (주)알톤자전거는 2025년 7월 20일 (주)형광공업의 지급어음(자가202503001)을 당좌예금 출금하여 결제하였다. 해당 어음의 발행일자를 고르시오.

① 2025년 03월 31일 ② 2025년 05월 31일
③ 2025년 07월 20일 ④ 2025년 09월 30일

14 (주)알톤자전거는 2025년 1년간의 지출증빙서류검토표를 작성하려고 한다. 각 증빙별 합계금액으로 옳은 것을 고르시오.

① 계산서: 500,000원 ② 현금영수증: 800,000원
③ 세금계산서: 529,230,000원 ④ 신용카드(법인): 3,500,000원

15 (주)알톤자전거의 부가세 신고 방법에 대한 설명으로 옳은 것을 고르시오.

① 관할세무서는 종로세무서 이다.
② 주업종코드 교육서비스업을 신고하고 있다.
③ 부가세 신고유형은 사업장별 신고를 채택하고 있다.
④ 부가세 신고는 각 사업장별로 하고 납부는 주사업장에서 진행한다.

16 (주)알톤자전거의 2025년 2기 부가가치세 예정신고시 매입세액 불공제내역 서식에 작성된 불공제 사유구분을 고르시오.

① 접대비관련매입세액 ② 사업과 관련없는 지출
③ 필요적 기재사항 누락 ④ 비영업용소형승용차구입 및 유지

17 (주)알톤자전거의 2025년 2기 부가가치세 예정신고시 발생하지 않은 세무구분을 고르시오.

① 11.과세매출 ② 12.영세매출
③ 22.영세매입 ④ 27.카드매입

18 (주)알톤자전거는 2025년 2기 부가가치세 확정신고시 세금계산서 합계표를 작성하였다. 매출 전자세금계산서(11일이내 전송분) 발급금액이 가장 큰 거래처를 고르시오.

① ㈜형광공업 ② ㈜한동테크
③ ㈜주안실업 ④ ㈜성호기업

19 (주)알톤자전거는 부동산임대업을 겸업하고 있어 부가가치세 신고시 간주임대료를 포함하여 신고하려고 한다.
2025년 2기 부가가치세 예정 신고 시 다음 [부동산임대내역]의 자료를 입력한 후 보증금이자(간주임대료)를 계산하면 얼마인지 고르시오. 단, 보증금이자(간주임대료) 계산시 소수점 이하는 절사한다.

[부동산임대내역]
- 동 : 1117058000.서울특별시 용산구 효창동
- 상호(성명) : (주)상상컴퓨터
- 임대기간 : 2025/04/01~2026/03/31
- 월세 : 5,000,000원
  (이자율은 3.5%로 계산한다.)
- 층 / 호수 : 지상 12층 / 1201호
- 면적 / 용도 : 200㎡ / 사무실
- 보증금 : 200,000,000원
- 관리비 : 300,000원

① 1,764,383원
② 900,000원
③ 1,457,923원
④ 1,247,762원

20 (주)알톤자전거는 2025년 2기 부가가치세 예정신고 기간에 고정자산을 매입하고 신용카드로 결제한 거래가 발생하였다. 해당 거래의 세액 합계로 올바른 것을 고르시오.

① 500,000원
② 700,000원
③ 900,000원
④ 1,000,000원

제100회 ERP정보관리사 회계 2급 기출문제

2024년 01월 27일

경영혁신과 ERP

01 ERP 도입 시 선정기준으로 가장 적절하지 않은 것은?

① 경영진의 확고한 의지가 있어야 한다.
② 경험 있는 유능한 컨설턴트를 활용해야 한다.
③ 전사적으로 전 임직원의 참여를 유도해야 한다.
④ 다른 기업에서 가장 많이 사용하는 패키지를 선택하는 것이 좋다.

02 [보기]는 무엇에 대한 설명인가?

- 축적된 대용량 데이터를 통계기법 및 인공지능기법을 이용하여 분석하고 이에 대한 평가를 거쳐 일반화시킴으로써 새로운 자료에 대한 예측 및 추측을 할 수 있는 의사결정을 지원한다.
- 대규모로 저장된 데이터 안에서 다양한 분석기법을 활용하여 전통적인 통계학 이론으로는 설명이 힘든 패턴과 규칙을 발견한다.
- 분류(classification), 추정(estimation), 예측(prediction), 유사집단화(affinity grouping), 군집화(clustering)등의 다양한 기법이 사용된다.

① 챗봇(Chat Bot) ② 블록체인(Block Chain)
③ 스마트계약(Smart Contract) ④ 데이터마이닝(Data Mining)

03 클라우드 서비스 사업자가 클라우드 컴퓨팅 서버에 ERP소프트웨어를 제공하고, 사용자가 원격으로 접속해 ERP소프트웨어를 활용하는 서비스를 무엇이라 하는가?

① DaaS(Desktop as a Service) ② PaaS(Platform as a Service)
③ SaaS(Software as a Service) ④ IaaS(Infrastructure as a Service)

04 ERP시스템의 SCM 모듈을 실행함으로써 얻는 장점으로 가장 적절하지 않은 것은?

① 공급사슬에서의 가시성 확보로 공급 및 수요변화에 대한 신속한 대응이 가능하다.
② 정보투명성을 통해 재고수준 감소 및 재고회전율(inventory turnover) 증가를 달성할 수 있다.
③ 공급사슬에서의 계획(plan), 조달(source), 제조(make) 및 배송(deliver) 활동 등 통합 프로세스를 지원한다.
④ 마케팅(marketing), 판매(sales) 및 고객서비스(customer service)를 자동화함으로써 현재 및 미래 고객들과 상호작용할 수 있다.

제5장 기출문제

05 [보기]는 무엇에 대한 설명인가?

> 수익과 비용을 현금의 수입 또는 지급시점과 관계없이 회계상 거래나 사건이 발생한 회계기간에 수익과 비용으로 인식하는 방법이다. 기업거래의 대부분이 신용거래를 통해 이루어지고 있는 상황에서 실제 현금수입이나 지출이 있기 전까지 수익이나 비용을 인식하지 않는다면 기간별로 구분하여 보고되는 재무제표에는 정확한 당해 기간의 경영성과가 표시되지 못할 것이다. 이것은 실현된 수익과 비용을 적절하게 대응시켜 주므로 현금주의에 비해 경영성과를 정확하게 계산할 수 있고, 미래 현금흐름을 보다 정확하게 예측할 수 있도록 한다.

① 일관주의 ② 통일주의
③ 발생주의 ④ 현금주의

06 [보기]의 ( )에 들어갈 항목을 고르시오.

> A : 전기대비 영업이익은 감소하였는데 당기순이익이 증가한 원인은 무엇인가요?
> B : 당기순이익이 증가한 원인은 ( )이(가) 감소하였기 때문입니다.

① 급여 ② 이자비용
③ 매출원가 ④ 여비교통비

07 재무상태표를 유동성배열법을 기준으로 작성할 때 가장 먼저 기록될 계정과목은 무엇인가?

① 상품 ② 영업권
③ 보통예금 ④ 장기성 예금

08 기말 결산 시 손익계정으로 대체되는 계정과목을 고르시오.

① 예수금 ② 받을어음
③ 장기차입금 ④ 대손상각비

09 [보기]에서 설명하는 계정과목으로 가장 적절한 것은?

> 상품이나 원재료 또는 특정 서비스를 받기 전에 먼저 지급하는 금액을 말하며, 상품을 매매함에 있어 그 매매 계약을 확실하게 하기 위해 미리 금액의 일부를 납부하는 금액을 말한다.

① 기부금 ② 선급금
③ 가지급금 ④ 지급어음

10 ㈜생산성에 근무하는 홍길동 사원은 2025년 12월 출장 시, 출장비를 가지급금으로 지급 받고 12월 31일에 여비 정산내역을 보고하고 여비 잔액을 반납하였다. [보기]를 참고하여, 회계처리로 옳은 것을 고르시오.

- 출장기간: 2025.12.02.~2025.12.03.
- 출장비 지급일자: 2025.12.02.
- 정산일자: 2025.12.31.
- 출장비: 300,000원
- 실제소요액: 숙박비 100,000원, 유류비 60,000원, 식비 60,000원
- 여비반납액: 80,000원

① 12/02	(차) 가지급금	220,000	(대) 현금	220,000
② 12/02	(차) 여비교통비	220,000	(대) 현금	220,000
③ 12/31	(차) 여비교통비	220,000	(대) 가지급금	300,000
	현금	80,000		
④ 12/31	(차) 현금	80,000	(대) 현금	80,000

11 [보기]에서 설명하는 항목과 통합계정으로 재무제표 표시항목으로 적절하지 않은 것은?

- 유동성이 가장 높은 자산이다.
- 큰 거래비용없이 현금으로 전환이 용이하다.
- 이자율 변동에 따른 가치 변동의 위험이 중요하지 않은 금융상품이다.
- 취득 당시 만기일(또는 상환일)이 3개월 이내인 것을 말한다.

① 당좌예금 ② 보통예금
③ 외상매출금 ④ 통화 및 타인발행수표

12 [보기]의 일반기업회계기준 - 유가증권에 대한 설명 중 (㉠), (㉡)에 들어갈 내용을 고르시오.

단기간 내의 매매차익을 목적으로 취득한 유가증권으로서 매수와 매도가 적극적이고 빈번하게 이루어지는 유가증권을 (㉠)(이)라고 하며, 타 기업을 지배, 통제할 목적으로 타사 발행 의결권 있는 주식의 20% 이상 취득시 당해 주식은 (㉡)(이)라고 한다.

① ㉠ 매도가능증권 ㉡ 만기보유증권 ② ㉠ 만기보유증권 ㉡ 단기매매증권
③ ㉠ 지분법적용투자주식 ㉡ 단기매매증권 ④ ㉠ 단기매매증권 ㉡ 지분법적용투자주식

13 [보기]의 자료를 이용하여 순매입액을 계산하면 얼마인가?

총 매 입 액	20,000,000원	매 입 할 인	1,500,000원
매 입 에 누 리	1,200,000원	매 입 환 출	1,100,000원
매 입 운 임	1,100,000원		

① 15,100,000원 ② 16,300,000원
③ 17,300,000원 ④ 18,400,000원

14 ㈜생산성은 회사사옥 건립을 목적으로 기존건물이 있는 토지를 500,000원에 취득하였다. 해당 토지의 취득과정에서 [보기]와 같이 부대비용과 수입이 발생했을 때, 토지의 취득원가는 얼마인가?

> • 기존건물 철거비용 : 100,000원
> • 구입 관련 중개수수료 : 50,000원
> • 철거건물 고철 매각액 : 20,000원
> • 토지의 구획정리비용 : 40,000원

① 590,000원
② 630,000원
③ 670,000원
④ 690,000원

15 [보기]는 (주)생산성의 이익잉여금 처분과 관련된 자료이다. 이를 실행하여 회계처리할 때, 이익잉여금의 감소액은 얼마인가?

> 1. 자본금: 2,000,000원
> 2. 이익준비금: 현금배당액의 10% 적립
> 3. 주주배당금: 10%(현금 배당 7%, 주식 배당 3%)

① 60,000원
② 140,000원
③ 200,000원
④ 214,000원

16 자본에 대한 설명으로 가장 적절한 것은?

① 현금을 의미한다.
② 자산과 동일한 의미이다.
③ 기업의 총재산을 의미한다.
④ 자산에서 부채를 차감한 금액을 의미한다.

17 자본조정에 해당하지 않는 것은?

① 감자차손
② 주식할인발행차금
③ 자기주식처분손실
④ 매도가능증권평가손익

18 수익과 비용에 대한 설명으로 가장 옳지 않은 것은?

① 수익은 실현주의에 따라 인식한다.
② 비용은 수익비용 대응의 원칙에 따라 인식한다.
③ 수익은 기업의 통상적인 경영활동에서 발생하는 경제적 효익의 총유출을 의미한다.
④ 비용은 기업의 주된 영업활동에서 발생한 비용과 일시적 또는 우연적인 거래로부터 발생하는 손실로 분류된다.

19 [보기]는 도소매업을 영위하는 기업의 비용 품목이다. 이 중 판매비와관리비로 분류할 수 있는 것은 몇 개인가?

• 급여	• 교육훈련비	• 기타의 대손상각비
• 선급비용	• 수도광열비	• 감가상각비
• 이자비용	• 기부금	• 접대비
• 미지급비용	• 복리후생비	• 재해손실

① 4개 ② 6개
③ 8개 ④ 10개

20 [보기]의 제시된 자료를 이용하여, 결산 시 인식하여야 하는 외화환산이익(손실)을 계산하면 얼마인가?

• 2025. 9. 10 : $20,000(만기 2년) 외화장기차입금 발생

• 환율정보
2025. 9. 10 : ₩1,100/$
2025. 12. 31 : ₩1,200/$

① 외화환산이익 1,000,000원 ② 외화환산손실 1,000,000원
③ 외화환산이익 2,000,000원 ④ 외화환산손실 2,000,000원

제100회

실무 기출문제

【기초데이터 다운로드】
① LG U+ 웹하드 사이트(www.webhard.co.kr) 접속한다.
② 나눔클래스 ID : class1234, PW : 1234를 입력하여 로그인한다.
③ [GUEST 폴더] ➡ [2025년 데이터 및 자료] ➡ [ERP정보관리사 2급]에서 '2025_ERP정보관리사 회계2급 기초데이터'를 바탕화면에 다운로드 받아 프로그램에 복원한다.
④ 프로그램에서 7100 ㈜혜성자전거 박혜성으로 로그인하여 실무문제를 해결한다.

01 다음 중 당사의 부서등록과 사원등록에 대한 설명으로 옳지 않은 것을 고르시오.

① ERP를 운용할 수 없는 사원은 총 2명이다.
② 전윤호 사원은 승인전표를 승인해제 한 뒤에 금액 수정이 가능하다.
③ 당사에 등록된 부서는 전부 (주)혜성자전거 본점 사업장에 소속된 부서이다.
④ 김종민 사원은 조회권한이 사업장 권한으로 영업부의 전표도 조회할 수 있다.

02 당사에서 설정한 예산통제 구분은 무엇인지 고르시오.

① 사용부서 ② 결의부서
③ 프로젝트 ④ 예산관리 안 함

03 다음 회계관리 메뉴 중 [ERP13A03.전윤호] 사원이 사용할 수 있는 메뉴는 무엇인지 고르시오.

① 분개장 ② 전표출력
③ 전표승인해제 ④ 기간비용현황

04 다음 중 (주)혜성자전거 본점의 2025년 3월 거래내역에 대한 설명으로 옳지 않은 것을 고르시오.

① 비품은 전액 현금 매입하였다.
② 미지급금은 123,260,000원 발생하였다.
③ 재고자산 중 상품은 모두 외상으로 매입하였다.
④ 판매관리비 중 상여금은 28,500,000원 발생하였다.

05 (주)혜성자전거 본점의 2025년 상반기 중에서 [40100.상품매출] 금액이 가장 많이 발생한 월은 언제인지 고르시오.

① 3월 ② 4월
③ 5월 ④ 6월

06 (주)혜성자전거 본점은 업무용승용차를 사원별로 관리하고 있다. 다음 중 [ERP13A02.박혜성] 사원이 관리하고 있는 업무용승용차의 차량번호를 고르시오.

① 12가 0102
② 14가 0717
③ 15가 2664
④ 17가 8087

07 (주)혜성자전거 본점은 거래처별 채권년령을 관리하고 있다. 2025년 06월 30일 기준으로 4개월 전 개월수를 조회했을 경우 [00002.(주)주안실업] 거래처의 외상매출금 조회기간 이전 금액으로 옳은 것을 고르시오.

① 88,122,000원
② 88,134,000원
③ 128,914,000원
④ 128,990,000원

08 (주)혜성자전거 본점의 손익계산서에서 2025년 한 해 동안 [82100.보험료] 계정이 가장 많이 발생한 분기를 고르시오.

① 1/4분기
② 2/4분기
③ 3/4분기
④ 4/4분기

09 2025년 12월 31일 기준 당사의 채권채무잔액조회서에 대한 설명으로 옳지 않은 것을 고르시오.

① 00001.(주)성호기업은 채권합계 금액이 채무합계 금액보다 더 많다.
② 00002.(주)주안실업은 채권계정 받을어음 잔액이 50,000,000원 존재한다.
③ 00003.(주)한동테크는 채무계정 외상매입금 잔액이 52,520,000원 존재한다.
④ 00004.(주)형광공업은 채권계정 미수금 잔액이 8,000,000원 존재한다.

10 (주)혜성자전거 본점의 2025년 6월 한 달 동안 발생한 전표 중 전표상태가 '미결' 인 전표는 몇 건인지 고르시오.

① 4건
② 5건
③ 6건
④ 7건

11 2025년 1분기 동안 재경부에서 사용한 예산 중 집행율이 가장 큰 계정과목을 고르시오.
(단, 집행방식은 승인집행으로 조회)

① 81100.복리후생비
② 81200.여비교통비
③ 81400.통신비
④ 81500.수도광열비

12 2025년 1월 한 달간 현금 입금액과 출금액은 얼마인지 고르시오.

① 입금액 : 1,000,000원, 출금액 : 1,495,000원
② 입금액 : 1,000,000원, 출금액 : 2,495,000원
③ 입금액 : 3,000,000원, 출금액 : 1,495,000원
④ 입금액 : 3,000,000원, 출금액 : 2,495,000원

13 다음 [보기]의 내용을 참고하여 고정자산등록 메뉴에 입력한 후 비품 자산의 당기 감가상각비 금액을 조회하면 얼마인지 고르시오.

> (주)혜성자전거 본점은 2025년 4월 15일에 비품자산 [21200008.에어컨]을 취득부대비용 포함하여 4,000,000원에 신규 취득하였다. (상각방법 정액법, 내용연수 4년)

① 169,104
② 750,000
③ 919,104
④ 1,019,104

14 (주)혜성자전거 본점은 결산 시 외화예금 통장의 외화금액을 평가하여 재무제표에 반영하고자 한다. 2025년 12월 말 결산 시 기준환율이 1$당 1,230원 일때, 외화환산손익은 얼마인지 고르시오.

① 외화환산 손실 : 130,000원
② 외화환산 손실 : 250,000원
③ 외화환산 이익 : 130,000원
④ 외화환산 이익 : 250,000원

15 (주)혜성자전거 본점은 2025년 1기 부가가치세 예정신고 시 세금계산서합계표를 작성하였다. 다음 중 세금계산서 합계표에 대한 설명으로 옳지 않은 것을 고르시오.

① 매입세금계산서의 부가세액 총합계는 23,760,000원이다.
② (주)성호기업 거래처에 발급한 세금계산서는 총 3매이다.
③ 정우실업(유) 거래처에 수취한 부가세액은 1,400,000원이다.
④ 매출세금계산서 중 전자세금계산서외 거래건은 존재하지 않는다.

16 (주)혜성자전거 본점의 2025년 1기 부가가치세 확정신고 기간에 카드로 매출한 거래 건이 발생하였다. 다음 중 어느 거래처에서 발생한 거래인지 고르시오.

① 00001.(주)성호기업
② 00002.(주)주안실업
③ 00003.(주)한동테크
④ 00010.(주)중원

17 (주)혜성자전거 본점의 2025년 1기 확정 부가가치세 신고서를 작성하고 이에 맞는 부가세 분개를 작성한다고 할 때, 분개 처리로 옳은 것을 고르시오.

① (차)	부가세대급금	10,550,000원	(대) 부가세예수금	34,700,000원
	미수금	24,150,000원		
② (차)	부가세대급금	18,070,000원	(대) 부가세예수금	34,700,000원
	미수금	20,650,000원		
③ (차)	부가세예수금	34,700,000원	(대) 부가세대급금	10,550,000원
			미지급금	24,150,000원
④ (차)	부가세예수금	34,700,000원	(대) 부가세대급금	14,050,000원
			미지급금	20,650,000원

18 (주)혜성자전거 본점의 2025년 1기 부가가치세 확정 신고 시 매입에 대한 예정신고 누락분이 있음을 확인하였다. 위 과세기간에 예정신고 누락분 부가세액 합계 금액은 얼마인지 고르시오.

① 200,000원 ② 400,000원
③ 600,000원 ④ 800,000원

19 (주)혜성자전거 본점의 2025년 1기 부가가치세 예정 신고기간에 매입한 자산 중 기계장치의 세액 합계 금액은 얼마인지 고르시오.

① 2,000,000원 ② 2,300,000원
③ 3,000,000원 ④ 3,300,000원

20 (주)혜성자전거 본점의 부가가치세 신고유형에 대한 설명으로 옳은 것을 고르시오.

① 각 사업장별로 신고 및 납부한다.
② 사업자 단위 과세자로 신고 및 납부를 주사업장에서 모두 한다.
③ 총괄납부 사업자로 주사업장에서 모두 총괄하여 신고 및 납부한다.
④ 총괄납부 사업자로 신고는 각 사업장별로 하고 납부는 주사업장에서 총괄하여 납부한다.

제101회 ERP정보관리사 회계 2급 기출문제

2024년 03월 23일

경영혁신과 ERP

01 차세대 ERP의 비즈니스 애널리틱스(Business Analytics)에 관한 설명으로 가장 적절하지 않은 것은?

① 비즈니스 애널리틱스는 구조화된 데이터(structured data)만 분석대상으로 한다.
② ERP시스템의 방대한 데이터 분석을 위해 비즈니스 애널리틱스가 차세대 ERP의 핵심요소가 되고 있다.
③ 비즈니스 애널리틱스는 리포트, 쿼리, 대시보드, 스코어카드뿐만 아니라 예측모델링과 같은 진보된 형태의 분석기능도 제공한다.
④ 비즈니스 애널리틱스는 질의 및 보고와 같은 기본적 분석기술과 예측 모델링과 같은 수학적으로 정교한 수준의 분석을 지원한다.

02 클라우드 서비스 기반 ERP와 관련된 설명으로 가장 적절하지 않은 것은?

① PaaS에는 데이터베이스 클라우드 서비스와 스토리지 클라우드 서비스가 있다.
② ERP 소프트웨어 개발을 위한 플랫폼을 클라우드 서비스로 제공받는 것을 PaaS라고 한다.
③ ERP 구축에 필요한 IT인프라 자원을 클라우드 서비스로 빌려 쓰는 형태를 IaaS라고 한다.
④ 기업의 핵심 애플리케이션인 ERP, CRM 솔루션 등의 소프트웨어를 클라우드 서비스를 통해 제공받는 것을 SaaS라고 한다.

03 [보기]는 무엇에 대한 설명인가?

- 자연어(natural language) 형태로 구성된 비정형 또는 반정형 데이터에서 패턴 또는 관계를 추출하여 의미 있는 정보를 찾아내는 기법
- 온라인 쇼핑몰 남긴 제품리뷰(구매후기)로부터 제품에 대한 정보를 수집하고, 분석하여 구매자의 행동예측과 제품선호도 등을 분석할 수 있다.

① 블록체인(Block Chain)
② 가상현실(Virtual Reality)
③ 텍스트마이닝(Text Mining)
④ 시뮬레이션학습(Simulation Learning)

04 ERP패키지의 효과적인 도입을 위한 고려사항으로 가장 적절하지 않은 것은?

① 경영진의 확고한 의지가 있어야 한다.
② 경험 있는 유능한 컨설턴트를 활용해야 한다.
③ 전사적으로 전 임직원의 참여를 유도해야 한다.
④ 현업을 반영하도록 최대한의 커스터마이징을 실행한다.

재무회계 이론

05 기업의 이해관계자는 내/외부로 구분할 수 있다. 성격이 다른 하나를 고르시오.

① 고객　② 경영자
③ 금융기관　④ 정부기관

06 재무상태표에 대한 설명으로 적절하지 않은 것은?

① 유동성 배열법에 의해 작성한다.
② 채권자 및 소유주 청구권을 표시한다.
③ '자산+부채=자본'을 재무상태표 등식이라고 한다.
④ 일정시점 현재 기업의 재무상태를 보여주는 재무보고서이다.

07 [보기]의 상황에서 자산, 부채, 자본에 미치는 영향을 고르시오.

> 결산시에 미지급된 급여 2,500,000원을 계상하지 않았다.

① 자산: 과소계상, 부채: 과소계상, 자본: 과소계상
② 자산: 과대계상, 부채: 과소계상, 자본: 과대계상
③ 자산: 영향없음, 부채: 과소계상, 자본: 과대계상
④ 자산: 영향없음, 부채: 과대계상, 자본: 과소계상

08 일정기간의 경영성과를 나타내는 재무제표의 계정과목으로만 짝지어진 것을 고르시오.

① 임대료, 이자비용　② 선급금, 외상매입금
③ 보통예금, 미지급금　④ 외상매출금, 임대보증금

09 [보기]는 무엇에 대한 설명인가?

> ▪ 회계거래 시에 발생한 거래는 각 계정과목별로 기록한다.
> ▪ 이것은 거래의 내용을 분개장에 기입한 후 전기하는 장부이다.

① 시산표　② 정산표
③ 총계정원장　④ 매출처원장

10 [보기]는 회사 직원들에게 선물할 명절 선물을 구입하고 받은 신용카드 영수증이다. 차변과 대변에 기재할 계정과목을 고르시오. [보기]는 이미지를 참고하시오.

카드종류	신용카드	
카드번호	1234-5678-9101-1121	
거래일자	2025.01.15. 17:20:59	
일시불/할부	일시불248532	
승인번호		
[상품명]	[금액]	
명절선물세트	2,200,000	
	합 계 액	2,200,000
	받은금액	2,200,000
가맹점정보		
가맹점명	새해기업	
사업자등록번호	1234-45-67890	
가맹점번호	56789123	
대표자명	갑진연	
전화번호	02-300-7777	

① (차) 접대비 ××× (대) 외상매입금 ×××
② (차) 접대비 ××× (대) 미지급금 ×××
③ (차) 복리후생비 ××× (대) 외상매입금 ×××
④ (차) 복리후생비 ××× (대) 미지급금 ×××

11 [보기]의 거래요소 결합관계를 나타내는 거래로 옳은 것은?

(차변) 자산의 증가 (대변) 부채의 증가

① 미지급한 퇴직금을 지급하다.
② 외상매출금을 어음으로 회수하다.
③ 외상매입금을 현금으로 지급하다.
④ 상품을 구매하고 대금은 2개월 후에 지급하기로 하다.

12 자산 항목 중 유동성이 높은 순서대로 나열한 것을 고르시오.

① 제품 〉 토지 〉 미수금
② 제품 〉 미수금 〉 토지
③ 당좌예금 〉 토지 〉 제품
④ 당좌예금 〉 제품 〉 기계장치

13 [보기]의 거래 자료를 기반으로 한 분개로 옳은 것은?

6월 1일 미수금 150,000원이 회수불능 미수금으로 확정되었다. (대손충당금 잔액은 150,000원 있음)

① (차) 대손충당금 150,000원 (대) 미수금 150,000원
② (차) 대손상각비 100,000원 (대) 미수금 100,000원
③ (차) 대손충당금 100,000원 (대) 미수금 100,000원
④ (차) 대손충당금 50,000원 (대) 미수금 150,000원
대손상각비 150,000원

14 [보기] (주)생산성의 매출관련 자료이다. 순매출액은 얼마인가?

기초상품재고액	80,000원	총매입액	400,000원
총매출액	550,000원	매입에누리액	25,000원
매출환입액	50,000원	매입환출책	30,000원
매출에누리액	30,000원	기말상품재고액	50,000원

① 420,000원
② 440,000원
③ 460,000원
④ 470,000원

15 일반기업회계기준상 유형자산의 감가상각방법에 해당하지 않는 것은?

① 정액법
② 정률법
③ 총평균법
④ 연수합계법

16 일반기업회계기준상 무형자산의 상각에 관한 내용으로 적절하지 않은 것은?

① 무형자산의 잔존가치는 없는 것을 원칙으로 하나, 예외도 존재한다.
② 내부적으로 창출한 영업권은 무형자산으로 인정되어 정액법으로 상각된다.
③ 무형자산의 상각기간은 예외적인 경우를 제외하고는 20년을 초과할 수 없다.
④ 무형자산의 상각방법은 정액법, 체감잔액법 등 합리적인 방법을 적용할 수 있다

17 자본의 구성요소에 관한 설명으로 적절하지 않은 것은?

① 자본금은 발행주식 액면금액의 합계액이다.
② 자본잉여금은 주식발행초과금, 감자차익 등이 있다.
③ 자본조정에는 주식할인발행차금, 이익준비금 등이 있다.
④ 이익잉여금은 손익거래에서 벌어들인 이익 중 배당 등으로 유출되지 않고 사내에 남아 있는 것이다.

18 [보기]의 자료만을 참고하여 기말자본은 구하시오.

기초자본	100,000원	총수익	300,000원
총비용	80,000원	기말자본	( )원

① 220,000원
② 300,000원
③ 320,000원
④ 400,000원

19 회사의 재무상태가 [보기]와 같은 경우 순자산(자본)의 총계는 얼마인가?

현금	30,000원	매입채무	25,000원
매출채권	40,000원	비품	60,000원
차입금	55,000원	재고자산	55,000원

① 105,000원
② 110,000원
③ 115,000원
④ 120,000원

20 [보기]의 자료를 근거로 회계처리를 할 경우 감자차익은 얼마인가?

- 감자주식 수: 50주
- 주당 액면가액: 5,000원
- 주식구입 현금지급액: 200,000원

① 50,000원
② 200,000원
③ 250,000원
④ 750,000원

제101회

실무 기출문제

【기초데이터 다운로드】

① LG U+ 웹하드 사이트(www.webhard.co.kr) 접속한다.
② 나눔클래스 ID : class1234, PW : 1234를 입력하여 로그인한다.
③ [GUEST 폴더] ➡ [2025년 데이터 및 자료] ➡ [ERP정보관리사 2급]에서 '2025_ERP정보관리사 회계2급 기초데이터'를 바탕화면에 다운로드 받아 프로그램에 복원한다.
④ 프로그램에서 7101 ㈜천안자전거 김민경으로 로그인하여 실무문제를 해결한다.

01 당사의 계정과목에 대한 설명 중 옳지 않은 것을 고르시오.

① [20100.토지] 계정은 비상각 계정과목이다.
② [81300.접대비] 계정은 세목으로 세분화하여 관리하고 있다.
③ [83700.건물관리비] 계정은 거래처별로 이월 처리하도록 관리하고 있다.
④ [84800.잡비] 계정은 전표입력 시 증빙을 필수 입력하지 않도록 설정하였다.

02 당사의 사원등록에 대한 설명으로 옳지 않은 것을 고르시오.

① 한번 입력된 사원코드는 변경할 수 없다.
② 퇴사일은 시스템관리자만 입력할 수 있다.
③ ERP13A02.김민경 사원은 회계입력방식이 '수정'권한이므로 대차차액 전표입력시 자동 승인된다.
④ ERP13A02.김민경 사원은 회계입력방식이 '수정'권한이므로 전표승인해제 없이 전표 수정이 가능하다.

03 당사의 시스템환경설정에 대한 설명으로 옳지 않은 것을 고르시오.

① 처분자산은 월할상각한다.
② 거래처 등록시 거래처코드가 자동부여 된다.
③ 전표의 관리항목인 사용부서별로 예산을 통제한다.
④ 전표를 출력할 때 3번 양식을 기본양식으로 사용한다.

04 (주)천안자전거는 외상매출금에 대하여 선입선출법 기준으로 채권을 관리하고 있다. 2025년 3월말 기준으로 2개월 전까지의 채권년령을 확인하여 조회기간 이전 채권잔액이 가장 큰 거래처를 고르시오.

① ㈜주안실업
② ㈜한동테크
③ ㈜형광공업
④ ㈜나라상사

05 (주)천안자전거는 외상매출금 계정을 프로젝트별로 관리하고 있다. 2025년 1분기에 외상매출금이 가장 많이 증가한 프로젝트는 무엇인가?

① 1000.그룹웨어 ② 1003.알피에이
③ 1004.클라우드 ④ 1005.온라인팩스

06 2025년 1월 한 달 동안 (주)천안자전거에서 판매관리비로 지출된 금액 중 현금으로 지출한 금액이 가장 큰 계정과목을 고르시오.

① 접대비 ② 소모품비
③ 차량유지비 ④ 여비교통비

07 (주)천안자전거의 고정자산 중 차량운반구[20800003.QM6(12B0316)]에 2025년 1월 1일 1,000,000원 자본적 지출이 발생하였다. 해당 자본적지출을 입력 후 (주)천안자전거의 차량운반구 자산 중 당해년도 감가상각비가 가장 큰 부서를 고르시오.

① 1001.재경부 ② 2001.영업부
③ 3001.생산부 ④ 4001.총무부

08 (주)천안자전거는 프로젝트로 손익계산서를 산출한다. 2025년 3분기(7월~9월) 중 사무용품비(판매관리비)가 가장 많이 발생한 프로젝트를 고르시오.

① 1000.그룹웨어 ② 1003.알피에이
③ 1004.클라우드 ④ 1005.온라인팩스

09 (주)천안자전거는 2025년 4월 6일 도민실업(주) 거래처에 상품매출 후 받을어음(자가202504060001)을 받았다. 해당 어음의 만기일은 언제인가?

① 2025년 04월 30일 ② 2025년 05월 30일
③ 2025년 06월 30일 ④ 2025년 07월 30일

10 (주)천안자전거는 매월 고정적으로 지출되는 자금을 관리하고 있다. 2025년 1월 자금계획을 작성하여 고정자금으로 반영되는 [2310.일반경비]의 합계금액은 얼마인지 고르시오.

① 800,000원 ② 1,400,000원
③ 3,400,000원 ④ 32,800,000원

11 (주)천안자전거의 2025년 1분기 손익계산서에 대한 설명 중 옳지 않은 것은 무엇인가?

① 제품매출액은 12,000,000원이다.
② 상품매출원가는 523,650,000원이다.
③ 2024년에서 이월된 상품이 497,650,000원 존재한다.
④ 판매관리비 중 가장 적은 비용이 지출된 계정은 [수도광열비]계정이다.

12 (주)천안자전거의 손익계산서에서 2025년 한 해 동안 복리후생비(판매관리비)를 가장 많이 사용한 분기를 순서대로 나열한 것을 고르시오.

① 1분기 〉 2분기 〉 3분기 〉 4분기
② 2분기 〉 1분기 〉 4분기 〉 3분기
③ 3분기 〉 4분기 〉 2분기 〉 1분기
④ 4분기 〉 3분기 〉 2분기 〉 1분기

13 (주)천안자전거의 2025년 9월 30일 기준 재무상태표에 대한 설명으로 옳은 것은 무엇인가?

① 재고자산 총합계 금액은 408,650,000원 이다.
② 부채의 총합계 금액은 3,048,768,000원 이다.
③ 매출채권의 대손충당금 합계액은 11,965,817원이다.
④ 현금 및 현금성자산의 합계액은 1,121,489,900원이다.

14 (주)천안자전거의 2025년 12월 말 결산 시 소모품의 기말 재고액은 2,000,000원이다. 장부의 금액을 확인 후 이와 관련된 2025년 12월말 결산 수정분개로 가장 옳은 것을 고르시오. (단, 소모품은 취득 시 자산처리 하였다.)

①	(차)	소모품	2,000,000원	(대)	소모품비	2,000,000원
②	(차)	소모품	6,000,000원	(대)	소모품비	6,000,000원
③	(차)	소모품비	2,000,000원	(대)	소모품	2,000,000원
④	(차)	소모품비	6,000,000원	(대)	소모품	6,000,000원

15 (주)천안자전거의 부가가치세 신고유형에 대한 설명으로 옳은 것을 고르시오.

① 각 사업장별로 신고 및 납부한다.
② 사업자 단위과세자로 신고 및 납부를 주사업장에서 모두 한다.
③ 총괄납부 사업자로 주사업장에서 모두 총괄하여 신고 및 납부한다.
④ 총괄납부 사업자로 각 사업장별로 부가세 신고 후 납부는 주사업장에서 총괄하여 납부한다.

16 (주)천안자전거의 2025년 1기 부가가치세 확정 신고 시 '매입처별 세금계산서합계표'에 반영될 세무구분은 몇 개인지 고르시오.

① 1개
② 2개
③ 3개
④ 4개

17 (주)천안자전거는 부동산임대업을 겸업하고 있어 부가가치세 신고 시 간주임대료를 포함하여 신고하여야 한다. 2025년 2기 부가가치세 확정 신고 시 [부동산임대내역]을 확인하여 간주임대료를 12월말 분개 처리 후 2025년 2기 확정 부가세신고서를 작성시 기타(정규영수증외매출분)매출로 반영되는 세액은 얼마인가?
단, 보증금이자(간주임대료) 분개처리시 소수점 이하는 절사한다.(정답수정)

① 60,327원
② 603,278원
③ 6,250,000원
④ 6,426,438원

18 (주)천안자전거의 2025년 1기 부가가치세 예정 신고기간에 매입한 자산 중 기타감가상각자산의 세액 합계 금액은 얼마인지 고르시오.

① 400,000원
② 2,500,000원
③ 3,000,000원
④ 5,900,000원

19 (주)천안자전거의 2025년 1기 부가가치세 확정 신고기간에 발생한 신용카드 매출전표 중 세금계산서가 발급된 금액은 얼마인가?

① 25,000,000원
② 30,000,000원
③ 35,000,000원
④ 40,000,000원

20 (주)천안자전거의 2025년 1기 부가가치세 예정 신고에 대한 설명으로 옳지 않은 것은 무엇인가?

① 관할세무서인 송파세무서에 부가가치세 신고를 한다.
② 신고 업태는 서비스업 이며, 종목은 소프트웨어 이다.
③ 고정자산 매입분 중 신용카드 매입분은 존재하지 않는다.
④ 매출세액이 매입세액보다 많으므로 부가세 납부를 해야 한다.

제102회 ERP정보관리사 회계 2급 기출문제

2024년 05월 25일

경영혁신과 ERP

01 클라우드 서비스 사업자가 클라우드 컴퓨팅 서버에 ERP소프트웨어를 제공하고, 사용자가 원격으로 접속해 ERP소프트웨어를 활용할 수 있도록 제공하는 서비스를 무엇이라 하는가?

① PaaS(Platform as a Service)
② SaaS(Software as a Service)
③ DaaS(Desktop as a Service)
④ IaaS(Infrastructure as a Service)

02 ERP와 인공지능(AI), 빅데이터(Big Data), 사물인터넷(IoT) 등 혁신기술과의 관계에 대한 설명으로 가장 적절하지 않은 것은?

① 현재 ERP는 기업 내 각 영역의 업무프로세스를 지원하여 독립적으로 단위별 업무처리를 추구하는 시스템으로 발전하고 있다.
② 제조업에서는 빅데이터 분석기술을 기반으로 생산자동화를 구현하고 ERP와 연계하여 생산계획의 선제적 예측과 실시간 의사결정이 가능하다.
③ ERP에서 생성되고 축적된 빅데이터를 활용하여 기업의 새로운 업무개척이 가능해지고, 비즈니스 간 융합을 지원하는 시스템으로 확대가 가능하다.
④ 현재 ERP는 인공지능 및 빅데이터 분석기술과의 융합으로 전략경영 등의 분석도구를 추가하여 상위계층의 의사결정을 지원할 수 있는 지능형시스템으로 발전하고 있다.

03 세계경제포럼(World Economic Forum)에서 발표한 인공지능 규범(AI code)의 5개 원칙에 해당하지 않는 것은?

① 인공지능은 투명성 등 원칙에 따라 작동해야 한다.
② 인공지능은 인류의 공동 이익을 위해 개발되어야 한다.
③ 인공지능이 개인, 가족, 지역 사회의 데이터 권리를 감소시켜야 한다.
④ 인간을 해치거나 파괴하거나 속이는 자율적 힘을 인공지능에 절대로 부여하지 않는다.

04 ERP와 전통적인 정보시스템(MIS) 특성 간의 차이점에 대한 설명으로 가장 적절하지 않은 것은?

① 전통적인 정보시스템의 시스템구조는 폐쇄형이나 ERP는 개방성을 갖는다.
② 전통적인 정보시스템의 업무범위는 단위업무이고, ERP는 통합업무를 처리한다.
③ 전통적인 정보시스템의 업무처리 대상은 Process 중심이나 ERP는 Task 중심이다.
④ 전통적인 정보시스템의 저장구조는 파일시스템을 이용하나 ERP는 관계형 데이터베이스시스템(RDBMS) 등을 이용한다.

재무회계 이론

05 기업의 외부회계정보이용자들이 합리적인 의사결정을 하는데 도움이 되는 정보를 제공하는 회계 분야는?

① 재무회계 ② 세무회계
③ 관리회계 ④ 재정회계

06 [보기]의 (　　)안에 들어갈 내용으로 옳은 것은?

> (　　)은(는) 순자산으로써 기업실체의 자산에 대한 소유주의 잔여청구권이다.

① 부채 ② 자본
③ 자산 ④ 당기순이익

07 보기]의 오류가 당기 손익계산서에 미치는 영향으로 옳은 것은?

> 정확한 기말재고금액은 200,000원이지만, 180,000원으로 잘못 계상하였다.

① 매출원가 : 과대 / 당기순이익 : 과대
② 매출원가 : 과대 / 당기순이익 : 과소
③ 매출원가 : 과소 / 당기순이익 : 과소
④ 매출원가 : 과소 / 당기순이익 : 과대

08 차변과 대변에 기록될 계정과목으로 가장 적절하지 않은 것은?

① (차) 선수금 ××× (대) 선급금 ×××
② (차) 미수금 ××× (대) 미지급금 ×××
③ (차) 대여금 ××× (대) 차입금 ×××
④ (차) 임차보증금 ××× (대) 임대보증금 ×××

09 [보기]의 거래내용을 나타내는 계정과목으로 적절한 것은?

> ⓐ 당좌예금 잔액을 초과하여 발행한 수표 금액(사전약정 체결)
> ⓑ 제3자로부터 무상으로 받은 금액

① (a) 당좌차월 (b) 자산수증이익 ② (a) 배당금수익 (b) 기부금
③ (a) 매출환입 (b) 잡이익 ④ (a) 주식매수선택권 (b) 수수료 수익

10 [보기]의 결합관계로 이루어진 거래로 옳은 것은?

(차변) 부채의 감소 (대변)자산의 감소

① 은행에서 현금 5,000,000원을 차입하다.
② 외상매입금 300,000원을 현금으로 지급하다.
③ 종업원의 급여 2,000,000원을 현금으로 지급하다.
④ 대여금 300,000원과 그에 대한 이자 20,000원을 현금으로 받다.

11 [보기]에서 현금 및 현금성자산을 계산하면 총 얼마인가?

현금	9,000,000원	우표	60,000원
타인발행수표	200,000원	송금환	100,000원
미수금	850,000원	수입인지	150,000원
받을어음	4,000,000원		

① 9,200,000원 ② 9,300,000원
③ 13,300,000원 ④ 13,510,000원

12 시장성 있는 (주)생산성의 주식 10주를 단기매매차익의 목적으로 1주당 50,000원에 구입하고, 거래 수수료 5,000원을 포함하여 보통예금계좌에서 결제하였다. 일반기업회계기준에 따라 회계처리하는 경우 발생하는 계정과목으로 적절하지 않은 것은?

① 보통예금 ② 수수료비용
③ 단기매매증권 ④ 매도가능증권

13 대손충당금 설정 대상 자산으로 적합한 것은?

① 예수금 ② 선수금
③ 미수금 ④ 전환사채

14 유형자산의 취득원가에 포함되는 부대비용에 해당되지 않는 것은?

① 시운전비 ② 운반비용
③ 설치장소를 위한 설치비용 ④ 거래처 직원에 대한 접대비

15 상품 400,000원을 매입하고 대금은 현금 200,000원과 약속어음 200,000원을 발행하여 지급할 경우 발생할 내용으로 적절한 것은?

① 총자산과 총부채가 증가한다. ② 총자산과 총자본이 증가한다.
③ 총자산이 감소하고, 총자본은 감소한다. ④ 총자산이 감소하고, 총부채가 증가한다.

16 [보기]의 자료에서 결산일 현재 재무상태표에 나타난 자본 총액을 계산하면 얼마인가?

보통주 자본금	300,000원	우선주 자본금	200,000원
주식발행초과금	70,000원	자기주식	30,000원
주식할인발행차금	80,000원		

① 270,000원 ② 300,000원
③ 380,000원 ④ 460,000원

17 (주)생산기업은 결산시 회사자본의 구성내용이 자본금 50,000,000원, 자본잉여금 3,000,000원, 이익준비금 800,000원이었고, 당해연도의 당기순이익은 600,000원이었다. 현금배당을 400,000원을 할 경우 이익준비금으로 적립해야 할 최소 금액은 얼마인가?

① 40,000원 ② 50,000원
③ 60,000원 ④ 80,000원

18 수익의 인식에 대한 설명으로 옳은 것은?

① 시용판매의 경우 수익의 인식은 구매자가 시용한 날이다.
② 할부판매의 경우 수익의 인식은 항상 구매자에게 대금을 회수하는 시점이다.
③ 위탁판매는 위탁자가 수탁자에게 해당 재화를 판매한 시점에 수익을 인식한다.
④ 예약판매계약의 경우 공사결과를 신뢰성 있게 추정할 수 있을 때에 진행기준을 적용하여 공사수익을 인식한다.

19 [보기]의 자료를 토대로 상품의 11월 매출총이익은 얼마인가?

– 재고자산평가방법 : 선입선출법

날짜	적요	수량	단가
11/ 1	전월이월	250개	30,000원
11/15	매입	100개	30,000원
11/20	매출	300개	50,000원

① 2,500,000원 ② 6,000,000원
③ 9,000,000원 ④ 15,000,000원

20 당기순손익에 영향을 미치는 계정과목에 해당하지 않는 것은?

① 재해손실 ② 자산수증이익
③ 채무면제이익 ④ 매도가능증권평가손익

제102회

실무 기출문제

【기초데이터 다운로드】

① LG U+ 웹하드 사이트(www.webhard.co.kr) 접속한다.
② 나눔클래스 ID : class1234, PW : 1234를 입력하여 로그인한다.
③ [GUEST 폴더] ➡ [2025년 데이터 및 자료] ➡ [ERP정보관리사 2급]에서 '2025_ERP정보관리사 회계2급 기초데이터'를 바탕화면에 다운로드 받아 프로그램에 복원한다.
④ 프로그램에서 7102 ㈜한국자전거 장서연으로 로그인하여 실무문제를 해결한다.

01 당사의 시스템환경설정에 대한 설명으로 옳지 않은 것을 고르시오. (단, 시스템환경설정은 추가 변경하지 않는다.)

① 처분자산은 월할상각 한다.
② 재무제표를 영어로 조회할 수 있다.
③ 전표의 관리항목인 결의부서별로 예산을 통제한다.
④ 전표를 출력할 때 4번 양식을 기본양식으로 사용한다.

02 다음 중 당사의 계정과목에 대한 설명으로 옳지 않은 것을 고르시오.

① [10900.대손충당금]은 [11000.받을어음]의 차감계정이다.
② [12000.미수금] 계정은 거래처별로 이월하도록 설정하였다.
③ [81100.복리후생비]계정은 세목으로 세분화하여 관리하고 있다.
④ [82600.도서인쇄비]계정은 전표입력 시 증빙을 차변필수 입력하도록 설정하였다.

03 다음 중 당사의 부서등록과 사원등록에 대한 설명으로 옳지 않은 것을 고르시오.

① ERP를 운용할 수 없는 사원은 총 2명이다.
② 재경부서에 속하는 사원은 모두 관리부문에 소속되어 있다.
③ 전윤호 사원은 승인전표를 승인해제 한 뒤에 금액 수정이 가능하다.
④ 장서연사원은 회계입력방식이 수정 이므로 대차차액 전표입력시 자동 승인처리된다.

04 2025년 3월 한달 현금 입금액과 출금액은 얼마인지 고르시오.

① 입금액 : 5,000,000원, 출금액 : 2,610,000원
② 입금액 : 5,000,000원, 출금액 : 4,610,000원
③ 입금액 : 7,000,000원, 출금액 : 2,610,000원
④ 입금액 : 7,000,000원, 출금액 : 4,610,000원

05 ㈜한국자전거 본점에서 지출증빙서류검토표를 작성하던 중 핵심ERP의 증빙을 연결하는 작업에서 '30.세금계산서'와 '40계산서' 증빙연결이 누락된 것을 확인하였다. 아래 [적격증빙별 전표증빙]과 같이 누락된 증빙 연결후 2025년 한 해 동안 지출될 세금계산서증빙과 계산서증빙의 합계금액은 얼마인가?

[적격증빙별 전표증빙]
- 30.세금계산서 - 1.세금계산서
- 40.계산서 - 2.계산서

① 456,000원 ② 1,049,450,000원
③ 1,049,906,000원 ④ 1,054,206,000원

06 ㈜한국자전거 본점의 2025년 상반기 중 외상매입금 발생 금액이 가장 큰 달은 언제인지 고르시오.

① 1월 ② 2월
③ 3월 ④ 4월

07 ㈜한국자전거 본점은 사용부서와 프로젝트로 복리후생비(판매관리비)를 관리하고 있다. 2025년 1분기 동안 [1001.재경부]부서에서 복리후생비(판매관리비)가 가장 많이 증가한 프로젝트를 고르시오.

① 1000.서울공장 ② 1001.광주공장
③ 1002.부산공장 ④ 1003.울산공장

08 ㈜한국자전거 본점의 업무용승용차 [12가 0102.티볼리] 차량에 대하여 운행기록부를 작성하였다. 2025년 1월 한 달 동안 해당 차량의 업무사용비율을 고르시오.

① 77% ② 87%
③ 91% ④ 93%

09 ㈜한국자전거 본점은 외상매출금에 대하여 선입선출법 기준으로 채권을 관리하고 있다. 2025년 6월말 기준으로 3개월 전까지의 채권년령을 확인하여 조회기간 이전 채권잔액이 가장 큰 거래처를 고르시오.

① ㈜성호기업 ② ㈜주안실업
③ ㈜한동테크 ④ ㈜형광공업

10 당사는 반기 결산을 하는데 2025년 6월 말 결산 시 소모품 기말 재고액은 5,000,000원 이다. 장부의 금액을 확인한 후 결산분개를 입력한다고 할 때, 6월 말 결산 수정 분개로 옳은 분개를 고르시오. (단 소모품 취득은 자산으로 처리하고 사용은 판관비로 처리했다.)

①	(차)	소모품	5,000,000원	(대)	소모품비	5,000,000원
②	(차)	소모품	5,500,000원	(대)	소모품비	5,500,000원
③	(차)	소모품비	5,000,000원	(대)	소모품	5,000,000원
④	(차)	소모품비	5,500,000원	(대)	소모품	5,500,000원

11 ㈜한국자전거 본점의 2025년 상반기 손익계산서에 대한 설명 중 옳지 않은 것은?

① 상품매출액은 897,500,000원이다.
② 당기상품매입액은 321,300,000원이다.
③ 판매관리비가 증가하면 당기순이익은 감소한다.
④ 이자수익이 영업외 비용으로 100,000원 발생하였다.

12 다음 [보기]를 참고하여 고정자산등록 메뉴에 입력한 후 비품 자산의 당기 감가상각비 금액을 조회하면 얼마인지 고르시오.

> ㈜한국자전거 본점은 2025년 4월 15일에 비품자산 [21200009.팩스기]를 취득부대비용 포함하여 4,000,000원에 신규 취득하였다. (상각방법 정액법, 내용연수 4년)

① 750,000 ② 768,104
③ 919,104 ④ 1,518,104

13 ㈜한국자전거 본점은 계정을 프로젝트별로 관리하고 있다. 2025년 1분기에 외상매출금이 가장 많이 증가한 프로젝트는 무엇인가?

① 1000.서울공장 ② 1001.광주공장
③ 1004.대전공장 ④ 1005.춘천공장

14 2025년 5월 한 달간 ㈜한국자전거 본점에서 현금 지출이 가장 많았던 판매관리비 계정과목은 무엇인가?

① 81100.복리후생비 ② 81200.여비교통비
③ 82200.차량유지비 ④ 82900.사무용품비

15 ㈜한국자전거 본점은 2025년 1기 부가가치세 예정신고 기간에 고정자산을 매입하고 신용카드로 결제한 거래가 발생하였다. 해당 거래의 세액 합계로 올바른 것을 고르시오.

① 100,000원 ② 200,000원
③ 300,000원 ④ 400,000원

16 ㈜한국자전거 본점의 2025년 1기 부가가치세 예정 신고시 '매입처별 세금계산서합계표'에 반영될 세무구분은 몇 개인지 고르시오.

① 1개 ② 2개
③ 3개 ④ 4개

17 ㈜한국자전거 본점의 2025년 1기 부가가치세 확정신고시 매입세액 불공제내역 서식에 작성되지 않은 불공제 사유구분을 고르시오.

① 접대비관련매입세액 ② 필요적 기재사항 누락
③ 토지의 자본적 지출 관련 ④ 비영업용소형승용차구입 및 유지

18 ㈜한국자전거 본점의 2기 부가가치세 예정신고에 대한 설명으로 옳지 않은 것은 무엇인가?

① 고정자산 매입분은 세금계산서 수취분만 존재한다.
② 신고 업태는 도소매업 이며, 종목은 소프트웨어 이다.
③ 관할세무서인 서초 세무서에 부가가치세 신고를 한다.
④ 매출세액이 매입세액보다 많으므로 부가세 납부를 해야 한다.

19 ㈜한국자전거 본점의 부가가치세 신고유형에 대한 설명으로 옳은 것을 고르시오.

① 각 사업장별로 신고 및 납부한다.
② 사업자 단위과세자로 신고 및 납부를 주사업장에서 모두 한다.
③ 총괄납부 사업자로 주사업장에서 모두 총괄하여 신고 및 납부한다.
④ 총괄납부 사업자로 각 사업장별로 부가세 신고후 납부는 주사업장에서 총괄하여 납부한다.

20 ㈜한국자전거 본점은 부동산임대업을 겸업하고 있어 부가가치세 신고시 간주임대료를 포함하여 신고하려고 한다. 2025년 2기 부가가치세 예정 신고 시 다음 [부동산임대내역]의 자료를 입력한 후 보증금이자(간주임대료)를 계산하면 얼마인지 고르시오. 단, 보증금이자(간주임대료) 계산시 소수점 이하는 절사한다.

> [부동산임대내역]
> - 동 : 1111065000.서울특별시 종로구 혜화동
> - 층 / 호수 : 지상 5층 / 504호
> - 상호(성명) : 도민실업(주)
> - 면적 / 용도 : 300㎡ / 사무실
> - 임대기간 : 2025/07/01~2026/06/30
> - 보증금 : 350,000,000원
> - 월세 : 4,000,000원
> - 관리비 : 300,000원
>
> 자율은 3.5%로 계산한다.)

① 3,087,671원 ② 2,771,458원
③ 2,942,141원 ④ 3,011,470원

제103

ERP정보관리사 회계 2급 기출문제

2024년 07월 27일

경영혁신과 ERP

01 ERP시스템의 SCM 모듈을 실행함으로써 얻는 장점으로 가장 적절하지 않은 것은?

① 공급사슬에서의 가시성 확보로 공급 및 수요변화에 대한 신속한 대응이 가능하다.
② 정보투명성을 통해 재고수준 감소 및 재고회전율(inventory turnover) 증가를 달성할 수 있다.
③ 공급사슬에서의 계획(plan), 조달(source), 제조(make) 및 배송(deliver) 활동 등 통합 프로세스를 지원한다.
④ 마케팅(marketing), 판매(sales) 및 고객서비스(customer service)를 자동화함으로써 현재 및 미래 고객들과 상호작용할 수 있다.

02 ERP의 특징에 대한 설명으로 가장 옳지 않은 것은?

① Open Multi-vendor: 특정 H/W 업체에만 의존하는 open 형태를 채용, C/S형의 시스템 구축이 가능하다.
② 통합업무시스템: 세계유수기업이 채용하고 있는 Best Practice Business Process를 공통화, 표준화 시킨다.
③ Parameter 설정에 의한 단기간의 도입과 개발이 가능: Parameter 설정에 의해 각 기업과 부문의 특수성을 고려할 수 있다.
④ 다국적, 다통화, 다언어: 각 나라의 법률과 대표적인 상거래 습관, 생산방식이 시스템에 입력되어 있어서 사용자는 이 가운데 선택하여 설정할 수 있다.

03 [보기]는 무엇에 대한 설명인가?

- 분산형 데이터베이스(distributed database)의 형태로 데이터를 저장하는 연결구조체
- 모든 구성원이 네트워크를 통해 데이터를 검증 및 저장하여 특정인의 임의적인 조작이 어렵도록 설계된 저장플랫폼

① 챗봇(Chatbot) ② 블록체인(Blockchain)
③ 메타버스(Metaverse) ④ RPA(Robotic Process Automation)

04 ERP 구축 순서로 가장 적절한 것은?

① 설계 - 분석 - 구현 - 구축 ② 설계 - 분석 - 구축 - 구현
③ 분석 - 설계 - 구축 - 구현 ④ 분석 - 설계 - 구현 - 구축

제5장

기출문제

재무회계 이론

05 [보기]의 재무상태표에 대한 설명으로 적절하지 않은 것은?

2025년 12월 31일 현재 (단위; 원)			
현 금 및 현 금 성 자 산	50,000	매 입 채 무	300,000
매 출 채 권	700,000	장 기 차 입 금	1,000,000
상 품	400,000	퇴 직 급 여 충 당 부 채	200,000
투 자 부 동 산	100,000	자 본 금	1,200,000
건 물	1,500,000	이 익 잉 여 금	50,000
합 계	2,750,000	합 계	2,750,000

① 자본은 1,250,000원이다.
② 유형자산은 1,600,000원이다.
③ 유동자산은 1,150,000원이다.
④ 비유동부채는 1,200,000원이다.

06 재무상태표의 설명으로 적절한 것은?

① 기업의 일정기간의 영업실적을 나타낸다.
② 기업의 일정시점의 영업실적을 나나낸다.
③ 기업의 일정시점의 재무상태를 나타낸다.
④ 기업의 일정기간의 재무상태를 나타낸다.

07 기업의 손익계산서에 영업외비용으로 적절하지 않은 것은?

① 감가상각비
② 외화환산손실
③ 사채상환손실
④ 단기투자자산처분손실

08 [보기]의 계정별원장에 기입된 거래를 (　　　)에 들어갈 수 있는 계정과목을 고르시오.

(		)	
04월 15일	200,000원	기 초	2,200,000원
12월 15일	800,000원	03월 05일	200,000원
기 말	2,200,000원	11월 21일	800,000원

① 상품
② 미수금
③ 받을어음
④ 미지급금

09 일반기업회계기준에 의한 회계의 특징으로 볼 수 없는 것은?

① 단식부기
② 복식부기
③ 발생주의
④ 현금주의

10 [보기]에 비품 구입과 관련한 분개에서 (　　) 안에 들어갈 수 없는 계정과목은 무엇인가?

(차) 비　　품 100,000원	(대) (　　) 100,000원

① 현금　　② 보통예금
③ 미지급금　　④ 외상매입금

11 [보기]는 무엇에 대한 설명인가?

> 기업에 있어서 수표의 발행은 원칙적으로 당좌예금잔액의 한도 내에서 발행하여야 한다. 당좌예금 잔액을 초과하여 수표를 발행하여도 일정 한도까지는 부도처리하지 않고 정상적으로 수표가 발행되는 경우에 처리되는 계정과목

① 부도수표　　② 당좌예금
③ 당좌차월　　④ 당좌이월

12 [보기]의 거래에서 매출채권은 얼마인가?

> 상품 500개를 개당 1,000원에 판매하고, 300,000원은 약속어음으로 받고, 남은 잔액은 외상으로 하다. 운반비 50,000원은 현금으로 지급하다.

① 200,000원　　② 300,000원
③ 500,000원　　④ 550,000원

13 12월 31일 결산법인인 ㈜생산기업은 2025년 8월1일 잔존가치가 200,000원, 내용연수가 10년인 기계장치를 2,000,000원에 구입하였다. 정액법을 사용하여 월할 상각할 경우 2025년도에 기록되는 감가상각비는 얼마인가?

① 75,000원　　② 80,000원
③ 90,000원　　④ 95,000원

14 [보기]에서 제시된 상품 매매와 관련된 자료를 활용하여 계산한 매입채무 잔액은 얼마인가? 단, 기초 매입채무는 잔액은 50,000원 있다.

현금매입액	80,000원
외상매입액	500,000원
외상대금 현금상환액	200,000원
외상대금 조기상환에 따른 할인액	10,000원

① 210,000원　　② 280,000원
③ 340,000원　　④ 500,000원

15 [보기]의 재무상태표에서 자본의 증가에 영향을 미치는 거래에 해당하는 것은?

재무상태표

자산	1,000,000원	부채 자본	300,000원 700,000원
자산의 총계	1,000,000원	부채 및 자본의 총계	1,000,000원

① 보통주를 신규발행하였다.
② 정기주주총회에서 현금배당을 하기로 결의하였다
③ 야근하는 직원들에게 야근수당을 현금으로 지급하였다.
④ 공장에서 사용할 비품을 구입하고 대금은 현금으로 지급하였다.

16 총수익 1,900,000원, 총비용 1,550,000원, 기말자본 700,000원이면 기초자본은 얼마인가?

① 200,000원
② 250,000원
③ 300,000원
④ 350,000원

17 수익과 비용에 대한 설명으로 가장 옳지 않은 것은?

① 수익은 실현주의에 따라 인식한다.
② 비용은 수익비용 대응의 원칙에 따라 인식한다.
③ 수익은 기업의 통상적인 경영활동에서 발생하는 경제적 효익의 총유출을 의미한다.
④ 비용은 기업의 주된 영업활동에서 발생한 비용과 일시적 또는 우연적인 거래로부터 발생하는 손실로 분류된다.

18 손익계산서상 구분표시가 다른 것은?

① 기부금
② 이자비용
③ 외환차손
④ 교육훈련비

19 [보기]의 자료를 근거로 회계처리 할 경우, 감자차익은 얼마인가?

· 감자주식 수 : 100주
· 주당 액면가액 : 8,000원
· 주식구입 현금지급액 : 500,000원

① 300,000원
② 500,000원
③ 700,000원
④ 900,000원

20 [보기]에서 도소매업을 영위하는 기업의 판매비와관리비로 분류할 수 있는 것은 몇 개인가?

- 접대비
- 기부금
- 이자비용
- 선급비용
- 교육훈련비
- 수도광열비
- 기타의 대손상각비

① 1개 ② 2개
③ 3개 ④ 4개

제103회 실무 기출문제

【기초데이터 다운로드】
① LG U+ 웹하드 사이트(www.webhard.co.kr) 접속한다.
② 나눔클래스 ID : class1234, PW : 1234를 입력하여 로그인한다.
③ [GUEST 폴더] ➡ [2025년 데이터 및 자료] ➡ [ERP정보관리사 2급]에서 '2025_ERP정보관리사 회계2급 기초데이터'를 바탕화면에 다운로드 받아 프로그램에 복원한다.
④ 프로그램에서 7103 ㈜천광자전거 배윤애로 로그인하여 실무문제를 해결한다.

01 거래처 구분이 '일반'으로 등록된 거래처 중 거래처분류가 '1000.강남구'로 설정된 거래처는 몇 개인가?

① 1개 ② 2개
③ 3개 ④ 4개

02 당사의 계정과목등록을 조회하여 보기의 계정과목 중 거래처별로 이월되는 계정과목을 고르시오.

① 10700.단기매매증권 ② 10800.외상매출금
③ 20600.기계장치 ④ 34200.감자차익

03 다음 사원 중 [전표승인해제] 메뉴를 이용하여 '미결' 전표를 '승인' 으로 승인처리 할 수 없는 사원을 고르시오.

① ERP13A02.배윤애 ② ERP13A03.김종민
③ ERP13A04.신서율 ④ ERP13A05.박혜수

04 (주)천광자전거는 선급비용에 대해서 기간비용을 관리하고 있다. (주)천광자전거의 2025년 12월말 결산 시 당기 비용으로 인식해야 할 금액은 얼마인가?

① 611,516원 ② 1,198,288원
③ 1,200,484원 ④ 2,400,000원

05 (주)천광자전거는 부문별로 판매비와관리비 사용내역을 관리하고 있는 도중 '4001.총무부' 부서의 부문이 잘못 등록된 것을 확인하였다. '4001.총무부' 부서의 부문을 '1001.관리부문'으로 변경작업을 진행하고 (주)천광자전거의 2025년 2분기에 '1001.관리부문'에서 판매비와관리비로 사용한 차량유지비 금액을 조회하면 얼마인가?

① 160,000원 ② 500,000원
③ 660,000원 ④ 1,460,000원

06 (주)천광자전거는 2025년 6월말 결산 시 받을어음에 대해 1%의 대손충당금을 설정하려고 한다. 다음 중 회계처리로 옳은 것은 무엇인가?

①	(차) 대손상각비	1,450,000원	(대)	대손충당금	1,450,000원
②	(차) 대손상각비	2,950,000원	(대)	대손충당금	2,950,000원
③	(차) 대손충당금	1,450,000원	(대)	대손충당금환입	1,450,000원
④	(차) 대손충당금	2,950,000원	(대)	대손충당금환입	2,950,000원

07 (주)천광자전거는 매월 수입 및 지출에 대해 일자별자금계획을 수립하고 있다. 2025년 4월 고정적으로 지출되는 금액은 2025년 3월과 비교하여 얼마나 감소하였는가?

① 600,000원
② 2,000,000원
③ 2,600,000원
④ 9,000,000원

08 (주)천광자전거의 업무용승용차 '12A 8087.쏘렌토' 차량에 대하여 운행기록부를 작성하였다. 2025년 1월 한 달 동안 해당 차량의 업무사용비율을 고르시오.

① 65%
② 87%
③ 91%
④ 93%

09 (주)천광자전거는 지출증빙서류검토표를 작성하던 중 핵심ERP의 증빙을 연결하는 작업에서 '20.현금영수증' 과 '40.계산서' 증빙연결이 누락된 것을 확인하였다. 아래 [적격증빙별 전표증빙]과 같이 누락된 증빙 연결 후 2025년 한 해 동안 지출된 각 증빙별 합계금액으로 옳지 않은 것은 무엇인가?

[적격증빙별 전표증빙]
• 20.현금영수증 - 9A.현금영수증
• 40.계산서 - 2.계산서

① 계산서: 680,000원
② 현금영수증: 250,000원
③ 세금계산서: 643,400,000원
④ 신용카드(법인): 3,500,000원

10 (주)천광자전거의 2025년 11월 30일 발생한 미결 전표를 승인 처리 후 (주)천광자전거의 2025년 11월 30일 현금 계정의 잔액을 조회하면 얼마인가?

① 422,140,000원
② 422,940,000원
③ 517,025,000원
④ 517,825,000원

11 [보기]의 설명 중 (a)안에 들어갈 알맞은 계정과목으로 고르시오.

- (a) 계정은 재고자산 계정이다.
- (주)천광자전거의 2025년 1월 (a) 계정의 매입금액은 52,000,000원 이다.
- (주)천광자전거의 2025년 12월 31일 기준 (a) 계정의 잔액은 485,650,000원이다.

① 14600.상품
② 14700.제품
③ 15500.저장품
④ 16400.임대주택자산

12 2025년 (주)천광자전거의 복리후생비(판매관리비) 계정의 상반기 지출액 대비 하반기 지출액의 증감율은 얼마인가? (단, 증감율 계산시 소수점 첫째자리에서 반올림 한다.)

① 10%
② 17%
③ 23%
④ 33%

13 다음 중 (주)천광자전거의 2025년 3월 신규취득한 자산은 무엇인가?

① 건물 - 202003.복지1동
② 건물 - 202005.기숙사
③ 비품 - 21200004.노트북
④ 비품 - 21200005.수납장

14 (주)천광자전거에서 2025년 1월 한 달 동안 발생한 사무용품비(판매비와관리비) 중 거래처가 등록되지 않은 전표의 합계액은 얼마인가?

① 100,000원
② 200,000원
③ 350,000원
④ 400,000원

15 (주)천광자전거의 2025년 1기 부가가치세 확정 신고기간에 발생한 신용카드매출액 중 세금계산서가 발급된 금액은 얼마인가?

① 25,000,000원
② 30,000,000원
③ 50,250,000원
④ 66,410,000원

16 (주)천광자전거의 2025년 1기 부가가치세 예정 신고기간에 매입한 자산 중 부가세신고시 신고서식에 작성되어야 하는 차량운반구의 세액은 얼마인가?

① 2,500,000원
② 3,000,000원
③ 3,500,000원
④ 3,600,000원

17 (주)천광자전거의 2025년 1기 부가가치세 예정 신고기간에 발생한 매입거래 중 매입세액 불공제 거래가 발생하였다. 다음 중 2025년 1기 부가가치세 예정 신고기간에 발생한 매입세액 불공제 사유에 해당하지 않는 것을 고르시오.

① 접대비관련매입세액
② 사업과 관련없는 지출
③ 필요적 기재사항 누락
④ 비영업용소형승용차구입 및 유지

18 (주)천광자전거의 2025년 1기 부가가치세 예정 신고기간에 '00004.(주)형광공업' 거래처에서 수취한 매입세금계산서 중 종이발행 분은 몇 건 인가?

① 1건
② 3건
③ 10건
④ 12건

19 (주)천광자전거의 2025년 2기 부가가치세 확정 신고 시 매입에 대한 예정신고 누락분 2건이 발생하였다. 해당 거래의 세액 합계 금액을 고르시오.

① 300,000원
② 400,000원
③ 800,000원
④ 1,100,000원

20 (주)천광자전거의 부가세 신고시 해당하는 주업종코드는 무엇인가?

① 142101. 광업
② 322001. 제조업
③ 513320. 도매 및 소매업
④ 722000. 정보통신업

제104회 ERP정보관리사 회계 2급 기출문제

2024년 09월 28일

경영혁신과 ERP

01 차세대 ERP의 비즈니스 애널리틱스(Business Analytics)에 관한 설명으로 가장 적절하지 않은 것은?

① 비즈니스 애널리틱스는 구조화된 데이터(structured data)만 분석대상으로 한다.
② ERP시스템의 방대한 데이터 분석을 위해 비즈니스 애널리틱스가 차세대 ERP의 핵심요소가 되고 있다.
③ 비즈니스 애널리틱스는 리포트, 쿼리, 대시보드, 스코어카드뿐만 아니라 예측모델링과 같은 진보된 형태의 분석기능도 제공한다.
④ 비즈니스 애널리틱스는 질의 및 보고와 같은 기본적 분석기술과 예측모델링과 같은 수학적으로 정교한 수준의 분석을 지원한다.

02 정형화된 데이터 기반의 자료 작성, 단순 반복 업무 처리, 고정된 프로세스 단위 업무 수행이 이루어지는 RPA 적용단계는 무엇인가?

① 인지자동화
② 예측모델구축
③ 기초프로세스 자동화
④ 데이터 기반의 머신러닝(기계학습) 활용

03 ERP 아웃소싱(Outsourcing)에 대한 설명으로 적절하지 않은 것은?

① ERP 자체개발에서 발생할 수 있는 기술력 부족을 해결할 수 있다.
② ERP 아웃소싱을 통해 기업이 가지고 있지 못한 지식을 획득할 수 있다.
③ ERP 개발과 구축, 운영, 유지보수에 필요한 인적 자원을 절약할 수 있다.
④ ERP 시스템 구축 후에는 IT 아웃소싱 업체로부터 독립적으로 운영할 수 있다.

04 [보기]에서 가장 성공적인 ERP 도입이 기대되는 회사는 무엇인가?

- 회사 A: 현재 업무 방식이 최대한 반영될 수 있도록 업무 단위에 맞추어 ERP 도입을 추진 중이다.
- 회사 B: 시스템의 전문지식이 풍부한 IT 및 전산 관련 부서 구성원으로 도입 TFT를 결성하였다.
- 회사 C: 프로세스 개선을 위해 효율적인 업무 프로세스를 재정립하고, 성공적인 ERP 도입을 위해 유능한 컨설턴트를 고용하고자 한다.
- 회사 D: ERP 도입 과정에서 부서 간 갈등 발생 시, 최고경영층의 개입이 최소화 될 수 있도록 하향식(Top-Down) 의사결정을 배제한다.

① 회사 A
② 회사 B
③ 회사 C
④ 회사 D

재무회계 이론

05 기업의 이해관계자와 관련된 내용이다. 다음 중 성격이 다른 하나는 무엇인가?

① 경영자
② 채권자
③ 투자자
④ 정부기관

06 관리회계와 비교할 때, 재무회계의 특징으로 가장 적절하지 않은 것은?

① 재무회계에서는 경영자의 경영의사결정만을 중요시한다.
② 재무회계는 재무제표 작성을 위해 일반적으로 인정된 회계원칙을 준수한다.
③ 재무제표는 정보의 비교가능성을 위해 통일된 형식에 따라 작성 보고된다.
④ 재무회계는 수시로 정보를 제공하기 보다는 정기적으로 재무제표를 보고한다.

07 기초자본과 비용총액을 계산하면 얼마인가?

- 기초자산: 300,000원
- 기초부채: 130,000원
- 기말자본: 230,000원
- 수익총액: 140,000원

① (기초자본) 60,000원 / (비용총액) 60,000원
② (기초자본) 60,000원 / (비용총액) 80,000원
③ (기초자본) 170,000원 / (비용총액) 60,000원
④ (기초자본) 170,000원 / (비용총액) 80,000원

08 일정기간의 경영성과를 나타내는 재무제표의 계정과목으로만 짝지어진 것을 고르시오.

① 접대비, 지급수수료
② 선급금, 외상매입금
③ 보통예금, 미지급금
④ 외상매출금, 임대보증금

09 [보기]에서 설명하는 계정과목으로 가장 적절한 것은?

현금지출이 발생했지만 거래내용이 불명확하여 임시로 처리한 가계정으로 계정과목과 금액이 확정되는 즉시 확정계정으로 대체하여 정리하여야 한다.

① 기부금
② 선급금
③ 가지급금
④ 지급어음

10 [보기]에 기계기구 구입과 관련한 분개에서 (　　　) 안에 들어갈 수 없는 계정과목은 무엇인가?

(차) 기계기구 1,000,000원	(대) (　　　) 1,000,000원

① 현금　② 보통예금
③ 미지급금　④ 외상매입금

11 [보기]는 계정내용 중 일부이다. 5월 5일 발생한 거래를 추정한 내용으로 맞는 것은?

대 여 금

	5/5 현금 50,000

이자수익

	5/5 현금 3,000

① 현금 50,000원을 대여하고, 그 이자로 현금 3,000원을 받다.
② 현금 53,000원을 대여하고, 현금 3,000원을 차입하다.
③ 대여금 50,000원을 회수하고, 그 이자로 현금 3,000원을 받다
④ 대여금 53,000원을 회수하고, 그 이자로 현금 3,000원을 받다.

12 [보기] 자료에서 재무상태표에 단기투자자산 항목으로 표시되는 금액은 얼마인가?

현금	600,000원	보통예금	600,000원
당좌예금	3,000,000원	단기매매증권	200,000원
받을어음	150,000원	단기대여금	220,000원

① 150,000원　② 330,000원
③ 420,000원　④ 570,000원

13 기말 결산 시에 임대료 선수분을 계상하지 않은 상태에서 당기순이익이 200,000원이었다. [보기] 자료와 같이 임대료 선수분을 계상할 경우 당기순이익의 변동은 어떻게 되는가?

- 5월 1일 : 임대료 1년분 25,000원을 현금으로 받다.
- 12월 31일 : 결산 기말에 임대료 선수분 6,000원을 계상하지 않았다.

① 당기순이익이 6,000원 증가한다.　② 당기순이익이 10,000원 증가한다.
③ 당기순이익이 6,000원 감소한다.　④ 당기순이익이 10,000원 감소한다.

14 일반기업회계기준에 따라 [보기]의 유가증권 취득원가를 구하시오

단기매매증권으로 분류되는 주식 3,000주를 주당 5,000원에 취득하면서 수수료 500,000원과 증권거래세 300,000원을 지급하였다.

① 14,200,000원　② 14,500,000원
③ 15,000,000원　④ 15,800,000원

15 2025년 12월 31일 결산법인인 ㈜생산성기업은 2025년 8월 1일 잔존가치가 400,000원, 내용연수가 10년인 기계장치를 4,000,000원에 구입하였다. 정액법을 사용하여 월할 상각할 경우 2025년도에 기록되는 감가상각비는 얼마인가?

① 90,000원 ② 110,000원
③ 130,000원 ④ 150,000원

16 [보기]는 기계장치 처분과 관련된 자료이다. 해당 기계장치의 감가상각누계액은 얼마인가?

· 취득가액 : 650,000원 · 처분가액 : 650,000원
· 유형자산처분이익 : 450,000원

① 350,000원 ② 450,000원
③ 550,000원 ④ 650,000원

17 [보기]의 일반기업회계기준의 개발비에 대한 설명 중 (㉠), (㉡)에 들어갈 내용을 고르시오.

- 신제품과 신기술 등의 개발활동과 관련하여 발생한 지출로서 미래경제적 효익의 유입가능성이 높으며, (㉠)를 신뢰성 있게 측정할 수 있는 것을 말한다.
- 신제품, 신기술 개발과 관련된 지출을 자산처리 할 경우에는 (㉡)로 처리한다.

① ㉠ 공정원가 ㉡ 시험비 ② ㉠ 취득원가 ㉡ 개발비
③ ㉠ 처분원가 ㉡ 수선비 ④ ㉠ 선입원가 ㉡ 세금과공과

18 [보기] 자료를 토대로 매출액을 계산하면 얼마인가?

- 당기 총매출액 500,000원
- 당기에 매출채권의 회수기일보다 빨리 회수가 되어 약징된 기일까지 일수에 따라 할인해준 금액 50,000원
- 당기 제품 중 하자가 있어서 일부 할인해준 금액 150,000원

① 300,000원 ② 350,000원
③ 450,000원 ④ 500,000원

19 ㈜생산성에서 현금 500,000원을 8개월간 차입하고 차용증서를 발행하였다. 이 거래를 분개할 경우 대변계정으로 옳은 것은?

① 단기대여금 ② 단기차입금
③ 외상매출금 ④ 유동성장기부채

20 자본조정항목은 자본에서 가산되거나 차감하는 형식으로 표시된다. 성격이 다른 하나를 고르시오.

① 감자차손 ② 자기주식
③ 미교부주식배당금 ④ 자기주식처분손실

제104회

실무 기출문제

【기초데이터 다운로드】

① LG U+ 웹하드 사이트(www.webhard.co.kr) 접속한다.
② 나눔클래스 ID : class1234, PW : 1234를 입력하여 로그인한다.
③ [GUEST 폴더] ➡ [2025년 데이터 및 자료] ➡ [ERP정보관리사 2급]에서 '2025_ERP정보관리사 회계2급 기초데이터'를 바탕화면에 다운로드 받아 프로그램에 복원한다.
④ 프로그램에서 7104 ㈜동아자전거 김능환으로 로그인하여 실무문제를 해결한다.

01 당사의 시스템환경설정에 대한 설명으로 옳지 않은 것을 고르시오. (단, 시스템환경설정은 추가 변경하지 않는다.)

① 예산관리여부는 '여'로 설정 하였다.
② 고정자산 상각시 비망가액을 처리할 수 없다.
③ 거래처 등록시 거래처코드는 자동 부여되지 않는다.
④ 전표를 출력할 때 4번 양식을 기본양식으로 사용한다.

02 다음 중 당사의 계정과목에 대한 설명으로 옳지 않은 것을 고르시오.

① [20600.기계장치] 계정은 상각 계정과목이다.
② [81100.복리후생비] 계정은 세목으로 세분화하여 관리하고 있다.
③ [83700.건물관리비] 계정은 프로젝트별로 이월하도록 관리하고 있다.
④ [84800.잡비] 계정은 전표입력 시 증빙을 필수 입력하지 않도록 설정하였다.

03 다음 중 당사의 프로젝트중 원가구분이 '1.제조' 이면서 프로젝트의 진행구분이 '진행'인 '공통'유형의 프로젝트를 고르시오.

① 1000.서울공장　　② 1001.광주공장
③ 1002.부산공장　　④ 1003.울산공장

04 (주)동아자전거 본점의 2025년 1월에서 4월 중 [82200.차량유지비]계정 금액이 가장 많이 발생한 월은 언제인지 고르시오.

① 1월　　② 2월
③ 3월　　④ 4월

05 2025년 1분기 동안 재경부에서 사용한 예산 중 집행실적이 가장 큰 계정과목을 고르시오. (단, 집행방식은 승인집행방식으로 조회)

① 80200.직원급여 ② 81100.복리후생비
③ 81200.여비교통비 ④ 83100.지급수수료

06 2025년 3월 한 달간 현금 입금액과 출금액은 각각 얼마인지 고르시오.

① 입금액 : 5,000,000원, 출금액 : 2,495,000원
② 입금액 : 5,000,000원, 출금액 : 4,610,000원
③ 입금액 : 102,860,000원, 출금액 : 4,610,000원
④ 입금액 : 102,860,000원, 출금액 : 7,105,000원

07 (주)동아자전거 본점은 외상매출금에 대하여 선입선출법 기준으로 채권을 관리하고 있다. 2025년 6월말 기준으로 3개월 전까지의 채권을 확인하여 조회기간 이전 채권잔액이 가장 큰 거래처를 고르시오.

① ㈜성호기업 ② ㈜주안실업
③ ㈜한동테크 ④ ㈜형광공업

08 2025년 8월 한 달 동안 (주)동아자전거 본점에서 판매관리비로 지출된 금액 중 현금으로 지출한 금액이 가장 큰 계정과목을 고르시오.

① 복리후생비 ② 여비교통비
③ 차량유지비 ④ 사무용품비

09 (주)동아자전거 본점에서 지출증빙서류검토표를 작성하던 중 핵심ERP의 증빙을 연결하는 작업에서 '10.신용카드(법인)'과 '11.신용카드(개인)'의 증빙연결이 누락된 것을 확인하였다. 아래 [적격증빙별 전표증빙]과 같이 누락된 증빙 연결후 2025년 한 해 동안 지출될 신용카드의 손익계산서 합계금액은 얼마인가?

> [적격증빙별 전표증빙]
> 10.신용카드(법인) - 8.신용카드매출전표(법인)
> 11.신용카드(개인) - 8A.신용카드매출전표(개인)

① 1,670,000원 ② 2,630,000원
③ 3,300,000원 ④ 4,300,000원

10 (주)동아자전거 본점은 매월 수입 및 지출에 대해 일자별자금계획을 수립하고 있다. 2025년 5월 고정적으로 지출되는 금액은 2025년 4월과 비교하여 얼마나 감소하였는가?

① 100,000원 ② 200,000원
③ 300,000원 ④ 400,000원

11 (주)동아자전거 본점의 한 해 동안 수도광열비(판매관리비) 계정을 가장 많이 사용한 분기가 언제인지 고르시오.

① 1/4분기 ② 2/4분기
③ 3/4분기 ④ 4/4분기

12 (주)동아자전거 본점의 7월 31일 기준 재무상태표에 대한 설명으로 옳은 것은 무엇인가?

① 부채의 총합계 금액은 9,408,100,000원 이다.
② 자본의 총합계 금액은 14,295,449,055원 이다.
③ 매출채권의 대손충당금 합계액은 5,271,310원 이다.
④ 현금 및 현금성자산의 합계액은 96,575,000원 이다.

13 (주)동아자전거 본점의 2025년 상반기 손익계산서에 대한 설명 중 옳지 않은 것은?

① 당기상품매입액은 전기에 비해 감소하였다.
② 판매관리비가 증가하면 당기순이익도 증가한다.
③ 이자비용이 영업외비용으로 200,000원 발생하였다.
④ 판매관리비 중 가장 많은 비용이 발생한 계정은 상여금이다.

14 다음 [보기] 내용을 참고하여 고정자산등록 메뉴에 입력한 후 비품 자산의 당기 감가상각비 금액을 조회하면 얼마인지 고르시오.

> (주)동아자전거 본점은 2025년 6월 1일에 비품자산 [21200009.팩스기]를 취득부대비용 포함하여 2,400,000원에 신규 취득하였다. (상각방법 : 정액법, 내용연수 : 5년)

① 280,000원 ② 599,000원
③ 768,104원 ④ 1,048,104원

15 (주)동아자전거 본점의 부가세 신고 방법에 대한 설명으로 옳지 않은 것을 고르시오.

① 관할세무서는 서초세무서 이다.
② 업태는 도소매이며 종목은 소프트웨어이다.
③ 부가세 신고유형은 사업자단위과세 신고를 채택하고 있다.
④ 부가세 신고는 각 사업장별로 하고 납부는 주사업장에서 진행한다.

16 (주)동아자전거 본점의 2025년 2기 부가가치세 예정신고시 세금계산서합계표를 작성하였다. 다음 중 세금계산서 합계표에 대한 설명으로 옳지 않은 것을 고르시오.

① 매출세금계산서의 부가세액 총합계는 48,000,000원이다.
② (주)한동테크 거래처에 발급한 세금계산서는 총 3매이다.
③ 민호빌딩(주) 거래처에 수취한 세금계산서 매수는 총 1매이다.
④ 매입세금계산서 중 전자세금계산서외 거래건의 부가세 합계액은 435,000원이다.

17 (주)동아자전거 본점의 2025년 1기 부가가치세 확정신고시 매입세액 불공제내역 서식에 작성된 불공제 사유구분이 아닌 것을 고르시오.

① 접대비관련매입세액
② 필요적 기재사항 누락
③ 비영업용소형승용차구입 및 유지
④ 금, 구리 스크랩 거래계좌 미사용 관련 매입세액

18 (주)동아자전거 본점의 2025년 1기 부가가치세 예정신고 기간에 카드로 자산을 매입한 거래 건이 발생하였다.
다음 중 어느 거래처에서 발생한 거래인지 고르시오.

① 00012.한국컴퓨터
② 00015.오피스세상
③ 00070.나라오피스
④ 00093.대한유통(주)

19 (주)동아자전거 본점은 부동산임대업을 겸업하고 있어 부가가치세 신고시 간주임대료를 포함하여 신고하려고 한다. 2025년 2기 부가가치세 확정 신고 시 다음 [부동산임대내역]의 자료를 입력한 후 보증금이자(간주임대료)를 계산하면 얼마인지 고르시오. 단, 보증금이자(간주임대료) 계산시 소수점 이하는 절사한다.

[부동산임대내역]
• 동 : 1111065000.서울특별시 종로구 혜화동
• 층 / 호수 : 지상 3층 / 301호
• 상호(성명) : (주)중원
• 면적 / 용도 : 200㎡ / 사무실
• 임대기간 : 2025/10/01 ~ 2026/09/30
• 보증금 : 150,000,000원
• 월세 : 2,200,000원
• 관리비 : 250,000원
(이자율은 3.5%로 계산한다.)

① 970,994원
② 1,323,287원
③ 8,440,000원
④ 8,443,442원

20 (주)동아자전거 본점의 2025년 1기 부가가치세 예정신고 기간에 발행한 신용카드매출액 중 세금계산서가 발급된 금액은 얼마인가?

① 2,000,000원
② 2,500,000원
③ 3,000,000원
④ 3,500,000원

제105회

ERP정보관리사 회계 2급 기출문제

2024년 11월 23일

경영혁신과 ERP

01 인공지능 기반의 빅데이터 분석기법에 대한 설명으로 적절하지 않은 것은?

① 텍스트마이닝 분석을 실시하기 위해서는 불필요한 정보를 제거하는 데이터 전처리(data preprocessing) 과정이 필수적이다.
② 텍스트마이닝은 자연어(natural language) 형태로 구성된 정형데이터에서 패턴 또는 관계를 추출하여 의미 있는 정보를 찾아내는 기법이다.
③ 데이터마이닝은 대규모로 저장된 데이터 안에서 다양한 분석기법을 활용하여 전통적인 통계학 이론으로는 설명이 힘든 패턴과 규칙을 발견한다.
④ 데이터마이닝은 분류(classification), 추정(estimation), 예측(prediction), 유사집단화(affinity grouping), 군집화(clustering)의 5가지 업무영역으로 구분할 수 있다.

02 [보기]에서 설명하는 RPA 적용단계는 무엇인가?

> 빅데이터 분석을 통해 사람이 수행하는 복잡한 의사결정을 내리는 수준이다.
> 이것은 RPA가 업무 프로세스를 스스로 학습하면서 자동화하는 단계이다.

① 인지자동화　② 데이터전처리
③ 기초프로세스 자동화　④ 데이터 기반의 머신러닝(기계학습) 활용

03 ERP 도입 목적에 대한 설명으로 가장 적절하지 않은 것은?

① 고객 요구에 대한 조직의 일관적이고 신속한 대응
② 급변하는 경영환경의 변화와 정보기술의 발전에 대응
③ 회계·인사·생산·물류 등 각 분야별 독립적인 업무 처리
④ 복잡해지는 기업 환경에 따라 통합 업무처리시스템의 필요성 증대

04 ERP 구축 전에 수행되는 단계적으로 시간의 흐름에 따라 비즈니스 프로세스를 개선해가는 점증적 방법론은 무엇인가?

① ERD(Entity Relationship Diagram)　② BPI(Business Process Improvement)
③ MRP(Material Requirement Program)　④ SFS(Strategy Formulation & Simulation)

재무회계 이론

05 회계의 기본가정으로 옳은 것은?

> 기업실체 존속기간을 일정한 단위로 분할하여 각 기간에 대한 경제적 의사결정에 유용한 정보를 보고하는 것이다.

① 기업실체의 가정
② 계속기업의 가정
③ 기간별 보고의 가정
④ 화폐단위 측정의 가정

06 [보기]의 (　　　)에 들어갈 수 있는 계정과목은?

> ▪ 김대리 : 전기대비 영업이익은 증가하였는데 당기순이익이 감소한 원인은 무엇인가요?
> ▪ 박사원 : 당기순이익이 감소한 원인은 (　　)이(가) 증가하였기 때문입니다.

① 급여
② 이자비용
③ 매출원가
④ 여비교통비

07 [보기]는 무엇에 대한 설명인가?

> 모든 거래내용을 발생한 순서대로 분개하는 장부로, 총계정원장에 전기하는데, 기초가 되는 장부이다.

① 계정
② 분개장
③ 역사적원가
④ 거래의 이중성

08 미수수익을 장부에 기장하는 것을 누락한 경우에는 재무제표에 어떠한 영향은 미치는가?

① 수익이 과대계상 된다.
② 수익이 과소계상 된다.
③ 자산이 과대계상 된다.
④ 부채가 과소계상 된다.

09 [보기]는 ㈜생산성에서 구입한 명절선물세트 구매영수증이다. (가), (나)의 계정과목으로 적절한 것은?

- (가) 명절선물세트를 ㈜생산성 직원에게 제공하는 경우
- (나) 거래처 직원 명절선물로 제공하는 경우

영 수 증

2024.09.01

ABC 마트 Tel. 02)123-5555
서울시 행복구 행복로 1길
123-45-67891

종명	수량	단가	금액
명절선물세트			1,500,000
		합계	**1,500,000**

감사합니다.

① (가)복리후생비 (나)접대비
② (가)접대비 (나)복리후생비
③ (가)복리후생비 (나)기부금
④ (가)기부금 (나)복리후생비

10 ㈜생산성에 근무하는 홍길동 사원에게 2025년 7월 출장 시, 출장비를 가지급금으로 지급하고 7월 31일에 여비 정산 후 여비 잔액을 현금으로 반납받았다. [보기]를 참고하여, 회계처리로 옳은 것을 고르시오.

- 출장기간: 2025.07.02.~2025.07.03.
- 출장비 지급일자: 2025.07.02.
- 정산일자: 2025.07.31.
- 출장비: 400,000원
- 실제소요액: 숙박비 150,000원, 유류비 100,000원, 식비 60,000원
- 여비반납액: 90,000원

①	2025.07.02.	(차)	가지급금	310,000원	(대)	현금	310,000원
②	2025.07.02.	(차)	여비교통비	310,000원	(대)	현금	220,000원
						여비반납액	90,000원
③	2025.07.31.	(차)	여비교통비	310,000원	(대)	가지급금	400,000원
			현금	90,000원			
④	2025.07.31.	(차)	현금	90,000원	(대)	가지급금	90,000원

11 [보기]의 제시된 자료를 이용하여, 결산 시 인식하여야 하는 외화환산이익(손실)을 계산하면 얼마인가?

- 2025. 9. 10 : $20,000(만기 2년) 외화장기차입금 발생

- 환율정보
  2025. 9. 10 : ₩1,100/$
  2025. 12. 31 : ₩1,000/$

① 외화환산이익 1,000,000원 ② 외화환산손실 1,000,000원
③ 외화환산이익 2,000,000원 ④ 외화환산손실 2,000,000원

12 [보기]의 (가)와 (나)에 들어갈 내용으로 옳은 것은?

단기매매증권을 취득하면서 발생한 수수료는 (가)(으)로 처리하고, 건물을 취득하면서 발생한 취득세는 (나) (으)로 처리한다.

① (가)단기매매증권 (나)건물 ② (가)단기매매증권 (나)세금과공과
③ (가)수수료비용 (나)건물 ④ (가)수수료비용 (나)세금과공과

13 원자재 가격 상승으로 상품의 매입단가가 계속 오르고 있다. 이때 선입선출법에 의하여 재고자산을 평가할 경우, 이동평균법과 비교하여 재무제표에 미치는 영향으로 옳지 않은 것은?

① 당기의 순이익이 과소 계상된다. ② 당기의 매출원가가 과소 계상된다.
③ 차기의 기초상품재고액이 과대 계상된다. ④ 당기의 기말상품재고액이 과대 계상된다.

14 [보기]의 일반기업회계기준 - 유가증권에 대한 설명 중 (㉠), (㉡)에 들어갈 내용을 고르시오.

만기가 확정된 채무증권으로 상환금액이 확정되거나 확정이 가능하며 만기까지 보유할 적극적인 의도와 능력이 있는 것으로, 만기까지 보유할 경영자의 적극적인 의도와 기업의 보유능력을 필요조건으로 하는 유가증권을 (㉠)(이)라고 하며, 타 기업을 지배, 통제할 목적으로 타사 발행 의결권이 있는 주식의 20% 이상 취득시 당해 주식은 (㉡)(이)라고 한다.

① ㉠매도가능증권 ㉡만기보유증권 ② ㉠만기보유증권 ㉡지분법적용투자주식
③ ㉠지분법적용투자주식 ㉡단기매매증권 ④ ㉠단기매매증권 ㉡지분법적용투자주식

15 ㈜생산성은 영업용 건물을 구입하였고 그에 따른 취득세 800,000원을 현금으로 납부하였다. 분개로 적절한 것은?

① (차) 세금과공과 800,000원 (대) 현 금 800,000원
② (차) 건 물 800,000원 (대) 현 금 800,000원
③ (차) 취 득 세 800,000원 (대) 현 금 800,000원
④ (차) 수수료비용 800,000원 (대) 현 금 800,000원

16 ㈜생산성의 당기 지출 내역이다. [보기]의 자료 중 무형자산으로 기록할 수 있는 금액은 모두 얼마인가?

- 기존 다른 기업이 가지고 있는 상표권 구입 비용 10,000,000원
- 신제품 특허권 취득 비용 20,000,000원
- 신제품의 연구단계에서 발생한 재료 구입 비용 1,800,000원

① 20,000,000원
② 21,800,000원
③ 30,000,000원
④ 31,800,000원

17 [보기]의 거래에 대한 사채발행 시 분개로 옳은 것은?

- ㈜생산성출판사는 1월 1일 사채 액면총액 200,000원(@20,000)을 액면발행하고 납입금은 당좌예금에 예입하였다.
- 단, 사채발행비는 없다.
- 상환기간 3년, 연이율10%, 이자지급 연1회, 결산일 12월31일

① (차) 사　　채 200,000원　(대) 당 좌 예 금 200,000원
② (차) 현　　금 200,000원　(대) 사　　채 200,000원
③ (차) 차 입 금 200,000원　(대) 당 좌 예 금 200,000원
④ (차) 당 좌 예 금 200,000원　(대) 사　　채 200,000원

18 ㈜생산철강의 재무상태가 [보기]와 같은 경우 순자산(자본)의 총계는 얼마인가?

- 현　　금 50,000원
- 매입채무 35,000원
- 매출채권 30,000원
- 비　　품 80,000원
- 차 입 금 45,000원
- 재고자산 65,000원

① 115,000원
② 125,000원
③ 145,000원
④ 155,000원

19 상품 500,000원을 매입하고 대금은 현금 250,000원과 약속어음 250,000원을 발행하여 지급할 경우 발생할 내용으로 적절한 것은?

① 총자산과 총자본이 증가한다.
② 총자산과 총부채가 증가한다.
③ 총자산이 감소하고, 총자본은 감소한다.
④ 총자산이 감소하고, 총부채가 증가한다.

20 자본조정항목은 자본에서 가산되거나 차감하는 형식으로 표시된다. 성격이 다른 하나를 고르시오.

① 신주청약증거금
② 주식매수선택권
③ 미교부주식배당금
④ 자기주식처분손실

제105회

실무 기출문제

【기초데이터 다운로드】

① LG U+ 웹하드 사이트(www.webhard.co.kr) 접속한다.
② 나눔클래스 ID : class1234, PW : 1234를 입력하여 로그인한다.
③ [GUEST 폴더] ➡ [2025년 데이터 및 자료] ➡ [ERP정보관리사 2급]에서 '2025_ERP정보관리사 회계2급 기초데이터'를 바탕화면에 다운로드 받아 프로그램에 복원한다.
④ 프로그램에서 7105 ㈜제일자전거 박제일로 로그인하여 실무문제를 해결한다.

01 다음 중 사원등록에 대한 설명으로 옳지 않은 것을 고르시오.

① ERP를 운용할 수 없는 사원은 총 1명이다.
② 당사에 등록된 사원은 전부 동일한 부서에 소속되어 있다.
③ 김종민 사원은 승인전표를 승인해제 한 뒤에 금액 수정이 가능하다.
④ 박제일 사원은 조회권한이 회사 권한이므로 영업부의 전표를 조회할 수 있다.

02 당사에서 설정한 예산통제 구분은 무엇인지 고르시오.

① 결의부서 ② 사용부서
③ 프로젝트 ④ 예산관리 안 함

03 다음 회계관리 메뉴 중 [ERP13A03.김종민] 사원이 사용할 수 있는 메뉴는 무엇인지 고르시오.

① 분개장 ② 일월계표
③ 계정별원장 ④ 일자별자금계획입력

04 (주)제일자전거의 2025년 11월에 발생한 전표 중 전표상태가 '미결'인 전표는 총 몇 건인지 고르시오.

① 총 1건 ② 총 2건
③ 총 3건 ④ 총 4건

05 (주)제일자전거의 2025년 하반기 중에서 [40100.상품매출] 금액이 가장 많이 발생한 월은 언제인지 고르시오.

① 9월 ② 10월
③ 11월 ④ 12월

06 (주)제일자전거는 업무용승용차를 사원별로 관리하고 있다. 다음 중 [ERP13A02.박제일] 사원이 관리하고 있는 업무용승용차의 차량번호를 고르시오.

① 12A 8087 ② 12B 0927
③ 12B 0316 ④ 13B 0717

07 (주)제일자전거는 전년도 장부를 마감 후 2025년도로 이월하였다. 다음 중 전년도에서 이월한 [12000.미수금] 계정의 거래처별 내역이 일치하지 않은 것을 고르시오

① 00001.(주)성호기업 : 27,500,000원 ② 00004.(주)형광공업 : 8,000,000원
③ 00007.(주)나라상사 : 9,000,000원 ④ 00008.도민실업(주) : 11,000,000원

08 (주)제일자전거의 2025년 8월 31일 기준 외상매출금의 대손충당금으로 설정된 금액은 얼마인지 고르시오.

① 6,965,817원 ② 8,317,414원
③ 11,965,817원 ④ 12,000,677원

09 당사는 [82200.차량유지비] 계정에 사용부서를 'C1.사용부서' 관리항목으로 관리하고 있다. (주)제일자전거의 2025년 하반기 중 [82200.차량유지비] 계정의 지출금액이 가장 큰 부서는 어디인지 고르시오.

① 1001.재경부 ② 2001.영업부
③ 3001.생산부 ④ 4001.총무부

10 (주)제일자전거의 고정자산 중 차량운반구 [20800001.쏘렌토(12A8087)] 자산에 자산변동이 발생하였다.
2025년 8월 2일 발생한 자산 변동사항은 무엇인지 고르시오.

① 자본적지출 ② 사업장이동
③ 프로젝트이동 ④ 부분양도

11 2025년 2분기 동안 재경부에서 사용한 예산 중 집행율이 가장 큰 계정과목을 고르시오.
(단, 집행방식은 승인집행으로 조회)

① 81100.복리후생비 ② 81200.여비교통비
③ 81400.통신비 ④ 82200.차량유지비

12 (주)제일자전거는 거래처별 받을어음 관리를 하고 있다. 다음 중 2025.07.20. 만기도래하는 (주)주안실업 거래처에 발생한 어음번호로 옳은 것을 고르시오.
※ 받을어음명세서에서 조되회는 어음번호 기준으로 정답을 고르시오.

① 자가202502200001　② 자가202502200002
③ 자가202504060001　④ 자가202502200003

13 다음 중 (주)제일자전거에서 한 해 동안 상여금(판매관리비) 계정을 가장 많이 사용한 분기를 고르시오.

① 1/4분기　② 2/4분기
③ 3/4분기　④ 4/4분기

14 (주)제일자전거의 2025년 12월 말 결산 시 소모품의 기말 재고액은 2,000,000원이다. 장부의 금액을 확인 후 이와 관련된 2025년 12월 말 결산 수정분개로 가장 옳은 것을 고르시오.
(단, 소모품은 취득 시 자산처리 하였다.)

① 차변) 소 모 품 4,000,000원　대변) 소모품비 4,000,000원
② 차변) 소모품비 4,000,000원　대변) 소 모 품 4,000,000원
③ 차변) 소 모 품 6,500,000원　대변) 소모품비 6,500,000원
④ 차변) 소모품비 6,000,000원　대변) 소 모 품 6,000,000원

15 (주)제일자전거는 2025년 2기 부가가치세 확정신고 시 세금계산서합계표를 작성하였다. 다음 중 세금계산서 합계표에 대한 설명으로 옳지 않은 것을 고르시오.

① 매입 세금계산서의 부가세액 총합계는 9,400,000원 이다.
② (주)성호기업 거래처에 발급한 세금계산서는 총 2매 이다.
③ 유신상사(주) 거래처에 수취한 부가세액은 1,400,000원 이다.
④ (주)신흥전자에 매입한 전자세금계산서 중 전자 11일 경과 전송분이 1매 존재한다.

16 (주)제일자전거의 2025년 2기 부가가치세 확정신고 기간에 매입 세액을 공제받지 못하는 거래를 확인하였다.
다음 중 거래처와 불공제 사유를 올바르게 연결한 것을 고르시오.

① 00007.(주)나라상사 - 접대비관련매입세액　② 00007.(주)나라상사 - 사업과 관련없는 지출
③ 00014.한국식당 - 면세사업과 관련된분　④ 00014.한국식당 - 접대비관련매입세액

17 다음 [보기]의 거래내역을 전표입력 후 (주)제일자전거의 2025년 2기 부가가치세 예정신고 기간에 직수출한 원화금액은 얼마인지 고르시오.

- 회계단위 및 사업장 : [1000] (주)제일자전거
- 9월 13일 TOYOTA 거래처에 상품 ￥12,000 (JPY환율 ￥1당 900원)을 수출신고서(신고번호 12345-84-121212-X)에 의해 외상으로 직수출하였다. 매출액 계정은 [40102.해외매출액] 계정을 사용하였다.

① 10,800,000원
② 12,000,000원
③ 13,420,000원
④ 15,000,000원

18 (주)제일자전거의 2025년 2기 부가가치세 확정신고 시 매입에 대한 예정신고 누락분이 있음을 확인하였다.
위 과세기간에 예정신고 누락분 부가세액 합계 금액은 얼마인지 고르시오.

① 1,000,000원
② 1,100,000원
③ 1,200,000원
④ 1,300,000원

19 (주)제일자전거 사업장의 회계담당자가 당사의 부가세 신고 관련하여 관할 세무서를 확인하려 할 때 다음 중 어느 메뉴에서 확인 가능한지 고르시오.

① 회사등록
② 사업장등록
③ 시스템환경설정
④ 회계초기이월등록

20 (주)제일자전거의 2025년 2기 부가가치세 확정 신고 시 신용카드로 매입한 내역에 대한 설명으로 옳지 않은 것을 고르시오.

① 신용카드 매입에 사용된 카드는 전부 사업용 카드를 사용하였다.
② 신용카드 매입내역 중 고정자산 매입분 금액은 존재하지 않는다.
③ 2025년 2기 부가가치세 확정 신고 시 신용카드 매입이 발생한 거래처는 총 4개 거래처이다.
④ 신용카드로 매입한 내역은 부가세신고서 매입세액 → 그 밖의 공제매입세액에 불러올 수 있다.

제106회

ERP정보관리사 회계 2급 기출문제

2025년 01월 25일

경영혁신과 ERP

01 빅데이터의 주요 특성(5V)으로 옳지 않은 것은?

① 속도(Velocity)
② 규모(Volume)
③ 필수성(Vital)
④ 다양성(Variety)

02 챗봇(ChatBot)에 대한 설명으로 적절하지 않은 것은?

① 단순한 고객상담 등의 업무를 일부 대체할 수 있다.
② 대부분 대화형 인터페이스를 통해 서비스를 제공한다.
③ 법률자문, 헬스케어 등 다양한 분야에서 시장이 성장하고 있다.
④ 분산형 데이터베이스의 형태로 데이터를 저장하는 연결구조체를 의미한다.

03 ERP와 기존의 정보시스템(MIS) 특성 간의 차이점에 대한 설명으로 가장 적절하지 않은 것은?

① 기존 정보시스템의 업무범위는 단위업무이고, ERP는 통합업무를 담당한다.
② 기존 정보시스템의 전산화 형태는 중앙집중식이고, ERP는 분산처리구조이다.
③ 기존 정보시스템은 수평적으로 업무를 처리하고, ERP는 수직적으로 업무를 처리한다.
④ 기존 정보시스템은 파일시스템을 이용하고, ERP는 관계형 데이터베이스시스템(RDBMS)을 이용한다.

04 차세대 ERP의 비즈니스 애널리틱스(Business Analytics)에 관한 설명으로 가장 적절하지 않은 것은?

① 비즈니스 애널리틱스는 구조화된 데이터(structured data)만 분석대상으로 한다.
② ERP시스템의 방대한 데이터 분석을 위해 비즈니스 애널리틱스가 차세대 ERP의 핵심요소가 되고 있다.
③ 비즈니스 애널리틱스는 리포트, 쿼리, 대시보드, 스코어카드뿐만 아니라 예측모델링과 같은 진보된 형태의 분석기능도 제공한다.
④ 비즈니스 애널리틱스는 질의 및 보고와 같은 기본적 분석기술뿐만 아니라 예측 모델링과 같은 수학적으로 정교한 수준의 분석을 지원한다.

재무회계 이론

05 [보기]에서 설명하는 회계의 기본가정(전제조건)을 고르시오.

- 기업을 소유주와는 독립적으로 존재하는 회계단위로 간주한다.
- 하나의 기업을 하나의 회계단위의 관점에서 재무정보를 측정,보고한다.
- 소유주와 별도의 회계단위로서 기업실체를 인정하는 것이다.

① 회계분류의 가정 ② 계속기업의 가정
③ 기업실체의 가정 ④ 기간별 보고의 가정

06 [보기]의 내용이 설명하고 있는 것은?

회계정보가 신뢰성을 갖기 위해서는 그 정보가 기업의 경제적 자원과 의무 그리고 이들의 변동을 초래하는 거래나 사건을 충실하게 표현해야 한다.

① 중립성 ② 피드백가치
③ 검증가능성 ④ 표현의 충실성

07 [보기]의 오류가 당기 손익계산서에 미치는 영향으로 가장 적절한 것은?

정확한 기말재고금액은 120,000원이지만, 기말 재고자산을 150,000원으로 잘못 계상하였다.

① 매출원가 : 과대 / 당기순이익 : 과대 ② 매출원가 : 과대 / 당기순이익 : 과소
③ 매출원가 : 과소 / 당기순이익 : 과대 ④ 매출원가 : 과소 / 당기순이익 : 과소

08 ㈜생산성기업은 임차료 1년분(2025년 8월 1일부터 2026년 7월 31일까지)을 8월1일에 360,000원을 현금으로 지급하고 비용으로 처리하였다. 12월 31일 기말 결산 시의 임차료선급액은 얼마인가?

① 210,000원 ② 240,000원
③ 280,000원 ④ 360,000원

09 [보기]의 지급 내역 중 복리후생비는 총 얼마인가?

- 종업원 회식비 : 500,000원
- 거래처 선물대금 : 300,000원
- 회사의 인터넷통신 요금 : 200,000원
- 출장사원 고속도로 통행료 : 100,000원
- 총무팀 직원의 피복비 : 250,000원

① 250,000원 ② 750,000원
③ 800,000원 ④ 1,050,000원

10 [보기]에서 설명하는 계정과목은 무엇인가?

> 주문한 물품과 상이한 물품의 인도 또는 불량품 발생 등으로 인하여 판매물품의 거래처로부터 반송된 경우 그 금액

① 매출할인
② 매출환입
③ 매출에누리
④ 매출채권처분손실

11 [보기]의 거래요소 결합관계를 나타내는 거래로 옳은 것은?

> (차변) 자산의 증가 (대변) 부채의 증가

① 미지급한 퇴직금을 지급하다.
② 외상매출금을 어음으로 회수하다.
③ 외상매입금을 현금으로 지급하다.
④ 기계기구를 구매하고 대금은 1개월 후에 지급하기로 하다.

12 현금과부족의 원인을 조사한 결과 회계담당자가 실수하여 건물임대수익 ₩20,000을 받은 것이 누락되었음이 발견되었다. 분개로 옳은 것은?

①	(차)	현금과부족	20,000원	(대)	현금	20,000원
②	(차)	현금	20,000원	(대)	현금과부족	20,000원
③	(차)	임차료	20,000원	(대)	현금과부족	20,000원
④	(차)	현금과부족	20,000원	(대)	임대료	20,000원

13 물가가 지속해서 상승하는 경제 상황을 가정할 때, 다음 중 당기순이익이 가장 크게 계상되는 재고자산 가격결정방법 순서로 옳은 것은?

① 후입선출법 〉 이동평균법 〉 총평균법 〉 선입선출법
② 후입선출법 〉 총평균법 〉 이동평균법 〉 선입선출법
③ 선입선출법 〉 이동평균법 〉 총평균법 〉 후입선출법
④ 선입선출법 〉 총평균법 〉 이동평균법 〉 후입선출법

14 건물취득가액 40,000,000원, 내용연수 20년, 잔존가액 20%를 정액법에 의해 상각하면 해당 건물의 감가상각비는 얼마인가?

① 1,600,000원
② 2,000,000원
③ 2,600,000원
④ 3,100,000원

15 일반기업회계기준상 무형자산의 상각에 관한 내용으로 적절하지 않은 것은?

① 무형자산의 잔존가치는 없는 것을 원칙으로 하나, 예외도 존재한다.
② 무형자산의 상각방법은 정액법, 정률법 등 합리적인 방법을 적용할 수 있다.
③ 무형자산의 상각기간은 예외적인 경우를 제외하고는 10년을 초과할 수 없다.
④ 내부적으로 창출한 영업권은 원가의 신뢰성 문제로 자산으로 인정되지 않는다.

16 [보기] ㈜생산성의 매출관련 자료이다. 순매출액을 계산하면 얼마인가?

▪ 기초상품재고액	80,000원	▪ 총매입액	600,000원	▪ 총매출액	600,000원
▪ 매입에누리액	35,000원	▪ 매출환입액	70,000원	▪ 매입환출액	60,000원
▪ 매출에누리액	50,000원	▪ 기말상품재고액	70,000원		

① 460,000원　　② 480,000원
③ 510,000원　　④ 530,000원

17 [보기]는 당기의 자산과 부채의 변동액이다. 기말자본금은 얼마인가?

▪ 기 초 자 산	300,000원	▪ 당기자산증가분	180,000원
▪ 기 초 부 채	120,000원	▪ 당기부채감소분	60,000원

① 420,000원　　② 480,000원
③ 500,000원　　④ 520,000원

18 소유하고 있던 ㈜생산성기업의 발행 주식 3,000주에 대한 배당금 900,000원을 현금으로 받은 경우, 옳은 분개는?

① (차) 현금 900,000원 (대) 배당금수익 900,000원
② (차) 현금 900,000원 (대) 수수료수익 900,000원
③ (차) 현금 900,000원 (대) 이자수익 900,000원
④ (차) 현금 900,000원 (대) 당기손익증권 900,000원

19 영업활동의 사무실 전기요금 300,000원을 보통예금 계좌에서 자동이체 납부된 경우 옳은 분개는?

① (차) 수도광열비 100,000원 (대) 현금 100,000원
② (차) 복리후생비 100,000원 (대) 보통예금 100,000원
③ (차) 보통예금 100,000원 (대) 수도광열비 100,000원
④ (차) 수도광열비 300,000원 (대) 보통예금 300,000원

20 [보기]에서 설명하는 계정과목은 무엇인가?

> 물품의 판매에 있어서 판매한 상품 또는 제품에 대한 부분적인 감량 · 변질 · 파손 등에 의하여 매출가액에서 직접 공제하는 금액

① 매출할인
② 매출환입
③ 매출에누리
④ 매출채권처분손실

제106회

실무 기출문제

【기초데이터 다운로드】
① LG U+ 웹하드 사이트(www.webhard.co.kr) 접속한다.
② 나눔클래스 ID : class1234, PW : 1234를 입력하여 로그인한다.
③ [GUEST 폴더] ➡ [2025년 데이터 및 자료] ➡ [ERP정보관리사 2급]에서 '2025_ERP정보관리사 회계2급 기초데이터'를 바탕화면에 다운로드 받아 프로그램에 복원한다.
④ 프로그램에서 7106 ㈜인화자전거 홍길동으로 로그인하여 실무문제를 해결한다.

01 당사의 시스템환경설정에 대한 설명으로 옳지 않은 것을 고르시오. (단, 시스템환경설정은 추가 변경하지 않는다.)

① 수량의 소숫점 자리수는 2자리로 설정 하였다.
② 예산통제구분값은 '사용부서'로 설정 하였다.
③ 전표를 입력 후 전표 복사 기능을 사용할 수 없다.
④ 고정자산 상각 시 비망가액을 설정하여 관리 할 수 있다.

02 다음 중 당사의 계정과목에 대한 설명으로 옳지 않은 것을 고르시오.

① [20100.토지] 계정은 비상각 계정과목이다.
② [25900.선수금] 계정은 거래처를 필수 입력하도록 설정하였다.
③ [81100.복리후생비] 계정은 세목으로 세분화하여 관리하고 있다.
④ [84800.잡비] 계정은 전표입력 시 증빙을 필수 입력하도록 설정하였다.

03 다음 중 당사의 부서등록과 사원등록에 대한 설명으로 옳지 않은 것을 고르시오.

① ERP를 운용할 수 없는 사원은 총 2명이다.
② 당사에 등록된 부문은 ㈜인화자전거 본점, ㈜인화자전거 지점 2개 이다.
③ 전윤호 사원은 차대가 일치하는 전표를 입력 시 승인전표로 반영된다.
④ 김종민 사원은 조회권한이 사업장 권한으로 영업부의 전표도 조회할 수 있다.

04 (주)인화자전거 본점의 2025년 1월부터 4월까지 [40100.상품매출] 금액이 가장 많이 발생한 월은 언제인지 고르시오.

① 1월　　② 2월
③ 3월　　④ 4월

05 (주)인화자전거 본점은 업무용승용차를 사원별로 관리하고 있다. 다음 중 [ERP13A02.홍길동] 사원이 관리하고 있는 업무용 승용차의 경비구분이 800번대인 차량번호를 고르시오.

① 12가 0102 ② 14가 0717
③ 17가 8087 ④ 34가 0616

06 (주)인화자전거 본점의 손익계산서에서 2025년 한 해 동안 [81100.복리후생비] 계정이 가장 많이 발생한 분기를 고르시오.

① 1/4분기 ② 2/4분기
③ 3/4분기 ④ 4/4분기

07 2025년 4월 한 달간 현금 입금액과 출금액은 얼마인지 고르시오.

① 입금액 : 5,000,000원, 출금액 : 3,440,000원
② 입금액 : 5,000,000원, 출금액 : 7,105,000원
③ 입금액 : 102,860,000원, 출금액 : 7,105,000원
④ 입금액 : 107,860,000원, 출금액 : 10,545,000원

08 (주)인화자전거 본점은 결산 시 외화예금 통장의 외화금액을 평가하여 재무제표에 반영하고자 한다. 2025년 12월 말 결산 시 기준 환율이 1$당 1,100원 일 때, 외화환산손익은 얼마인지 고르시오.

① 외화환산 이익 : 75,000원 ② 외화환산 손실 : 75,000원
③ 외화환산 이익 : 250,000원 ④ 외화환산 손실 : 250,000원

09 (주)인화자전거 본점은 사용부서와 프로젝트로 복리후생비(판매관리비)를 관리하고 있다. 2025년 상반기 동안 [1001.재경부]부서에서 복리후생비(판매관리비)가 가장 많이 증가한 프로젝트를 고르시오.

① 1000.서울공장 ② 1002.부산공장
③ 1003.울산공장 ④ 1004.대전공장

10 (주)인화자전거 본점의 업무용승용차 [12가 0102.티볼리] 차량에 대하여 운행기록부를 작성하였다. 2025년 1월 한 달 동안 해당 차량의 업무사용비율을 고르시오.

① 67% ② 75%
③ 81% ④ 90%

11 당사는 반기 결산을 하는데 2025년 6월 말 결산 시 소모품 기말 재고액은 6,500,000원 이다. 장부의 금액을 확인한 후 결산분개를 입력한다고 할 때, 6월 말 결산 수정 분개로 옳은 것을 고르시오. (단 소모품 취득은 자산으로 처리하고 사용은 판관비로 처리했다.)

① (차)소 모 품 4,000,000원 (대)소모품비 4,000,000원
② (차)소 모 품 6,500,000원 (대)소모품비 6,500,000원
③ (차)소모품비 4,000,000원 (대)소 모 품 4,000,000원
④ (차)소모품비 6,500,000원 (대)소 모 품 6,500,000원

12 (주)인화자전거 본점의 2025년 상반기 손익계산서에 대한 설명 중 옳지 않은 것은?

① 매출액은 897,500,000원 이다.
② 당기 상품 매입액은 321,300,000원 이다.
③ 판매관리비가 감소하면 당기순이익도 감소한다.
④ 이자수익이 영업외수익으로 100,000원 발생하였다.

13 2025년 1분기 동안 (주)인화자전거 본점에서 현금 지출이 가장 많았던 판매관리비 계정과목은 무엇인가?

① 81100.복리후생비
② 81200.여비교통비
③ 82200.차량유지비
④ 82900.사무용품비

14 다음 [보기]내용을 참고하여 고정자산등록 메뉴에 입력한 후 당해 감가상각비 합계금액을 조회하면 얼마인지 고르시오.

> ㈜인화자전거 본점은 2025년 5월 1일에 비품자산 [21200009.팩스기]를 취득부대비용 포함하여 3,000,000원에 신규 취득하였다. (상각방법 : 정액법, 내용연수 : 5년)

① 400,000원
② 720,000원
③ 7,245,000원
④ 7,645,000원

15 (주)인화자전거 본점의 부가세 신고 방법에 대한 설명으로 옳지 않은 것을 고르시오.

① 관할세무서는 서초세무서 이다.
② 업태는 도소매이며 종목은 소프트웨어이다.
③ 부가세 신고 및 납부는 주사업장에서 진행한다.
④ 부가세 신고는 각 사업장별로 하고 납부는 주사업장에서 진행한다.

16 (주)인화자전거 본점의 2025년 2기 부가가치세 확정신고 시 세금계산서합계표를 작성하였다. 다음 중 세금계산서합계표에 대한 설명으로 옳지 않은 것을 고르시오.

① 매출세금계산서의 부가세액 총합계는 57,580,000원이다.
② 정우실업(유) 거래처에 수취한 세금계산서는 총 8매이다.
③ (주)성호기업 거래처에 발급한 부가세액은 24,200,000원이다.
④ 매입세금계산서 중 전자세금계산서외 거래건의 부가세 합계액은 53,000,000원이다.

17 (주)인화자전거 본점의 2025년 1기 부가가치세 예정신고 시 신용카드매출 거래건 중 세금계산서가 발급된 금액을 고르시오.

① 1,000,000원 ② 1,500,000원
③ 2,000,000원 ④ 2,500,000원

18 (주)인화자전거 본점의 2025년 1기 부가가치세 확정 신고에 대한 설명으로 옳지 않은 것은 무엇인가?

① 부가가치세 총괄납부사업장 이다.
② 고정자산 매입분은 세금계산서 수취분만 존재한다.
③ 과세표준 매출세액의 부가세 합계액은 402,000,000원이다.
④ 1기 부가가치세 확정신고 시 납부할 세액은 24,150,000원이다.

19 (주)인화자전거 본점은 부동산임대업을 겸업하고 있어 부가가치세 신고 시 간주임대료를 포함하여 신고하려고 한다. 2025년 2기 부가가치세 확정 신고 시 다음 [부동산임대내역]의 자료를 입력한 후 보증금이자(간주임대료)를 계산하면 얼마인지 고르시오. 단, 보증금이자(간주임대료) 계산 시 소수점 이하는 절사한다.

[부동산임대내역]
■ 동 : 1111065000.서울특별시 종로구 혜화동
■ 층 / 호수 : 지상 3층 / 301호
■ 상호(성명) : 도민실업(주)
■ 면적 / 용도 : 200㎡ / 사무실
■ 임대기간 : 2025/10/01 ~ 2026/09/30
■ 보증금 : 270,000,000원
■ 월세 : 3,000,000원
■ 관리비 : 700,000원
(이자율은 3.5%로 계산한다.)

① 2,381,917원 ② 1,998,278원
③ 2,031,458원 ④ 2,066,141원

20 (주)인화자전거 본점의 2025년 2기 부가가치세 예정신고 시 발생하지 않은 세무구분을 고르시오.

① 11.과세매출 ② 17.카드매출
③ 25.수입 ④ 28.현금영수증매입

제5장 기출문제

국가공인 정보관리사 ERP 회계2급

정답과 해설

MEMO

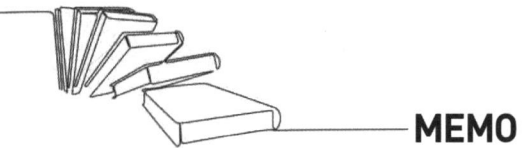

단원 기본문제 (경영혁신과 ERP)

01	④	02	③	03	②	04	③	05	①
06	①	07	①	08	③	09	④	10	①
11	③	12	②	13	②	14	③	15	③
16	③	17	②	18	④	19	①	20	④
21	④	22	③	23	④	24	③	25	①
26	④	27	①	28	②	29	③	30	①
31	③	32	③	33	②	34	③	35	①
36	③								

해설

01. ④ BPR(업무재설계)에 대한 설명이다.
02. ③ 개방형 정보시스템 구성으로 자율성, 유연성 극대화
03. ② 국내용 패키지 ERP도 다통화가 지원된다.
04. ③ 인터넷 사용요금의 감소는 ERP 도입의 직접적 역할이 아니다.
05. ① ERP는 생산, 회계, 인사 등의 업무프로세스를 지원하는 통합시스템이다.
06. ② IT중심의 프로젝트로 추진하지 말라.
③ 단기간의 효과위주로 구현하지 말라.
④ 업무단위별로 추진하지 말라.
07. ① 업무 단위별 추진하지 말고 통합 추진하여야 한다.
08. ③ 기업 내 각 영역의 업무프로세스를 지원하고 통합 업무처리의 강화를 추구하는 시스템이다.
09. ④ 의사결정의 신속성으로 인한 정보 공유의 공간적, 시간적 한계가 없다.
10. ① AS-IS파악 및 TFT결성은 분석단계에서 이루어진다.
11. ③ 커스터마이징(Customizing)은 설계 단계에서 수행한다.
12. ② 패키지를 설치하고 인터페이스 문제를 논의하는 것은 설계단계에서 한다.
13. ② 상용화 패키지에 의한 ERP시스템 구축에는 자체 개발인력을 보유할 필요가 없다.
14. ③ 데이터베이스 클라우드 서비스와 스토리지 클라우드 서비스는 IaaS에 속한다.
15. ③ IT아웃소싱 업체에 종속성(의존성)이 생길 수 있다는 단점이 있다.
16. ③ 비즈니스 애널리틱스(Business Analytics)에 대한 설명이다.
17. ② ERP 시스템의 유지보수비용은 ERP 시스템 구축 초기보다 감소할 것이다.
18. ④ 커스터마이제이션(Customization)에 대한 설명이다. 컨피규레이션(Configuration)은 사용자가 원하는 작업방식으로 소프트웨어를 구성하는 것으로 파라미터(parameters)를 선택하는 과정이다.
19. ① BPR은 급진적으로 비즈니스 프로세스를 개선하는 방식인데 반해 BPI는 점증적으로 비즈니스 프로세스를 개선하는 방식이다.
20. ④ 조직 내의 인적자원들이 축적하고 있는 개별적인 지식을 체계화하고 공유하기 위한 정보시스템은 지식관리시스템(Knowledge Management System)이다.
21. ④ 확장된 ERP 환경에서 CRM시스템은 마케팅(marketing), 판매(sales) 및 고객서비스(customer service)를 자동화한다.
22. ③ 시스템의 수정과 유지보수가 지속적으로 가능한 것은 ERP 자체개발 방식이다. ERP 자체개발 방식은 사용자 요구사항을 충실하게 반영이 가능하다.
23. ④ 총소유비용(Total Cost of Ownership)이라 한다.
24. ③ 트랜잭션이 아닌 비즈니스 프로세스에 초점을 맞추어야 한다. 사용자에게 시스템 사용법과 새로운 업무처리방식을 모두 교육해야 한다.
25. ① 프로젝트 주도권이 컨설턴트에게 넘어갈 수 있는 단점이 있다.
26. ④ 필요한 어플리케이션을 지원받지 못하거나 설치하는데 제약이 있을 수 있다.
27. ① IT 인프라 자원을 클라우드 서비스로 빌려 쓰는 형태을 IaaS라 한다
28. ② 폐쇄형 클라우드는 주로 대기업에서 데이터의 소유권 확보와 프라이버시 보장이 필요한 경우 사용된다.
29. ③ 빅데이터 처리과정은 데이터(생성) → 수집 → 저장(공유) → 처리 → 분석 → 시각화이다.
30. ① 실제 세계와 가상세계의 통합시스템을 사이버물리시스템이라 한다.
31. ③ 공장운영관리에 대한 설명이다.
32. ③ 연결주의 시대도 학습에 필요한 빅데이터와 컴퓨팅 파워의 부족이라는 한계를 극복하지 못하였다.
33. ② 지도학습 방법에는 분류모형과 회귀모형이 있다.
34. ③ 3단계 인지자동화는 빅데이터 분석을 통해 사람이 수행한 복잡한 의사결정을 내리는 수준이다. 이것은 RPA가 업무 프로세스를 스스로 학습하면서 자동화하는 단계이다.
35. ① 인공지능 비즈니스 적용 프로세스(5단계)는 비즈니스 영역 탐색, 비즈니스 목표 수립, 데이터 수집 및 적재, 인공지능 모델 개발, 인공지능 배포 및 프로세스 정비 등이다.
36. ③ 인공지능이 개인, 가족, 지역 사회의 데이터 권리 또는 개인정보를 감소시켜서는 안 된다.

단원 기본문제 (재무회계의 이해 I)

01	①	02	③	03	④	04	③	05	①
06	①	07	②	08	②	09	①	10	②
11	③	12	①	13	③				

해설

01. ① 분개 → 전기 → 시산표 작성 → 정산표 작성 → 재무제표 작성
02. ③ 시산표는 전기의 오류를 한변의 금액차이로 발견한다.
03. ④ 왼쪽을 차변, 오른쪽을 대변이라 한다.
04. ③ 일반 기업회계기준의 재무제표는 재무상태표, 손익계산서, 현금흐름표, 자본변동표로 구성되며, 주석이 포함된다.
05. ① 자산의 증가는 자산계정 차변에 자산의 감소는 자산계정 대변에 기입한다.
06. ① 유동성장기부채는 유동부채이고, 이연법인세부채, 퇴직급여충당부채, 장기제품보증충당부채는 비유동부채이다.
07. ② 주식할인발행차금계정은 자본조정에 해당한다.
08. ② 손익계산서는 일정기간 동안 재무성과(경영성과)에 대한 정보를 제공해주는 재무제표이다.
09. ① 현금흐름표는 현금흐름 정보를 제외하고 발생주의 원칙에 의해서 작성되는 기본재무제표이다.
10. ② 재무제표정보는 수치를 통해 나타나기 때문에 그 분석자료는 수치로 나타낼 수 없는 부분에 문제점이 있다.
11. ③ 고용계약은 회계상 거래가 아니다.
12. ① 임차료는 판매비와관리비이다.
13. ③ 재무상태표는 일정시점(정태적)이고, 손익계산서, 현금흐름표, 자본변동표는 일정기간(동태적)이다.

단원 기본문제 (재무회계의 이해II)

01	①	02	①	03	④	04	④	05	③
06	④	07	②	08	①	09	①	10	③
11	②	12	④	13	③				

해설

01. ① 외상매출금과 받을어음은 매출채권으로 통합표시한다.
02. ① 매출채권(외상매출금, 받을어음), 기타채권(대여금, 미수금)
03. ④ ㉠ 총매입액 - (환출 및 매입에누리·매입할인) = 순매입액
400,000 - (30,000 + 25,000) = 345,000
㉡ 기초상품재고액 + 순매입액 - 기말상품재고액 = 매출원가
70,000 + 345,000 - 50,000 = 365,000
04. ④ 순실현가능가치가 장부가액보다 떨어진 경우에 발생한다.
05. ③ 재고자산은 유동자산으로 분류되고 취득과 관련된 원가는 당기 비용으로 처리하지 않고 취득원가에 포함한다.
06. ④ 수선유지비용은 수선비(비용)로 처리한다.
07. ② (차) 감가상각누계액 1,200,000 (대) 기 계 장 치 1,800,000
감 가 상 각 비 (150,000) 유형자산처분이익 350,000
현 금 800,000
또는 1,200,000 ÷ 4년 = 300,000(1년분 감가상각비)
$300,000 \times \frac{6}{12}$ = 150,000(6개월 감가상각비)
08. ① 유형자산 중 토지와 건설중인자산은 감가상각을 하지 않는다, 기계장치를 당기에 신규로 취득하여 설치 완료 후 사용 전 에는 감가상각을 하지 않고 사용하면 감가상각을 하여야 한다.
09. ① (차) 당 좌 예 금 ××× (대) 사 채 ×××
사채할인발행차금 ×××
10. ③ (20,000주 × @5,000) + (1,000주 × @5,000) = 105,000,000
11. ② 구입시 : (차변) 소모품(자산의 증가) (대변) 현금(자산의 감소) 이므로 자산총액은 변동이 없다.
12. ④ 매출과 관련된 광고선전비, 접대비는 판매비와 관리비로 분류하고 기부금은 영업외비용으로 분류한다.
13. ③ 물가 상승시 재고자산 평가방법에 후입선출법을 적용해야 이익이 적게 표시되므로 보수주의로 회계처리 한 것이다.

단원 기본문제 (재무회계 프로세스의 이해)

01	③	02	①	03	①	04	③	05	④
06	④	07	②	08	①	09	①	10	②
11	③	12	③						

해설

01. ③ 외상매출금(12,320,000) + 받을어음(20,600,000) = 매출채권(32,920,000)
02. ① 40101국내매출액은 상품매출이고, 40401국내매출액은 제품매출이다.
03. ① $27,000,000 \times 0.451 \times \frac{9}{12}$ = 9,132,750
04. ③ 퇴직급여충당부채를 먼저 대체하고 부족액은 퇴직급여로 한다.
05. ④ 퇴직급여충당부채를 먼저 대체하고 부족액은 퇴직급여로 한다.
06. ④ 매출채권잔액 × 대손율 - 대손충당금잔액 = 대손추가설정액
(94,000,000 + 58,000,000) × 0.03 - (1,200,000 + 500,000)
= 2,860,000
07. ② 매출채권잔액 × 대손율 - 대손충당금잔액 = 대손추가설정액
(94,000,000 + 58,000,000) × 0.02 - (1,200,000 + 500,000)
= 1,340,000
08. ① $1,000,000 \times 0.12 \times \frac{3}{12}$ = 30,000
09. ① $1,000,000 \times 0.12 \times \frac{2}{12}$ = 20,000
10. ② 계정과목등록의 세목추가에서 한다.
11. ③ 미사용소모품 계상은 수동결산이고 나머지는 자동결산이다.
12. ③ 액면 5,000원인 주식 5,000주를 1주당 8,000원에 발행하여 보통예금통장에 40,000,000원이 입금되었다.

단원 기본문제 (세무회계 프로세스의 이해)

01	④	02	①	03	②	04	④	05	③
06	①								

해설

01. ④ 5,100,000원이 아니고, 51,000,000원이다.
02. ① 금액 접대비 2,200,000원, 부가세대급금 0원이다.
03. ② 공장화물차의 유류대를 지급하고 세금계산서를 수취한 것은 매입세액공제가 된다.
04. ④ 수입하고 세관장으로부터 수입세금계산서를 수령하면 세무구분이 [25.수입]이다.
05. ③ ① 본 신고서는 2013년 1기 확정 부가세신고서이다.
② 매입세액 전체 금액인 2,000,000원 중 1,500,000원을 공제받을 수 있다.
④ 4월 1일부터 3개월간 과세매출로 세금계산서를 발행한 금액은 51,000,000원이다.
06. ① 승용차, 접대비, 업무무관은 공제받지못할 매입세액이다.

(92-2022.09.24)

제92회 ERP정보관리사 회계2급 기출문제

[1부] 이론

01	①	02	④	03	③	04	③	05	③
06	①	07	①	08	③	09	②	10	④
11	②	12	③	13	④	14	③	15	③
16	②	17	①	18	③	19	②	20	④

해설

01. ① 구조화된 데이터와 비구조화된 데이터를 동시에 이용하여 과거 분석 및 이를 통한 새로운 제안과 미래 사업을 위한 시나리오를 제공하는 것은 비즈니스 애널리틱스이다.
02. ④ 정보보호가 중요하고, 열려있는 업무환경 확보
03. ③ 시스템의 수정과 유지보수가 지속적으로 이루어질 수 있는 것은 자체개발 방법의 장점이다.

04. ③ 빅데이터 5가지 주요 특성(5v)은 규모, 다양성, 속도, 정확성, 가치를 말한다.

05. ③ 선수금이란 거래처로부터 주문받은 상품 또는 제품을 인도하거나 공사를 완성하기 이전에 그 대가의 일부 또는 전부를 수취한 금액을 말하는 데, 수주공사 또는 수주품의 거래 및 기타의 일반적 상거래에서 발생한 판매대금의 선수액을 말한다.

06. ① ㉠ 기초자산(5,000,000) - 기초부채(4,000,000) = 기초자본(1,000,000)
㉡ 기말자산(15,000,000) - 기말부채(6,200,000) = 기말자본(8,800,000)
㉢ 기말자본(8,800,000) - 기초자본(1,000,000) = 순이익(7,800,000)
㉣ 총수익(8,100,000) - 총비용(300,000) = 순이익(7,800,000)

07. ① 제품은 재고자산으로 분류한다.

08. ③ 기계기구의 감가상각비를 판매비와 관리비로 회계처리할 경우 매출원가는 감소하고, 매출총이익이 증가한다.

09. ② 결산 절차는 시산표의 작성, 결산정리사항의 수정, 정산표의 작성, 총계정원장의 마감, 분개장과 기타 보조부의 마감, 보고서의 작성으로 진행된다.

10. ④ 급여, 복리후생비, 대손상각비, 세금과공과, 광고선전비, 접대비, 여비교통비는 판매비와 관리비에 속한다.

11. ② 판매용은 상품으로, 직원 업무용은 비품으로 회계처리한다.

12. ③ 당좌예금(150,000원) + 타인발행수표(100,000원) = 현금및현금성자산(250,000원)

13. ④ 장기차입금은 채무이므로 회수불능과 같은 일은 발생하지 않기에 대손설정을 하지 않는다.

14. ③ 매도가능증권평가손실은 일반기업회계기준에서 자본항목인 기타포괄손익누계액으로 분류되기 때문에 당기손익에 영향을 미치지 않는다.

15. ③ ㉠ $\frac{\text{취득원가}(1,000,000) - \text{잔존가치}(100,000)}{\text{내용연수}(10)}$ = 감가상각비(90,000)
㉡ 감가상각비(90,000) × 5년 = 감가상각누계액(450,000)
㉢ 취득원가(1,000,000) - 감가상각누계액(450,000) = 장부가액(550,000)

16. ② 기계장치 구입대금(300,000원) + 택배회사에 지급한 운반비(20,000원) + 설치비(20,000원) = 기계장치 취득원가(340,000)
※ 구입이후 수선비는 취득원가에 포함되지 아니한다.

17. ① ㉠

외상매입금

상환액	150,000	기초잔액	0
매입할인	5,000	외상매입	300,000
기말잔액	145,000		

㉡ 현금 매입액은 매입채무와 관련이 없다.

18. ③ ㉠ 자본금(1,000,000) × 현금 배당(0.07) = 미지급배당금(70,000)
㉡ 자본금(1,000,000) × 주식 배당(0.03) = 미교부주식배당금(30,000)
㉢ 현금배당(70,000) × $\frac{1}{10}$ = 이익준비금(7,000)
㉣ 미지급배당금(70,000) + 미교부주식배당금(30,000) + 이익준비금(7,000) = 처분이익잉여금(107,000)

19. ② 기부금은 영업외비용에 해당한다. 영업외비용을 판매비와 관리비로 처리하며, 영업이익(매출총이익 - 판매비와관리비)이 과소계상된다. 하지만, 매출총이익(매출 - 매출원가)이나 법인세차감전순이익에는 변화가 없다. 매출원가에 미치는 영향도 없다.

20. ④ 이익준비금은 상법의 규정에 따라 주식회사는 매 결산 시 현금배당의 1/10 이상의 금액을 자본금의 1/2에 달할 때까지 적립한다.

[2부] 실무

01	④	02	④	03	④	04	③	05	①
06	③	07	①	08	②	09	④	10	①
11	②	12	③	13	①	14	③	15	④
16	①	17	④	18	②	19	②	20	②

해설

01. ④ ㉠ [시스템관리] → [회사등록정보] → [사용자권한설정], 모듈구분(A. 회계관리) 조회
㉡ 화면 우측 사용가능한 메뉴에서 김종민 사원의 전표/장부관리 권한을 확인한다.

02. ④ ㉠ [시스템관리] → [회사등록정보] → [사원등록], 부서(공란) 조회
㉡ 김종민 사원은 회계전표 입력 시 대차차익이 발생하지 않으면 전표상태가 '미결'로 반영된다.

03. ④ ㉠ [회계관리] → [기초정보관리] → [계정과목등록]
㉡ 계정과목 중 11100.대손충당금은 11000.받을어음의 차감적 평가계정이다.

04. ③ [회계관리] → [결산/재무제표관리] → [기간별손익계산서] 반기별 탭 조회

05. ① [회계관리] → [전표/장부관리] → [현금출납장], 기표기간(2025/01/01~2025/01/31) 출금 월계

06. ③ ㉠ [회계관리] → [전표/장부관리] → [거래처원장], [잔액]탭
㉡ 계정과목(외상매출금), 기표기간(2025/01/01~2025/01/01), 거래처(Enter↵)~(Enter↵) 잔액을 확인한다.

07. ① ㉠ [회계관리] → [결산/재무제표관리] → [합계잔액시산표] 기간(2025/06/30) 계정별 탭 조회
㉡ 받을어음 잔액(674,300,000) × 대손율(0.01) - 대손충당금 잔액(2,320,000) = 대손설정액(4,423,000)
㉢ (차) 대손상각비 4,423,000 (대) 대손충당금 4,423,000

08. ② [회계관리] → [결산/재무제표관리] → [재무상태표], 기간(2025/03/31), 제출용 탭 조회

09. ④ ㉠ [회계관리] → [결산/재무제표관리] → [기간별손익계산서] 분기별 탭 조회
㉡ 판매관리비 중 직원급여는 101,400,000원 발생하였다.

10. ① ㉠ [회계관리] → [고정자산관리] → [고정자산등록]
㉡ 자산유형(비품), 자산코드(21200008), 자산명(에어컨), 취득일(2025/10/01), 취득원가(4,000,000), 상각방법(정액법), 내용연수(5), 경비구분(800번대) 일반상각비 또는 당기감가상각비 200,000원을 확인한다.

11. ② [회계관리] → [전표/장부관리] → [지출증빙서류검토표(관리용)], [집계]탭, 기표기간(2025/01/01~2025/12/31) 조회

12. ③ [회계관리] → [업무용승용차관리] → [업무용승용차 차량등록] 회계단위(1000. 본점) 조회

13. ① ㉠ [회계관리] → [전표/장부관리] → [일월계표] 일계표 탭 기간(2025/06/10 ~ 2025/06/30) 조회
㉡ 판매관리비에서 현금란 금액을 확인한다.

14. ③ ㉠ [회계관리] → [자금관리] → [지급어음명세서] 어음조회 탭
㉡ 발행일(2025/09/27~2025/09/27) 조회

15. ④ ㉠ [회계관리] → [전표/장부관리] → [매입매출장], [신고서기준]탭, 조회기간(2025/10/01~2025/12/31), 출력구분(매출) 조회
㉡ 우측 상단 [예정신고누락분 조회]버튼 클릭

16. ① ㉠ [회계관리] → [부가가치세관리] → [신용카드발행집계표/수취명세서] 신용카드발행집계표 탭
㉡ 기간(2025/01~2025/03), [불러오기]

17. ④ [회계관리] → [부가가치세관리] → [건물등감가상각자산취득명세서],

사업장(1000), 기간(2025/04~2025/06) 조회 [불러오기] 세액 확인

18. ② ㉠ [회계관리] → [부가가치세관리] → [부가세신고서], 사업장(1000), 기간(2025/04/01~2025/06/30) 조회 후 [불러오기] (또는 매입매출장)
㉡ 매입처별세금계산서합계표에 21.과세매입, 22.영세매입, 24.매입불공제, 25.수입 이 반영된다.
19. ② [시스템관리] → [회사등록정보] → [사업장등록] 신고관련사항 탭
20. ② ㉠ [회계관리] → [부가가치세관리] → [부동산임대공급가액명세서], 과세기간(2025/04~2025/06) 조회
㉡ 동(3017064000), 층(지상, 2), 호수(201), 상호(F2 우리소프트(주)), 면적(140), 용도(사무실), 임대기간(2025/05/01~2026/04/30), 보증금(100,000,000), 월세(2,000,000), 관리비(100,000), 이자율(3.5)%
㉢ 보증금이자(간주임대료) 584,931원 확인

(93-2022.11.26)

제93회 ERP정보관리사 회계2급 기출문제

[1부] 이론

01	②	02	①	03	③	04	②	05	③
06	④	07	②	08	②	09	①	10	③
11	③	12	①	13	④	14	②	15	④
16	③	17	②	18	③	19	④	20	④

해설

01. ② 급진적 재설계(BPR), 점증적 재설계(BPI)
02. ① 사물인터넷(Internet of Things)에 대한 설명이다.
03. ③ 시스템의 수정과 유지보수가 지속적으로 이루어질 수 있다. ERP자체개발 방법의 장점이다.
04. ② 상용화 패키지는 자체개발인력을 보유할 필요가 없다.
05. ③ 장기성예금은 투자자산에 해당한다.
06. ④ 매출총이익 - (판매비 및 일반관리비) = 영업이익

손 익 계 산 서

과 목	금 액
매출액	×××
매출원가	-×××
매출총이익	×××
판매관리비	-×××
영업이익	×××
영업외수익	×××
영업외비용	-×××
법인세차감전순이익	×××
법인세비용	-×××
당기순이익	×××

07. ② 현금흐름표는 일정기간 영업활동, 투자활동, 재무활동으로 구분 표시한다.
08. ② ㉠ $\frac{\text{취득원가}(20,000,000) - \text{잔존가치}(0)}{\text{내용연수}(5)}$ = 감가상각비(4,000,000)
㉡ 감가상각비(4,000,000) × 2.5년 = 감가상각누계액(10,0000,000)
㉢ 감가상각누계액 10,000,000 / 기 계 장 치 20,000,000
현 금 15,000,000 / 유형자산처분이익 5,000,000
09. ① ㉠ 현금 부족시
(차) 현금과부족 1,200,000 (대) 현 금 1,200,000
㉡ 기말 결산시
(차) 잡 손 실 1,200,000 (대) 현금과부족 1,200,000
10. ③ 자산, 부채, 자본은 차기로 이월된다. 기부금은 영업외비용이다.
11. ③ 현금(1,800,000) + 보통예금(2,000,000) + 당좌예금(3,000,000) = 현금및현금성자산(6,800,000)
12. ① 50주 × (7,500 - 7,000) = 25,000(단기매매증권처분이익)
13. ④ (차) 대손충당금 50,000 (대) 외상매출금 200,000
대손상각비 150,000
14. ② 발명품에 대한 특허권은 무형자산에 속한다.
15. ④ ① 객실료: 매출(수익)
② 외상매입금 전액 면제: 채무면제이익(수익)
③ 부동산 임대업 임대료: 매출(수익)
④ 상품 판매계약 계약금 수령: 선수금(부채)
16. ③ 사채를 할증발행과 할인발행 여부와 관계없이 상각액은 매년 증가하며, 할증발행할 경우 이자비용은 매년 감소하고, 장부가액도 매년 감소한다.
17. ② 자산(1,070,000) - 부채(450,000) = 자본(620,000)

재무상태표

외상매출금	700,000	단기차입금	300,000
미수금	100,000	외상매입금	150,000
현금	150,000	자본금	620,000
단기대여금	120,000		
	1,070,000		1,070,000

18. ③ (차) 자 본 금 3,000,000 (대) 현 금 800,000
감자차익 2,200,000
※ 감자 주식수(600주) × 주당 액면가액(5,000원) = 자본금(3,000,000)
19. ④ (차) 외상매출금(자산) ××× (대) 상품매출(수익) ×××
자산과 수익을 과소계상하면 자본과 당기순이익이 과소계상된다. 부채는 관련이 없다.
20. ④ 광고선전비(비용)는 손익계산서 구성항목이다.

[2부] 실무

01	④	02	④	03	③	04	③	05	①
06	③	07	②	08	④	09	①	10	①
11	②	12	④	13	③	14	②	15	③
16	②	17	②	18	②	19	③	20	①

해설

01. ④ ㉠ [시스템관리] → [기초정보관리] → [일반거래처등록]
㉡ 정우실업(유) 선택, 거래등록사항 탭에서 여신한도액을 확인한다.
02. ④ [시스템관리] → [회사등록정보] → [사원등록], 부서(공란) 조회
03. ③ ㉠ [회계관리] → [기초정보관리] → [계정과목등록]
㉡ [10800.외상매출금] 계정은 프로젝트별로 이월하도록 설정되어 있지 않다.
04. ③ ㉠ [회계관리] → [전표/장부관리] → [기간비용현황] 입력 탭에서 기표일자(2025/01/01~2025/12/31), [새로불러오기] 버튼 클릭
㉡ 기간비용현황 탭 조회, 계약기간(2025/01~2025/12) 조회기간 비용 합계금액을 확인한다.
05. ① [회계관리] → [전표/장부관리] → [전표승인해제], 결의기간(2025/07/01~2025/12/31), 조회되는 전표가 미결전표이다.
06. ③ ㉠ [회계관리] → [고정자산관리] → [고정자산등록] 자산유형(건물), 자산명(복지2동) 선택, 추가등록사항 탭 조회
㉡ 자산변동처리 일자(2025/10/01), 구분(자본적 지출), 금액(12,000,000) 다음 행까지 Enter↵
㉢ [회계관리] → [고정자산관리] → [감가상각비현황], [총괄] 탭, 회

계단위(1000), 경비구분(0.800번대), 기간(2025/01 ~ 2025/12), 당기감가상각비를 확인한다.

07. ② [회계관리] → [전표/장부관리] → [관리항목원장], [잔액]탭 관리항목(C1.사용부서), 기표기간(2025/01/01 ~ 2025/06/30), 계정과목(82200.차량유지비~82200.차량유지비) 조회

08. ④ ㉠ [회계관리] → [결산/재무제표관리] → [기간별손익계산서] 분기별 탭
㉡ 기간(1/4분기~2/4분기) 조회하여 증감액을 확인한다.

09. ① ㉠ [회계관리] → [결산/재무제표관리] → [합계잔액시산표] 기간(2025/06/30) 계정별 탭 조회
㉡ 받을어음 잔액(250,000,000) × 대손율(0.02) - 대손충당금 잔액(1,940,000) = 대손설정액(3,060,000)
㉢ (차) 대손상각비 3,060,000 (대) 대손충당금 3,060,000

10. ① [회계관리] → [전표/장부관리] → [현금출납장], 기표기간(2025/09/01~2025/09/30) 출금 월계

11. ② ㉠ [회계관리] → [전표/장부관리] → [거래처원장], [총괄잔액] 탭
㉡ 계정과목(외상매출금~받을어음), 기표기간(2025/01/01 ~ 2025/06/30), 거래처((주)성호기업)~(주)성호기업) 증가금액을 확인한다.

12. ④ ㉠ [회계관리] → [자금관리] → [받을어음명세서] 어음조회 탭
㉡ 조회구분(1.수금일_(2025/10/02~2025/10/02) 조회하여 어음(자가202502200003)의 만기 일자를 확인한다.

13. ③ ㉠ [회계관리] → [전표/장부관리] → [채권년령분석], 채권잔액일자(2025/03/31), 전개월수(3), 계정과목(외상매출금)
㉡ 조회기간 이전에 발생한 채권의 잔액이 있는 거래처를 찾는다.

14. ② [회계관리] → [업무용승용차관리] → [업무용승용차 운행기록부] 사용기간(과세기간)(2025/01/01~2025/01/31) 조회

15. ③ ㉠ [회계관리] → [부가가치세관리] → [부가세신고서], 사업장(1000), 기간(2025/10/01~2025/12/31) 조회 후 [불러오기]
㉡ ① 11번 란
② 사업장명세 탭
③ 9번 란 ㉮, 17번 란 ㉯ ㉰
④ 역추적 탭, 과세매출을 더블 클릭한다.

16. ② [회계관리] → [부가가치세관리] → [건물등감가상각자산취득명세서], 사업장(1000), 기간(2025/01~2025/03) 조회 [불러오기] 기계장치의 세액 확인

17. ② ㉠ [회계관리] → [부가가치세관리] → [신용카드발행집계표/수취명세서] 신용카드발행집계표 탭
㉡ 기간(2025/04~2025/06), [불러오기]

18. ② [회계관리] → [부가가치세관리] → [매입세액불공제내역], 기간(2025/07~2025/09) 조회 [불러오기]

19. ③ ㉠ [회계관리] → [전표/장부관리] → [매입매출장], [세무구분별]탭
㉡ 조회기간(2025/04/01~2025/06/30), 출력구분(1.매출), 세무구분(31.현금과세) 조회

20. ① ㉠ [시스템관리] → [회사등록정보] → [시스템환경설정], 조회구분(2.회계_31), 부가가치세 신고유형(0.사업장별 신고)
㉡ [시스템관리] → [회사등록정보] → [사업장등록] 조회하여 우측상단 [주(총괄납부)사업장등록]버튼 클릭
㉢ 총괄납부 사업자가 아니므로, 각 사업장별로 신고 및 납부한다.

(94-2023.01.28)

제94회 ERP정보관리사 회계2급 기출문제

[1부] 이론

01	①	02	④	03	①	04	③	05	④
06	②	07	④	08	④	09	①	10	②
11	③	12	②	13	③	14	②	15	②
16	③	17	②	18	①	19	③	20	③

해설

01. ① 폐쇄형 클라우드는 전용 인프라로 인해 데이터 보안과 프라이버시가 강화된다.

02. ④ 모든 사용자들은 사용권한 없으면 쉽게 기업의 정보에 접근할 수 없다.

03. ① IaaS에는 데이터베이스 클라우드 서비스와 스토리지 클라우드 서비스가 있다.

04. ③ 트랜잭션이 아닌 비즈니스 프로세스에 초점을 맞춰라.

05. ④ 회사장부상의 예금잔액과 은행장부상 예금잔액의 차이를 조정하는 표는 은행계정조정표에 대한 설명이다.

06. ② 손익계산서는 일정기간 동안 기업의 경영성과를 한눈에 나타내기 위한 재무제표이다.

07. ④ 상기업의 원가성 있는 재고자산감모손실은 매출원가에 포함되고, 원가성 없는 재고자산감모손실은 영업외비용에 포함된다.

08. ④ 거래식별 → 분개 → 전기 → 수정전합계잔액시산표 작성 → 기말 수정분개 → 수정후합계잔액시산표 작성 → 수익비용계정의 마감 → 집합손익계정의 마감 → 자산부채자본계정의 마감 → 재무제표 작성

09. ① {미수금(450,000) + 선급금(1,500,000)} × 대손율(0.01) - 대손충당금 잔액(0) = 기타의 대손상각비(19,500)

매출채권	외상매출금, 받을어음	대손상각비
기타채권	대여금, 미수금, 선급금	기타의 대손상각비

10. ② 가수금, 가지급금은 임시계정으로 결산확정시 존재하면 안되는 계정과목이다.

11. ③ $240,000 \times \frac{4}{12} = 80,000$

12. ② ㉠ 1,000,000 - 800,000 = 200,000(대손충당금 잔액)
㉡ 매출채권 잔액(100,000,000) × 대손율(0.01) - 대손충당금 잔액(200,000) = 대손추가설정액(800,000)

13. ③ 매도가능증권평가손실은 일반기업회계기준에서 자본항목인 기타포괄수정누계액으로 분류되기 때문에 당기손익에 영향을 미치지 않는다.

14. ② 생산팀의 당기 퇴직급여충당부채 설정액은 33,000,000원 이다.

퇴직급여충당부채

지급액	18,000,000	전기이월	30,000,000
차기이월	45,000,000	추가설정액	33,000,000
	63,000,000		63,000,000

15. ② 사채를 할인(할증)발행한 경우 만기에는 발행금액이 아닌 액면금액으로 상환해야 한다.

16. ③ 기부금, 이자비용, OO손실, 기타의 대손상각비는 영업외비용으로 처리한다.

17. ② $1,500,000 \times \frac{4}{12}$ = 500,000(당기분 보험료)

18. ① 자산, 부채, 자본 계정이 차기이월 되므로 개발비(자산)이다.

19. ③ ㉠ 판매비와관리비 : 교육훈련비, 복리후생비, 접대비, 수도광열비
㉡ 영업외비용 : 기타의 대손상각비, 이자비용, 기부금, 재해손실
㉢ 선급비용은 자산이고, 미지급비용은 부채이다.

20. ③ ㉠ $20,000 × 1,100 = 22,000,0000원
$20,000 × 1,200 = 24,000,0000원

㉡ (차) 외화예금 2,000,000 (대) 외화환산이익 2,000,000

[2부] 실무

01	①	02	②	03	④	04	④	05	①
06	④	07	②	08	②	09	③	10	①
11	③	12	②	13	④	14	①	15	④
16	①	17	④	18	③	19	③	20	④

해설

01. ① [시스템관리] → [회사등록정보] → [시스템환경설정], 조회구분(2.회계_26), 자산코드사동부여(0.부)
02. ② ㉠ [회계관리] → [기초정보관리] → [계정과목등록]
㉡ [10800.외상매출금] 계정의 거래처 이월항목 (√) 확인
03. ④ ㉠ [시스템관리] → [회사등록정보] → [사용자권한설정], 모듈구분(A.회계관리) 조회
㉡ 화면 우측 사용가능한 메뉴에서 김종민 사원의 총계정원장의 조회 권한을 확인한다.
04. ④ [회계관리] → [결산/재무제표관리] → [재무상태표], 기간(2025/03/31), 제출용 탭 조회
05. ① ㉠ [회계관리] → [예산관리] → [예산실적현황] 부서별 탭
㉡ 조회기간(2025/01~2025/03), 부서(재경부), 집행방식(승인집행), 누적예산대비실적 탭, 집행율(%)을 확인한다.
06. ④ ㉠ [회계관리] → [결산/재무제표관리] → [합계잔액시산표], 기간(2025/03/31) 조회, 소모품 잔액 10,500,000원을 확인한다. 소모품(10,500,000) - 기말 재고(7,500,000) = 사용액(3,000,000)
㉡ (차) 소모품비 3,000,000 (대) 소모품 3,000,000
07. ② ㉠ [회계관리] → [자금관리] → [받을어음명세서] 어음조회 탭
㉡ 조회구분(1.수금일_(2025/01/31~2025/01/31) 조회하여 어음(자가2025013101)의 만기 일자를 확인한다.
08. ② ㉠ [회계관리] → [결산/재무제표관리] → [기간별손익계산서] 분기별 탭
㉡ 기간(1/4분기~4/4분기) 조회하여 판매관리비의 접대비를 확인한다.
09. ③ ㉠ [회계관리] → [전표/장부관리] → [일월계표] 월계표 탭 기간(2025/04 ~ 2025/04) 조회
㉡ 판매관리비에서 현금란 금액을 확인한다.
10. ① [회계관리] → [전표/장부관리] → [전표승인해제], 결의기간(2025/06/01~2025/06/30), 조회되는 전표가 미결전표이다.
11. ③ ㉠ [회계관리] → [전표/장부관리] → [채권년령분석], 채권잔액일자(2025/07/31), 전개월수(3), 계정과목(외상매출금)
㉡ 조회기간 이전에 발생한 채권의 잔액이 없는 거래처를 찾는다.
12. ② [회계관리] → [업무용승용차관리] → [업무용승용차 차량등록] 회계단위(1000. 본점) 조회
13. ④ [회계관리] → [고정자산관리] → [고정자산관리대장] 조회
14. ① [회계관리] → [결산/재무제표관리] → [기간별손익계산서] 반기별 탭 조회
15. ④ ㉠ [시스템관리] → [회사등록정보] → [시스템환경설정], 조회구분(2.회계_31), 부가가치세 신고유형(0.사업장별 신고)
㉡ [시스템관리] → [회사등록정보] → [사업장등록] 조회하여 우측 상단 [주(총괄납부)사업장등록]버튼 클릭
㉢ 총괄납부 사업자로 신고는 각 사업장별로 하고 납부는 주사업장에서 총괄하여 납부한다.
16. ① ㉠ [회계관리] → [전표/장부관리] → [매입매출장], [세무구분별]탭
㉡ 조회기간(2025/01/01~2025/03/31), 출력구분(2.매입), 세무구분(현금과세) 조회
17. ④ [회계관리] → [부가가치세관리] → [매입세액불공제내역], 기간(2025/01~2025/03) 조회 [불러오기]
18. ③ ㉠ [회계관리] → [전표/장부관리] → [매입매출장], [신고서기준]탭, 조회기간(2025/04/01~2025/06/30), 출력구분(매입) 조회
㉡ 우측 상단 [예정신고누락분 조회]버튼 클릭
19. ③ [회계관리] → [부가가치세관리] → [건물등감가상각자산취득명세서], 사업장(1000), 기간(2025/01~2025/03) 조회 [불러오기] 세액 확인
20. ④ ㉠ [회계관리] → [부가가치세관리] → [부동산임대공급가액명세서], 과세기간(2025/04~2025/06) 조회
㉡ 동(1174060000), 층(지상, 4), 호수(402), 상호(F2 ㈜우리보험), 면적(150), 용도(사무실), 임대기간(2025/04/02~2026/04/01), 보증금(200,000,000), 월세(2,000,000), 관리비(300,000), 이자율(3.5)%
㉢ 보증금이자(간주임대료) 1,726,027원 확인

(95-2023.03.25)

제95회 ERP정보관리사 회계2급 기출문제

[1부] 이론

01	④	02	①	03	②	04	③	05	④
06	②	07	②	08	④	09	①	10	③
11	④	12	④	13	④	14	②	15	②
16	③	17	③	18	③	19	④	20	①

해설

01. ④ 빅데이터, AI융합으로 전략경영 등의 분석 도구를 추가하게 되어 상위계층의 의사결정을 지원할 수 있다.
02. ① 객체지향기술 사용은 기술적 특징에 해당한다.
03. ② 특정 H/W와 S/W가 아니고, 다양한 H/W와 S/W이다.
04. ③ 최대한이 아니고, 최소한이다.
05. ④ 영업활동이 아니고, 투자활동에 대한 설명이다.
06. ② 비유동자산은 투자자산, 유형자산, 무형자산, 기타비유동자산으로 구분한다.
07. ② ㉠ 급여(150,000) + 복리후생비(20,000) = 판매관리비(170,000)
㉡ 기부금은 영업외비용이다.

손익계산서

과목	금액
매출액	500,000
매출원가	-200,000
매출총이익	300,000
판매관리비	-170,000
영업이익	130,000

08. ④ (차변) 임차보증금 (대변) 임대보증금
09. ① 사무실에서는 구입하는 사무용품들은 소모품비이며, 사무용으로 사용하는 컴퓨터, 프린터, 책상, 의자 등의 구매금액은 기업의 자산인 비품계정으로 회계처리한다.
10. ③ 전기가 아니고, 분개라 한다.
11. ④ 유동성이 높은 자산은 당좌자산(외상매출금, 미수금) → 재고자산(상품, 제품) → 유형자산(토지, 기계장치) 순이다.
12. ④ ㉠ 50주 × 4,500 = 225,000(공정가치)
㉡ 50주 × 5,000 = 250,000(장부금액)
㉢ 공정가치(225,000) - 장부금액(250,000) = 평가손실(-25,000)
㉣ 단기매매증권평가손실 25,000 / 단기매매증권 25,000

13. ④ ㉠ 기초 잔액(50,000)-대손 발생액(20,000)=기말 잔액(30,000)
㉡ 기말 잔액(30,000) + 추가 설정액(15,000) = 결산 시점 잔액(45,000)
14. ② ㉠ (200개 × 2,000) + (200개 × 3,000) = 매출원가(1,000,000)
㉡ 100개 × 3,000 = 월말 재고 금액(300,000)
15. ② 토지 취득 금액(400,000) + 기존 건물 철거비용(15,000) + 취득세와 등록세(9,000원) - 철거 건물 부산물 매각액(5,000) + 토지의 구획정리비용(4,000) = 토지의 취득원가(423,000)
16. ③ ㉠

외상매입금

상 환 액	200,000	기 초 잔 액	0
매 입 할 인	10,000	외 상 매 입	500,000
기 말 잔 액	290,000		

㉡ 현금 매입액은 매입채무와 관련이 없다.
17. ③ 감자차손은 자본조정이고, 감자차익이 자본잉여금이다.
18. ③ 총유출이 아니고, 총유입이다.
19. ④ 이자비용(150,000) + 외화환산손실(240,000) + 단기매매증권평가손실(300,000) + 기부금(250,000) = 영업외 비용(940,000)
20. ① (차) 자 본 금 700,000 (대) 현 금 500,000
감자차익 200,000

[2부] 실무

01	①	02	④	03	④	04	②	05	①
06	①	07	①	08	④	09	④	10	③
11	③	12	③	13	②	14	③	15	④
16	③	17	②	18	①	19	③	20	④

해설

01. ① [시스템관리] → [회사등록정보] → [시스템환경설정], 조회구분(2.회계_28), 다국어재무제표 사용 2.일본어 이다.
02. ④ [시스템관리] → [회사등록정보] → [사원등록], 부서(공란) 조회
03. ④ ㉠ [회계관리] → [기초정보관리] → [계정과목등록]
㉡ [96100.자산수증이익] 계정은 전표입력 시 금융거래처를 필수로 등록하도록 설정하지 않았다.
04. ② ㉠ [회계관리] → [고정자산관리] → [고정자산등록]
㉡ 자산유형(비품), 자산코드(21203, 자산명(복합기), 취득일(2025/01/01), 취득원가(5,000,000), 상각방법(정액법), 내용연수(5), 경비구분(800번대), 관리부서(재경부) 일반상각비 또는 당기감가상각비 1,000,000원을 확인한다.
05. ① ㉠ [회계관리] → [전표/장부관리] → [관리내역현황], [잔액]탭
㉡ 관리항목1(D1.프로젝트), 관리내역(그룹웨어~그룹웨어), 관리항목2(C1.사용부서), 관리내역(재경부~재경부), 기표기간(2025/01/01~2025/03/31), 계정과목(81200.여비교통비)
06. ① ㉠ [회계관리] → [전표/장부관리] → [기간비용현황] 입력 탭에서 기표일자(2025/01/01~2025/12/31), [새로불러오기] 버튼 클릭
㉡ 기간비용현황 탭 조회, 계약기간(2024/01~2024/12) 조회기간 비용 합계금액을 확인한다.
07. ① ㉠ [회계관리] → [결산/재무제표관리] → [기간별손익계산서] 분기별 탭
㉡ 기간(1/4분기~1/4분기) 조회
08. ④ ㉠ [회계관리] → [전표/장부관리] → [총계정원장] 월별 탭
㉡ 기간(2025/01~2025/06), 계정과목(외상매출금~외상매출금) [대변]금액을 확인한다.
09. ④ [회계관리] → [결산/재무제표관리] → [재무상태표], 기간(2025/03/31), 관리용 탭 조회
10. ③ [회계관리] → [전표/장부관리] → [지출증빙서류검토표(관리용)], [집계]탭, 기표기간(2025/01/01~2025/12/31) 조회
11. ③ [회계관리] → [업무용승용차관리] → [업무용승용차 차량등록] 조회
12. ③ ㉠ [회계관리] → [자금관리] → [받을어음명세서] 어음조회 탭
㉡ 조회구분(1.수금일_(2025/10/02~2025/10/02) 조회하여 어음(자가202502200003)의 만기 일자를 확인한다.
13. ② ㉠ [회계관리] → [자금관리] → [일자별자금계획입력] 자금계획입력 탭, 계획년월(2025/05) 조회
㉡ 우측상단 [고정자금]버튼을 클릭하여 확인한다.
※ 반드시 기간을 확인해야 한다.
14. ③ ㉠ [회계관리] → [예산관리] → [예산초과현황]
㉡ 조회기간(2025/01~2025/01), 부서(재경부), 신청예산과 편성예산을 비교한다.
15. ④ ㉠ [회계관리] → [전표/장부관리] → [매입매출장], [신고서기준]탭, 조회기간(2025/10/01~2025/12/31), 출력구분(매입) 조회
㉡ 우측 상단 [예정신고누락분 조회]버튼 클릭
16. ③ [회계관리] → [부가가치세관리] → [부가세신고서] 사업장(1000), 기간(2025/04/01~2025/06/30) 조회, [불러오기]클릭 현금과세을 더블클릭하여 확인한다.(또는 매입매출장_세무구분별 탭)
17. ② ㉠ [회계관리] → [부가가치세관리] → [부가세신고서], 사업장(1000), 기간(2025/07/01~2025/09/30) 조회 후 [불러오기]
㉡ ① 일반과세 탭 11번 란
② 일반과세 탭 5번 란
③ 사업장명세 탭
④ 일반과세 탭 17번 란 ㉵
18. ① [회계관리] → [부가가치세관리] → [수출실적명세서], 거래기간(2025/01~2025/03), 조회 [불러오기]
19. ③ ㉠ [회계관리] → [부가가치세관리] → [부가세신고서], 사업장(1000), 기간(2025/07/01~2025/09/30) 조회 후 [불러오기] (또는 매입매출장)
㉡ 매입처별세금계산서합계표에 21.과세매입, 22.영세매입, 24.매입불공제, 25.수입 이 반영된다.
20. ④ ㉠ [회계관리] → [부가가치세관리] → [신용카드발행집계표/수취명세서] 신용카드/현금영수증수취명세서 탭
㉡ 기간(2025/10~2025/12), [불러오기], 신용카드등수취명세서 탭 또는 부가세신고서

(96-2023.05.27)

제96회 ERP정보관리사 회계2급 기출문제

[1부] 이론

01	②	02	②	03	④	04	③	05	①
06	④	07	③	08	④	09	④	10	①
11	②	12	④	13	②	14	④	15	③
16	④	17	③	18	①	19	②	20	③

해설

01. ② 현업 중심의 프로젝트를 진행한다. 즉, IT업체 중심으로 프로젝트를 진행하지 않는다.
02. ② 사이버물리시스템(Cyber Physical System, CPS)에 대한 설명이다.
03. ④ 기계학습의 종류는 지도학습, 비지도학습, 강화학습이 있다.
04. ③ 전체 조직을 재구축하려는 혁신전략기법은 리엔지니어링이다.
05. ① 재무제표에 포함되는 것은 재무상태표, 손익계산서, 현금흐름표, 자본변동표에 주석을 포함한다.

06. ④ ㉠ 기초재고액 + 순매입액 - 기말재고액(과대) = 매출원가(과소)
㉡ 순매출액 - 매출원가(과소) = 매출총이익(과대)

07. ③ 회계기간 중 분개는 결산 이전에 발생하는 절차이다.

08. ④ 이자수익은 수익의 발생으로 대변에 기입한다.

09. ④ 판매용은 상품으로, 직원 업무용은 비품으로 회계처리 한다.
(차) 상품 10,000,000 (대) 외상매입금 10,000,000
비품 2,500,000 당좌예금 2,500,000

10. ① 차입금의 상환은 결산정리사항이 아니고, 회계기간 중 거래이다.

11. ② 총매입액(매입제비용) - (매입환출 + 매입에누리 + 매입할인) = 순매입액

12. ④ 기타채권은 대손충당금이 부족할 경우 기타의 대손상각비로 처리한다.

매출채권	외상매출금, 받을어음	대손상각비
기타채권	대여금, 미수금, 선급금	기타의 대손상각비

13. ② 계속기록법과 실지재고조사법은 재고자산의 수량결정방법이고, 선입선출법, 후입선출법, 이동평균법, 총평균법은 단기결정방법이다.

14. ④ 건물의 엘리베이터 설치와 피난시설 설치는 자본적 지출이고, 파손된 유리 교체와 건물 또는 벽의 도장은 수익적 지출이다.

15. ③ (차) 당좌예금 1,100,000 (대) 자본금 500,000
주식발행초과금 580,000
현금 20,000
㉠ 100주 × 5,000 = 500,000(자본금)
㉡ 100주 × 11,000 = 1,100,000(당좌예금)
㉢ 1,100,000 - 500,000 - 20,000 = 580,000(주식발행초과금)

16. ④ 주식발행초과금, 감자차익, 자기주식처분이익은 자본잉여금이고, 주식할인발행차금, 감자차손, 자기주식처분손실은 자본조정항목이다.

17. ③ 자사 직원에 사용한 것은 복리후생비이고, 거래처 직원에 사용한 것은 접대비이다.

18. ① 사채를 할증발행과 할인발행 여부와 관계없이 상각액은 매년증가하며, 할증발행할 경우 이자비용은 매년 감소하고, 장부가액도 매년 감소한다.

19. ② 자산(1,160,000) - 부채(430,000) = 자본(730,000)

재무상태표

외상매출금	800,000	단기차입금	290,000
미수금	90,000	외상매입금	140,000
현금	160,000	자본금	730,000
단기대여금	110,000		
	1,160,000		1,160,000

20. ③ ㉠ 총매입액 - (매입환출 + 매입에누리 + 매입할인) = 순매입액
1,500,000 - 50,000 = 1,450,000
㉡ 기초재고액 + 순매입액 - 기말재고액 = 매출원가
200,000 + 1,450,000 - 100,000 = 1,550,000

[2부] 실무

01	④	02	①	03	④	04	②	05	②
06	③	07	②	08	③	09	③	10	④
11	①	12	②	13	①	14	④	15	④
16	③	17	④	18	①	19	②	20	①

해설

01. ④ ㉠ [시스템관리] → [회사등록정보] → [사용자권한설정], 모듈구분(A.회계관리) 조회
㉡ 화면 우측 사용가능한 메뉴에서 김종민 사원의 총계정원장의 조회 권한을 확인한다.

02. ① ㉠ [시스템관리] → [회사등록정보] → [시스템환경설정]
㉡ 조회구분(2.회계_26) 자동부여 옵션이 0. 부 이므로 자산등록시 코드가 자동부여 되지 않는다.

03. ④ ㉠ [회계관리] → [기초정보관리] → [계정과목등록]
㉡ 전표입력시 증빙 입력은 선택으로 입력하도록 설정되어 있다.

04. ② ㉠ [회계관리] → [전표/장부관리] → [관리내역현황], [발생기준]탭
㉡ 관리항목2(C1.사용부서), 관리내역(재경부~구매자재부), 기표기간(2025/01/01~2025/12/31), 계정과목(82900.사무용품비) 조회

05. ② ㉠ [회계관리] → [자금관리] → [자금현황] 총괄거래현황 탭
㉡ 조회기간(2025/05/25~2025/05/25), 현금의 당월말자금 금액을 확인한다.

06. ③ ㉠ [회계관리] → [예산관리] → [예산초과현황]
㉡ 조회기간(2025/01~2025/12), 집행방식(2.승인집행), 관리항목(0.부서별_재경부), 여비교통비의 집행율(%)을 확인한다.

07. ② ㉠ [회계관리] → [결산/재무제표관리] → [관리항목별손익계산서] PJT별 탭
㉡ PJT(선택전체), 기간(2025/01/01~2025/03/31) 조회

08. ③ ㉠ [회계관리] → [전표/장부관리] → [총계정원장] 월별 탭
㉡ 기간(2025/01~2025/06), 계정과목(외상매출금~외상매출금) [차변]금액을 확인한다.

09. ③ ㉠ [회계관리] → [전표/장부관리] → [채권채무잔액조회서], [채권채무잔액] 탭
㉡ 기준일자(2025/05/31), 거래처분류(2000. 서울) 조회

10. ④ [회계관리] → [전표/장부관리] → [지출증빙서류검토표(관리용)], [집계]탭, 기표기간(2025/01/01~2025/12/31) 조회

11. ① ㉠ [회계관리] → [자금관리] → [지급어음명세서] 어음조회 탭
㉡ 발행일(2025/01/20~2025/01/20) 조회

12. ② [회계관리] → [업무용승용차관리] → [업무용승용차 차량등록] 조회

13. ① ㉠ [회계관리] → [결산/재무제표관리] → [합계잔액시산표], 기간(2025/06/30) 조회, 소모품 잔액 10,500,000원을 확인한다.
소모품(10,500,000) - 기말 재고(2,500,000) = 사용액(8,000,000)
㉡ (차) 소모품비 8,000,000 (대) 소모품 8,000,000

14. ④ ㉠ [회계관리] → [전표/장부관리] → [일월계표] 일계표 탭 기간(2025/01/01 ~ 2025/01/31) 조회
㉡ 판매관리비에서 현금란 금액을 확인한다.

15. ④ ㉠ [시스템관리] → [회사등록정보] → [시스템환경설정], 조회구분(2.회계_31), 부가가치세 신고유형(0.사업장별 신고)
㉡ [시스템관리] → [회사등록정보] → [사업장등록] 조회하여 우측 상단 [주(총괄납부)사업장등록]버튼 클릭
㉢ 총괄납부 사업자로 신고는 각 사업장별로 하고 납부는 주사업장에서 총괄하여 납부한다.

16. ③ ㉠ [회계관리] → [전표/장부관리] → [매입매출장], [신고서기준]탭, 조회기간(2025/04/01~2025/06/30), 출력구분(매입) 조회
㉡ 우측 상단 [예정신고누락분 조회]버튼 클릭

17. ④ [회계관리] → [부가가치세관리] → [계산서합계표], 기간(2025/01~2025/03, 구분(매출), 전자계산서(11일이내 전송분) 탭 조회, 불러오기

18. ① ㉠ [회계관리] → [부가가치세관리] → [신용카드발행집계표/수취명세서] 신용카드/현금영수증수취명세서 탭
㉡ 기간(2025/01~2025/03), [불러오기], 신용카드등수취명세서 탭 또는 부가세신고서

19. ② [회계관리] → [부가가치세관리] → [매입세액불공제내역], 기간(2025/04~2025/06) 조회 [불러오기]

20. ① ㉠ [회계관리] → [부가가치세관리] → [부가세신고서], 사업장(1000), 기간(2025/04/01~2025/06/30) 조회 후 [불러오기] (또는 매입매출장)
㉡ 매입처별세금계산서합계표에 21.과세매입, 22.영세매입, 24.매입불공제, 25.수입 이 반영된다.

(97-2023.07.22)

제97회 ERP정보관리사 회계2급 기출문제

[1부] 이론

01	①	02	③	03	③	04	②	05	③
06	①	07	③	08	④	09	④	10	①
11	②	12	③	13	③	14	②	15	①
16	③	17	③	18	③	19	④	20	②

해설

01. ① 지도학습 방법에는 분류모형과 회귀모형이 있다.
02. ③ ERP 구축 순서 ; 분석 - 설계 - 구축 - 구현
03. ③ ERP는 경영혁신 도구다. 기존 업무 방식을 고수하면 않된다.
04. ② 텍스트마이닝은 자연어(natural language) 형태로 구성된 비정형 또는 반정형 텍스트데이터에서 패턴 또는 관계를 추출하여 의미 있는 정보를 찾아내는 기법이다.
05. ③ 보기의 설명은 단기차입금이고, 장기차입금은 보고기간종료일로부터 1년을 초과하여 상환될 부채이다.
06. ① 급여는 비용계정으로 손익계산서에 표시된다.
07. ③ 기중에 현금과부족이 발견되는 경우에는 현금과부족계정으로 처리하지만, 결산시점에 차이가 발견되는 경우 잡이익이나 잡손실로 기록한다.
08. ④ 빌려준 돈에 대한 이자를 받는 경우 이자수익계정을 수익발생 항목으로 대변에 기입한다.
09. ④ 수익이 발생하면 부채가 감소하거나 자산이 증가한다. 여기서 부채의 증가와 수익의 발생은 모두 대변 요소이다.
10. ① 자산, 부채, 자본은 차기이월로 마감한다. 영업권은 자산(무형자산)이고, 감가상각비, 소모품비, 경상연구개발비는 비용이다.
11. ② 현금(9,000,000) + 송금환(100,000) = 현금및현금성자산(9,100,000)
※ 우표(통신비), 미수금(기타채권), 수입인지(인지세) (세금과공과), 받을어음(매출채권)이다.
12. ③ {선급금(3,000,000) + 단기대여금(2,000,000)} × 대손율(0.01) - 대손충당금 잔액(0) = 기타의 대손상각비(50,000)

매출채권	외상매출금, 받을어음	대손상각비
기타채권	대여금, 미수금, 선급금	기타의 대손상각비

13. ③ 매입자의 매입의사가 표시된 시송품은 구매자의 재고자산에 포함된다.
14. ② (차) 감가상각누계액(350,000) (대) 기계장치 750,000
현 금 850,000 유형자산처분이익 450,000
15. ① 가치 증가, 내용연수 연장, 능률향상은 자본적지출이고, 원래 성능을 유지하기 위한 수선비는 금액 크기에 관계없이 수익적 지출로 처리한다.
16. ③ 감가상각누계액은 유형자산의 차감적 평가계정이고, 대손충당금은 매출(기타)채권에 대한 차감적 평가계정이다.
17. ③ ① 사채의 할인발행차금은 매년 유효이자율법에 의해 상각한다.
② 사채할인발행차금상각액은 사채계정에서 차감 하여 표시한다.
④ 유효이자율법을 적용하는 경우 이자비용과 사채할인발행차금상각액은 매년 증가한다.
18. ③ (차) 현 금 1,150,000 (대) 자본금 1,000,000
주식발행초과금 150,000
㉠ 1,000주 × 1,000 = 1,000,000(자본금)
㉡ (1,000주 × 1,200) - 50,000 = 1,150,000(현금)
㉢ 1,150,000 -1,000,000 = 150,000(주식발행초과금)
19. ④ ㉠ 자본차감계정: 자기주식, 감자차손,자기주식처분손실,주식할인발행차금
㉡ 자본가산계정: 미교부주식배당금, 주식매수선택권, 신주청약증거금
20. ② ㉠ 종업원 회식비 : 500,000원(복리후생비)
㉡ 거래처 선물대금 : 300,000원(접대비)
㉢ 회사의 인터넷통신 요금 : 200,000원(통신비)
㉣ 출장사원 고속도로 통행료 : 100,000원(여비교통비)

[2부] 실무

01	③	02	①	03	②	04	①	05	③
06	②	07	④	08	③	09	④	10	③
11	④	12	①	13	②	14	③	15	②
16	①	17	①	18	③	19	④	20	②

해설

01. ③ ㉠ [시스템관리] → [기초정보관리] → [일반거래처등록]
㉡ 우측 상단 [조건검색]버튼 클릭, 거래처구분(1.일반), 거래처분류(1000.강남구) [검색(TAB)] 클릭
02. ① ㉠ [시스템관리] → [회사등록정보] → [사원등록], 부서(공란) 조회
㉡ ① 'ERP13A05.박혜수' 사원은 '1001.재경부' 소속이다.
03. ② ㉠ [시스템관리] → [회사등록정보] → [사용자권한설정], 모듈구분(A.회계관리) 조회
㉡ 김종민 사원 선택, 화면 우측 사용가능한 메뉴 확인
04. ① ㉠ [회계관리] → [전표/장부관리] → [기간비용현황]
㉡ 기간비용현황 탭, 계약기간(2025/01~2025/12) 조회, 조회기간 비용 합계금액을 확인한다.
05. ③ ㉠ [시스템관리] → [회사등록정보] → [부서등록] 조회하여 총무부 부문코드를 제조부문에서 관리부문으로 변경한다.
㉡ [회계관리] → [결산/재무제표관리] → [관리항목별손익계산서] 부문별 탭, 부문(선택전체), 기간(2025/04/01 ~ 2025/04/30) 조회
06. ② ㉠ [회계관리] → [전표/장부관리] → [지출증빙서류검토표(관리용)], [집계]탭, 기표기간(2025/01/01~2025/12/31)
㉡ 우측 상단 [증빙설정] 버튼 클릭, 20.현금영수증 - 9A.현금영수증, 40.계산서 - 2.계산서로 설정 [종료] 조회
07. ④ ㉠ [회계관리] → [고정자산관리] → [고정자산등록] 자산유형(건물), 자산명(복지1동) 선택, 추가등록사항 탭 조회
㉡ 자산변동처리 일자(2025/11/08), 구분(자본적 지출), 금액(24,000,000) 다음 행까지 [Enter↵]
㉢ [회계관리] → [고정자산관리] → [감가상각비현황], [총괄] 탭, 회계단위(1000), 경비구분(0.800번대), 기간(2025/01 ~ 2025/12), 당기감가상각비를 확인한다.
08. ③ ㉠ [회계관리] → [예산관리] → [예산초과현황]
㉡ 조회기간(2025/01~2025/01), 집행방식(1.결의집행), 관리항목(0.부서별_재경부), 통신비의 신청예산을 확인한다.
09. ④ ㉠ [회계관리] → [결산/재무제표관리] → [합계잔액시산표], 기간(2025/03/31) 조회, 소모품 잔액 7,000,000원을 확인한다. 소모품(7,000,000) - 기말 재고(1,500,000) = 사용액(5,500,000)
㉡ (차) 소모품비 5,500,000 (대) 소모품 5,500,000
10. ③ ㉠ [회계관리] → [전표/장부관리] → [전표승인해제], 결의기간(2025/11/30~2025/11/30) 조회
㉡ 조회되는 전표 선택, 우측 상단 [승인처리] 버튼 클릭 승인 처리한다.
㉢ 회계관리] → [결산/재무제표관리] → [합계잔액시산표], 기간(2025/11/30) 조회, 현금 잔액을 확인 한다.
11. ④ ㉠ [회계관리] → [자금관리] → [받을어음명세서] 어음조회 탭
㉡ 조회구분(1.수금일_(2025/10/02~2025/10/02) 조회하여 어음(자가202402200003)의 만기 일자를 확인한다.
12. ① ㉠ [회계관리] → [전표/장부관리] → [관리내역현황], [잔액]탭
㉡ 관리항목1(D1.프로젝트), 관리내역(그룹웨어~그룹웨어), 관리항목

2(C1.사용부서), 관리내역(재경부~재경부), 기표기간(2025/01/01~2025/03/31), 계정과목(81200.여비교통비)

13. ② ㉠ [회계관리] → [결산/재무제표관리] → [재무상태표], 기간(2025/06/30), 관리용 탭 조회
㉡ ① 현금계정의 잔액은 317,660,000원이다.
③ 현금, 당좌예금, 제예금 계정을 합산하여 표시한다.
④ 외화예금은 당좌예금의 세목이 아닌 제예금의 세목이다.

14. ③ ㉠ [회계관리] → [전표/장부관리] → [거래처원장], [잔액] 탭
㉡ 계정과목(사무용품비~사무용품비), 기표기간(2025/01/01 ~ 2025/01/31), 거래처(공란~공란) 조회

15. ② ㉠ [회계관리] → [부가가치세관리] → [신용카드발행집계표/수취명세서] 신용카드발행집계표 탭
㉡ 기간(2025/04~2025/06), [불러오기]

16. ① [회계관리] → [부가가치세관리] → [건물등감가상각자산취득명세서], 사업장(1000), 기간(2025/01~2025/03) 조회 [불러오기] 차량운반구의 세액 확인

17. ① ㉠ [회계관리] → [부가가치세관리] → [부가세신고서], 사업장(1000), 기간(2025/10/01~2025/12/31) 조회 후 [불러오기]
㉡ ① 11번 란 금액이 존재하지 않는다.
② 7번 란
③ 사업장명세 탭
④ 역추적 탭, 과세매출을 더블 클릭한다.

18. ③ ㉠ [회계관리] → [부가가치세관리] → [세금계산서합계표], 사업장(1000), 기간(2025/01~2025/03), 구분(1.매출) 조회 후 [불러오기]
㉡ 총합계 란 1기 예정(20매), 1기 확정(15매), 5매 감소

19. ④ [회계관리] → [전표/장부관리] → [매입매출장], [세무구분별]탭, 조회기간(2025/04/01~2025/06/30) 조회

20. ② [회계관리] → [전표/장부관리] → [매입매출장], [거래처별]탭, 조회기간(2025/10/01~2025/12/31), 출력구분(1.매출), 세무구분(11.과세매출) ~ 12.영세매출) 조회

(98-2023.09.23)

제98회 ERP정보관리사 회계2급 기출문제

[1부] 이론

01	③	02	①	03	④	04	④	05	②
06	③	07	③	08	②	09	③	10	③
11	①	12	③	13	④	14	④	15	③
16	④	17	③	18	②	19	③	20	②

해설

01. ③ 기존 정보시스템은 수직적으로 업무를 처리하고, ERP는 수평적으로 업무를 처리한다.

02. ① 데이터 수집 → 점검 및 탐색 → 전처리 및 정제 → 모델링 및 훈련 → 평가 → 배포

03. ④ 모든 애플리케이션을 보관할 수 없으므로 사용자가 필요로 하는 애플리케이션을 지원받지 못하거나 애플리케이션을 설치하는데 제약이 있을 수 있다.

04. ④ ERP 시스템 구축 후에는 IT아웃소싱 업체로부터 독립적으로 운영하는데 제약이 있을 수 있다.

05. ② ㉠ 외부 이해관계자: 투자자, 채권자, 정부기관, 고객, 금융기관
㉡ 내부 이해관계자: 경영자

06. ③ 적시정은 의사결정에 영향을 미칠 수 있도록 의사결정자가 정보를 제때에 이용가능하게 하는 것을 의미한다. 일반적으로 정보는 오래될수록 유용성이 낮아진다. 그러나 일부 정보는 보고기간 말 후에도 오랫동안 적시성이 있을 수 있다. 예를 들어, 일부 정보이용자는 추세를 식별하고 평가할 필요가 있을 수 있기 때문이다.

07. ③ 현금및현금성자산(50,000원) + 매출채권(700,000원) + 상품(400,000원) = 유동자산(1,150,000원)

08. ② ㉠ 기초재고액 + 당기순매입액 - 기말재고액(과소) = 매출원가(과대)
㉡ 순매출액 - 매출원가(과대) = 매출총이익(과소)

09. ③ 일정기간 동안 자본의 크기와 변동에 관한 정보를 제공하는 것이 자본변동표이다.

10. ③ 매출에누리에 대한 설명이다.

11. ① ① (차) 현금(자산의 증가) (대) 단기차입금(부채의 증가)
② (차) 미지급금(부채의 감소) (대) 현금(자산의 감소)
③ (차) 외상매입금(부채의 감소) (대) 현금(자산의 감소)
④ (차) 받을어음(자산의 증가) (대) 외상매출금(자산의 감소)

12. ③ 미지급금은 일반적인 상거래(상품, 원재료) 외의 거래에서 발생하는 부채이다.

13. ④ 동점이 발행한 당좌수표는 현금계정 차변에 기입한다.
(차) 현금 ××× (대) 상품매출 ×××

14. ④ 장기보유목적으로 취득하였으므로 매도가능증권이며, 매도가능증권의 거래수수료는 취득원가에 가산한다. (단기매매증권의 거래수수료는 당기비용(수수료비용)으로 별도 처리한다.)

15. ③ (차) 받을어음 300,000 (대) 상품매출 500,000
외상매출금 200,000
운 반 비 50,000 현 금 50,000
외상매출금(200,000)+받을어음(300,000) = 매출채권(500,000)

16. ④ 선입선출법에 대한 설명이다.

17. ③ 사채를 할증발행과 할인발행 여부와 관계없이 상각액은 매년 증가한다.

18. ② 자기주식(treasury stock)이란 기업이 이미 발행하여 유통되고 있는 주식을 발행회사가 매입소각 또는 재발행 목적으로 재취득한 주식을 말한다. 기업은 ① 감자절차를 진행하는 과정에서 주식을 매입소각하기 위하여, ② 주가관리 등 소각 이외의 목적을 위해 일시적으로 보유하기 위하여 자기주식을 취득하게 된다.
어느 목적으로 취득하든 기말 현재 보유하고 있는 자기주식은 재무상태표에 자본조정으로 분류하여 자본 전체에서 차감할 항목으로 보고하여야 한다.

19. ③ (차) 자 본 금 750,000 (대) 현 금 500,000
감자차익 250,000

20. ② ① (차) 비 품 ××× (대) 미지급금 ×××
② (차) 현 금 ××× (대) 임 대 료 ×××
③ (차) 매출채권 ××× (대) 상품매출 ×××
④ (차) 차 입 금 ××× (대) 현 금 ×××

[2부] 실무

01	②	02	③	03	④	04	①	05	①
06	③	07	①	08	④	09	②	10	①
11	②	12	③	13	④	14	③	15	④
16	④	17	③	18	②	19	②	20	①

해설

01. ② ㉠ [회계관리] → [기초정보관리] → [계정과목등록]
㉡ 통신비 계정은 사용부서 이월항목을 체크하지 않아, 사용부서별로 이월되지 않는다.

02. ③ ㉠ [시스템관리] → [회사등록정보] → [사용자권한설정], 모듈구분(A.회계관리) 조회
㉡ 25.거래처코드 자동부여 설정이 0이므로 사용자가 코드를 직접 입력하여 등록한다.
03. ④ ㉠ [시스템관리] → [기초정보관리] → [일반거래처등록]
㉡ 우측 상단 [오류검증]버튼 클릭, 조건검색(1.동일 사업자번호 검색) [검색(TAB)] 클릭
04. ① ㉠ [회계관리] → [전표/장부관리] → [채권채무잔액조회서], [여신한도체크] 탭
㉡ 기준일자(2025/03/31), 기타검색(여신한도 사용업체만 (√)) 조회
05. ① ㉠ [회계관리] → [예산관리] → [예산초과현황]
㉡ 조회기간(2025/01~2025/06), 집행방식(2.승인집행), 관리항목(0.부서별_재경부), 집행실적을 확인한다.
06. ③ ㉠ [회계관리] → [전표/장부관리] → [일월계표] 월계표 탭 기간(2025/01~2025/01) 조회
㉡ 판매관리비에서 현금란 금액을 확인한다.
07. ① ㉠ [회계관리] → [전표/장부관리] → [지출증빙서류검토표(관리용)], [집계]탭, 기표기간(2025/01/01~2025/12/31)
㉡ 우측 상단 [증빙설정] 버튼 클릭, 30.세금계산서 - 1.세금계산서, 40.계산서 - 2.계산서로 설정 [종료] 조회
08. ④ ㉠ [회계관리] → [자금관리] → [지급어음명세서] 어음조회 탭
㉡ 발행일(2025/07/31~2025/07/31) 조회
09. ② ㉠ [회계관리] → [결산/재무제표관리] → [관리항목별손익계산서] PJT별 탭
㉡ PJT(선택전체), 기간(2025/04/01~2025/06/30) 조회
10. ① ㉠ [회계관리] → [전표/장부관리] → [관리내역현황], [잔액]탭
㉡ 관리항목1(C1.사용부서), 관리내역(영업부~영업부), 관리항목2(D1.프로젝트), 관리내역(서울공장~춘천공장), 기표기간(2025/01/01~2025/06/30), 계정과목(82900.사무용품비) 조회
11. ② [회계관리] → [고정자산관리] → [고정자산관리대장], 계정과목(비품~비품) 조회 또는 고정자산 명세서
12. ③ ㉠ [회계관리] → [전표/장부관리] → [총계정원장] 월별 탭
㉡ 기간(2025/07~2025/12), 계정과목(외상매출금~외상매출금) [차변]금액을 확인한다.
13. ④ [회계관리] → [업무용승용차관리] → [업무용승용차 운행기록부] 사용기간(과세기간)(2025/01/01~2025/01/31) 조회
14. ③ ㉠ [회계관리] → [결산/재무제표관리] → [기간별손익계산서] 분기별 탭
㉡ 기간(1/4분기~1/4분기) 조회
㉢ ③ 판매관리비가 증가하면 당기순이익은 감소한다.
15. ④ ㉠ [시스템관리] → [회사등록정보] → [시스템환경설정], 조회구분(2.회계_31), 부가가치세 신고유형(0.사업장별 신고)
㉡ [시스템관리] → [회사등록정보] → [사업장등록] 조회하여 우측 상단 [주(총괄납부)사업장등록]버튼 클릭
㉢ 총괄납부 사업자로 신고는 각 사업장별로 하고 납부는 주사업장에서 총괄하여 납부한다.
16. ④ ㉠ [회계관리] → [부가가치세관리] → [부가세신고서], 사업장(1000), 기간(2025/01/01~2025/03/31) 조회 후 [불러오기] (또는 매입매출장)
㉡ 매입처별세금계산서합계표에 21.과세매입, 22.영세매입, 24.매입불공제, 25.수입 이 반영되는데 4개 모두 있다.(10~20번 구간을 클릭해야 한다.)
17. ③ ㉠ [회계관리] → [부가가치세관리] → [신용카드발행집계표/수취명세서] 신용카드발행집계표 탭
㉡ 기간(2025/01~2025/03) [불러오기]
18. ② ㉠ [회계관리] → [전표/장부관리] → [매입매출장], [거래처별]탭, 조회기간(2025/04/01~2025/06/30), 출력구분(1.매출), 세무구분(11.과세매출) ~ 12.영세매출) 조회
㉡ 매출처별 세금계산서합계표에 반영되는 세무구분 : 11.과세매출, 12.영세매출, 33.과세매출 매입자발행 세금계산서인데 33.과세매출 매입자발행 세금계산서는 실무상 거의 발생하지 않는 거래이므로 무시해도 된다.
19. ② [회계관리] → [부가가치세관리] → [건물등감가상각자산취득명세서], 사업장(1000), 기간(2025/07~2025/09) 조회 [불러오기] 차량운반구의 세액 확인
20. ① ㉠ [회계관리] → [부가가치세관리] → [부가세신고서], 사업장(1000), 기간(2025/10/01~2025/12/31) 조회 후 [불러오기]
㉡ ① 상단 [과세표준]버튼을 클릭하면 면세수입금액이 존재하지 않는다.
② 7번 란 금액을 확인한다.
③ 사업장명세 탭을 클릭하여 확인한다.
④ 27번란 하단 총괄납부사업자 납부할 세액(환급받을 세액)을 확인한다.

(99-2023.11.25)

제99회 ERP정보관리사 회계2급 기출문제

[1부] 이론

01	③	02	④	03	③	04	③	05	③
06	①	07	③	08	④	09	④	10	②
11	④	12	②	13	②	14	③	15	①
16	①	17	③	18	④	19	②	20	③

해설

01. ③ 전체 비용을 총소유비용(Total Cost of Ownership)이라 한다.
02. ④ 블록체인(Blockchain)에 대한 설명이다.
03. ③ 기존 업무처리에 따라 ERP 패키지를 수정하면 결국 기존 업무처리방식이 되므로 혁신에 의미가 없다.
04. ③ 모든 어플리케이션을 보관할 수 없으므로 사용자가 필요로 하는 어플리케이션을 지원 받지 못하거나 어플리케이션을 설치하는데 제약이 있을 수 있다.
05. ③ 재무제표의 기본가정에는 기업실체의 가정, 계속기업의 가정, 기간별 보고의 가정이 있다.
06. ① ㉠ 총수익(8,000,000) - 총비용(5,000,000) = 순이익(3,000,000)
㉡ 기말자본(4,000,000) - 기초자본(1,000,000) = 순이익(3,000,000)
07. ③ ① 자기주식처분이익(자본 - 자본잉여금)
② 매도가능증권의 평가손익(자본 - 기타포괄손익누계액)
④ 특허권을 취득하기 위해 지급한 금액(자산 - 무형자산)
08. ④ 거래의 이중성에 대한 설명이다.
09. ④ 주문, 계약, 약속, 보관등은 자산, 부채, 자본에 증감변화가 없기 때문에 회계상 거래가 아니다.
10. ② ㉠ 기업의 자동차세 ; 세금과공과
㉡ 업무와 관련없는 사장 개인의 지출 ; 인출금
11. ④ (차) 장기차입금 10,000,000 (대) 유동성장기부채 10,000,000
12. ② (차) 받을어음 700,000 (대) 외상매출금 1,000,000
현 금 300,000
13. ② 단기시세차익을 목적으로 하는 타사 발행 주식은 단기매매증권이다.
14. ③ ㉠ 매출채권 잔액(7,500,000) × 대손율(0.02) - 대손충당금 잔액(120,000) = 대손추가설정액(30,000)
㉡ (차) 대손상각비 30,000 (대) 대손충당금 30,000
15. ① (차) 단기매매증권 10,000,000 (대) 현금 10,800,000

수수료비용 800,000

16. ① $\dfrac{\text{취득원가}(50,000,000) - \text{잔존가치}(5,000,000)}{\text{내용연수}(20)}$ = 감가상각비(2,250,000)

17. ③ 자산(1,210,000) - 부채(490,000) = 자본(720,000)

재무상태표

외 상 매 출 금	800,000	단 기 차 입 금	290,000
당 좌 예 금	50,000	예 수 금	140,000
미 수 금	90,000	지 급 어 음	60,000
현 금	160,000	자 본 금	720,000
단 기 대 여 금	110,000		
	1,210,000		1,210,000

18. ④ (차) 미수수익 500,000 (대) 수수료수익 500,000
자산 과소계상, 수익 과소계상 이고, 수익이 과소계상되면 당기순이익과 자본이 과소계상된다.

19. ② (차) 임대료 5,000 (대) 선수수익 5,000
수익이 감소하면 당기순이익과 자본도 감소된다.

20. ③ ㉠ 자본 차감 계정: 자기주식, 감자차손, 자기주식처분손실, 주식할인발행차금
㉡ 자본 가산 계정: 미교부주식배당금, 주식매수선택권, 신주청약증거금, 출자전환채무

[2부] 실무

01	①	02	④	03	④	04	②	05	③
06	①	07	④	08	②	09	③	10	②
11	③	12	④	13	①	14	④	15	③
16	④	17	②	18	③	19	①	20	①

해설

01. ① [시스템관리] → [회사등록정보] → [시스템환경설정], 조회구분(2.회계_27), 전표출력기본양식 3번양식 이다.

02. ④ ㉠ [시스템관리] → [회사등록정보] → [사원등록], 부서(공란) 조회
㉡ 김종민 사원은 승인권한자이기 때문에 전표수정시 승인해제 후 작업할 수 있다.

03. ④ ㉠ [회계관리] → [기초정보관리] → [계정과목등록]
㉡ 증빙필수 입력여부 2.차/대변선택이므로 필수로 입력하지 않아도 된다.

04. ② [시스템관리] → [초기이월관리] → [회계초기이월등록], 구분(1.재무상태표) 외상매출금 선택 조회

05. ③ ㉠ [회계관리] → [전표/장부관리] → [거래처원장], [잔액]탭
㉡ 계정과목(상품매출), 기표기간(2025/01/01~2025/12/31), 거래처(2.거래처분류 _1000~5000) 조회 잔액을 확인한다.

06. ① ㉠ [시스템관리] → [회사등록정보] → [시스템환경설정], 조회구분(2.회계_20), 예산통제구분은 1.사용부서이다.
㉡ [회계관리] → [기초정보관리] → [계정과목등록] 판매관리비에서 복리후생비 선택하여 예산통제 1.월별통제를 확인한다.

07. ④ ㉠ [회계관리] → [자금관리] → [일자별자금계획입력] 자금계획입력탭, 계획년월(2025/05) 조회
㉡ 우측상단 [고정자금]버튼을 클릭하여 확인한다.
※ 반드시 기간을 확인해야 한다.

08. ② ㉠ [회계관리] → [전표/장부관리] → [일월계표] 월계표 탭 기간(2025/05~2025/05) 조회
㉡ 판매관리비에서 현금란 금액을 확인한다.

09. ③ [회계관리] → [고정자산관리] → [고정자산관리대장], 계정과목(차량운반구~차량운반구) 조회

10. ② ㉠ [회계관리] → [결산/재무제표관리] → [기간별손익계산서] 분기별 탭
㉡ 기간(1/4분기~1/4분기) 조회

11. ③ ㉠ [회계관리] → [결산/재무제표관리] → [결산자료입력] 결산자료 탭, 기간(2025/01~2025/12) 조회
㉡ 기말상품재고액 분개대상금액에 200,000,000입력
㉢ 우측상단 [감가상각]버튼 클릭 [예], 하단에서 당기순이익을 확인한다.

12. ④ 계정과목에 관리항목 프로젝트를 조회해야하므로 관리항목원장이 가장 적합하다.

13. ① ㉠ [회계관리] → [자금관리] → [지급어음명세서] 어음조회 탭
㉡ 조회구분(3.처리일_2025/07/20~2025/07/20) 조회

14. ④ [회계관리] → [전표/장부관리] → [지출증빙서류검토표(관리용)], [집계]탭, 기표기간(2025/01/01~2025/12/31) 조회

15. ③ ㉠ [시스템관리] → [회사등록정보] → [시스템환경설정], 조회구분(2.회계_31), 부가가치세 신고유형(0.사업장별 신고)
㉡ [시스템관리] → [회사등록정보] → [사업장등록] 조회하여 우측 상단 [주(총괄납부)사업장등록]버튼 클릭
㉢ 총괄사업자가 아니고 사업장별 신고를 하고 있다.

16. ④ [회계관리] → [부가가치세관리] → [매입세액불공제내역], 기간(2025/07~2025/09) 조회 [불러오기]

17. ② [회계관리] → [전표/장부관리] → [매입매출장], [세무구분별]탭, 조회기간(2025/07/01~2025/09/30), 출력구분(전체), 또는 [부가세신고서]

18. ③ ㉠ [회계관리] → [부가가치세관리] → [세금계산서합계표], 사업장(1000), 기간(2025/10~2025/12), 구분(1.매출) 조회 후 [불러오기]
㉡ 전자세금계산서분(11일이내 전송분) 탭

19. ① ㉠ [회계관리] → [부가가치세관리] → [부동산임대공급가액명세서], 과세기간(2025/07~2025/09) 조회
㉡ 동(1117058000), 층(지상, 12), 호수(1201), 상호(F2 ㈜상상컴퓨터), 면적(200), 용도(사무실), 임대기간(2025/04/01~2026/03/31), 보증금(200,000,000), 월세(5,000,000), 관리비(300,000), 이자율(3.5)%
㉢ 보증금이자(간주임대료) 1,764,383원 확인

20. ① ㉠ [회계관리] → [부가가치세관리] → [신용카드발행집계표/수취명세서] 신용카드/현금영수증수취명세서 탭
㉡ 기간(2025/07~2025/09), [불러오기], 신용카드등수취명세서 탭에서 고정자산 매입분의 세액을 확인한다.

(100-2024.01.27)

제100회 ERP정보관리사 회계2급 기출문제

[1부] 이론

01	④	02	④	03	③	04	④	05	③
06	②	07	③	08	④	09	②	10	③
11	③	12	④	13	③	14	③	15	④
16	④	17	④	18	③	19	②	20	④

해설

01. ④ 자사에 알맞은 패키지를 선택하는 것이 좋다.

02. ④ 데이터마이닝(Data Mining)에 대한 설명이다.

03. ③ 소프트웨어를 제공하고, 소프트웨어를 활용하는 서비스를 SaaS라 한다.

04. ④ 현재 및 미래 고객은 CRM(고객관계관리)이다.

05. ③ 발생주의는 현금주의와 상반된 개념으로 현금의 수수와는 관계없이 수익은 실현되었을 때 인식되고, 비용은 발생되었을 때 인식되는 개념이다.

06. ② 영업외비용(이자비용)이 감소하였기 때문이다.

손 익 계 산 서

과 목	금 액
매출액	×××
매출원가	-×××
매출총이익	×××
판매관리비	-×××
영업이익	×××
영업외수익	×××
영업외비용	-×××
법인세차감전순이익	×××
법인세비용	-×××
당기순이익	×××

07. ③ 유동성배열법은 유동성이 큰 순서로 기록된다.
당좌자산(보통예금) → 재고자산(상품) → 투자자산(장기성예금) → 유형자산 → 무형자산(영업권) → 기타비유동자산

08. ④ 수익과 비용은 임시계정이므로 결산시 손익계정에 대체 된다. 대손상각비는 비용계정이다.

09. ② ㉠ 계약금 지급시; (차) 선급금 ××× (대) 현 금 ×××
㉡ 계약금 수입시; (차) 현 금 ××× (대) 선수금 ×××

10. ③ 12/02 (차) 가지급금 300,000 (대) 현 금 300,000
12/31 (차) 여비교통비 220,000 (대) 가지급금 300,000
현 금 80,000

11. ③ 보기의 설명은 현금 및현금성자산에 대한 설명이다. 현금및현금성자산은 현금, 당좌예금, 보통예금, 현금성자산을 합한것이고, 외상매출금과 받을어음은 매출채권에 해당한다.

12. ④ ㉠ 단기매매증권
㉡ 지분법적용투자주식

13. ③ (총매입액 + 매입제비용) - (매입환출 + 매입에누리 + 매입할인) = 순매입액
(20,000,000 + 1,100,000) - (1,100,000 + 1,200,000 + 1,500,000) = 17,300,000

14. ③ 토지구입대금(500,000) + 기존건물 철거비용(100,000) + 구입관련 중개수수료(50,000) + 토지의 구획정이비용(40,000) - 철거건물 고철 매각액(20,000) = 토지의 취득원가(670,000)

15. ④ ㉠ 2,000,000 × 0.07 = 현금 배당(140,000)
㉡ 2,000,000 × 0.03 = 주식 배당(60,000)
㉢ 현금 배당(140,000) × $\frac{1}{10}$ = 이익준비금(14,000)
㉣ (차) 미처분이익잉여금 214,000 (대) 미지급배당금 140,000
미교부주식배당금 60,000
이익준비금 14,000

16. ④ 자산 - 부채 = 자본

17. ④ 매도가능증권평가손익은 기타포괄손익누계액에 해당된다.

18. ③ 수익은 기업의 통상적인 경영활동에서 발생하는 경제적 효익의 총유입을 의미한다.

19. ② • 판매비와관리비; 급여, 교육훈련비, 수도광열비, 감가상각비, 접대비, 복리후생비
• 영업외비용; 기타의 대손상각비, 이자비용, 기부금, 재해손실
• 유동자산(당좌자산); 선급비용
• 유동부채; 미지급비용

20. ④ ㉠ 차입시; $20,000 × \1,100 = 22,000,000원
㉡ 결산시; $20,000 × \1,200 = 24,000,000원
(차) 외화환산손실 2,000,000 (대) 외화장기차입금 2,000,000

[2부] 실무

01	③	02	①	03	②	04	①	05	③
06	①	07	④	08	②	09	③	10	①
11	②	12	②	13	③	14	④	15	④
16	②	17	③	18	③	19	①	20	④

해설

01. ③ ㉠ [시스템관리] → [회사등록정보] → [사원등록], 부서(공란) 조회
① 사용자여부 '부' 2명
② 전윤호 사원의 잔표입력방식 '승인'
④ 김종민 사원의 조회권한이 '사업장'이다.
㉡ [시스템관리] → [회사등록정보] → [부서등록] 조회
③ 구매자재부는 '㈜혜성자전거 지점' 사업장이다.

02. ① ㉠ [시스템관리] → [회사등록정보] → [시스템환경설정] 조회
㉡ 구분(2.회계_20) 1.사용부서로 설정되어 있다.

03. ② ㉠ [시스템관리] → [회사등록정보] → [사용자권한설정], 모듈구분(A.회계관리) 조회
㉡ 화면 우측 사용가능한메뉴에 전표입력과 전표출력가 있다.

04. ① ㉠ [회계관리] → [전표/장부관리] → [일월계표] 월계표 탭 기간(2025/03~2025/03) 조회
㉡ 비품은 전액 현금으로 매입하지 않았다.

05. ③ ㉠ [회계관리] → [전표/장부관리] → [총계정원장] 월별 탭
㉡ 기간(2025/01~2025/06), 계정과목(상품매출~상품매출) 조회, [대변]금액을 확인한다.

06. ① [회계관리] → [업무용승용차관리] → [업무용승용차 차량등록] 조회

07. ④ ㉠ [회계관리] → [전표/장부관리] → [채권년령분석], 채권잔액일자(2025/06/30), 전개월수(4), 계정과목(외상매출금)
㉡ ㈜주안실업의 조회기간 이전에 발생한 채권의 잔액 찾는다.

08. ② ㉠ [회계관리] → [결산/재무제표관리] → [기간별손익계산서] 분기별 탭
㉡ 기간(1/4분기~1/4분기) 조회

09. ③ ㉠ [회계관리] → [전표/장부관리] → [채권채무잔액조회서], [채권채무잔액] 탭
㉡ 기준일자(2025/12/31) 조회

10. ① [회계관리] → [전표/장부관리] → [전표승인해제], 결의기간(2025/06/01~2025/06/30), 조회되는 전표가 미결전표이다.

11. ② ㉠ [회계관리] → [예산관리] → [예산초과현황]
㉡ 조회기간(2025/01~2025/03), 집행방식(2.승인집행), 관리항목(0.부서별_재경부) 조회 집행율(%)을 확인한다.

12. ② [회계관리] → [전표/장부관리] → [현금출납장], 기표기간(2025/01/01~2025/01/31) 월계

13. ③ ㉠ [회계관리] → [고정자산관리] → [고정자산등록] 자산유형(비품), 자산코드(21200008), 자산명(에어컨), 취득일(2025/04/15) Enter↲
㉡ 주요등록사항 탭, 취득원가(4,000,000), 상각방법(1.정액법), 내용연수(4) 다음 행까지 Enter↲
㉢ [회계관리] → [고정자산관리] → [감가상각비현황], [총괄] 탭, 회계단위(1000), 경비구분(전체), 기간(2025/01 ~ 2025/12), 비품선택, 당기감가상각비를 확인한다.

14. ④ ㉠ [회계관리] → [전표/장부관리] → [외화명세서], 기표기간(2025/01/01~2025/12/31), 계정과목(외화예금) 조회
㉡ $2,500 × 1,230 = 3,075,000
㉢ 3,075,000 - 2,825,000 = 250,000
㉣ (차) 외화예금 250,000 (대) 외화환산이익 250,000

15. ④ ㉠ [회계관리] → [부가가치세관리] → [세금계산서합계표], 사업장(1000), 기간(2025/01~2025/03), 구분(1.매출, 2.매입) 조회

후 [불러오기]
㉡ 충원 거래처에 전자세금계산서 외 거래건이 1건 존재한다.

16. ② [회계관리] → [부가가치세관리] → [부가세신고서] 사업장(1000), 기간(2025/04/01~2025/06/30) 조회, [불러오기]클릭 카드매출을 더블클릭하여 확인한다.(또는 매입매출장_세무구분별 탭)

17. ③ ㉠ [회계관리] → [부가가치세관리] → [부가세신고서] 사업장(1000), 기간(2025/04/01~2025/06/30) 조회, [불러오기]클릭
㉡ 9번란 ㉮ 부가세예수금, 17번란 ㉯ 부가세 대금금, 17번란 ㉰ 납부(환급)세액을 확인한다.
㉢ (차) 부가세예수금 34,700,000 (대) 부가세대급금 10,550,000
미지급금 24,150,000

18. ③ ㉠ [회계관리] → [전표/장부관리] → [매입매출장], [신고서기준]탭, 조회기간(2025/04/01~2025/06/30), 출력구분(2.매입) 조회 또는 부가세신고서 12번란
㉡ 우측 상단 [예정신고누락분 조회]버튼 클릭

19. ① [회계관리] → [부가가치세관리] → [건물등감가상각자산취득명세서], 사업장(1000), 기간(2025/01~2025/03) 조회 [불러오기] 기계장치의 세액 확인

20. ④ ㉠ [시스템관리] → [회사등록정보] → [시스템환경설정], 조회구분(2.회계_31), 부가가치세 신고유형(0.사업장별 신고)
㉡ [시스템관리] → [회사등록정보] → [사업장등록] 조회하여 우측 상단 [주(총괄납부)사업장등록]버튼 클릭
㉢ 총괄납부 사업자로 신고는 각 사업장별로 하고 납부는 주사업장에서 총괄하여 납부한다.

(101-2024.03.23)

제101회 ERP정보관리사 회계2급 기출문제

[1부] 이론

01	①	02	①	03	③	04	④	05	②
06	③	07	③	08	①	09	③	10	④
11	④	12	④	13	①	14	④	15	③
16	②	17	③	18	③	19	①	20	①

해설

01. ① 비즈니스 애널리틱스는 구조화된 데이터(structured data)와 비구조화된 데이터(unstructured data)를 동시에 이용한다.

02. ① IaaS에는 데이터베이스 클라우드 서비스와 스토리지 클라우드 서비스가 있다.

03. ③ 텍스트마이닝(Text Mining)에 대한 설명이다.

04. ④ 커스터마이징은 가급적 최소화시킨다.

05. ② ㉠ 외부 이해관계자: 투자자, 채권자, 정부기관, 고객, 금융기관
㉡ 내부 이해관계자: 경영진 등
※ 종업원은 내부정보이용자와 외부정보이용자구분에 있어 논란의 대상이 되므로 시험에서는 일반적으로 출제에 배제된다고 보시면 됩니다.

06. ③ '자산 = 부채 + 자본'을 재무상태표 등식이라고 한다.

07. ③ (차) 급여(비용) ××× (대) 미지급비용(부채) ××× 누락하면 자산에는 영향이 없고, 부채가 과소 계상되면 자본은 과대 계상된다.

08. ① 일정기간의 경영(재무)성과를 나타내는 재무제표는 손익계산서이다. 손익계산서는 수익과 비용계정으로 구성된다.
임대료(수익), 이자비용(비용) 이므로 손익계산서 계정이다.

09. ③ 분개장에서 총계정원장으로 전기한다.

10. ④ 종업원 선물비는 복리후생비이고, 신용카드 사용액은 외상으로 처리한다.
(차) 복리후생비 ××× (대) 미지급금 ×××

11. ④ ① 미지급금(부채의 감소) / 현금(자산의 감소)
② 받을어음(자산의 증가) / 외상매출금(자산의 감소)
③ 외상매입금(부채의 감소) / 현금(자산의 감소)
④ 상품(자산의 증가) / 외상매입금(부채의 증가)

12. ④ 당좌자산(당좌예금) 〉 재고자산(제품) 〉 유형자산(기계장치)

13. ① (차) 대손충당금 150,000 (대) 미수금 150,000

> ▣ 기타채권(대여금, 미수금, 선급금)의 대손발생시 분개
> (차) 대손충당금 ××× (대) 기타채권 ×××
> 기타의 대손상각비 ×××

14. ④ 총매출액 - (매출환입+매출에누리+매출할인) = 순매출액
550,000 - (50,000+30,000) = 470,000

15. ③ 총평균법은 재고자산의 매출단가 결정방법이다.

> ▣ 감가상각 계산방법
> ㉠ 정액법
> ㉡ 체감잔액법(이중체감법, 정률법, 연수합계법)
> ㉢ 생산량비례법

16. ② 내부적으로 창출한 영업권은 원가의 신뢰성 문제로 자산으로 인정되지 않는다. 합리적인 상각방법을 적용할 수 없는 경우 정액법으로 한다.

17. ③ 자본조정에는 주식할인발행차금, 자기주식 등이 있다. 이익준비금은 이익잉여금 항목이다.

18. ③ ㉠ 총수익(300,000) - 총비용(80,000) = 당기순이익(220,000)
㉡ 기말자본(320,000) - 기초자본(100,000) = 당기순이익(220.,000)

19. ① ㉠ 현금(30,000) + 매출채권(40,000) + 비품(60,000) + 재고자산(55,000) = 자산(185,000)
㉡ 매입채무(25,000) + 차입금(55,000) = 부채(80,000)
㉢ 자산(185,000) - 부채(80,000) = 자본(105,000)

20. ① (차) 자본금 250,000 (대) 현 금 200,000
감자차익 50,000

[2부] 실무

01	④	02	③	03	②	04	①	05	③
06	②	07	③	08	①	09	④	10	①
11	④	12	③	13	④	14	④	15	①
16	②	17	④	18	①	19	②	20	③

해설

01. ④ ㉠ [회계관리] → [기초정보관리] → [계정과목등록]
㉡ 잡비 계정은 증빙을 차/대변 필수 입력하도록 설정되어있다.

02. ③ ㉠ [시스템관리] → [회사등록정보] → [사원등록], 부서(공란) 조회
㉡ 대차차액 전표는 회계입력방식과 관계없이 미결전표로 생성된다.

03. ② ㉠ [시스템관리] → [회사등록정보] → [시스템환경설정], 조회구분(2.회계) 조회
㉡ 25. 거래처코드자동부여_0.사용안함

04. ① ㉠ [회계관리] → [전표/장부관리] → [채권년령분석], 채권잔액일자(2025/03/31), 전개월수(2), 계정과목(외상매출금) 조회
㉡ 조회기간 이전에 발생한 채권의 잔액 찾는다.

05. ③ [회계관리] → [전표/장부관리] → [관리항목원장], [잔액]탭
관리항목(D1.프로젝트), 기표기간(2025/01/01 ~ 2025/03/31), 계정과목(10800.외상매출금~10800.외상매출금) 조회

06. ② ㉠ [회계관리] → [전표/장부관리] → [일월계표] 월계표 탭 기간(2025/01~2025/01) 조회
㉡ 판매관리비에서 현금란 금액을 확인한다.

07. ③ ㉠ [회계관리] → [고정자산관리] → [고정자산등록] 자산유형(차량운반구), 자산명(QM6) 선택, 추가등록사항 탭 조회
㉡ 자산변동처리 일자(2025/01/01), 구분(자본적 지출), 금액(1,000,000) 다음 행까지 Enter↵
㉢ [회계관리] → [고정자산관리] → [감가상각비현황], [부서별] 탭, 부서(재경부~총무부), 경비과목(차량운반구~차량운반구), 기간(2025/01 ~ 2025/12), 차량운반구를 확인한다.
08. ① ㉠ [회계관리] → [결산/재무제표관리] → [관리항목별손익계산서] PJT별 탭
㉡ PJT(선택전체), 기간(2025/07/01~2025/09/30) 조회
09. ④ ㉠ [회계관리] → [자금관리] → [받을어음명세서] 어음조회 탭
㉡ 조회구분(1.수금일_(2025/04/06~2025/04/06) 조회하여 해당 어음의 만기 일자를 확인한다.
10. ① ㉠ [회계관리] → [자금관리] → [일자별자금계획입력] 자금계획입력 탭, 계획년월(2025/01) 조회
㉡ 우측상단 [고정자금]버튼을 클릭하여 확인한다.
※ 자금과목에서 일반경비를 확인 한다.
11. ④ ㉠ [회계관리] → [결산/재무제표관리] → [기간별손익계산서] 분기별 탭, 기간(1/4분기~1/4분기) 조회
㉡ 판매관리비 중 가장 적은 비용이 지출된 계정은 [통신비]계정이다.
12. ③ ㉠ [회계관리] → [결산/재무제표관리] → [기간별손익계산서] 분기별 탭, 기간(1/4분기~4/4분기) 조회
㉡ 판매관리비에서 복리후생비의 금액을 확인한다.
13. ④ ㉠ [회계관리] → [결산/재무제표관리] → [재무상태표], 기간(2025/09/30), 제출용 탭 조회
㉡ ① 재고자산의 총합계 금액은 410,650,000원 이다.
② 부채의 총합계 금액은 3,140,828,000원 이다.
③ 매출채권의 대손충당금 13,465,817원 이다.
14. ④ ㉠ [회계관리] → [결산/재무제표관리] → [합계잔액시산표], 기간(2025/12/31) 조회, 소모품 잔액 8,000,000원을 확인한다. 소모품(8,000,000) - 기말 재고(2,000,000) = 사용액(6,000,000)
㉡ (차) 소모품비 6,000,000 (대) 소모품 6,000,000
15. ① ㉠ [시스템관리] → [회사등록정보] → [시스템환경설정], 조회구분(2. 회계_31), 부가가치세 신고유형(0.사업장별 신고)
㉡ [시스템관리] → [회사등록정보] → [사업장등록] 조회하여 우측 상단 [주(총괄납부)사업장등록]버튼 클릭
㉢ 총괄납부 사업자로 등록되지 않았으므로 각 사업장별로 하신고의 납부한다.
16. ② ㉠ [회계관리] → [부가가치세관리] → [부가세신고서], 사업장(1000), 기간(2025/04/01~2025/06/30) 조회 후 [불러오기] (또는 매입매출장)
㉡ 매입처별세금계산서합계표에 21.과세매입, 22.영세매입, 24.매입불공제, 25.수입 이 반영되는데 2개(과세매입, 매입불공제) 있다.(10~20번 구간을 클릭해야 한다.)
17. ④ ㉠ [회계관리] → [부가가치세관리] → [부동산임대공급가액명세서], 과세기간(2025/10~2025/12), 이자율(3.5%) 조회
㉡ 보증금이자 1,764,383 * 10% = 176,438(소수점 이하 절사)를 분개처리 한다.
㉢ [회계관리] → [부가가치세관리] → [부가세신고서], 사업장(1000), 기간(2025/10/01~2025/12/31) 조회 후 [불러오기] 4.기타(정규명수증외매출금) 세액(6.250,000)을 확인한다.
㉣ 보증금이자(176,438) + 기타(정규명수증외매출금) 세액(6.250,000) = 6,426,438
18. ① [회계관리] → [부가가치세관리] → [건물등감가상각자산취득명세서], 사업장(1000), 기간(2025/01~2025/03) 조회 [불러오기] 기타감가상각자산의 세액 확인
19. ② ㉠ [회계관리] → [부가가치세관리] → [신용카드발행집계표/수취명세서] 신용카드발행집계표 탭, 기간(2025/04~2025/06) [불러오기]
㉡ ⑨세금계산서 발행금액을 확인한다.
20. ③ ㉠ [회계관리] → [부가가치세관리] → [부가세신고서], 사업장(1000), 기간(2025/01/01~2025/03/31) 조회 후 [불러오기]
㉡ ③ 고정자산 매입분 중 신용카드 매입분은 존재한다.
※ ① 사업장명세 탭에서 확인한다.
② 상단 [과세표준]버튼을 클릭하여 확인한다.
③ 일반과세 탭에서 그밖의 공제매입세액(14번 란)을 더블클릭하여 확인한다.
④ 일반과세 탭 ㉮(매출세액) - ㉯(매입세액) = ㉰(납부세액)

(102-2024.05.25)

제102회 ERP정보관리사 회계2급 기출문제

[1부] 이론

01	②	02	①	03	③	04	③	05	①
06	②	07	②	08	①	09	①	10	②
11	②	12	④	13	③	14	④	15	①
16	④	17	①	18	④	19	②	20	④

해설

01. ② SaaS(Software as a Service)에 대한 설명이다.
02. ① 단위별 업무처리에서 통합 업무처리를 추구하는 시스템으로 발전하고 있다.
03. ③ 인공지능이 개인, 가족, 지역 사회의 데이터 권리를 감소시키지 말아야 한다.
04. ③ 전통적인 정보시스템의 업무처리 대상은 Task 중심이나 ERP는 Process 중심이다.
05. ① 외부용은 재무회계에 관련한 설명이다.
06. ② 자본은 순자산으로서 소유주의 잔여청구권을 나타낸다.
07. ② ㉠ 기초재고액 + 순매입액 - 기말재고액(과소) = 매출원가(과대)
㉡ 순매출액 - 매출원가(과대) = 매출총이익(과소)
08. ① (차변) 신급금 (대변) 선수금
09. ① ⓐ 당좌예금 잔액을 초과하여 발행한 수표 금액(사전약정 체결)은 당좌차월이며, ⓑ제3자로부터 무상으로 받은 금액은 자산수증이익이다.
10. ② ① (차) 현금(자산의 증가) (대) 단기차입금(부채의 증가)
② (차) 외상매입금(부채의 감소) (대) 현금(자산의 감소)
③ (차) 급여(비용의 발생) (대) 현금(자산의 감소)
④ (차) 현금(자산의 증가) (대) 단기대여금(자산의 감소)
이자수익(수익의 발생)
11. ② 현금(9,000,000) + 타인발행수표(200,000) + 송금환 (100,000) = 현금 및 현금성자산(9,300,000)
※ 우표(통신비), 미수금(기타채권), 수입인지(세금과공과), 받을어음(매출채권)이다.
12. ④ (차) 단기매매증권 500,000 (대) 보통예금 505,000
수수료비용 5,000
13. ③ 대손충당금 설정 대상 자산
㉠ 매출채권; 외상매출금, 받을어음
㉡ 대여금, 미수금, 선급금 등
14. ④ 유형자산의 취득원가는 원칙적으로 그 취득으로부터 사용 가능한 상태가 되기까지의 일체의 비용, 즉 매입가격에 부대비용을 포함한다. 따라서 구입자산에 중개수수료 · 등록비 · 정리비용 · 배수공사비 등이 포

함된다.

※ 거래처 직원에 대한 접대비는 기업업무추진비로 처리한다.

15. ① 상품(자산의 증가) 400,000 / 현금(자산의 감소) 200,000
/ 지급어음(부채의 증가) 200,000

16. ④ 자기주식과 주식할인발행차금은 자본의 차감(-)항목이다.

자	본		
자기주식	30,000	보통주 자본금	300,000
주식할인발행차금	80,000	우선주 자본금	200,000
잔액	460,000	주식발행초과금	70,000
	570,000		570,000

17. ① 현금배당(400,000) × $\frac{1}{10}$ = 이익준비금(40,000)

※ 이익준비금은 금전(현금) 배당의 1/10 이상을 적립해야 한다.

18. ④ ① 시용판매의 경우 매입자가 구매의사 표시한 날 또는 반품기간의 종료일
② 할부판매의 경우 상품 또는 제품을 인도한 날
③ 위탁판매는 수탁자가 위탁품을 제3자에게 판매한 시점

19. ② ㉠ 300개 × 50,000원 = 15,000,000원(순매출액)
㉡ 300개 × 30,000원 = 9,000,000원(매출원가)
㉢ 순매출액(15,000,000원) - 매출원가(9,000,000원) = 매출총이익(6,000,000원)

20. ④ 재해손실(비용), 자산수증이익(수익), 채무면제이익(수익)은 당기순손익에 영향을 준다. 매도가능증권평가손익은 자본계정이므로 당기손익에 영향이 없다.

[2부] 실무

01	③	02	①	03	④	04	②	05	③
06	③	07	③	08	②	09	①	10	④
11	④	12	④	13	②	14	①	15	③
16	④	17	③	18	①	19	④	20	①

해설

01. ③ ㉠ [시스템관리] → [회사등록정보] → [시스템환경설정], 조회구분(2.회계) 조회
㉡ 20. 예산통제구분_1.사용부서

02. ① ㉠ [회계관리] → [기초정보관리] → [계정과목등록]
㉡ [10900.대손충당금]은 [10800.외상매출금]의 차감계정이다.

03. ④ ㉠ [시스템관리] → [회사등록정보] → [사원등록], 부서(공란) 조회
㉡ [시스템관리] → [회사등록정보] → [부서등록] 조회
㉢ 대차차액 전표는 회계입력방식과 관계없이 미결전표로 생성된다.

04. ② [회계관리] → [전표/장부관리] → [현금출납장], 기표기간(2025/03/01~2025/03/31) 월계

05. ③ ㉠ [회계관리] → [전표/장부관리] → [지출증빙서류검토표(관리용)], [집계]탭, 기표기간(2025/01/01~2025/12/31)
㉡ 우측 상단 [증빙설정] 버튼 클릭, 30.세금계산서 - 1.세금계산서, 40.계산서 - 2.계산서로 설정 [종료] 조회

06. ③ ㉠ [회계관리] → [전표/장부관리] → [총계정원장] 월별 탭
㉡ 기간(2025/01~2025/06), 계정과목(외상매입금~외상매입금) 조회, [대변]금액을 확인한다.

07. ③ ㉠ [회계관리] → [전표/장부관리] → [관리내역현황], [잔액]탭
㉡ 관리항목1(C1.사용부서), 관리내역(재경부~재경부), 관리항목2(D1.프로젝트), 관리내역(서울공장~춘천공장), 기표기간(2025/01/01~2025/03/31), 계정과목(81100.복리후생비) 조회

08. ② [회계관리] → [업무용승용차관리] → [업무용승용차 운행기록부] 사용기간(과세기간)(2025/01/01~2025/01/31) 조회

09. ① ㉠ [회계관리] → [전표/장부관리] → [채권년령분석], 채권잔액일자(2025/06/30), 전개월수(3), 계정과목(외상매출금) 조회
㉡ 조회기간 이전에 발생한 채권의 잔액을 확인한다.

10. ④ ㉠ [회계관리] → [결산/재무제표관리] → [합계잔액시산표], 기간(2025/06/30) 조회, 소모품 잔액 10,500,000원을 확인한다. 소모품(10,500,000) - 기말 재고(5,000,000) = 사용액(5,500,000)
㉡ (차) 소모품비 5,500,000 (대) 소모품 5,500,000

11. ④ ㉠ [회계관리] → [결산/재무제표관리] → [손익계산서] 관리용 탭, 기간(2025/06/30) 조회
㉡ 이자수익이 영업외 수익으로 100,000원 발생하였다.

12. ④ ㉠ [회계관리] → [고정자산관리] → [고정자산등록] 자산유형(비품), 자산코드(21200009), 자산명(팩스기), 취득일(2025/04/15) Enter↵
㉡ 주요등록사항 탭, 취득원가(4,000,000), 상각방법(1.정액법), 내용연수(4) 다음 행까지 Enter↵
㉢ [회계관리] → [고정자산관리] → [감가상각비현황], [총괄] 탭, 회계단위(1000), 경비구분(전체), 기간(2025/01 ~ 2025/12), 비품선택, 당기감가상각비를 확인한다.

13. ② [회계관리] → [전표/장부관리] → [관리항목원장], [잔액]탭 관리항목(D1.프로젝트), 기표기간(2025/01/01 ~ 2025/03/31), 계정과목(10800.외상매출금~10800.외상매출금) 조회

14. ① ㉠ [회계관리] → [전표/장부관리] → [일월계표] 월계표 탭 기간(2025/05~2025/05) 조회
㉡ 판매관리비에서 현금란 금액을 확인한다.

15. ③ ㉠ [회계관리] → [부가가치세관리] → [신용카드발행집계표/수취명세서] 신용카드/현금영수증수취명세서 탭
㉡ 기간(2025/01~2025/03), [불러오기], 신용카드등수취명세서 탭에서 고정자산 매입분의 세액을 확인한다.

16. ④ ㉠ [회계관리] → [부가가치세관리] → [부가세신고서], 사업장(1000), 기간(2025/01/01~2025/03/31) 조회 후 [불러오기] (또는 매입매출장)
㉡ 매입처별세금계산서합계표에 21.과세매입, 22.영세매입, 24.매입불공제, 25.수입 이 반영되는데 4개 모두 있다.(10~20번 구간을 클릭해야 한다.)

17. ③ [회계관리] → [부가가치세관리] → [매입세액불공제내역], 기간(2025/04~2025/06) 조회 [불러오기]

18. ① ㉠ [회계관리] → [부가가치세관리] → [부가세신고서], 사업장(1000), 기간(2025/07/01~2025/09/30) 조회 후 [불러오기]
㉡ ③ 고정자산 매입분 중 신용카드 매입분은 존재한다.
※ ① 일반과세 탭에서 그밖의 공제매입세액(14번 란)을 더블클릭하여 확인한다.
② 상단 [과세표준]버튼을 클릭하여 확인한다.
③ 사업장명세 탭에서 확인한다.
④ 일반과세 탭 ㉮(매출세액) - ㉯(매입세액) = ㉰(납부세액)

19. ④ ㉠ [시스템관리] → [회사등록정보] → [시스템환경설정], 조회구분(2.회계_31), 부가가치세 신고유형(0.사업장별 신고)
㉡ [시스템관리] → [회사등록정보] → [사업장등록] 조회하여 우측 상단 [주(총괄납부)사업장등록]버튼 클릭
㉢ 총괄납부 사업자로 신고는 각 사업장별로 하고 납부는 주사업장에서 총괄하여 납부한다.

20. ① ㉠ [회계관리] → [부가가치세관리] → [부동산임대공급가액명세서], 과세기간(2025/07~2025/09) 조회
㉡ 동(1111065000), 층(지상, 5), 호수(504), 상호(F2 ㈜도민실업), 면적(300), 용도(사무실), 임대기간(2025/07/01~2026/06/30), 보증금(350,000,000), 월세(4,000,000), 관리비(300,000), 이자율(3.5)%
㉢ 보증금이자(간주임대료) 3,087,671원 확인

(103-2024.07.27)

제103회 ERP정보관리사 회계2급 기출문제

[1부] 이론

01	④	02	①	03	②	04	③	05	②
06	③	07	①	08	④	09	①	10	④
11	③	12	③	13	①	14	③	15	①
16	④	17	③	18	④	19	①	20	③

해설

01. ④ CRM(고객관계관리) : 현재 및 미래 고객

▣ e-비지니스 지원 시스템
㉠ KMS(지식관리시스템) : 지식 공유
㉡ CRM(고객관계관리) : 현재 및 미래 고객
㉢ SCM(공급망관리) : 공급자부터 소비자까지

02. ① 특정 H/W업체에만 의존하는 것이 아니고, 다양한 H/W업체에 의존해야 한다.
03. ② 블록체인(Blockchain)에 대한 설명이다.
04. ③ ERP 구축 순서 ; 분석 - 설계 - 구축 - 구현
05. ② 유형자산은 건물 1,500,000원이다.
06. ③ 재무상태표는 일정시점의 재무상태를 나타내는 재무보고서이다.
07. ① 감가상각비는 판매비 및 일반관리비에 포함된다.
08. ④ 기초잔액이 대변에 기록되는 항목은 부채 또는 자본이므로 미지급금(부채)이다.
09. ① 단식부기는 재산의 증감만을 기록하며 손익의 기록을 하지 않는 방법이다.
10. ④ 외상매입금은 일반적인 상거래 거래에서 발생하는 부채이다.
11. ③ 당좌차월에 대한 설명이며, 당좌차월 계정은 재무제표에는 단기차입금 계정으로 표기된다.
12. ③ 매출채권은 받을어음 300,000원, 외상매출금 200,000원으로 총 500,000원이다.
(차) 받을어음 300,000 (대) 상품매출 500,000
외상매출금 200,000
운반비 50,000 현금 50,000
13. ① [정액법]

$$\frac{(\text{취득원가} - \text{잔존가치})}{\text{내용연수}} = \text{감가상각비}$$

$$\frac{(2{,}000{,}000 - 200{,}000)}{10} = 180{,}000 \times \frac{5}{12} = 75{,}000$$

14. ③

매입채무

매입할인액	10,000	기초잔액	50,000
외상대금상환액	200,000	외상매입액	500,000
기말잔액	340,000		

15. ① ① (차) 현금 ××× (대) 자본금 ×××
② (차) 이월이익잉여금 ××× (대) 미지급배당금 ×××
③ (차) 복리후생비 ××× (대) 현금 ×××
④ (차) 비품 ××× (대) 현금 ×××
16. ④ ㉠ 총수익(1,900,000) - 총비용(1,550,000) = 순이익(350,000)
㉡ 기말자본(700,000) - 기초자본(350,000) = 순이익(350,000)
17. ③ 총유출이 아니고, 총유입을 의미한다.
18. ④ 교육훈련비는 판매비 및 일반관리비이며, 그 이외에는 모두 영업외비용이다.
19. ① (차) 자 본 금 800,000 (대) 현 금 500,000
감자차익 300,000
20. ③ ㉠ 판매비와관리비 : 접대비, 교육훈련비, 수도광열비
㉡ 영업외비용 : 기타의 대손상각비, 이자비용, 기부금
㉢ 유동자산 ; 선급비용

[2부] 실무

01	③	02	②	03	④	04	②	05	④
06	①	07	①	08	①	09	②	10	①
11	①	12	③	13	②	14	③	15	②
16	①	17	③	18	②	19	④	20	④

해설

01. ③ ㉠ [시스템관리] → [기초정보관리] → [일반거래처등록]
㉡ 우측 상단 [조건검색]버튼 클릭, 거래처구분(1.일반), 거래처분류(1000.강남구) [검색(TAB)] 클릭
02. ② ㉠ [회계관리] → [기초정보관리] → [계정과목등록]
㉡ [10800.외상매출금] 계정의 거래처 이월항목 (√) 확인
03. ④ ㉠ [시스템관리] → [회사등록정보] → [사용자권한설정], 모듈구분(A.회계관리) 조회
㉡ 화면 우측 사용가능한메뉴에서 전표승인해제를 확인한다.
04. ② ㉠ [회계관리] → [전표/장부관리] → [기간비용현황]
㉡ 기간비용현황 탭, 계약기간(2025/01~2025/12) 조회, 조회기간 비용 합계금액을 확인한다.
05. ④ ㉠ [시스템관리] → [회사등록정보] → [부서등록] 조회하여 총무부 부문코드를 제조부문에서 관리부문으로 변경한다.
㉡ [회계관리] → [결산/재무제표관리] → [관리항목별손익계산서] 부문별 탭, 부문(관리부문), 기간(2025/04/01 ~ 2025/06/30) 조회
06. ① ㉠ [회계관리] → [결산/재무제표관리] → [합계잔액시산표] 기간(2025/06/30) 계정별 탭 조회
㉡ 받을어음 잔액(295,000,000) × 대손율(0.01) - 대손충당금 잔액(1,500,000) = 대손설정액(1,450,000)
㉢ (차) 대손상각비 1,450,000 (대) 대손충당금 1,450,000
07. ① ㉠ [회계관리] → [자금관리] → [일자별자금계획입력] 자금계획입력 탭, 계획년월(2025/03), (2025/04) 조회
㉡ 우측상단 [고정자금]버튼을 클릭하여 확인한다.
㉢ 2025년 3월: 30,000,000원(인건비) + 2,000,000(사무실임차료) + 6000,000(일반경비) = 32,600,000
2025년 4월: 30,000,000원(인건비) + 2,000,000(사무실임차료) = 32,000,000
※ 보안용역은 2025/03/20 종료되었다.
08. ① [회계관리] → [업무용승용차관리] → [업무용승용차 운행기록부] 사용기간(과세기간)(2025/01/01~2025/01/31) 조회
09. ② ㉠ [회계관리] → [전표/장부관리] → [지출증빙서류검토표(관리용)], [집계]탭, 기표기간(2025/01/01~2025/12/31)
㉡ 우측 상단 [증빙설정] 버튼 클릭, 20.현금영수증 - 9A.현금영수증, 40.계산서 - 2.계산서로 설정 [종료] 조회
10. ① ㉠ [회계관리] → [전표/장부관리] → [전표승인해제], 결의기간(2025/11/30~2025/11/30) 조회
㉡ 조회되는 전표 선택, 우측 상단 [승인처리] 버튼 클릭 승인 처리한다.
㉢ 회계관리] → [결산/재무제표관리] → [합계잔액시산표], 기간(2025/11/30) 조회, 현금 잔액을 확인 한다.
11. ① ㉠ [회계관리] → [결산/재무제표관리] → [재무상태표] 기간(2025/12/31) 관리용 탭 조회

ⓒ 재고자산의 잔액을 확인한다.

12. ③ ㉠ [회계관리] → [결산/재무제표관리] → [기간별손익계산서] 반기별 탭, 기간(상반기~하반기) 조회
ⓒ 판매관리비에서 복리후생비의 증감율을 확인한다.

13. ② [회계관리] → [고정자산관리] → [고정자산명세서] 취득기간 (2025/03~2025/03) 조회

14. ③ ㉠ [회계관리] → [전표/장부관리] → [거래처원장], [잔액]탭
ⓒ 계정과목(사무용품비~사무용품비), 기표기간(2025/01/01 ~ 2025/01/31), 거래처(1.거래처 _공란~공란) 조회
※ 거래처가 등록되지 않은 것을 찾아야 하므로 반드시 거래처를 공란으로 처리하여 조회해야 한다.

15. ② ㉠ [회계관리] → [부가가치세관리] → [신용카드발행집계표/수취명세서] 신용카드발행집계표 탭, 기간(2025/04~2025/06) [불러오기]
ⓒ ⑨세금계산서 발행금액을 확인한다.

16. ① [회계관리] → [부가가치세관리] → [건물등감가상각자산취득명세서], 사업장(1000), 기간(2025/01~2025/03) 조회 [불러오기] 차량운반구의 세액 확인

17. ③ [회계관리] → [부가가치세관리] → [매입세액불공제내역], 기간 (2025/01~2025/03) 조회 [불러오기]

18. ② ㉠ [회계관리] → [전표/장부관리] → [매입매출장], [거래처별] 탭
ⓒ 조회기간(2025/01/01~2025/03/31), 출력구분(2.매입), 세금계산서구분(4.종이발행), 거래처(형광공업) 조회

19. ④ ㉠ [회계관리] → [전표/장부관리] → [매입매출장], [신고서기준]탭, 조회기간(2025/10/01~2025/12/31), 출력구분(2.매입) 조회 또는 부가세신고서 12번란
ⓒ 우측 상단 [예정신고누락분 조회]버튼 클릭

20. ④ [시스템관리] → [회사등록정보] → [사업장등록] 신고관련사항 탭

(104-2024.09.28)

제104회 ERP정보관리사 회계2급 기출문제

[1부] 이론

01	①	02	③	03	④	04	③	05	①
06	①	07	④	08	①	09	③	10	④
11	③	12	③	13	③	14	③	15	④
16	②	17	②	18	①	19	②	20	③

해설

01. ① 비즈니스 애널리틱스는 구조화된 데이터(structured data)와 비구조화된 데이터(unstructured data)를 동시에 이용한다.

02. ③ 1단계 기초프로세스 자동화이다.

03. ④ ERP시스템 구축 후에 IT아웃소싱 업체로부터 독립적으로 운영할 수 없다.

04. ③ ① 회사 A; 현재 업무 방식을 고수하지 말아야 혁신을 이룰 수 있다.
② 회사 B; TFT는 최고 엘리트 사원으로 구성해야 한다.
④ 회사 D; ERP 도입 과정에서 부서 간 갈등 발생 시, 최고경영층의 개입을 배제하지 말고, 하향식(Top-Down) 의사결정을 배제하지 말아야 한다.

05. ① ㉠ 외부 이해관계자: 투자자, 채권자, 정부기관, 고객, 금융기관, 공급업자
ⓒ 내부 이해관계자: 경영자, 종업원

06. ① 재무회계는 외부이용자에게 재무정보를 제공하는 회계를 의미하고 일반적으로 인정된 회계원칙의 형식에 따라 일반목적의 재무보고서를 작성하며 현재는 IFRS의 적용을 받는다.
관리회계는 내부정보이용자에게 재무정보를 제공하는 회계를 의미하고 의사결정의 특성에 따라 다양한 방법으로 정보를 제공하므로 반드시 지켜야할 일반적인 규범이 존재하지 않는다.

07. ④ ㉠ 기초자산(300,000) - 기초부채(130,000) = 기초자본 (170,000)
ⓒ 총수익(140,000) - 총비용(80,000) = 순이익(60,000)
ⓒ 기말자본(230,000) - 기초자본(170,000) = 순이익(60,000)

08. ① 일정기간의 경영성과를 나타내는 재무제표는 손익계산서(수익, 비용)이다. 선급금, 보통예금, 외상매출금은 자산이고, 외상매입금, 미지급금, 임대보증금은 부채이다.

09. ③ 가지급금이란 현금지출이 발생했지만 거래내용이 불명확하여 임시로 처리한 가계정으로 계정과목과 금액이 확정되는 즉시 확정계정으로 대체하여 정리하여야 한다.

10. ④ 외상매입금은 일반적인 상거래 거래에서 발생하는 부채이다.

11. ③ (차) 현 금 53,000 (대) 대 여 금 50,000
이자수익 3,000

12. ③ 단기금융상품(0) + 단기대여금(220,000) + 단기매매증권(200,000) = 단기투자자산(420,000)

13. ③ (차) 임대료 6,000 (대) 선수수익 6,000
수익의 감소로 결국 당기순이익이 6,000원 감소한다.

14. ③ (차) 단기매매증권 15,000,000 (대) 현금 15,500,000
수수료비용 500,000
※ 단기매매증권 취득 시 수수료 및 제세는 취득원가에 포함하지 않으나 매도가능증권 및 만기보유증권 취득시에는 취득원가에 포함한다.

15. ④ ㉠ $\frac{[\text{취득원가}(4,000,000) - \text{잔존가치}(400,000)]}{\text{내용연수}(10\text{년})} =$
1년 감가상각비(360,000)
ⓒ 1년 감가상각비(360,000) × $\frac{5\text{개월}}{12\text{개월}}$ = 150,000원

16. ② (차) 감가상각누계액(450,000) (대) 기 계 장 치 650,000
현 금 650,000 유형자산처분이익 450,000

17. ② 무형자산의 종류로 개발비는 신제품과 신기술 등의 개발활동과 관련하여 발생한 지출로서 미래경제적 효익의 유입가능성이 높으며, 취득원가를 신뢰성 있게 측정할 수 있는 것을 말한다. 예를 들면 신제품, 신기술 개발과 관련된 지출 자산처리는 → 개발비(무형자산)으로 처리한다.

18. ① 총매출액(500,000) - [(매출환입(0) + 매출에누리(150,000) + 매출할인(50,000)) = 순매출액(300,000)

19. ② (차) 현금 500,000 (대) 단기차입금 500,000

20. ③ ㉠ 자본조정 차감 계정: 주식할인발행차금, 감자차손, 자기주식처분손실, 자기주식
ⓒ 자본조정 가산 계정: 미교부주식배당금, 주식매수선택권, 신주청약증거금

[2부] 실무

01	②	02	③	03	④	04	①	05	①
06	②	07	①	08	①	09	③	10	④
11	①	12	③	13	②	14	④	15	③
16	③	17	④	18	①	19	②	20	②

해설

01. ② ㉠ [시스템관리] → [회사등록정보] → [시스템환경설정], 조회구분(2.회계) 조회
ⓒ 39. 고정자산 비망가액 존재여부_1.여

고정자산 상각시 비망가액을 처리할 수 있다.

02. ③ ㉠ [회계관리] → [기초정보관리] → [계정과목등록]
㉡ [83700.건물관리비] 계정의 거래처 이월항목 (√) 확인

03. ④ ㉠ [시스템관리] → [기초정보관리] → [프로젝트등록], 원가구분(1.제조), 조회구분(1.진행) 조회
㉡ 프로젝트유형(2.공통)을 확인한다.

04. ① ㉠ [회계관리] → [전표/장부관리] → [총계정원장] 월별 탭
㉡ 기간(2025/01 ~ 2025/04, 계정과목(82200.차량유지비 ~ 82200.차량유지비) 조회, [차변]금액을 확인한다.

05. ① ㉠ [회계관리] → [예산관리] → [예산초과현황]
㉡ 조회기간(2025/01~2025/03), 집행방식(2.승인집행), 관리항목(0.부서별_재경부) 조회 집행실적 금액을 확인한다.

06. ② [회계관리] → [전표/장부관리] → [현금출납장], 기표기간(2025/03/01~2025/03/31) 월계

07. ① ㉠ [회계관리] → [전표/장부관리] → [채권년령분석], 채권잔액일자(2025/06/30), 전개월수(3), 계정과목(10800.외상매출금) 조회
㉡ 조회기간 이전에 발생한 채권의 잔액을 확인한다.

08. ① ㉠ [회계관리] → [전표/장부관리] → [일월계표] 월계표 탭 기간(2025/08~2025/08) 조회
㉡ 판매관리비에서 현금란 금액을 확인한다.

09. ③ ㉠ [회계관리] → [전표/장부관리] → [지출증빙서류검토표(관리용)], [집계]탭, 기표기간(2025/01/01~2025/12/31)
㉡ 우측 상단 [증빙설정] 버튼 클릭, 10.신용카드(법인) - 8.신용카드매출전표(법인), 11.신용카드(개인) - 8A.신용카드매출전표(개인) [종료] 조회
㉢ 손익계산서 신용카드 사용분(3,300,000원) = (신용카드(법인) 1,630,000원 + 신용카드(개인) 1,670,000원)

10. ④ ㉠ [회계관리] → [자금관리] → [일자별자금계획입력] 자금계획입력탭, 계획년월(2025/05) 조회
㉡ 우측상단 [고정자금]버튼을 클릭하여 확인한다.
㉢ 사무실 전화요금이 2025/04/30 종료되었다.

11. ① ㉠ [회계관리] → [결산/재무제표관리] → [기간별손익계산서] 분기별탭, 기간(1/4분기~4/4분기) 조회
㉡ 판매관리비에서 수도광열비 금액을 확인한다.

12. ③ [회계관리] → [결산/재무제표관리] → [재무상태표] 기간(2025/07/31) 제출용 탭 조회

13. ② ㉠ [회계관리] → [결산/재무제표관리] → [손익계산서] 관리용 탭, 기간(2025/06/30) 조회
㉡ 판매관리비가 증가하면 당기순이익은 감소한다.

손 익 계 산 서	
과 목	금 액
매출액	×××
매출원가	-×××
매출총이익	×××
판매관리비	-×××
영업이익	×××
영업외수익	×××
영업외비용	-×××
법인세차감전순이익	×××
법인세비용	-×××
당기순이익	×××

14. ④ ㉠ [회계관리] → [고정자산관리] → [고정자산등록] 자산유형(비품), 자산코드(21200009), 자산명(팩스기), 취득일(2025/06/01) Enter↵
㉡ 주요등록사항 탭, 취득원가(2,400,000), 상각방법(1.정액법), 내용연수(5) 다음 행까지 Enter↵
㉢ [회계관리] → [고정자산관리] → [감가상각비현황], [총괄] 탭, 회계단위(1000), 경비구분(전체), 기간(2025/01 ~ 2025/12), 비품선택, 당기감가상각비를 확인한다.

15. ③ ㉠ [시스템관리] → [회사등록정보] → [사업장등록] 조회
㉡ 신고유형이 '0.사업장별 신고'이면서 사업장등록에서 총괄납부사업장을 등록하였으므로 총괄납부사업자이다.

16. ③ ㉠ [회계관리] → [부가가치세관리] → [세금계산서합계표], 사업장(1000), 기간(2025/07~2025/09), 구분(1.매출, 2.매입) 조회 후 [불러오기]
㉡ 민호빌딩(주) 거래처의 매입세금계산서는 전자세금계산서분 1매, 전자세금계산서외 1매 총 2매이다.

17. ④ [회계관리] → [부가가치세관리] → [매입세액불공제내역], 기간(2025/04~2025/06) 조회 [불러오기]

18. ① ㉠ [회계관리] → [전표/장부관리] → [매입매출장], [세무구분별]탭, 조회기간(2025/01/01~2025/03/31), 출력구분(매입)
㉡ 카드매입에서 고정자산매입을 확인한다.

19. ② ㉠ [회계관리] → [부가가치세관리] → [부동산임대공급가액명세서], 과세기간(2025/10~2025/12) 조회
㉡ 동(1111065000), 층(지상, 3), 호수(301), 상호(F2 ㈜중원), 면적(200), 용도(사무실), 임대기간(2025/10/01~2026/09/30), 보증금(150,000,000), 월세(2,200,000), 관리비(250,000), 이자율(3.5)%
㉢ 보증금이자(간주임대료) 확인

20. ② ㉠ [회계관리] → [부가가치세관리] → [신용카드발행집계표/수취명세서] 신용카드발행집계표 탭, 기간(2025/01~2025/03) [불러오기]
㉡ ⑨세금계산서 발급금액을 확인한다.

(105-2024.11.23)

제105회 ERP정보관리사 회계2급 기출문제

[1부] 이론

01	②	02	①	03	③	04	②	05	③
06	②	07	②	08	②	09	①	10	③
11	③	12	③	13	①	14	②	15	②
16	③	17	④	18	③	19	②	20	④

해설

01. ② 정형데이터가 아니고, 비정형 또는 반정형데이터이다.

02. ① RPA(로봇 프로세스 자동화) 중 3단계 인지자동화에 대한 설명이다.

03. ③ 독립적인 업무 처리가 아니고, 통합 업무 처리이다.

04. ② 점증적 방법론은 BPI이다.

05. ③ 기간별 보고의 가정에 대한 설명이다.

06. ② 영업외비용(이자비용)이 증가하였기 때문이다.

07. ② 분개장이란 모든 거래 내용을 발생한 순서대로 분개를 기입하는 장부로, 총계원장에 전기하는데 기초가 되는 장부이다.

08. ② (차) 미수수익(자산) ××× (대) 이자수익(수익) ×××
자산과 수익이 과소계상 된다.

09. ① 회사 직원의 경우 복리후생비이고, 거래처 직원의 경우는 접대비(기업업무추진비) 이다.

10. ③ 07/02 (차) 가지급금 400,000 (대) 현금 400,000
07/31 (차) 여비교통비 310,000 (대) 가지급금 400,000
현 금 90,000

11. ③ 09/10 $20,000 × 1,100 = 22,000,000
12/31 $20,000 × 1,000 = 20,000,000
(차) 외화장기차입금 2,000,000 (대) 외화환산이익 2,000,000

12. ③ 단기매매증권 취득시 발생한 수수료는 별도의 비용으로 처리하고, 건

물 취득시 발생한 취득세는 건물의 원가에 포함한다.

13. ① 당기순이익이 과대계상된다.
   ※ 물가상승시 기말재고(당기순이익)의 크기
   선입선출법 〉 이동평균법 ≥총평균법 〉 후입선출법
   ※ 물가상승시 매출원가의 크기
   선입선출법 〈 이동평균법 ≤ 총평균법 〈 후입선출법
   ※ 기초재고액 + 순매입액 - 기말재고액 = 매출원가
   순매출액 - 매출원가 = 매출총이익

14. ② ㉠ 만기보유증권; 만기까지 보유할 의도와 능력이 있는 경우
   ㉡ 지분법적용투자주식; 지배, 통제할 목적으로 타사 발행 의결권있는 주식의 20%이상 취득시 당해 주식을 말한다.

15. ② 취득세, 등록세는 취득원가에 포함 한다.

16. ③ 상표권(10,000,000) + 특허권(20,000,000) = 30,000,000
   연구단계에서 발생한 재료비용은 비용(연구비)으로 처리한다.

17. ④ (차) 당좌예금 200,000 (대) 사채 200,000

18. ③ 자산(225,000) - 부채(80,000) = 자본(145,000)
   현금(50,000) + 매출채권(30,000) + 비품(80,000) + 재고자산(65,000) = 자산(225,000)
   매입채무(35,000) + 차입금(45,000) = 부채(80,000)

19. ② 상품(자산의 증가) 500,000 / 현 금(자산의 감소) 250,000
   지급어음(부채의 증가) 250,000

20. ④ 자본조정 차감계정: 자기주식, 감자차손, 자기주식처분손실, 주식할인발행차금
   자본조정 가산계정: 미교부주식배당금, 주식매수선택권, 신주청약증거금

[2부] 실무

01	②	02	②	03	④	04	①	05	①
06	②	07	③	08	③	09	②	10	④
11	④	12	①	13	③	14	④	15	②
16	④	17	①	18	②	19	②	20	③

해설

01. ② ㉠ [시스템관리] → [회사등록정보] → [사원등록], 부서(공란) 조회
   ㉡ 박선우 사원은 영업부 소속으로 전부 동일한 부서에 소속되어 있지 않다.

02. ② ㉠ [시스템관리] → [회사등록정보] → [시스템환경설정], 조회구분(2.회계) 조회
   ㉡ 코드 20. 예산통제구분이 1.사용부서로 설정되어 있다.

03. ④ ㉠ [시스템관리] → [회사등록정보] → [사용자권한설정], 모듈구분(A.회계관리) 조회
   ㉡ 화면 우측 사용가능한메뉴에서 확인한다.

04. ① [회계관리] → [전표/장부관리] → [전표승인해제], 결의기간(2025/11/01~2025/11/30), 조회되는 전표가 미결전표이다.

05. ① ㉠ [회계관리] → [전표/장부관리] → [총계정원장] 월별 탭
   ㉡ 기간(2025/07~2025/12), 계정과목(상품매출~상품매출) 조회, [대변]금액을 확인한다.

06. ② [회계관리] → [업무용승용차관리] → [업무용승용차 차량등록] 조회

07. ③ ㉠ [회계관리] → [전표/장부관리] → [거래처원장], [잔액]탭
   ㉡ 계정과목(미수금), 기표기간(2025/01/01~2025/01/01), 거래처(Enter↵)~(Enter↵) 전기이월을 확인한다.

08. ③ 회계관리] → [결산/재무제표관리] → [합계잔액시산표], 기간(2025/08/31) 조회, 외상매출금의 대손충당금 잔액을 확인 한다.

09. ② [회계관리] → [전표/장부관리] → [관리항목원장], [잔액]탭
   관리항목(C1.사용부서), 기표기간(2025/07/01 ~ 2025/12/31), 계정과목(82200.차량유지비~82200.차량유지비) 조회, 당기증가금액을 확인한다.

10. ④ [회계관리] → [고정자산관리] → [고정자산변동현황], 기간(2025/08 ~ 2025/08) 조회 또는 고정자산등록의 추가등록사항 탭

11. ④ ㉠ [회계관리] → [예산관리] → [예산초과현황]
   ㉡ 조회기간(2025/04~2025/06), 집행방식(2.승인집행), 관리항목(0.부서별_재경부) 조회 집행율(%)을 확인한다.

12. ① ㉠ [회계관리] → [자금관리] → [받을어음명세서] 어음조회 탭
   ㉡ 조회구분(2.만기일_(2025/07/20~2025/07/20) 조회하여 해당 어음을 확인한다.

13. ③ ㉠ [회계관리] → [결산/재무제표관리] → [기간별손익계산서] 분기별 탭, 기간(1/4분기~4/4분기) 조회
   ㉡ 판매관리비에서 상여금 금액을 확인한다.

14. ④ ㉠ [회계관리] → [결산/재무제표관리] → [합계잔액시산표], 기간(2025/12/31) 조회, 소모품 잔액 8,000,000원을 확인한다. 소모품(8,000,000) - 기말 재고(2,000,000) = 사용액(6,000,000)
   ㉡ (차) 소모품비 6,000,000 (대) 소모품 6,000,000

15. ② ㉠ [회계관리] → [부가가치세관리] → [세금계산서합계표], 사업장(1000), 기간(2025/10~2025/12), 구분(1.매출, 2.매입) 조회 후 [불러오기]
   ㉡ (주)성호기업에 매출 세금계산서 매수는 총 3매 이다.

16. ④ ㉠ [회계관리] → [전표/장부관리] → [매입매출장], [세무구분별]탭, 조회기간(2025/10/01~2025/12/31), 출력구분(매입)
   ㉡ 매입불공제 내역을 확인한다.

17. ① 전표에 보기의 거래를 입력하면 환율 900원 × ￥12,000 = 10,800,000 원이 공급가액으로 계산됩니다.

18. ② ㉠ [회계관리] → [전표/장부관리] → [매입매출장], [신고서기준]탭, 조회기간(2025/10/01~2025/12/31), 출력구분(2.매입) 조회 또는 부가세신고서 12번란
   ㉡ 우측 상단 [예정신고누락분 조회]버튼 클릭

19. ② [시스템관리] → [회사등록정보] → [사업장등록] 기본등록사항 탭

20. ③ ㉠ [회계관리] → [부가가치세관리] → [신용카드발행집계표/수취명세서] 신용카드/현금영수증수취명세서 탭
   ㉡ 기간(2025/10~2025/12), [불러오기], 신용카드등수취명세서 탭
   ㉢ 거래처 수는 총 3개 거래처에서 매입이 발생하였다.

(106-2025.01.25)

제106회 ERP정보관리사 회계2급 기출문제

[1부] 이론

01	③	02	④	03	③	04	①	05	③
06	④	07	③	08	①	09	②	10	②
11	④	12	④	13	③	14	①	15	③
16	②	17	①	18	①	19	④	20	③

해설

01. ③ 빅데이터 5가지 주요 특성(5v)은 규모, 다양성, 속도, 정확성, 가치를 말한다.

02. ④ 블록체인(Blockchain)에 대한 설명이다.

03. ③ 기존 정보시스템은 수직적으로 업무를 처리하고, ERP는 수평적으로 업무를 처리한다.

04. ① 비즈니스 애널리틱스는 구조화된 데이터(structured data)와 비구조

화된 데이터(unstructured data)를 동시에 이용한다.

05. ③ 기업실체의 가정에 대한 설명이다.

06. ④ 표현의 충실성에 대한 설명이다.

> ▣ 회계정보의 질적특성
> ① 목적적합성 : 예측가치, 피드백가치, 적시성
> ② 신뢰성 : 표현의 충실성, 검증가능성, 중립성

07. ③ 기초재고액 + 순매입액 - 기말재고액(과대) = 매출원가(과소)
순매출액 - 매출원가(과소) = 매출총이익(과대)

08. ① 360,000원 ÷ 12개월 = 월 30,000원
월 30,000원 × 7개월 = 선급 임차료(210,000원)

09. ② 종업원 회식비(500,000원) + 총무팀 직원의 피복비 (250,000원) = 복리후생비(750,000원)
※ 거래처 선물대금(접대비 또는 기업업무추진비)
회사의 인터넷 통신 요금(통신비)
출장사원 고속도로 통행료(여비교통비)

10. ② 매출환입에 대한 설명이다.

11. ④ ① 미지급비용(부채의 감소) / 현금(자산의 감소)
② 받을어음(자산의 증가) / 외상매출금(자산의 감소)
③ 외상매입금(부채의 감소) / 현금(자산의 감소)
④ 기계장치(자산의 증가) / 미지급금(자산의 감소)

12. ④ ㉠ 현금 과잉시; 현금 20,000 / 현금과부족 20,000
㉡ 원인 판명시; 현금과부족 20,000 / 임대료 20,000

13. ③ ㉠ 물가상승시 기말재고(당기순이익)의 크기
선입선출법 〉 이동평균법 ≥총평균법 〉 후입선출법
㉡ 물가상승시 매출원가의 크기
선입선출법 〈 이동평균법 ≤ 총평균법 〈 후입선출법

14. ① 정액법
$\frac{[\text{취득원가}(40,000,000) - \text{잔존가치}(8,000,000)]}{\text{내용연수}(20\text{년})}$ = 감가상각비(1,600,000)

15. ③ 무형자산의 상각기간은 법령이나 계약에 정해진 경우를 제외하고는 20년을 초과할 수 없다.

16. ② 총매출액(600,000) - [매출환입액(70,000) + 매출에누리액(50,000)] = 순매출액(480,000)

17. ① ㉠ 기초자산(300,000) + 당기자산증가분(180,000) = 기말자산(480,000)
㉡ 기초부채(120,000) - 당기부채감소분(60,000) = 기말부채(60,000)
㉢ 기말자산(480,000) - 기말부채(60,000) = 기말자본(420,000)

18. ① (차) 현금 900,000 (대) 배당금수익 900,000

19. ④ (차) 수도광열비 300,000 (대) 보통예금 300,000

20. ③ 매출에누리에 대한 설명이다.

[2부] 실무

01	③	02	④	03	②	04	③	05	④
06	②	07	①	08	②	09	④	10	③
11	③	12	③	13	②	14	④	15	③
16	②	17	④	18	③	19	①	20	④

해설

01. ③ ㉠ [시스템관리] → [회사등록정보] → [시스템환경설정], 조회구분(1.공통, 2.회계) 조회
㉡ 코드 34. 전표복사사용여부가 1.사용으로 설정되어 있다.

02. ④ ㉠ [회계관리] → [기초정보관리] → [계정과목등록]
㉡ [84800.잡비] 계정은 전표입력 시 증빙을 2.차/대변 선택 입력하도록 설정하였다.

03. ② ㉠ [시스템관리] → [회사등록정보] → [사원등록], 부서(공란) 조회
㉡ [시스템관리] → [회사등록정보] → [부서등록] 조회
㉢ 당사에 등록된 부문은 관리부문, 영업부문, 제조부문, 구매자재부문 4개 이다.

04. ③ ㉠ [회계관리] → [전표/장부관리] → [총계정원장] 월별 탭
㉡ 기간(2025/01~2025/04), 계정과목(상품매출~상품매출) 조회, [대변]금액을 확인한다.

05. ④ [회계관리] → [업무용승용차관리] → [업무용승용차 차량등록] 조회

06. ② ㉠ [회계관리] → [결산/재무제표관리] → [기간별손익계산서] 분기별 탭, 기간(1/4분기~4/4분기) 조회
㉡ 판매관리비에서 복리후생비 금액을 확인한다.

07. ① [회계관리] → [전표/장부관리] → [현금출납장], 기표기간(2025/04/01~2025/04/30) 월계

08. ② ㉠ [회계관리] → [전표/장부관리] → [외화명세서], 원장 탭, 기표기간(2025/01/01~2025/12/31), 계정과목(외화예금) 조회
㉡ $2,500 × 1,100 = 2,750,000
㉢ 2,750,000 - 2,825,000 = -75,000
㉣ (차) 외화환산손실 75,000 (대) 외화예금 75,000

09. ④ ㉠ [회계관리] → [전표/장부관리] → [관리내역현황], [잔액]탭
㉡ 관리항목1(C1.사용부서), 관리내역(재경부~재경부), 관리항목2(D1.프로젝트), 관리내역(서울공장~춘천공장), 기표기간(2025/01/01~2025/06/30), 계정과목(81100.복리후생비) 조회 당기증가 금액을 확인한다.

10. ③ [회계관리] → [업무용승용차관리] → [업무용승용차 운행기록부] 사용기간(과세기간)(2025/01/01~2025/01/31), 차량 12가 0102.티볼리 조회

11. ③ ㉠ [회계관리] → [결산/재무제표관리] → [합계잔액시산표], 기간(2025/06/30) 조회, 소모품 잔액 10,500,000원을 확인한다.
소모품(10,500,000) - 기말 재고(6,500,000) = 사용액(4,000,000)
㉡ (차) 소모품비 4,000,000 (대) 소모품 4,000,000

12. ③ ㉠ [회계관리] → [결산/재무제표관리] → [손익계산서] 관리용 탭, 기간(2025/06/30) 조회
㉡ 판매관리비가 감소하면 당기순이익은 증가한다.

13. ② ㉠ [회계관리] → [전표/장부관리] → [일월계표] 월계표 탭 기간(2025/01~2025/03) 조회
㉡ 판매관리비에서 현금란 금액을 확인한다.

14. ④ ㉠ [회계관리] → [고정자산관리] → [고정자산등록] 자산유형(비품), 자산코드(21200009), 자산명(팩스기), 취득일(2025/05/01) Enter↵
㉡ 주요등록사항 탭, 취득원가(3,000,000), 상각방법(1.정액법), 내용연수(5) 다음 행까지 Enter↵
㉢ [회계관리] → [고정자산관리] → [감가상각비현황], [총괄] 탭, 회계단위(1000), 경비구분(전체), 기간(2025/01 ~ 2025/12), 당기감가상각비를 확인한다.

15. ③ ㉠ [시스템관리] → [회사등록정보] → [사업장등록] 조회
㉡ 우측 상단 주(총괄납부)사업장 등록에 주사업장이 등록되어 있으므로 부가세 신고는 각 사업장별로 하고, 납부는 주사업장에서 진행한다.

16. ② ㉠ [회계관리] → [부가가치세관리] → [세금계산서합계표], 사업장(1000), 기간(2025/10~2025/12), 구분(1.매출, 2.매입) 조회 후 [불러오기]
㉡ 정우실업(유)에 거래처에 수취한 세금계산서는 전자세금계산서분 8매, 전자세금계산서외분 1매 총 9매이다.

17. ④ ㉠ [회계관리] → [부가가치세관리] → [신용카드발행집계표/수취명세서] 신용카드발행집계표 탭, 기간(2025/01~2025/03) [불러오기]

㉡ ⑨세금계산서 발급금액을 확인한다.

18. ③ ㉠ [회계관리] → [부가가치세관리] → [부가세신고서], 사업장(1000), 기간(2025/04/01~2025/06/30) 조회 후 [불러오기]
㉡ 과세표준 매출세액의 부가세 합계액은 34,700,000원이다.

19. ① ㉠ [회계관리] → [부가가치세관리] → [부동산임대공급가액명세서], 과세기간(2025/10~2025/12) 조회
㉡ 동(1111065000), 층(지상, 3), 호수(301), 상호(F2 도민실업㈜), 면적(200), 용도(사무실), 임대기간(2025/10/01~2026/09/30), 보증금(270,000,000), 월세(3,000,000), 관리비(700,000), 이자율(3.5)%
㉢ 보증금이자(간주임대료) 확인

20. ④ [회계관리] → [전표/장부관리] → [매입매출장], [세무구분별]탭, 조회기간(2025/07/01~2025/09/30), 출력구분(전체) 조회

저 자
김 갑 수

약 력
호서대학교 경영학과 졸업
단국대학교 경영대학원 졸업(경영학 석사)
신성대학교 외래교수(전)
대명컴퓨터회계학원장(전)
천안상업고등학교 교사(전)
천안여자상업고등학교 교사(현)

저 서
합격마법사 회계원리 입문(멘토르스쿨)
합격마법사 회계원리 (멘토르스쿨)
정리가잘된 원가회계 (멘토르스쿨)
정리가잘된 재무회계 (멘토르스쿨)
합격마법사 전산회계운용사 2급, 3급 필기 (멘토르스쿨)
합격마법사 전산회계운용사 2급, 3급 실기 (멘토르스쿨)
ERP 정보관리사 회계2급 (나눔클래스)
ERP 정보관리사 인사2급 (나눔클래스)
ERP 정보관리사 물류2급 (나눔클래스)
ERP 정보관리사 생산2급 (나눔클래스)

저 자
홍 윤 표

약 력
호서대학교 글로벌창업대학원 석사
호서대학교 벤처대학원 박사수료
동양미래대학교 경영학부 유통마케팅학과 교수

저 서
전산회계운용사(실기)2·3급 (나눔클래스)
FAT 회계실무 1·2급(나눔클래스)
TAT 세무실무 2급(나눔클래스)
NCS 세무실무(나눔클래스)
NCS 회계실무(나눔클래스)
ERP 정보관리사 회계2급 (나눔클래스)
ERP 정보관리사 인사2급 (나눔클래스)
ERP 정보관리사 물류2급 (나눔클래스)
ERP 정보관리사 생산2급 (나눔클래스)

저 자
이 민 주

약 력
천안여자상업고등학교 졸업
단국대학교 회계학과 졸업
대명컴퓨터회계학원 ERP 대표강사(전)
한올고등학교 ERP 위탁강사(전)
천안상업고등학교 위탁강사
천안여자상업고등학교 위탁강사

저 서
ERP 정보관리사 회계1급, 2급 (나눔A&T)
ERP 정보관리사 인사1급, 2급 (나눔A&T)
ERP 정보관리사 물류1급, 2급 (나눔A&T)
ERP 정보관리사 생산1급, 2급 (나눔A&T)

ERP정보관리사 회계2급(2025)

초판발행 | 2013년 4월 5일
14판 1쇄 | 2025년 3월 25일

저 자 김갑수·홍윤표·이민주
발행인 김상길
발행처 나눔클래스
편 집 ㈜서울멀티넷

등 록 제2021-000008호
주 소 서울시 성북구 오패산로 38 2층(하월곡동)
홈페이지 www.nanumclass.com
전 화 02-911-2722
팩 스 02-911-2723
ISBN 979-11-94800-01-9 (13320)

가격 18,000원